SANTO AGOSTINHO ou Agostinho de Hipona foi um religioso e filósofo entre os mais influentes da Igreja católica primitiva. Nascido em Tagaste, norte da África, em 354 d.C., era filho de pai pagão e mãe cristã. Aos dezesseis anos, foi para Cartago, a fim de estudar e dar aulas de oratória. Em Milão, foi professor de retórica e deixou-se permear pelas ideias neoplatônicas. Depois de muitos conflitos internos, por fim converteu-se ao cristianismo, em 386. De volta à África, criou uma comunidade monástica cristã, tornando-se, em seguida, bispo de Hipona. Conhecido por ser um reformulador da filosofia patrística, considerava que apenas a fé não bastava, devendo ela estar acompanhada da razão, o que o levou a elaborar uma forma original de platonismo cristão. Entre suas preocupações teológicas estavam a razão como justificativa para a fé, a liberdade humana — o livre arbítrio —, o pecado original e a teoria da guerra justa. Autor de inúmeros escritos e sermões, um dos mais marcantes são estas *Confissões*, consideradas a primeira autobiografia da literatura ocidental. Nelas, Agostinho alcança o duplo estatuto de obra-prima literária e texto fundamental do pensamento filosófico. As páginas narram a vida do autor e falam sobre suas crises até chegar à conversão. Os três últimos livros são dedicados à interpretação do relato bíblico do Gênesis. Santo Agostinho faleceu em 430 d.C.

LORENZO MAMMÌ (1957) é livre-docente e professor de filosofia na Faculdade de Filosofia, Letras e Ciências Humanas da Universidade de São Paulo (FFLCH/USP). Publicou, entre outros, a monografia *Volpi* (Cosac Naify, 1999) e a coletânea de ensaios *O que resta. Arte e crítica de arte* (Companhia das Letras, 2012). Traduziu *Clássico anticlássico* e *Arte moderna na Europa*, de Giulio Carlo Argan (Companhia das Letras, 1999 e 2010). Curou as exposições *Concreta 56* (com André Stolanski e João Bandeira, MAM-SP, 2006), *Lugar nenhum* (com Heloisa Espada, IMS-RJ, 2013), *Iberê Camargo: As horas* (Fundação Iberê Camargo, POA, 2013), *Quase figura, quase forma* (Galeria Estação, SP, 2014), entre outras. Foi diretor do Centro Universitário Maria Antonia (São Paulo, USP) de 1999 a 2005. Desde 2015 é curador-chefe de programação e eventos do Instituto Moreira Salles.

SANTO AGOSTINHO

Confissões

Tradução do latim e prefácio de
LORENZO MAMMÌ

2ª edição
17ª reimpressão

Copyright do prefácio e tradução do latim © 2017 by Lorenzo Mammì

Grafia atualizada segundo o Acordo Ortográfico da Língua Portuguesa de 1990, que entrou em vigor no Brasil em 2009.

Penguin and the associated logo and trade dress are registered and/or unregistered trademarks of Penguin Books Limited and/or Penguin Group (USA) Inc. Used with permission.

Published by Companhia das Letras in association with Penguin Group (USA) Inc.

TÍTULO ORIGINAL
Confessiones

PREPARAÇÃO
Ana Cecília Agua de Melo

REVISÃO DA TRADUÇÃO
Moacyr Novaes Filho

REVISÃO
Luciane Gomide Varela
Fernando Nuno

Dados Internacionais de Catalogação na Publicação (CIP)
(Câmara Brasileira do Livro, SP, Brasil)

Agostinho, Santo, Bispo de Hipona, 354-430.
 Confissões / tradução do latim e prefácio de Lorenzo Mammì. — 2ª ed. — São Paulo: Penguin Classics Companhia das Letras, 2017.

 Título original: Confessiones.
 ISBN 978-85-8285-047-3

 1. Agostinho, Santo, Bispo de Hipona, 354-430
I. Mammì, Lorenzo. II. Título.

17 00662   CDD-922.22

Índice para catálogo sistemático:
 1. Santos : Igreja Católica : Autobiografia 922.22

Todos os direitos desta edição reservados à
EDITORA SCHWARCZ S.A.
Rua Bandeira Paulista, 702, cj. 32
04532-002 — São Paulo — SP
Telefone: (11) 3707-3500
www.penguincompanhia.com.br
www.blogdacompanhia.com.br
www.companhiadasletras.com.br

Sumário

Prefácio — Lorenzo Mammì   7

CONFISSÕES

Livro I	37
Livro II	63
Livro III	76
Livro IV	95
Livro V	119
Livro VI	142
Livro VII	169
Livro VIII	197
Livro IX	224
Livro X	254
Livro XI	306
Livro XII	337
Livro XIII	370

Prefácio

LORENZO MAMMÌ

A mais de 1600 anos de sua redação e apesar da bibliografia interminável que geraram, as *Confissões* ainda são um livro inclassificável. Tanto do ponto de vista literário quanto do filosófico, a obra não corresponde a nenhum padrão conhecido. Tampouco, em que pese sua enorme influência, criou descendentes diretos. Seu duplo estatuto de obra-prima literária e texto fundamental do pensamento filosófico mais atrapalha do que ajuda sua definição. A ausência de modelos e o excesso de chaves de leitura deixam o leitor e o tradutor perplexos. O que se deve privilegiar: o prazer do texto ou a precisão conceitual? O rigor argumentativo ou a sofisticação oratória? Obviamente, não há resposta unívoca, apenas soluções pontuais, frase por frase, palavra por palavra. Mas isso já levanta uma questão mais geral: se as *Confissões* foram redigidas como obra filosófica e religiosa, por que uma elaboração textual tão extrema, excepcional até para um virtuose como Agostinho? Qual a relação entre a sofisticação do estilo literário e a profundidade dos assuntos tratados? Talvez uma questão fundamental esteja aí, nesse nó filosófico/estético: para tentar desatá-lo, seria preciso estabelecer a intenção da obra no contexto em que foi produzida — ou, pelo menos, delimitar seu assunto. E nem essa é tarefa fácil.

Haveria um assunto único?

A narrativa da vida do autor e de sua conversão, pela qual as *Confissões* costumam ser consideradas a primeira autobiografia da literatura ocidental (e a isso também precisaremos voltar), ocupa os primeiros nove livros, mais curtos, mais ou menos a metade da obra. Não é um relato completo: partindo do nascimento, em 354, chega ao batismo de Agostinho e à morte de Mônica, sua mãe, em 387. O livro x, o mais extenso, é um tratado sobre a alma: não a alma em geral, conforme uma tradição neoplatônica já consolidada da qual Agostinho, aliás, tira bastante proveito, e sim a alma do autor, como ele a percebe no momento em que está escrevendo, num exercício de introspecção sem precedentes na literatura clássica. Finalmente, os três últimos livros são dedicados a uma interpretação do primeiro capítulo do Gênesis, conduzida também de maneira bastante original: a famosa análise do tempo se encontra nessa seção, no livro xi; a reflexão sobre a pluralidade de sentidos do texto bíblico, muito importante para a futura hermenêutica, está no livro xii. Mas qual é a relação entre autobiografia, psicologia e exegese?

De novo: o que Agostinho pretendia escrever?

Agostinho iniciou a redação das *Confissões* por volta de 397, e a obra o ocupou por quatro ou cinco anos. Em 391, havia sido ordenado sacerdote; desde 395, era bispo de Hipona, cidade norte-africana próxima a Tagaste, onde nasceu. Os sucessos literários, como o concurso de poesia dramática vencido aos vinte anos e citado no livro iv; o exercício profissional da retórica, sua fonte de glória e de sustento até 386; a filosofia meramente especulativa dos primeiros diálogos e da enciclopédia de artes liberais, projetada ainda na Itália e nunca finalizada — tudo isso ficara definitivamente para trás. A partir de sua ordenação, Agostinho não escreve nada que não tenha um escopo imediato e declarado: pregação, esclarecimento doutrinal, intervenção polêmica. A não ser as *Confissões*.

Em suas publicações e cartas, Agostinho volta com frequência a seus textos anteriores, esclarecendo finalidades e circunstâncias, apontando e corrigindo defeitos. Próximo ao fim da vida, chegou a dedicar uma obra específica a esse exercício: as *Revisões* (*Retractationes*, 427-8). Temos assim, sobre a obra de Agostinho, informações mais sistemáticas do que aquelas sobre a maioria dos autores antigos. De novo, as *Confissões* são uma exceção parcial: as *Revisões* as descrevem brevemente, como veremos, mas não esclarecem escopo imediato ou circunstâncias de redação.

É sempre possível traçar genealogias. Relatos de conversão, associados ou não a biografias de santos, eram moeda corrente na época de Agostinho. Ele mesmo, no livro VIII das *Confissões*, logo antes de abordar o momento crucial de sua própria conversão, incorpora duas narrativas desse tipo, relativas a Mário Vitorino, um orador e filósofo que admirava, e a um funcionário romano cujo nome não cita, mas que talvez seja Jerônimo.[1] Numa carta de 395, um poeta cristão de muito prestígio, Paulino de Nola, que colecionava textos desse gênero, solicitou um relato biográfico a Alípio, amigo e discípulo de Agostinho que desempenha importante papel nas *Confissões* e que então era bispo de Cartago. Quem acabou redigindo e enviando a biografia de Alípio, afinal, foi Agostinho, como atesta uma carta dele a Paulino (Ep. 27). É possível que excertos dessa biografia tenham sido reutilizados nos capítulos do livro VI, que tratam justamente da juventude de Alípio, e em outros trechos das *Confissões*. Muitos comentadores consideram a biografia de Mônica, mãe de Agostinho, incluída no livro IX, devedora de narrativa semelhante. E argumentam que seria improvável, ou mesmo descortês, Paulino não pedir tam-

---

[1]. Cf. Pierre Courcelle, *Recherches sur les Confessions de Saint Augustin*. Paris: Boccard, 1950, p. 183.

bém uma biografia do próprio Agostinho. Teria sido esse, portanto, o primeiro estímulo para a redação do texto.

Mas pode-se encontrar outro motivo, este de natureza política. Na época, a Igreja africana era dilacerada pela disputa entre católicos e donatistas. O argumento central dos donatistas era a nulidade dos sacramentos ministrados por sacerdotes considerados impuros, porque manchados por alguma culpa grave. Coerentemente com esse princípio, costumavam rebatizar fiéis que se encontrassem nessas condições, e chegaram a eleger seus próprios bispos, alternativos à hierarquia "contaminada" dos católicos.

Agostinho era um dos sacerdotes cuja ordenação não teria valor, pois que ministrada por um bispo, Valério, que por sua vez fora batizado por um sacerdote que abjurara da fé católica durante a persecução de Diocleciano, oitenta anos antes. Na época em que Agostinho foi nomeado bispo, Hipona era uma cidade predominantemente donatista, e o autor das *Confissões* teve um papel importante na disputa religiosa, que se prolongou por mais de dez anos. O argumento doutrinário utilizado por Agostinho, que se tornou padrão desde então, é que os sacramentos são concedidos por Deus e apenas ministrados pelo sacerdote. Este não passaria de um intermediário, e sua conduta, ainda que imoral, não invalidaria os sacramentos recebidos de boa-fé.

Mas o novo bispo de Hipona também carregava culpas pessoais a serem perdoadas: sua juventude intelectual e existencialmente irrequieta era conhecida de todos. Quando deixou a África para tentar carreira em Roma, Agostinho era uma personalidade de destaque da seita maniqueísta, uma versão oriental do cristianismo, de origem persa, muito ativa na época no norte da África. Voltando em 388, já católico, ascendeu rapidamente a cargos elevados na Igreja, como lembramos há pouco. Para os mais ortodoxos, porém, continuava uma figura suspeita. Comentando o salmo 36, versículos 39-40 ("A salvação dos justos vem de Jahweh, sua fortaleza nos tempos de angústia" etc.), num sermão pronunciado em Cartago — em data ignorada, mas provavelmente antes ou durante a redação das *Confissões* —, Agostinho se defende atacando. Seus pecados passados, ele próprio os condena, com mais veemência que seus acusadores. As tentações presentes, só ele e Deus as conhecem. Não sabe se será salvo, mas confia na vontade de Deus e permanece na Igreja. Já quem o acusa não reconhece os próprios pecados e se afasta da Igreja por causa do comportamento (real ou presumido) de alguns homens: ainda deposita suas esperanças nos homens, e não na Verdade que a Igreja veicula.[2]

Ao relembrar os pecados passados e reconhecer as tentações presentes no comentário ao Salmo 36, Agostinho adota uma postura e uma abordagem muito semelhantes àquelas desenvolvidas nas *Confissões*, tanto nos livros biográficos quanto na análise das tentações presentes, que ocupa a segunda parte do Livro x. De resto, o próprio Agostinho, em muitos trechos da obra, ao se dirigir a seus possíveis leitores parece visar, entre eles, seus detratores donatistas (no início do Livro x, por exemplo). Estabelece-se, assim, um elo significativo, salientado por muitos comentadores,[3] entre a obra-prima de Agostinho e as diatribes religiosas em meio às quais foi composta.

A encomenda de Paulino e as exigências da diatribe donatista, ainda que tenham sido o estopim das *Confissões,* certamente não as justificam. Relatos de conversão não requerem um nível tão elevado de complexidade filosófica, elaboração compositiva e ousadia estilística. E certamente não se trata de um panfleto de polêmica religiosa. Nenhum precedente levantado pelos pesquisadores ameaça

---

2. *Comentário ao Salmo 36*, discurso III, 19-20.
3. Cf. a introdução de A. Solignac na edição das *Confissões* da Bibliothèque Augustinienne (trad. E. Tréhorel e G. Bouissou. Paris: Desclée de Brouwer, 1969, 1 vol., pp. 29-31).

a originalidade da obra. Existiria ainda outro motor para a elaboração das *Confissões*, este de natureza doutrinária e teórica. Em opúsculo enviado a Simpliciano — sucessor de Ambrósio na cátedra episcopal de Milão e íntimo de Agostinho desde sua estadia na cidade (ver Livro VIII) —, cuja data se costuma fixar em 397, pouco antes ou contemporaneamente ao início da redação de sua obra-prima, o recém-empossado bispo de Hipona começa a desenvolver sua célebre doutrina da predestinação.[4] Como se sabe, esta postula que não apenas nossa salvação ou danação, mas também nossa própria boa ou má vontade seriam predeterminadas pela vontade de Deus. E que, no entanto, a responsabilidade pelo pecado deve ser atribuída não a Deus, mas ao homem, porque nossa vontade, ainda que predeterminada, pertence a nós e nos qualifica. É uma das teses mais radicais e polêmicas da história da Igreja, geradora de discussões acirradas já na época de Agostinho, que precisou enfrentar a tese oposta de Pelágio.

A doutrina da predeterminação permeia as *Confissões*: basta ler o relato da conversão no Livro VIII para perceber que, para Agostinho, toda decisão é dádiva. Aliás, todo o conjunto autobiográfico pode ser lido no duplo registro do pecado que afasta Agostinho de Deus e da Providência Divina que, dentro do próprio pecado, traça o caminho da reconciliação, como se fossem dois os narradores a construir independentemente a mesma trama, mas em sentidos opostos. A primeira parte do Livro X também mostra como toda busca de interioridade resvala necessariamente na transcendência (o homem só se define a si mesmo ao se definir em relação a Deus). E os livros finais, analisando o Gênesis, fornecem um modelo da ação divina no mundo. Mesmo assim, parece improvável que Agostinho pensasse as *Confissões* como uma espécie de demonstração factual

---

4. Santo Agostinho, *A Simpliciano sobre questões diversas* (*De diversis quaestionibus ad Simplicianum libri II*), Livro II, questão II.

da doutrina que estava elaborando, quase um estudo de caso. Sem dúvida, a doutrina da predestinação condicionou o modo como as *Confissões* foram pensadas e escritas, mas não é seu assunto.

Enfim, todas as observações decerto contribuem significativamente para a compreensão do texto, mas não nos dizem, afinal, do que ele trata. Somos então relançados à obra, a sua gênese e a suas estruturas internas. Em outras palavras, voltamos à relação fundamental entre reflexão filosófica, gênero e estilo literário.

Ainda que lacônico, o texto das *Revisões* nos fornece duas indicações importantes: em primeiro lugar, Agostinho afirma que as *Confissões* "louvam a Deus por minhas ações boas e más" e "incitam a dirigir a inteligência e o afeto humanos" para Deus; e também que, "enquanto isso" (*interim*), "no que me diz respeito" (*quod ad me attinet*), lhe proporcionaram o mesmo efeito ao escrever e ainda lhe proporcionam o mesmo ao ler. (Esse *interim* não é tão fácil de traduzir, e algumas versões modernas simplesmente o omitem. Mas, na substância, é um advérbio que indica simultaneidade entre dois eventos.) As *Confissões* são, portanto, ao mesmo tempo, canto de louvor, exortação aos fiéis para compreender e amar a Deus e exercício espiritual que, já no ato da redação, tem poder de purificação e de elevação pessoal.

Se, porém, as *Confissões* são um canto de louvor, certamente o são num sentido muito amplo e peculiar. O título da obra tem sido muito explorado para esclarecer esse ponto. Etimologicamente, o termo latino *confessio* e o verbo de que deriva, *confiteor*, indicam qualquer tipo de pronunciamento público (*cum+fateri*, literalmente "falar com", "falar junto"). Mas já no latim clássico a *confessio* passou a significar de preferência um pronunciamento perante uma autoridade, geralmente um tribunal, adquirindo assim o sentido ainda hoje corrente de admissão de uma falta ou de um crime. Na literatura cristã, passou a indicar, além da confissão dos pecados diante da assembleia, prática da Igreja primitiva, a declaração de fé — que, aliás, em época de perseguições, podia equivaler a uma confissão em sentido jurídico. Adquire assim um sinal positivo. Um conhecido ensaio de Joseph Ratzinger[5] identificou um sentido mais preciso de *confessio*. Tradução de um termo mais abrangente da Bíblia grega (*exomologesis*, que significa tanto confissão quanto agradecimento), remete a uma forma literária judaica, indicando o discurso composto tanto para reconhecer os próprios pecados quanto para louvar a Deus por sua clemência. O Livro dos Salmos oferece vasto repertório de composições desse tipo. Nos *Comentários aos Salmos*, em que interpreta cada verso do texto bíblico, Agostinho salienta repetidas vezes esse significado. Por exemplo, no comentário ao Salmo 29, versículo 10 ("por acaso o pó confessará a ti, ou anunciará tua Verdade?"):

> A confissão é dupla, dos pecados ou de louvor. Estando mal, confessemos nossos pecados entre os sofrimentos; estando bem, confessemos o louvor a Deus na exultação da justiça. Mas não fiquemos sem confissão.

Ou do salmo 94, versículo 2 ("Entremos em sua presença na confissão"):

> Confissão entende-se de duas maneiras nas Escrituras: a confissão de quem louva e a confissão de quem geme. A confissão de quem louva pertence à glória de quem é louvado; a confissão de quem geme, à penitência daquele que confessa.

Existem muitas outras passagens como estas nos *Co-*

---

5. "Originalité et tradition dans le concept augustinien de *confessio*", em *Revue des Études Augustiniennes*, 1957, 3 vol., pp. 375-92.

mentários, sugerindo que as *Confissões* devam ser lidas como uma alternância entre os dois tipos de *confessio*:[6] o louvor a Deus, num estilo elevado inspirado nos Salmos, e a confissão dos pecados, num tom mais plano e prosaico. As reflexões sobre os mistérios divinos também caberiam no segundo tipo, visto que comportam o reconhecimento da fraqueza da mente humana frente às realidades supremas, como o próprio Agostinho salienta, sobretudo nos últimos livros. A edição francesa da *Bibliothèque Augustinienne* acentua esse dualismo ao traduzir os segmentos laudatórios em versos livres, os narrativos e argumentativos em prosa.

Do ponto de vista estilístico, o recurso se justifica pelo uso, em muitos trechos das *Confissões*, da assim chamada prosa rítmica, caracterizada por regularidades e simetrias acentuadas na construção das frases e na distribuição dos acentos, próximas ao que hoje entendemos como poesia. Vale lembrar, no entanto, que na época a prosa rítmica era um recurso oratório (que o próprio Agostinho justifica em *A instrução cristã*, Livro IV), e não poético. De um modo geral, a solução adotada pelos tradutores da *Bibliothèque Augustinienne* acerta ao marcar os constantes saltos de registro que caracterizam o estilo das *Confissões*, mas talvez polarize excessivamente uma escrita muito complexa e nuançada. Do ponto de vista conceitual, a delimitação das partes de louvor e confissão (no sentido moderno), implicando a simples justaposição dos dois significados, não renunciaria cedo demais a encontrar um sentido unitário mais profundo? Não reduziria a questão, no limite, ao plano superficial de uma mera homonímia?

Em 1949, oito anos antes do ensaio de Ratzinger, um padre flamengo, Melchior Verheijen, publicou um estudo que teve repercussão notável.[7] Verheijen se propunha a

---

6. Entre outras, 117, 1; 137, 2; 141, 19; 143, 13.
7. *Eloquentia pedisequa. Observations sur le style des Confes-*

demonstrar a influência da prosa bíblica na construção frasal das *Confissões,* sobretudo no uso sistemático da parataxe. Uma questão estritamente linguística e literária, portanto. Na primeira parte do ensaio, porém, antes de abordar seu tema principal, o autor examina cada uma das ocorrências dos termos *confessio* e *confiteri,* a fim de determinar o gênero literário a que a obra se vincula. Conclui que as *Confissões* são um discurso dirigido a Deus, caracterizado pelo descompasso entre, de um lado, a ignorância e a impotência do falante e, de outro, a sublimidade, onisciência e onipotência do destinatário. Embora não tão completa e elaborada como a argumentação de Ratzinger, a de Verheijen tem a vantagem de sugerir uma definição mais sintética e unitária.

No sentido jurídico corrente, a confissão já era um discurso entre desiguais, o falante sempre se colocando abaixo da autoridade à qual se dirigia. Transposta para o plano metafísico e religioso, a desigualdade se radicaliza: não há louvor que possa chegar à altura de Deus, não há pecado que ele não conheça de antemão. A originalidade das *Confissões,* como gênero literário, está justamente nesse impasse fundamental: na posição em que o autor se coloca, toda fala é insuficiente ou redundante, mas é ao mesmo tempo necessária.

Agostinho sempre manifestou certa desconfiança em relação à linguagem. No diálogo juvenil *A ordem,* as artes da linguagem (gramática, lógica, retórica), como artes práticas, ocupam um lugar inferior àquelas que ele define como "artes contemplativas" (música, geometria, astronomia, aritmética).[8] *O mestre,* obra pouco posterior, argumenta que as palavras são incapazes de comunicar algo que não seja conhecido por experiência sensível ou por

---

sions de St. Augustin. Nijmegen: Dekker & Van de Vegt, 1949.
8. *A ordem,* II, XII, 35-XIII, 40, retomando livremente um modelo ciceroniano (*República,* III, II).

intuição intelectual. No Livro I das *Confissões,* a criança aprende a falar quando descobre dolorosamente que está cindida entre um dentro e um fora, e que não pode transmitir seus desejos, que estão dentro, aos familiares, que estão fora, senão através de determinados sinais. A fala surge como expressão imprecisa, porque mediada por convenções, dos desejos interiores, com o fim de impô-los aos outros. É um retrato da interioridade, porém já deformado por um intuito de dominação. A instrução acentua esse aspecto, ensinando a manipulação da linguagem para fins práticos. Afinal, cria-se um hábito linguístico que encobre e deforma a alma que deveria revelar.

Para inverter esse processo de alienação progressiva, é necessário, segundo Agostinho, pôr-se à escuta da fonte de onde brota a fala: a palavra mental, o pensamento no ato de se verbalizar, o *verbum mentis* — e deste remontar à Palavra absoluta, o Verbo divino que ilumina a mente e permite a intuição imediata, eterna e universal das verdades últimas. Escusado dizer que essa Palavra absoluta, que gera o pensamento e o transcende, é indizível e, no limite, impensável. Intuição pura, ela só pode ser apreendida e transmitida por analogia, projetando-a no plano do pensamento discursivo. No terreno, enfim, da linguagem contingente, com toda a sua opacidade e as suas deformações "políticas". Mas, se não pode dizer plenamente objeto tão sublime, a fala pode pelo menos apontar para ele pelo esforço de transcender a si mesma, expondo seus limites e deixando transparecer assim sua origem mais nobre, aquela intuição imediata que, por ser instantânea, não pertence ao tempo e, portanto, ao discurso.

Muito antes de Agostinho, a busca de um estilo sublime, adequado a conteúdos especialmente grandiosos, já tomava a cena do debate literário. O pequeno tratado *O sublime,* escrito em grego no século I por um autor anônimo — que antigamente se acreditava fosse Longino —, talvez seja o texto mais famoso desse debate. É provável que Agostinho não o tenha lido. Mas alguns traços estilísticos ali preceituados, em particular a parataxe e o assíndeto — palavras ou frases justapostas sem mediação gramatical ou sintática, em contraposição à escrita meticulosamente articulada do latim clássico —, também são elogiados por Agostinho no Livro IV de seu *A instrução cristã*, dedicado à oratória e escrito depois das *Confissões*. De resto, o pseudo-Longino é o primeiro autor pagão conhecido a citar um texto da Bíblia (Gênesis 1,3) como modelo de estilo literário. O debate sobre o estilo sublime parece ter se originado, pelo menos em parte, da necessidade de dar conta dos textos sagrados de outros povos — introduzidos no Ocidente pelas conquistas de Alexandre — e sobretudo das traduções gregas e latinas da Bíblia. (Cecílio de Calate, autor de um tratado perdido ao qual *O sublime* responde, era um literato judeu.) Séculos mais tarde, no Livro III das *Confissões*, o próprio Agostinho admite a dificuldade, para um jovem estudante de retórica acostumado a Cícero, de entender a beleza e a profundidade dos textos bíblicos, qualidades que não estariam numa grandeza procurada e exibida, nem numa construção especialmente complexa, e sim numa simplicidade aparente que aos poucos revela, ao leitor atento, abismos de significados. O laconismo e a simplicidade, nesse caso, não seriam pobreza, mas potência expressiva, aproximação de um núcleo de significado mais profundo que um discurso abundante e elaborado encobriria.

Contudo, embora as *Confissões* sejam tecidas sobre uma trama de citações bíblicas, esse não é o único modelo adotado. Para que se revele a inadequação substancial da fala humana dirigida a Deus e, ao mesmo tempo, a sinceridade do esforço, é necessário que o falante não se esconda atrás de uma imitação exterior dos profetas, mas desmonte abertamente e, por assim dizer, ofereça em sacrifício todo o seu repertório literário, do estilo humilde das comédias e dos romances aos gêneros mais nobres da poesia e da oratória. Agostinho o diz claramente no Livro V (VI, 10), comentando o estilo florido do maniqueu Fausto: comidas saudáveis podem ser servidas em louças rústicas ou luxuosas. A princípio, nenhum recurso literário deve ser excluído. Não se trata de condenar a arte oratória, mas de dobrá-la a novas funções.

Os seis primeiros parágrafos do Livro I ilustram exemplarmente este ponto de vista: imediatamente anteriores à narrativa autobiográfica, podem ser considerados uma introdução não apenas ao primeiro livro, mas à obra inteira. São uma longa interrogação sobre a capacidade humana de entender Deus e louvá-lo. Para estruturar a questão, Agostinho recorre a um modelo retórico bem conhecido: o elogio ou panegírico, o gênero mais prestigiado da oratória da época. Trata-se de um discurso encomiástico, pronunciado em ocasiões oficiais (aniversário do imperador, nomeação de um cônsul, recepção de um governador etc.) ou por mero entretenimento (elogio de uma cidade, de um deus, de uma personagem histórica ou até de um objeto). Existiam regras para a redação desses discursos, codificadas em manuais. A respeito do exórdio, recomendava-se iniciar por uma citação; logo em seguida, o orador deveria afirmar peremptoriamente a oportunidade, aliás, a necessidade do elogio, para então listar as dificuldades que se opunham a ele e tornavam a tarefa excepcional: a inexperiência do orador, ou sua velhice; a ausência ou o excesso de precedentes; o nível superlativo das virtudes do homenageado etc. Após esse preâmbulo, pronunciado com o escopo evidente de prender a atenção dos ouvintes e garantir sua benevolência em relação a falhas eventuais, o orador deveria reconhecer que, apesar de tudo, era preciso falar, e então apresentava o plano de seu discurso.[9]

---

9. Para uma descrição detalhada dessas regras, v. Laurent Pernot, *La Rhétorique de l'Éloge dans le Monde Gréco-romain*. Paris: Institut d'Études Augustiniennes, 1993.

Agostinho segue o esquema, mas lhe confere uma densidade filosófica que os manuais certamente não previam: começa, como de praxe, por uma citação, fundindo os versículos de dois salmos para afirmar a grandeza (muito louvável, mas também inumerável, portanto indescritível) de Deus; logo em seguida afirma a inclinação irrefreável do homem ao louvor a Deus; passa então a demonstrar a impotência da linguagem humana frente a essa tarefa: inadequação das categorias de tempo (circularidade entre invocar, conhecer, louvar, que só pode ser quebrada pela fé na pregação, conforme citação de Paulo, e pela busca na fé, conforme Mateus); inadequação das categorias de espaço (paradoxo do chamar para dentro, *in-vocare*, aquele que está em todo lugar, já introduzindo o tema, recorrente no restante da obra, da distância de Deus como distância de si mesmo); inadequação de toda forma de predicação, que no caso de Deus sempre assume a figura da contradição ou da hipérbole (e aqui Agostinho se permite atributos absolutos no superlativo, já dobrando a linguagem àquilo que não pode dizer: onipotentíssimo, presentíssimo). Nada consegue dizer o homem, quando fala de Deus. "E no entanto", conclui Agostinho, "ai dos que se calam sobre ti, porque, mesmo falando, são mudos."[10]

A única fala que não é silêncio é a que fala de Deus. A única coisa que vale a pena dizer é o que não pode ser dito. Como sair desse impasse? Aqui Agostinho abandona o modelo retórico e, transgredindo as regras do gênero, inverte os papéis. O orador se põe à escuta: que Deus diga o que ele é *para mim*. Conceitualmente, mais uma vez, não é uma novidade absoluta: tanto na tradição neoplatônica quanto na cristã, era bastante comum afirmar que Deus só pode ser conhecido por seus efeitos, e principalmente pelo que proporciona à alma humana. Novidade é a maneira como Agostinho utiliza esse conceito para

---

10. *Conf.* I, IV, 4.

reconfigurar, em poucos parágrafos, um gênero literário. Como, em outros termos, delineia, a partir de modelos preexistentes, um modelo literário novo que é também um novo procedimento filosófico.

Se Deus está dentro de nós, é lá que devemos procurá--lo. Ele será aquilo que, em nós, não podemos atribuir a nós mesmos. Aquilo que sobra quando, segundo a famosa recomendação de Plotino (*Enéadas* V, 3, 17, 35), "eliminamos tudo". Com efeito, como já foi dito, o modelo dessa ascensão a Deus pela interioridade é neoplatônico. Agostinho o adota explicitamente no Livro VII das *Confissões* (X, 16-XVII, 23) e, de maneira mais ampla e livre, na primeira parte do Livro X. Mas o modelo neoplatônico previa, justamente, o abandono de toda contingência, rumo a um absoluto em que a própria identidade individual se dissolvesse. A primeira coisa a ser sacrificada eram os acidentes biográficos. Para entender a relação entre busca interior de Deus e autobiografia é preciso então partir de outro ponto de vista, que é especificamente latino e cristão.

Para a filosofia grega, a história era uma arte (hoje diríamos: um gênero literário) e não uma ciência. Ciência era possível apenas sobre o que é universal, eterno, necessário. A história, ao contrário (como também a medicina), trata do que é contingente — em termos aristotélicos, daquilo que poderia ser diferente. A modalidade que lhe corresponde não é o conhecimento científico, mas a opinião. É verdade que, na época romana, surgiu o gênero da "história universal", praticado por escritores de tendência estoica e já caracterizado por certo finalismo. Nessas narrativas, a história do mundo demonstraria uma progressiva racionalização das relações humanas, culminando, como era de se esperar, com o domínio universal romano — as *Histórias* de Políbio são o modelo do gênero. Os estoicos foram também os primeiros a elaborar o conceito de Providência (*pronoia*): um desenho preestabelecido, inscrito na razão universal que é a estrutura do mundo e regula todos os acontecimentos, por ínfimos que sejam. Se há uma Providência, a História também é necessária.

Para os estoicos, tudo que existe é corpo e a razão é imanente ao mundo. Portanto, não há metafísica. O cristianismo antigo é platônico, para ele a razão que governa o mundo é transcendente. Mas essa racionalidade já não é apenas o mundo das ideias, que exclui a contingência. Ela se manifesta pela ação de Deus na história, e é revelada pela profecia. O grande desafio do cristianismo dos primeiros séculos foi conciliar metafísica e história providencial — em termos cristãos, "economia". A própria discussão sobre a Trindade, preocupação predominante dos primeiros concílios, poderia ser facilmente reduzida às tríades platônicas que lhe serviram de modelo, não fosse indissociável do mistério "econômico" da Encarnação. A história, contudo, não é objeto de ciência no sentido clássico, não pode ser abordada por procedimentos dialético-dedutivos que não deixem margem a erros. Tampouco é mera opinião. É um processo constante de interpretação que a própria história se encarrega de esclarecer progressivamente, confirmando as profecias e revelando as finalidades ocultas dos acontecimentos. Em *A verdadeira religião*, obra anterior às *Confissões*, Agostinho observava:

> A Divina Providência, portanto, delibera não apenas a respeito dos homens singulares, como que privadamente, mas também do gênero humano em geral, publicamente; o que Deus faz para os homens singulares, o sabe Deus que faz e aqueles para os quais é feito. O que faz para o gênero humano, quis que fosse confiado à história e à profecia. (25, 46)

Os dois níveis de intervenção divina, percurso individual e história universal, justificam a estrutura em duas partes das *Confissões*. O célebre parágrafo 38 do Livro XI introduz uma relação mais sutil: a história (ou qualquer história) é como uma melodia que revela sua forma progressivamente, na medida em que é executada. Parece-me necessário citá-lo na íntegra:

> Estou prestes a cantar uma canção que conheço: antes de começar, minha espera se estende sobre a totalidade dela, mas, depois de começar, tudo o que transfiro dela para o passado se estende também em minha memória, e a vida desta minha atividade se distende entre a memória do que cantei e a espera do que vou cantar; minha atenção, porém, está no presente, e é ela que traz o que era futuro para o passado. E quanto mais avanço e avanço, mais a espera se encurta e a memória se alonga, até que toda espera se esgote, quando a ação inteira for concluída e transferida para a memória. E o que acontece para toda a canção vale também para cada parte dela e cada sílaba dela; e também para toda ação mais longa, de que talvez aquela canção seja uma parte; e também para a vida inteira de um homem, cujas partes são as ações do homem; e também para toda a história dos *filhos dos homens*, cujas partes são todas as vidas dos homens.

Nesse trecho, a história individual já não é contraposta à universal, mas está implicada nela. Explica-se melhor, assim, a trama de citações bíblicas que perpassa o texto das *Confissões*. Não é mero recurso estilístico: a história universal, do início ao fim (do Gênesis ao Apocalipse), está contada nas Escrituras e, dentro dela, a história de cada um. Não porque as vidas individuais repitam à exaustão um roteiro pré-fixado, mas porque as Escrituras, em sua riqueza inesgotável de significados, em seus "abismos", contêm todas as narrativas possíveis, e porque todas as narrativas são, no fundo, uma só: a da vontade divina, que as Escrituras revelam. O procedimento fundamental será então o do centão, montagem de fragmentos escriturais que produz novos significados, modifica ou reforça os antigos. A justificativa, que Agostinho desenvolve no Livro XII, é que nem sempre o significado do texto se esgota na intenção original do autor, ainda mais quando, atrás de um autor humano, há a inspiração divina. Moisés não sabia que a terra firme de seu Gênesis iria mais tarde significar a Igreja. Tampouco o salmista, ao compor seus versos, tinha conhecimento de que a vida de Agostinho estava inscrita neles. No entanto está lá, e redigir sua própria biografia significa, para Agostinho, reordenar, comentar e interpretar uma narrativa já presente no texto bíblico. A postura de escuta que, como vimos, o autor assume no começo da obra tem também esse sentido: Agostinho não constrói sua história — a encontra já escrita.[11]

É por essa via que é preciso abordar a originalidade das *Confissões* como autobiografia. Agostinho não é o primeiro a narrar a própria vida: imperadores, militares, políticos nos deixaram relatos de suas ações, as *res gestae* (literalmente: coisas feitas). Em geral são textos que dispensam a análise psicológica, buscando apenas a avaliação moral e política. O fato de serem assinados pelo protagonista não lhes proporciona maior intimidade, tanto que costumam ser redigidos em terceira pessoa, como os *Comentários* de César. A personalidade, para esses autores, é previamente determinada pelo sangue, a natureza e a educação, e não é alterada pelas vicissitudes da vida. Paulino de Nola, ao pedir para Alípio a história de sua vida, ainda recorre, meio por brincadeira talvez, a uma citação de Virgílio (*Eneida*, VIII, 114): "dize-me *qual é tua família, tua pátria...*".

Por outro lado, como vimos, surgem na Antiguidade tardia relatos de conversão, não apenas cristãos, mas

---

11. Entre os autores recentes, Jean-Luc Marion tem insistido especialmente sobre esse ponto. V. *Au lieu de soi. L'approche de Saint Augustin*. Paris: PUF, 2008, cap. I.

também pagãos, como a conversão ao culto de Ísis que encerra *O asno de ouro* de Apuleio. Em sentido amplo, esses textos se inscrevem no gênero dos relatos de cura, em que se agradece a um deus (normalmente Asclépio, no caso das doenças físicas) por ter curado algum defeito do corpo ou da alma — os *Discursos sagrados* de Hélio Aristides, retórico grego do século II, são o exemplo mais famoso. Nos dois casos, trata-se de uma transformação profunda que, graças a uma intervenção divina, restitui à alma e/ou ao corpo sua integridade. O eu biográfico em sentido moderno, personalidade singular que passa por um processo de formação, não é um conceito antigo. Quando surge, no final da Antiguidade, é no registro da doença.

Agostinho retoma esse modelo e o desenvolve até a extensão de uma vida, como se a vida fosse a doença da qual é necessário sarar. Pode fazê-lo porque sua concepção "econômica" (i. é: providencial) da história é mais abrangente e complexa do que aquela de seus predecessores. Com efeito, as *Confissões* são também *res gestae*, relato ou prestação de contas de ações realizadas. Mas é uma *res gestae* muito peculiar, porque nela as ações são determinadas não por uma causa eficiente (a personalidade predefinida do autor), mas por uma causa final: o desenho providencial que o protagonista ignora e o narrador só pode decifrar *a posteriori*. Daí o movimento característico, em espiral, da narrativa biográfica, marcada, como já notou Jean Guitton,[12] pelo descompasso entre progresso intelectual e progresso moral.

De fato, a biografia agostiniana avança no duplo movimento de uma maturação progressiva, que o narrador encadeia retrospectivamente num processo linear de busca, e de uma sucessão de fracassos que o protagonista sente imediatamente como uma volta constante ao ponto

---

12. *Temps et Eternité chez Plotin et Saint Augustin*. Paris: Aubier, 1955, p. 250.

de partida, mas que, na realidade, marcam um aprofundamento contínuo: decepção com a retórica, decepção com a primeira conversão ao maniqueísmo, decepção com a filosofia, decepção com uma segunda conversão, meramente intelectual, ao catolicismo neoplatonizante do círculo de Ambrósio em Milão. É justamente no momento de tensão mais desesperadora, porque aparentemente menos justificada, entre convicção intelectual e postura moral, na cena do jardim do Livro VIII, que a intervenção divina se torna finalmente manifesta.

O relato biográfico se interrompe aí, na conversão, ou melhor, no livro seguinte, na cura que a conversão proporciona: o batismo e, sobretudo, o choro com que Agostinho, na noite seguinte à morte da mãe, abandona todo orgulho intelectual e "deita seu coração sobre as lágrimas", confiando a Deus a dor de sua orfandade. Esse é o último fato biográfico narrado. Mas a obra não se encerra aí: mal chegou à metade. Com efeito, o desígnio providencial não termina com a conversão, nem a cura será completa até a morte, ou até o fim dos tempos. O trabalho de decifração é infinito, e diz respeito tanto ao estado atual da alma, dilacerada entre investigação introspectiva e tentações do mundo (Livro X), quanto à história do mundo, antecipada pela profecia e constantemente atualizada pela exegese (Livros XI-XIII).

Nesse esforço interminável de entendimento, acontecimentos à primeira vista irrelevantes adquirem dimensões especiais: um furto de peras num pomar, um sonho da mãe, o encontro com um bêbado, ganham mais destaque do que um sucesso literário, um avanço na carreira, uma atividade pública. Analogamente, na interpretação do Gênesis, palavras simples adquirem profundidade infinita: o que significa *no princípio*? O que significa *céu e terra*? Qual é o sentido profético das águas amargas, dos monstros marinhos, dos pássaros? Agostinho se baseia, é claro, numa tradição exegética já secular. Mas é original a ideia, exposta no Livro XII, de que a interpretação é por sua natureza plural e interminável. O sentido pretendido pelo autor, mesmo que pudéssemos identificá-lo, é apenas um dos sentidos possíveis do texto. Daí a descrição das Escrituras como uma pequena fonte que alimenta rios caudalosos, que só no fim desaguarão no mesmo mar, quando as portas do céu se abrirão e o céu, para usar uma imagem de Isaías cara a Agostinho, *será enrolado como um livro*. Então não precisaremos mais de linguagem e de interpretação, porque veremos *face a face*.

Para completar o quadro, é necessário abordar um último aspecto: a questão inesgotável da estrutura compositiva das *Confissões*. Não era incomum na tradição latina e grega iniciar uma obra teórica com uma breve biografia intelectual, que descreve o percurso pelo qual o autor chegou a determinadas conclusões. Amiúde, tais introduções exploram o tópico da "decepção filosófica", descoberta progressiva da falácia das doutrinas em voga. Para ficar apenas com os cristãos, assim Justino inicia seu *Diálogo com Trifão*, e Hilário de Poitiers, seu tratado contra os arianos. Antes deles, assim se iniciam as *Homilias* pseudoclementinas. O próprio Agostinho aproveitou esse esquema em alguns de seus diálogos filosóficos (*Contra os acadêmicos* e *A vida feliz*). As *Confissões* seguem, de certa forma, esse esquema, mas com proporções invertidas, a introdução biográfica assumindo dimensões descomunais. Isso levou alguns comentadores a considerar a obra como um enorme fragmento, resto de um projeto colossal, em que a parte biográfica seria seguida por um comentário integral das Escrituras.[13] Projeto irrealizável, por certo.

De resto, Agostinho nunca falou das *Confissões* como texto inacabado. Em estudos recentes, a hipótese costuma ser descartada, mas é verdade que, como observa Courcelle, a obra não possui, propriamente, uma conclusão. É pos-

---

13. P. Courcelle, op. cit., pp. 23-4.

sível que também para os leitores da época, como para os de hoje, o livro provocasse a impressão de um corte abrupto, como se ele se constituísse numa interminável preparação para uma tarefa que é apenas esboçada. É o que o próprio Agostinho dá a entender quando, por exemplo, na abertura do Livro XI, declara que ainda haveria muito a agradecer a Deus pela própria vida, mas é pressionado a interromper o relato biográfico para passar à interpretação das Escrituras; ou quando, no final do Livro XII, observa que, pelo método seguido até então, nunca terá tempo de comentar todos os livros sagrados. Ele queria realmente comentar todas as Escrituras numa única obra, ou a urgência, a falta de tempo se refere a uma vida inteira?

Os antigos não compunham como nós: suas obras admitiam estruturas mais indefinidas. É verdade também que na literatura latina imperial, como nas artes plásticas, abundam os gêneros compósitos — do *Satíricon* de Petrônio às *Núpcias de Mercúrio e Filologia* de Marciano Capela, conterrâneo e contemporâneo de Agostinho. Mas gêneros compósitos ainda são gêneros, enquanto uma construção tão esdrúxula como a das *Confissões* parece única, inclusive entre as obras do próprio bispo de Hipona. E não adianta recorrer ao antigo argumento (que Henri-Irenée Marrou ainda utiliza na primeira edição de seu *Saint Augustin et la fin de la culture antique*, embora se retrate nas edições posteriores) de que Agostinho compunha mal. A assimetria, ao contrário, só pode ser proposital, mais um malabarismo de literato filósofo: os trechos a que me referi pouco acima, mais do que exclamações espontâneas, são instrumentos retóricos que preparam o desfecho, ou a falta de desfecho. Toda a última parte da obra é costurada pela angústia da insuficiência. A experiência de vida e a conversão dispuseram Agostinho para resistir às tentações e mergulhar na obscuridade dos livros. Mas não lhe garantem o êxito. A tarefa é infinita.

As *Confissões* não podem ser concluídas, só interrompidas. Enquanto exercício de compreensão em ato, não podem se inscrever num gênero ou num estilo que a definiriam previamente, embora lancem mão de todos os estilos e gêneros.¹⁴ Nem sequer podem se fechar numa forma, porque a busca deve permanecer em aberto. São inclassificáveis por princípio. Como o próprio Agostinho sugere nas *Revisões*, foram escritas e devem ser lidas *interim*, entretempo, interinamente.

NOTA DO TRADUTOR

Esta tradução segue a edição do *Corpus Christianorum*, Turnholt, Brepols, 1990 (ed. M. Skutella e L. Verheijen). Quanto às citações bíblicas, Agostinho utilizava uma versão latina anterior à Vulgata de Jerônimo, ulteriormente modificada pela nova edição promovida por Pio XII em 1945, sobretudo no que diz respeito aos Salmos. Os textos, portanto, podem diferir bastante dos das edições modernas da Bíblia. Nas referências, identificamos pelo termo Vulgata, entre parênteses, as citações que correspondem à edição clementina da versão de Jerônimo (1502), mas diferem da versão moderna; por Vetus Latina, as citações que diferem de ambas as versões. Para a numeração dos Salmos, seguimos a Bíblia de Jerusalém, indicando entre parênteses a numeração alternativa.

A tradução se beneficiou de muitas conversas e discussões com colegas e alunos, dentro e fora da sala de aula.

---

14. Sobre a fusão de estilos em Agostinho e seu caráter revolucionário em relação à tradição antiga, continuam indispensáveis as análises de Erich Auerbach, em "Sermo Humilis" (*Ensaios de literatura ocidental*. Trad. Samuel Titan Jr. São Paulo: Duas Cidades/Editora 34, 2007, pp. 29-76) e no terceiro capítulo de *Mimesis* (São Paulo: Perspectiva, 1987, pp. 43-65).

Seria impossível citar todos. Um agradecimento especial vai ao professor Moacyr Novaes, que revisou a tradução, não apenas melhorando a escrita e evitando alguns escorregões, mas também me revelando sentidos do texto que até então me passaram despercebidos.

NOTA À SEGUNDA EDIÇÃO

Esta edição apresenta algumas novidades. As mais evidentes são a inclusão de três fragmentos que fazem referência às *Confissões* em obras posteriores de Agostinho e um pequeno glossário das abreviações bíblicas utilizadas nas notas. Houve também várias modificações no texto, algumas de certa relevância conceitual, além de acréscimos e correções nas notas. Agradeço mais uma vez o professor Moacyr Novaes, cujas sugestões motivaram muitas dessas mudanças.

Lista de abreviaturas

Ap	Apocalipse
At	Atos dos Apóstolos
Cl	Colossenses
1Cor	1ª Epístola aos Coríntios
2Cor	2ª Epístola aos Coríntios
1Cr	1º Livro das Crônicas
2Cr	2º Livro das Crônicas
Ct	Cântico dos Cânticos
Dn	Daniel
Dt	Deuteronômio
Eclo	Eclesiástico
Ef	Epístola dos Efésios
Ex	Êxodo
Ez	Ezequiel
Fl	Epístola aos Filipenses
Gl	Epístola aos Gálatas
Gn	Gênesis
Hab	Habacuc
Hb	Epístola aos Hebreus
Is	Isaías
Jl	Joel
Jn	Jonas
Jó	Jó
Jo	Evangelho segundo são João
1Jo	1ª Epístola de são João

Jr	Jeremias
Js	Livro de Josué
Lc	Evangelho segundo são Lucas
Lm	Lamentações
Lv	Levítico
Mc	Evangelho segundo são Marcos
2Mc	2º Livro dos Macabeus
Ml	Malaquias
Mq	Miqueias
Mt	Evangelho segundo são Mateus
Ne	Neemias
Nm	Números
1Pd	1ª Epístola de são Pedro
2Pd	2ª Epístola de são Pedro
Pr	Provérbios
Rm	Epístola aos Romanos
1Rs	1º Livro dos Reis
2Rs	2º Livro dos Reis
Sb	Sabedoria
Sl	Salmos
2Sm	2º Livro de Samuel
Tb	Tobias
Tg	Tiago
1Tm	1ª Epístola a Timóteo
2Tm	2ª Epístola a Timóteo
1Ts	1ª Epístola aos Tessalonicenses
2Ts	2ª Epístola aos Tessalonicenses
Tt	Epístola a Tito

Revisões (426-7), II, VI (XXXII)

1. Os treze livros de minhas *Confissões* louvam a Deus justo e bom por minhas ações boas e más, e incitam o intelecto e o afeto humano a se dirigir para ele; enquanto isso, no que me diz respeito, é isso que me proporcionaram quando as escrevia, e ainda me proporcionam, quando as leio. O que os outros pensam disso, vejam eles mesmos; mas sei que agradaram e agradam a muitos irmãos. Do primeiro ao décimo livro tratam de mim mesmo; nos três últimos, das Sagradas Escrituras, de onde está escrito: *No princípio Deus fez o céu e a terra* até o repouso do sábado.

2. No livro IV, confessando a miséria de minha alma pela morte de um amigo, ao dizer que de certa maneira nossas almas se tornaram, de duas, uma só, acrescento: "por isso talvez tivesse medo de morrer, porque não queria que morresse inteiramente aquele que tanto amara".[1] Isso me parece mais um leve exercício oratório do que uma grave confissão, ainda que sua inépcia seja temperada em alguma medida pela inclusão de um "talvez". E o que disse no livro XIII: "o firmamento criado entre as águas espirituais superiores e as corporais inferiores",[2] não foi dito com a devida consideração; de fato, a questão é muito obscura. A obra começa assim: "Tu és grande, Senhor...".

CARTA 231 A DÁRIO (427-8), 6

Recebe, então, meu filho, recebe, homem bom e cristão não na superfície, mas na caridade cristã, recebe, digo, os livros que pediste de minhas *Confissões*; vê-me neles, não me louva mais do que eu mereça, crê em mim por eles, e

---

1. Livro IV, VI, 11.
2. Livro XIII, XXXII, 47.

não em outros sobre mim. Ali me observa e vê por mim mesmo o que eu fui em mim mesmo. E se aprovares algo em mim, louva comigo por isso não a mim, mas quem eu quis louvar falando de mim, porque *ele nos fez e não nós mesmos*.[3]

O DOM DA PERSEVERANÇA (428-9), XX, 53

Qual de minhas obras conseguiu ser conhecida mais amplamente e com maior aprovação do que minhas *Confissões*? Essa também foi publicada antes que surgisse a heresia pelagiana,[4] e nela eu disse com razão ao nosso Deus, e disse repetidamente: "Concede o que ordenas, e ordena o que queres".[5] Pelágio não pôde tolerar essas palavras, quando foram citadas em Roma, em sua presença, por um irmão colega meu de bispado, e contradisse quem a citava com certa ênfase, quase brigando com ele. Mas o que Deus ordena primeira e mormente, senão que acreditemos nele? E isso ele mesmo o concede, se é dito com razão: "Concede o que ordenas". E naqueles mesmos livros, entre o que narrei de minha conversão, pela qual Deus me converteu à fé que eu devastava por minha miserabilíssima e louquíssima tagarelice, lembram o que narrei para demonstrar que me foi concedido de não morrer pelas lágrimas fieis e cotidianas de minha mãe?[6] Onde predicava que Deus converte as vontades dos homens não apenas afastadas da justa fé, mas até contrárias a ela.

---

3. Sl 100(99):3 (Vulgata).
4. Segundo Pelágio, a salvação do homem dependia apenas dele mesmo. As teses de Pelágio, a quem Agostinho opunha sua doutrina da graça, começaram a circular por volta de 410.
5. Livro X, XXIX, 40; XXXI, 45; XXXVII, 60.
6. Livro III, XI, 19; V, IX, 17.

Confissões

Livro 1

I, 1. *Tu és grande, Senhor, e demais louvável. Grande é tua potência, e tua sabedoria é inumerável.*[1] Quer te louvar o homem, fragmento qualquer de tua criação, e anda em círculos carregando sua mortalidade, anda em círculos carregando a prova de seu pecado e a prova de que *tu resistes aos soberbos*[2] — contudo, o homem quer te louvar, este fragmento qualquer de tua criação. Tu o incitas, para que goste de te louvar, porque o fizeste rumo a ti e nosso coração é inquieto, até repousar em ti. Concede-me, Senhor, saber e compreender o que é anterior: invocar-te ou louvar-te? Conhecer-te ou invocar-te? Mas quem poderia te invocar, se não te conhecesse? Não te conhecendo, poderia invocar outra coisa. Mas não te invoca, ao contrário, para te conhecer? Porém, como *invocarão os que não acreditam? Ou como acreditarão, se ninguém anunciou?*[3] *E louvarão o Senhor os que o procuram.*[4] Quem o procura encontra-o, e quem o encontra louvá-lo-á. Que eu te procure, Senhor, invocando-te, e te invoque acreditando em ti: com efeito,

---

1. Cf. Sl 145 (144),3 (Vetus Latina): "Grande és, Senhor, e muito louvável; e tua grandeza não tem fim"; Sl 147(146),5: "Grande o nosso Senhor, e grande sua potência; e sua sabedoria é inumerável".
2. 1Pd 5,5; Tg 4,6; Pr 3,34 (Vetus Latina).
3. Rm 10,14.
4. Sl 22 (21),27.

foste anunciado. Invoca-te, Senhor, a minha fé, que tu me deste, que me inspiraste pela humanidade de teu Filho e pelo ministério de teu anunciador.

II, 2. E como invocarei o meu Deus, meu Deus e Senhor, já que certamente, ao invocá-lo, o chamo para dentro de mim?[5] Que lugar há em mim, para que o meu Deus venha para dentro de mim? Como Deus viria em mim, Deus *que fez o céu e a terra*?[6] Então, Senhor meu Deus, há algo em mim, que possa te conter? Acaso te contêm o céu e a terra, que fizeste e nos quais me fizeste? Ou o fato de nada ser sem ti implica que tudo o que for te contém? Mas então, eu também, por que peço que venhas para dentro de mim, eu que não seria, se tu já não estivesses em mim? De fato, ainda não estou debaixo da terra, no entanto até ali tu te encontras. Porque, mesmo *se descer no inferno, tu lá estás.*[7] Portanto, meu Deus, eu não seria, não seria absolutamente, se tu não estivesses em mim. Ou antes, eu não seria se não estivesse em ti — em ti, *a partir do qual, pelo qual e no qual tudo é*?[8] É assim mesmo, Senhor, é assim mesmo. Por que te invoco, se estou em ti? De onde virias a mim? Para onde me afastaria, fora do céu e da terra, para que dali venha o meu Deus, que diz: *eu preencho o céu e a terra*?[9]

III, 3. Então te contêm o céu e a terra, porque tu os preenches? Ou os preenches e ainda sobras, porque não te contêm? E para onde trasbordaria o que sobra de ti, uma vez preenchidos o céu e a terra? Ou não é necessário que tu, que conténs todas as coisas, sejas contido por algo, porque,

---

5. Segundo a etimologia latina, "*in-voco*": chamar para si, ou para dentro.
6. Gn 1,1.
7. Sl 139 (138),8.
8. Rm 11,36.
9. Jr 23,24.

o que tu preenches, o preenches contendo-o? Com efeito, não são os vasos plenos de ti que te tornam estável: mesmo que eles sejam quebrados, tu não derramarias. E quando derramas sobre nós não desces, mas nos levantas; não te dispersas, mas nos recolhes. Mas, tudo o que preenches o preenches da totalidade de ti. Ou, não podendo te conter inteiro, todos os seres conteriam uma tua parte, e todos a mesma, simultaneamente? Ou cada um singularmente, os maiores uma parte maior, os menores, uma menor? Haveria, portanto, em ti, partes maiores e menores? Ou estás todo em todo lugar, e nada te contém inteiramente?[10]

IV, 4. O que és, afinal, meu Deus? O que, pergunto, senão o meu Senhor? *Quem*, de fato, *é senhor, além do Senhor? Quem é deus além do nosso Deus?*[11] Supremo, ótimo, poderosíssimo, todo-poderosíssimo, misericordiosíssimo e justíssimo, ocultíssimo e evidentíssimo, belíssimo e fortíssimo. Imóvel e inapreensível; imutável, que tudo muda; nunca novo, nunca velho; que tudo renova, mas *envelheces* os soberbos, *e eles não percebem*.[12] Sempre ativo, sempre em repouso; que acumula, sem ter carência; que carrega e preenche e protege; que cria e nutre e perfaz; que procura, sem que nada lhe falte. Tu amas e não ardes; és ciumento, mas sem receios; arrependes-te,[13] e não sofres; enfureces-te,[14] e permaneces calmo. Mudas as ações, mas não o propósito; recolhes o que encontras e nunca perdeste; nada te faltando, gozas do que logras;

---

10. Cf. Livro VII, I, 2.
11. Sl 18 (17),32.
12. Jó 9,5 (Vetus Latina: "Envelheces as montanhas, e elas não percebem". Na Vulgata: "Deslocas as montanhas, e elas não sabem"). A identificação das montanhas com os grandes da Terra e, portanto, os soberbos, já era tradicional na exegese cristã.
13. Cf. Gn 6,6-7.
14. Cf. Ex 4,14; Sl 2,12.

nunca avaro, reclamas juros. Entregamos-te com sobra,[15] para que fiques em dívida, mas quem possui algo que não seja teu? Dás o que é devido, e nada deves; pagas as dívidas sem nada perder. Mas o que digo, meu Deus, minha vida, minha santa doçura, e o que diz qualquer um, quando fala de ti? E no entanto, ai dos que se calam sobre ti, porque, mesmo falando, são mudos.

v, 5. Quem me fará repousar em ti? Quem fará com que tu venhas ao meu coração e o inebries, para que eu esqueça meus males e abrace a ti, meu único bem? O que és tu para mim? Tem piedade, para que eu fale. O que sou eu para ti, para tu ordenares que eu te ame e, se não o fizer, te enfureceres e ameaçares grandes desgraças? Seria uma desgraça pequena, não te amar? Ai de mim! Dize-me pelos teus atos de misericórdia, Senhor meu Deus, o que és para mim. *Dize à minha alma: eu sou tua salvação.*[16] Dize-o, para que eu ouça. Eis diante de ti os ouvidos do meu coração; abre-os e *dize à minha alma: eu sou tua salvação.* Correrei atrás dessa voz e te alcançarei. Não me escondas tua face:[17] que, para não morrer, eu morra para vê-la.[18]

6. É pequena a casa da minha alma, para que tu venhas a ela: que seja ampliada graças a ti. Está em ruínas: reforma-a. Contém coisas que ofendem teus olhos: digo-o, sei-o. Mas quem a limpará? Para quem, senão para ti,

---

15. Cf. Mt 25,27.
16. Sl 35 (34),3.
17. Cf. Dt 31,17 e 32,20.
18. A morte mística para o pecado, que gera a ressurreição da alma. Cf. Agostinho, *Sermão 231*, 3: "Se vivemos bem, é porque morremos e ressuscitamos; mas quem não morreu e não ressuscitou ainda vive mal; se vive mal, não vive; que morra, para não morrer". Sobre a visão de Deus que a morte propicia, cf. Ex 33,20.

clamarei: *purifica-me de minhas culpas secretas, Senhor, e poupa teu servo das alheias?*[19] *Eu acredito, e por isso falo.*[20] *Senhor, tu sabes.*[21] Não te enumerei *contra mim minhas faltas*, meu Deus, *e tu perdoaste a impiedade do meu coração?*[22] Não discuto teu julgamento,[23] *tu és a verdade*;[24] e eu não quero me enganar, não quero que *minha iniquidade minta para si mesma.*[25] Não discuto teu julgamento, porque, *se levares em conta as culpas, Senhor, quem poderia resistir?*[26]

VI, 7. Mas deixa-me *falar à tua misericórdia, eu, terra e cinza*,[27] deixa, contudo, que eu fale, porque é à tua misericórdia que falo, não a um homem que possa rir de mim. Até tu talvez rias de mim;[28] porém, voltando-te para mim, terás piedade. Pois o que é que quero dizer, Senhor, senão que não sei de onde vim até aqui, para isso que chamo vida mortal, ou morte vital?[29] Não sei. Aqui me acolheram *as consolações de tua compaixão*,[30] segundo aprendi pelo meu pai e mãe carnais, do qual e na qual me

---

19. Sl 19 (18),13-14 (Vulgata de Jerônimo; na Vulgata moderna: *Purifica-me das faltas secretas; e preserva teu servo do orgulho*).
20. Sl 116 (114-5),1 (10).
21. Sl 69 (68),6.
22. Sl 32 (31),5.
23. Cf. Jó 9,3.
24. Jo 14,6; 1Jo 5,6.
25. Sl 27 (26),12 (Vulgata de Jerônimo; na Vulgata moderna: *Contra mim se levantaram falsas testemunhas*).
26. Sl 130 (129),3.
27. Gn 18,27.
28. Cf. Sl 2,4; 37 (36),13; Sb 4,18.
29. Cf. Eurípides, *Polydus*: "Quem sabe se o viver não é um morrer, e o morrer um viver?", cit. em: Platão, *Górgias*, 492e; Clemente de Alexandria, *Stromateis* III, 3; Orígenes, *Contra Celso*, VII, 50.
30. Sl 94 (93),19; 69 (68),17.

formaste no tempo; de fato, eu não lembro. Receberam-me as consolações do leite humano, e não era minha mãe ou minhas amas que enchiam a si mesmas os seios, mas tu me davas através delas o alimento da infância, conforme estabeleceste, e as riquezas que colocaste até o fundo das coisas. Tu me davas também de não querer mais do que me davas, e às que me nutriam, de querer dar-me o que davas a elas. Queriam me dar, com efeito, segundo um sentimento regrado, aquilo de que abundavam graças a ti. Era bom para elas o bem que eu recebia delas, porque não vinha delas, mas através delas: de ti, por certo, Deus, vêm todos os bens, do meu Deus vem toda minha salvação. Isso, eu o percebi mais tarde, quando tu mo declaraste por aqueles dons que concedes interior e exteriormente. Por enquanto, sabia mamar e me apaziguar nos prazeres, ou chorar pelas ofensas à minha carne, nada mais.

8. Em seguida comecei a rir, antes no sono, depois na vigília. Isso me foi contado e eu acredito, porque vi outras crianças agir dessa forma; mas, quanto a mim mesmo, não lembro. Pouco a pouco começava a perceber onde estava, e queria manifestar minhas vontades àqueles que poderiam satisfazê-las, e não conseguia, porque aquelas estavam dentro, e estes, fora, e não podiam penetrar minha alma com nenhum de seus sentidos. Então me lançava em gestos e sons, sinais que imitavam minhas vontades, pelo pouco que podia, da maneira que podia: mas não eram realmente semelhantes. E quando não me obedeciam, ou por não entender, ou para não me prejudicar, indignava-me que adultos não se submetessem e gente livre não me servisse, e vingava-me deles chorando. Aprendi isso com os bebês que pude observar, e eles, inconscientemente, me mostraram melhor o que eu fui do que fizeram, cientemente, os que me criaram.

9. Mas eis que minha infância morreu há tempo, e eu estou vivo. Tu, porém, Senhor — que és sempre vivente e no

qual nada morre porque, antes do início dos séculos e antes mesmo de tudo o que possa ser chamado de anterior, tu és, e és Deus Senhor de todas as coisas que criaste, e contigo permanecem as causas estáveis de tudo o que é instável, e se mantêm as origens imutáveis de tudo o que é mutável, e vivem as razões eternas de tudo o que é irracional e temporal — dize, Deus, a mim, teu suplicante, dize-me, misericordioso com teu miserável, se minha infância já se seguia à morte de alguma idade anterior. Talvez aquela que passei no ventre da minha mãe? Com efeito, sobre esse período também ouvi alguma coisa, e eu mesmo vi mulheres grávidas. E quanto a uma época ainda anterior, minha doçura, meu Deus? Estive em algum lugar ou fui algo? Sobre isso, não há quem possa me falar: nem meu pai e minha mãe, nem a experiência dos outros, nem minha memória. Tu ris de mim se te pergunto isso, e me ordenas te louvar e confessar por aquilo que conheço?

10. *Faço minha confissão a ti, Senhor do céu e da terra,*[31] louvando-te pela minha origem[32] e minha infância, que não lembro; mas concedeste ao homem conjeturar sobre ela a partir de outros, e acreditar em muitas coisas sobre si mesmo pela autoridade até de mulherzinhas humildes. De fato, eu já existia e vivia naquele tempo e no fim da infância já procurava sinais para que os outros conhecessem meus sentimentos. De onde vinha essa vida animal, senão de ti, Senhor? Alguém poderia ser artífice de si mesmo? Há alguma corrente que vem de alhures e escorre em nós para que sejamos e vivamos, sem que tu nos faças, Senhor,[33] tu para quem ser e viver não são distintos, porque o ser supremo e o viver supremo são o

---

31. Mt 11,25.
32. Cf. Agostinho, *Comentário literal ao gênese*, VI, X,17.
33. Cf. Sl 100 (99),3 (Vulgata de Jerônimo: *Ele nos fez, e não nós mesmos*; Vulgata moderna: *Ele nos fez, e a ele pertencemos.*)

mesmo? Tu és supremo e não mudas³⁴ e em ti o dia de hoje não passa, e no entanto passa em ti, porque tudo isso também está em ti: não haveria caminhos para passar, se tu não os contivesses. Mas, se *teus anos não acabam*,³⁵ teus anos são um hoje; e quantos dias nossos e dos nossos pais já passaram pelo teu hoje, e dele receberam a medida e tudo o que foram, e agora outros passarão e também receberão tudo o que serão! Mas tu és sempre o mesmo e todas as coisas de amanhã e depois de amanhã, e todas as coisas de ontem e antes de ontem, tu as farás hoje, foi hoje que as fizeste. O que me importa, se alguém não entender? Alegre-se ele também, dizendo: *o que é isso?*³⁶ Alegre-se mesmo assim e prefira te encontrar não encontrando a, encontrando, não te encontrar.

VII, 11. Escuta, Deus: "Ai dos pecados dos homens!".³⁷ Um homem diz isso, e tu tens piedade dele, porque tu o fizeste, e não fizeste seu pecado. Quem me lembrará dos pecados da minha infância — porque *ninguém é livre do pecado diante de ti, nem o recém-nascido, que tem apenas um dia de vida sobre a terra*?³⁸ Quem mos lembrará? Alguma criancinha minúscula, na qual vejo o que não lembro de mim? Em que pecava, então? Talvez porque cobiçava os seios chorando? De fato, se me comportasse assim agora, cobiçando não certamente os seios, mas algum alimento condizente à minha idade, seria com toda razão escarnecido e censurado. Logo, naquela época fazia coisas censuráveis, mas, não podendo compreender a censura, o costume e a razão não deixavam que eu fosse repreendido. Com efeito, ao crescer expurgamos e

34. Cf. Ml 6,3.
35. Sl 102 (101),28.
36. Ex 16,15.
37. Cf. Is 1,2-4.
38. Jó 14,4-5 (versão dos LXX).

descartamos essas atitudes, e nunca vi alguém descartar propositadamente coisas boas, ao limpar algum lugar. Era bom, por acaso, mesmo naquela idade, pedir chorando até o que me faria mal, indignar-me amargamente com homens não submissos e livres e com os próprios pais que me geraram, além de outras pessoas ajuizadas que não obedeciam a um sinal da minha vontade, e tentar machucá-las batendo quanto podia, porque não obedeciam a ordens que seriam perniciosas, se obedecidas? Logo, é a fraqueza dos membros infantis que é inocente, não a alma dos infantes. Eu mesmo vi e tive a experiência de uma criança ciumenta: ainda não falava, mas olhava pálida, com expressão irada, a criança que mamava junto com ela. Quem não sabe disso? Mães e amas dizem que isso se corrige com não sei que remédios. A não ser que isso também seja inocência: não tolerar, diante de uma fonte de leite que jorra rica e abundante, um parceiro desprovido de toda força e que depende desse único alimento para viver. No entanto, somos indulgentes com esses excessos, não porque sejam nulos ou pequenos, mas porque passam com a idade. Prova disso é que não podem ser tolerados de bom ânimo, quando se manifestam em alguém mais velho.

12. Tu, portanto, Senhor meu Deus, que deste ao recém-nascido a vida e um corpo provido de sentidos e articulado em membros, assim como o vemos, e embelezaste sua figura e insuflaste nele todos os instintos animais, para sua completude e conservação, tu ordenas que eu te louve por isso, *confesse-me a ti e cante teu nome, Altíssimo*,[39] porque tu és Deus onipotente e bom, ainda que tivesses feito só isso, que ninguém poderia fazer além de ti, unidade da qual vem toda medida, formosíssimo que formas tudo e que ordenas tudo pela tua lei. Mas aque-

39. Sl 92 (91),2 (Vetus Latina); cf. Sl. 147 (146-7), 7.

la idade, Senhor, eu não lembro como a vivi; a respeito dela, acredito nos outros e conjeturo o que fiz a partir de outras crianças. Ainda que essas conjeturas sejam muito confiáveis, incomoda-me considerá-las parte da minha vida, a que vivo neste século. Com efeito, o que caiu nas trevas do meu esquecimento equivale ao que vivi no útero materno. E se *fui concebido na iniquidade e minha mãe me alimentou no útero entre os pecados*,[40] onde, peço-te, meu Deus, onde, Senhor, eu, teu servo, onde ou quando fui inocente? Mas deixo de lado aquele tempo: o que mais tem a ver comigo, se dele não ficou nenhum vestígio?

VIII, 13. Da infância, avançando rumo ao presente, não cheguei à puerícia?[41] Ou melhor, ela não chegou a mim, e sucedeu à infância? Mas esta não foi embora: para onde iria? Contudo, já não era. De fato, eu já não era uma criança que não fala, mas um menino falante. Disso eu lembro; mas como apreendi a falar, só o compreendi mais tarde. Com efeito, os adultos não me mostraram as palavras segundo um programa determinado de instrução, como um pouco mais tarde o alfabeto, mas eu mesmo, com a mente que tu me deste, meu Deus, com gemidos e sons variados e gestos variados dos membros queria ma-

---

40. Sl 51 (50),7 (Vetus Latina).
41. Agostinho utiliza a divisão já tradicional da vida humana em seis idades: infância, puerícia, adolescência, juventude, maturidade, velhice. A infância indicava o período anterior à aprendizagem da fala (*in-fans* = não falante) ou, em outros autores, ao ingresso na escola (sete anos); a puberdade marcava a passagem da puerícia à adolescência; a maioridade jurídica (trinta anos), a da adolescência à juventude; a transição para as duas últimas idades é mais indeterminada, variando segundo os autores. Nas *Confissões*, o livro I trata da infância e puerícia; os livros II a VI, da adolescência; os livros VII a IX, do início da juventude (dos trinta aos 33 anos). Cf. Agostinho, *A verdadeira religião*, XXVI, 48-9.

nifestar os sentimentos do meu coração, para que meus desejos fossem atendidos. Mas não conseguia expressar tudo o que queria para todos aqueles dos quais o queria. Apelava à memória: quando eles nomeavam algo e moviam o corpo em direção àquilo de acordo com aquele som, olhava e memorizava o som pelo qual chamavam a coisa que queriam indicar. Mas, esse querer, eles o revelavam pelos movimentos corporais que são como a linguagem natural de todos os povos, e que se manifestam no rosto, nos movimentos dos olhos, na ação de outros membros e no tom da voz, indicando a afeição da alma ao pedir, obter, recusar ou evitar algo. Dessa maneira, retinha as palavras colocadas no lugar adequado em várias sentenças ouvidas repetidamente, registrava de que coisas eram signos e, forçando a boca a reproduzir aqueles sinais, já conseguia comunicar meus desejos através deles. Assim troquei sinais com aqueles que me rodeavam sobre as vontades que queria expressar e desci mais fundo na tempestuosa sociedade da vida humana, atrelado à autoridade dos pais e ao arbítrio dos adultos.

IX, 14. Deus, meu Deus, quantas misérias e enganos experimentei então, quando, para viver bem, me propunham obedecer, criança, àqueles que me ensinavam a brilhar neste século e a me destacar nas artes da verbosidade, voltadas para honras humanas e falsas riquezas. Enviaram-me para a escola, para que aprendesse as letras, cuja utilidade eu, mísero, ignorava. Porém, se era lento a aprender, batiam-me. Os adultos aprovavam isso, e muitos que passaram por esta vida antes de nós construíram, multiplicando a fadiga e a dor aos filhos de Adão, os caminhos penosos que éramos obrigados a percorrer. Mas encontramos também, Senhor, homens que rezavam a ti, e aprendemos deles, sentindo-te como podíamos, que eras algo grande, que podias nos atender e socorrer mesmo não aparecendo aos nossos sentidos. Ainda criança, comecei a rezar a ti, *meu auxílio e refúgio*,[42] e na invocação de ti rompia os nós de minha língua e rogava — pequeno, mas com emoção não pequena — que não me batessem na escola. E, como não me atendias — não para que *me tornasse um estulto* —,[43] os adultos e até meus próprios pais, que não queriam que nada de mau me acontecesse, riam de minhas feridas, que na época eram para mim um mal grande e grave.

15. Haveria alguém, Senhor, tão magnânimo, ligado a ti por uma afeição tão grande, haveria, digo, alguém unido a ti piamente — porque certo hebetismo também produz isso —, haveria alguém tomado de um amor tão grande ao ponto de menosprezar os acúleos e as garras e outras torturas semelhantes, para escapar das quais rogam a ti de todos os cantos da terra, e rir daqueles que as temem tremendamente, como nossos pais riam dos tormentos que os mestres infligiam a nós, crianças? Nós, de fato, não as temíamos menos, e não te suplicávamos menos para evitá-las, e no entanto pecávamos, escrevendo, lendo e estudando as letras menos do que se exigia de nós. Com efeito, não nos faltavam, Senhor, a memória e o engenho, que quiseste que tivéssemos em medida suficiente para aquela idade, mas preferíamos brincar, e éramos punidos por pessoas que se comportavam da

---

42. Sl 18 (17),3.
43. Sl 22 (21),3 (Vulgata). Cf. Agostinho, *Primeiro comentário ao Salmo 21*, 3: "Clamei a ti na prosperidade desta vida, para que não mudasse, e tu não me atendeste, porque clamava com as palavras de meus pecados. [...] Clamei também nas adversidades, para que prosperasse, e igualmente não me atendeste, não para que me tornasse um estulto, mas ao contrário entendesse para que queres que eu clame: não pelas palavras dos pecados pelo desejo da vida temporal, mas pelas palavras da conversão a ti na vida eterna".

mesma forma. As brincadeiras dos adultos, porém, se chamam negócios; as das crianças, embora sejam equivalentes, são punidas pelos adultos; e ninguém tem piedade das crianças, ou dos adultos, ou de ambos. A não ser que algum bom juiz aprove que me batessem porque jogava bola quando criança, e aquela brincadeira me impedia de aprender mais rapidamente as letras, com as quais, adulto, faria brincadeiras mais perversas. Acaso se comportava diversamente aquele mesmo mestre que me batia e que, se fosse vencido por um colega em alguma questãozinha, torcia-se de raiva e inveja mais do que eu, quando um companheiro me superava no jogo da bola?

x, 16. E no entanto pecava, meu Senhor, ordenador e criador de todas as coisas da natureza — mas, dos pecados, apenas ordenador. Senhor meu Deus, pecava ao agir contra as orientações dos pais e daqueles mestres. Com efeito, poderia mais tarde utilizar para o bem aquelas letras que queriam que eu aprendesse, independentemente da intenção deles. Não lhes desobedecia por ter escolhido algo melhor, mas por amor dos jogos, porque amava as vitórias arrogantes nas competições e amava que meus ouvidos fossem coçados por fábulas falsas, prurindo ainda mais,[44] e a mesma curiosidade faiscava mais e mais aos meus olhos nos espetáculos, essas brincadeiras dos adultos; contudo, os responsáveis por esses espetáculos gozam de tal reputação, que quase todos gostariam que seus filhos chegassem a produzi-los, embora aceitem tranquilamente que eles sejam castigados se os mesmos espetáculos atrapalharem os estudos, graças aos quais esperam que cheguem a organizar espetáculos semelhantes.[45]

44. Cf. 2Tm 4,3-4.
45. Na sociedade latina, jogos e espetáculos eram responsabilidade dos *aediles*, magistrados escolhidos entre as famílias importantes da cidade. Os *aediles* custeavam pessoalmente es-

Olha para isso, Senhor, misericordiosamente, e livra-nos, os que já te invocamos; livra também os que ainda não te invocam, para que te invoquem e tu os livres.

XI, 17. Com efeito, ainda criança, ouvi falar da vida eterna que nos prometeste pela humildade do Senhor Nosso Deus que desceu até nossa soberba, me marcaram com o sinal da sua cruz e me temperaram com seu sal já ao sair do ventre de minha mãe, que muito esperou em ti.[46] Viste, Senhor, que certo dia, quando ainda era criança, de repente fiquei febril e quase em ponto de morte por uma congestão de estômago, e viste, meu Deus, porque *já eras meu guardião*,[47] com que emoção e com que fé implorei à piedade de minha mãe e da mãe de todos nós, tua Igreja, o batismo do teu Cristo, meu Deus e Senhor. Inquieta, a mãe da minha carne — que também pariu com ainda mais carinho, de coração puro na tua fé, minha salvação eterna —, minha mãe já se empenhava com toda a pressa para que eu fosse iniciado pela ablução ao sacramento salvífico, fazendo confissão de fé a ti, Senhor Jesus, em remissão dos meus pecados, quando de repente sarei. Assim, minha purificação foi adiada, como se fosse inevitável que eu, sobrevivendo, *continuasse a me sujar*,[48] porque parecia evidente que após o banho sagrado a culpa seria mais grave e perigosa, se eu recaísse na sujeira dos pecados. Assim, eu já tinha fé, com minha mãe e toda a família, menos meu pai, que todavia não me separou da religião materna para que eu não acreditasse em Cristo, como ele ainda não acre-

---

ses eventos, e o cargo era considerado o primeiro degrau da carreira política.
46. Com esse ritual, o recém-nascido se tornava um catecúmeno. O batismo propriamente dito se realizava mais tarde, frequentemente em idade adulta, como foi o caso de Agostinho.
47. Gn 28,15; Jó 7,20.
48. Ap 22,11.

ditava. Com efeito, minha mãe se esforçava para que tu fosses meu pai mais do que ele, e tu a ajudavas para que ela se impusesse sobre o marido, a quem melhor servia porque nisso também servia a ti, que lho ordenavas.

18. Peço-te, meu Deus, queria saber, se tu também o quiseres, tu por cuja vontade meu batismo foi adiado, se o fato de não ter sido batizado então soltou, por assim dizer, as rédeas do pecado para o meu bem, ou não as soltou. Ainda hoje me chega ao ouvido, a respeito de uns ou outros: "Deixa fazer: ainda não foi batizado". Todavia, quanto à saúde do corpo, não dizemos: "Deixe que se machuque mais: ainda não sarou". Quão melhor teria sido que eu sarasse logo e que os cuidados meus e dos meus pais para comigo providenciassem que a salvação da minha alma, uma vez recebida, fosse tutelada por ti, que ma deste. Melhor, certamente. Mas minha mãe sabia quantos e quais turbilhões de tentações me ameaçavam após a puerícia, e queria entregar a eles a argila com que seria formado, em vez da efígie já pronta.[49]

XII, 19. Contudo, mesmo nessa puerícia, que parecia menos temível do que a adolescência, não amava as letras e odiava que me pressionassem a aprendê-las; pressionavam-me, contudo, e faziam bem, era eu quem não agia bem; com efeito, não teria aprendido se não me obrigassem. Ora, ninguém age bem contra a vontade, mesmo que seja bom o que faz. Tampouco os que me pressionavam agiam bem, mas um bem me acontecia por tua causa, meu Deus. Eles, de fato, não imaginavam como poderia aproveitar aquilo que me obrigavam a aprender, a não ser para saciar

---

49. Na época, a idade adequada para o batismo ainda era matéria de discussão. Muitos, como a mãe de Agostinho, consideravam que os pecados da puberdade seriam mais graves, se a criança já fosse batizada.

a insaciável cobiça por riqueza indigente e glória vexaminosa. Mas tu, por quem *os nossos cabelos são contados*,[50] aproveitavas para minha utilidade o erro de todos aqueles que me obrigavam a aprender; o meu erro, porém, de não querer aprender, aproveitava-o para meu castigo; porque eu, criança tão pequena e pecador tão grande, não desmerecia ser punido. Assim, tu me fazias bem por aqueles que não me faziam bem, e me retribuías com justiça os meus pecados. Com efeito, mandaste, e assim é, que toda alma fora da ordem seja castigo a si mesma.

XIII, 20. Ainda hoje, porém, não entendi plenamente por que eu detestava a língua grega, que aprendia quando criancinha. Amei muito a latina, não aquela que ensinavam os mestres primários, mas a dos professores chamados gramáticos.[51] Com efeito, considerava os primeiros elementos, quando se aprende a ler, escrever e contar, tão onerosos e penosos quanto a língua grega em geral. De onde vinha isso, senão de meu pecado e vaidade, por causa dos quais era *carne e sopro que passa e não volta*?[52] De fato, aquelas primeiras noções, que buscavam gerar em mim a capacidade tanto de ler, se me deparasse com um texto, quanto de escrever eu mesmo, se quisesse (e a geraram, e agora a possuo), quão melhores, porque mais verdadeiras, eram do que aquelas outras, pelas quais era obrigado a memorizar a história de certo Eneias errante, esquecendo-me dos meus próprios erros, e chorar a mor-

---

50. Mt 10,30.
51. Na escola latina, dos sete aos dez anos, a criança era alfabetizada e aprendia cálculo elementar (*litteratio*). Daí passava à tutela de um gramático, com quem estudava os textos clássicos (Virgílio, Terêncio etc.), além de noções de história, geografia, astronomia etc. Essas matérias eram denominadas pelo termo genérico de *litteratura*. Cf. Agostinho, *A ordem*, II, XII, 35-7.
52. Sl 78 (77),39.

te de Dido, que se mata por amor, enquanto eu, o pior dos miseráveis, tomado por essas histórias, suportava de olhos enxutos morrer longe de ti, Deus, minha vida.

21. O que há de fato de mais infeliz do que o infeliz que não fica infeliz por si mesmo? Chora a morte de Dido, provocada pelo amor a Eneias, mas não chora sua própria morte, que acontece por não te amar, Deus, luz do meu coração, pão da boca interior de minha alma,[53] potência que se casa com minha mente e seio que nutre minha reflexão? Não te amava e *cometia adultério contra ti,*[54] e o adúltero ouvia de toda parte: "Bravo! Bravo!". Porque a afeição por este mundo é *adultério contra ti*; e dizem "Bravo! Bravo!" para envergonhar quem não se comporta assim. Eu não chorava por isso, mas chorava Dido *morta buscando na espada o último limite,*[55] enquanto eu mesmo, abandonando-te, buscava o último limite de tua criação, terra que vai à terra. E se me proibissem de ler essas coisas sofreria por não ler algo que me fazia sofrer. E uma loucura tão grande é reputada instrução mais prestigiosa e produtiva do que aquela que nos ensina a ler e escrever.

22. Mas, agora, que meu Deus clame em minha alma, e tua Verdade me diga: "Não é assim, não é assim: aquele primeiro ensino é de longe o melhor". Com efeito, hoje estou mais disposto a esquecer as viagens de Eneias e toda história que as valha do que a leitura e a escrita. De fato, as portas das escolas de literatura têm cortinas dependuradas, mas estas representam menos a honra do segredo do que o encobrimento do erro.[56] Não gritem contra mim aqueles

---

53. Cf. Jo 6,59.
54. Sl 73 (72),27.
55. Virgílio, *Eneida*, VI, 457.
56. As aulas costumavam ser ministradas em pórticos ou galerias abertas, em espaços fechados por cortinas.

que já não temo, enquanto te confesso o que a minha alma quer, meu Deus, e encontro paz na reprovação de meus maus caminhos, para amar teus bons caminhos; não gritem contra mim os vendedores e compradores de literatura, porque, se perguntassem a eles se é verdade o que diz o poeta, que Eneias algum dia esteve em Cartago, os mais ignorantes diriam que não sabem, os mais cultos reconheceriam que não é verdade. Mas se perguntarem com quantas letras se escreve o nome de Eneias, todos os que estudaram responderiam a verdade, conforme o acordo e a convenção que os homens estabeleceram sobre esses signos. E se então perguntarem qual esquecimento causaria mais incômodo à vida de cada um, o do ler e escrever ou o das ficções poéticas, quem não vê o que responderiam, se não estiverem completamente fora de si? Portanto, pecava quando criança, antepondo o amor àquelas frivolidades ao das coisas mais úteis, ou melhor, ao odiar estas e amar aquelas. Com efeito, "um mais um: dois; dois mais dois: quatro" era uma cantilena odiosa para mim, mas era um espetáculo dulcíssimo e vão o cavalo de madeira cheio de soldados, o incêndio de Troia *e o próprio fantasma de Creusa*.[57]

XIV, 23. Por que então odiava a literatura grega, ainda que contasse histórias semelhantes? Homero também sabia tecer habilmente tais fábulas e ser fátuo da maneira mais doce: para mim, no entanto, era amargo, quando era criança. Imagino que para as crianças gregas Virgílio também o seja, quando são coagidas a estudá-lo como eu fui a estudar Homero. Evidentemente a dificuldade — a dificuldade, em geral, de aprender a fundo uma língua estrangeira — aspergia de fel todas as doçuras das fábulas narradas em grego. Não conhecia nenhuma daquelas palavras, e era ameaçado veementemente com penas ferozes e terríveis para que as aprendesse. De fato, também não

---

57. Virgílio, *Eneida*, II, 772.

conhecia nenhuma palavra latina, quando infante, porém as aprendi observando, sem medo ou tormento, entre carícias das amas, brincadeiras sorridentes e as alegrias jocosas. Aprendi-as sem que ninguém me pressionasse com a ameaça do castigo, sempre que meu coração me incitava a externar o que ele concebia, e não podia fazê-lo de outra forma, senão aprendendo algumas palavras não de quem mas ensinava, mas de quem falava, para que pudesse eu também apresentar ao ouvido dele o que sentia. Portanto, parece evidente que no aprendizado é eficaz, muito mais do que uma obrigação ameaçadora, a curiosidade livre. Mas o curso desta é refreado por tuas leis, Deus, tuas leis, desde as palmatórias dos mestres até as provas dos mártires, tuas leis capazes de ministrar-nos saudáveis amarguras, para nos chamar de volta a ti, da alegria pestífera pela qual nos afastamos de ti.

xv, 24. *Escuta, Senhor, minha súplica*:[58] que minha alma não falte ao teu ensino, e não falte a confessar-te tuas misericórdias, pelas quais me arrancaste a todos os meus péssimos caminhos; torna-te para mim mais doce do que todas as seduções que buscava; que te ame com todas as forças e aperte tua mão com todo o meu coração; *arranca-me de toda tentação*[59] *até o fim*.[60] Tu agora, Senhor, és meu rei e meu Deus: esteja a teu serviço tudo de útil que aprendi criança, esteja a teu serviço o que falo e escrevo e leio e calculo porque, enquanto aprendia futilidades, tu me proporcionavas a educação, e perdoaste os pecados de meus deleites por aquelas futilidades. De fato, aprendi com elas muitas palavras úteis; mas poderia aprendê-las com conteúdos não fúteis, e esse seria um caminho seguro para as crianças percorrerem.

---

58. Sl 61 (60),2.
59. Sl 18 (17),30 (Vulgata).
60. Sl 16 (15),11; 38 (37),7 (Vulgata); 1Cor 1,8.

XVI, 25. Mas ai de ti, torrente dos costumes humanos! *Quem te resistirá?*[61] Até quando correrás sem secar? Até quando arrastarás os filhos de Eva para um mar grande e terrível, que mal conseguem atravessar aqueles que embarcaram no madeiro?[62] Não li em ti[63] de Júpiter senhor dos trovões e dado a amores ilícitos? Embora não pudesse fazer as duas coisas ao mesmo tempo, fingiu-se que sim, para que um falso trovão autorizasse um sedutor a imitá-lo por uma fornicação verdadeira. Mas quem, entre esses professores de manta curta,[64] escutaria com ouvido sereno um homem feito do mesmo pó dizer em voz alta: *"Homero fazia obra de ficção, transferindo para os deuses os costumes humanos; mas eu preferiria que tivesse transferido os divinos para nós"*?[65] Muito embora seja mais verdadeiro dizer que ele certamente fazia obra de ficção, mas atribuindo caráter divino a homens perversos, para que a perversidade não parecesse perversidade,

---

61. Sl 76 (75),8.
62. *Lignum* (madeiro) pode significar, por metonímia, navio, mas era também expressão corrente para indicar a cruz. Cf. Agostinho, *Comentário ao Evangelho de João*, II, 4: "[Os filósofos] puderam ver 'o que é', mas o viram de longe: não quiseram assumir a humildade de Cristo, nave segura pela qual chegariam ao que puderam ver de longe; e menosprezaram a cruz de Cristo. Precisas atravessar o mar e desprezas o madeiro?".
63. L. Hermann (*Remarques Philologiques*, em *Augustinus Magister* I, 1954) sugeriu que "em ti" (*in te*) pode ser uma corrupção de "em Terêncio" (*in Terentio*). De fato, Agostinho se refere aqui a um episódio do ato IV da comédia *O eunuco*, como ficará explícito no parágrafo seguinte. Terêncio era, ao lado de Virgílio, o autor mais estudado nas escolas de gramática. Alguns comentadores acolheram a tese de Hermann, mas nenhuma edição que eu conheça adota a variante no texto.
64. *Paenula*, roupa de uso popular, em oposição à toga ou ao manto comprido, utilizado por pessoas de maior dignidade.
65. Cícero, *Tusculanae*, I, 26.

e qualquer um que fizesse o mesmo parecesse imitar não homens corruptos, mas deuses celestes.

26. E no entanto, rio infernal, os filhos dos homens são jogados em ti, pagando honorários para que aprendam tais coisas, e devem ser coisas importantes, porque delas se trata publicamente no foro, sob a proteção de leis que, além dos honorários, garantem um salário fixo;[66] e tu bates nos teus seixos e ressoas,[67] dizendo: "aqui se aprendem as palavras, aqui se adquire a eloquência absolutamente indispensável para persuadir e explicar". Por acaso, então, não conheceríamos as palavras "chuva de ouro", "ventre", "trapaça" e "abóbada do céu", e outras que se encontram naquele trecho, se Terêncio não nos apresentasse um adolescente que toma Júpiter como exemplo para um estupro, ao olhar *um quadro na parede, onde se mostrava como Júpiter, segundo dizem, fez cair uma chuva de ouro no ventre de Danae,*[68] *trapaceando-a?*[69] E vejam de que maneira ele se incita à libido, como por instrução celeste: *"Qual Deus!",* diz. *"Aquele que faz tremer a abóbada do céu com seu enorme estrépito! E eu, simples homenzinho, não faria o mesmo? Ao contrário, o fiz, e com muito prazer."*[70] Não, certamente não, não aprendemos melhor as palavras por meio de um ato torpe como esse, mas o ato torpe é praticado com maior confiança por meio dessas palavras. Não culpo as palavras, *vasos escolhidos*[71] e *preciosos,*[72] mas

---

66. A partir da idade imperial (ou, pelo menos, do séc. II), os professores recebiam, além dos pagamentos dos alunos, uma retribuição dos cofres públicos.
67. Cf. Virgílio, *Eneida*, VI, 551.
68. Terêncio, *Eunuco*, IV, 584-5.
69. Ibid., IV, 589.
70. Ibid., IV, 590-1.
71. At 9,15.
72. Pr 20,15.

o vinho do erro que doutores embriagados nos serviam nelas; e, se não bebêssemos, apanhávamos, e não havia um juiz sóbrio ao qual pudéssemos apelar. E todavia eu, meu Deus, sob cuja proteção essa lembrança já não apresenta perigo, eu, desgraçado, gostava de aprender essas coisas e me deleitava com elas; e por isso me chamavam de garoto promissor.

XVII, 27. Permite-me, meu Deus, dizer algo sobre meu engenho, teu dom, e em quais extravagâncias o desperdiçava. Encarregaram-me de uma tarefa capaz de deixar minha alma bastante inquieta, entre a ambição de louvor e honra e o medo da surra: compor uma oração sobre as palavras de Juno irada e triste por não poder *manter o rei dos troianos longe da Itália*,[73] palavras que, como sabia, Juno nunca pronunciou. Mas era obrigado a seguir os rastos errantes das ficções poéticas e a declamar em prosa o que o poeta escrevera em versos; julgavam mais louvável o discurso em que, considerada a dignidade da personagem representada, os sentimentos de ira e mágoa emergissem com maior verossimilhança, por serem revestidos de termos e frases apropriadas. Para que isso, meu Deus, verdadeira vida? Para que ser aclamado mais do que muitos coetâneos e companheiros de estudos? Tudo aquilo não era fumaça e vento? Os louvores a ti, Senhor, os louvores a ti teriam sustentado o rebento do meu coração, que não seria tomado pela inutilidade dessas bagatelas, alimento ignóbil das aves. Não é de uma só maneira que sacrificamos aos anjos rebeldes.[74]

XVIII, 28. Mas por que se admirar de que eu fosse levado a tais futilidades e andasse para fora de ti, meu

---

73. Virgílio, *Eneida*, I, 38. O discurso de Juno ocupa os vv. 1, 37-49.
74. Cf. Mt 13,4-9,18-19; Mc 4,3-8.

Deus, quando me propunham como modelo homens que tinham vergonha de serem repreendidos por terem relatado atos inocentes com algum barbarismo ou solecismo, mas que, se narrassem seus atos de libido com palavras castiças, segundo as regras da sintaxe e *com copiosa elegância*,[75] eram louvados e se orgulhavam disso? Vês isso, Senhor, e te calas, *magnânimo, muito misericordioso*[76] *e veraz.*[77] Mas permanecerás em silêncio para sempre? Desde já, arranca desse vertiginoso abismo[78] a alma que te deseja e anseia teus deleites, cujo coração te diz: busquei teu rosto; *teu rosto, Senhor, procurei.*[79] Com efeito, na paixão das trevas, ela está longe de teu rosto. Mas não é a pé ou por distâncias no espaço que nos afastamos de ti ou voltamos a ti; teu filho caçula não buscou cavalos, carros ou navios, não voou com asas visíveis nem percorreu um caminho pelo movimento das pernas, quando foi morar numa região distante e dissipou prodigamente o que lhe dera seu pai, carinhoso pelo que dera na despedida e ainda mais carinhoso quando ele voltou pobre.[80] As trevas estão na paixão libidinosa; é isso ficar longe de teu rosto.

29. Vê, Deus Senhor, pacientemente como sempre vês, vê com que cuidado os filhos dos homens respeitam as regras de letras e sílabas que herdaram dos que falaram antes deles, e negligenciam as regras eternas que receberam de ti para a salvação perpétua. Respeitam e ensinam as antigas convenções sobre aqueles sons a tal ponto que, se alguém pronunciar a primeira sílaba da palavra

---

75. Cícero, *Tusculanae*, I, IV.
76. Sl 103 (102),8 (Ítala e Vulgata).
77. Sl 86 (85),15 (Ítala e Vulgata).
78. Cf. Sl 86 (85),13.
79. Sl 27 (26),8.
80. Cf. Lc 15,11-32; Plotino, *En.* I, VI, 8, 23-4.

"homem" sem aspiração,[81] contra as regras gramaticais, isso incomoda mais os homens do que alguém, sendo homem, odiar outro homem contra teus preceitos. Como se alguém pudesse julgar a inimizade de um homem mais perniciosa do que o próprio ódio que cultiva em si, ou pudesse devastar mais gravemente a vida de alguém, perseguindo-o, do que devasta seu próprio coração, odiando. E certamente a ciência das letras não é mais profunda do que aquilo que está gravado em sua consciência: que ele faz a outro o que não queria fosse feito a ele. Como és secreto, tu que *habitas nas sumidades*[82] em silêncio, Deus único grande que, conforme uma lei inesgotável, derramas a punição da cegueira sobre as ambições ilícitas, quando um homem de eloquência, perante um homem juiz, cercado por uma multidão de homens, perseguindo um inimigo com enorme ódio, toma o maior cuidado em não dizer, por erro de regência, "entre aos homens", ao passo que não se preocupa de extirpar, pelo furor de sua mente, um homem da comunidade dos homens.

XIX, 30. Eu jazia no limiar desses hábitos, pobre criança; essa era a competição naquela arena, de maneira que eu mais temia cometer um barbarismo do que evitava invejar aqueles que não o cometiam. Digo isso e o confesso a ti, meu Deus: por isso me louvavam aqueles cuja aprovação era para mim, na época, o parâmetro do bom comportamento. Não via a voragem de ignomínia em que era *lançado para longe de teus olhos*.[83] Afinal, não era eu pior do que eles, quando desagradava até a eles, enganando com inúmeras mentiras o pedagogo,[84] os mestres e meus pais por amor dos jogos, por desejo de espetáculos frívo-

---

81. "*Homo*". O "h", no latim clássico, era aspirado.
82. Is 33,5.
83. Sl 31 (30),23 (Ítala e Vulgata).
84. Servo encarregado de levar a criança à escola.

los e pela ânsia histriônica do faz de conta? Costumava também roubar da despensa e da mesa de meus pais por império da gula ou por ter o que oferecer às crianças que me vendiam sua participação nos jogos, embora gostassem deles tanto quanto eu. E até no jogo amiúde buscava a vitória pelo engano, vencido eu mesmo por um desejo vão de supremacia. Por que, então, não queria sofrer o mesmo, e se o percebesse brigava furiosamente, se era o que cometia contra os outros? Mas eu, quando descoberto, preferia zangar-me a ceder. É essa a inocência das crianças? Não, Senhor, não. Rogo a ti, meu Deus: de fato, o mesmo acontece quando, dos pedagogos e dos mestres, das nozes, das bolinhas e dos passarinhos, passamos aos prefeitos e aos reis, ao ouro, às posses e aos escravos, coisas todas que advêm com a maior idade, assim como suplícios piores seguem às palmatórias.[85] Logo, é a pequena altura das crianças que aprovaste como símbolo de humildade, nosso rei, quando disseste: *"Delas é o Reino dos Céus"*.[86]

xx, 31. E contudo, Senhor, criador e regedor supremo e ótimo do universo, obrigado, Deus nosso, mesmo se querias que eu tivesse sido apenas uma criança. Mesmo então, eu existia, vivia e sentia; prezava minha incolumidade, vestígio da unidade última e secreta, da qual deriva; garantia, por um sentido interior, a integridade de minhas sensações e até nos pequenos pensamentos sobre pequenas coisas sentia prazer em encontrar a verdade. Não queria ser enganado, fortificava a memória, aprendia a me expressar, apreciava a amizade, fugia à dor, à abjeção e à ignorância. Não é admirável e louvável um ser vivo assim? Mas tudo isso era dom do meu Deus; eu não o dei a mim mesmo. E tudo isso é bom, e tudo isso sou eu. Logo, é bom quem me fez, é ele o meu bem, e para ele exulto pelos meus bens, graças

---

85. Cf. Sêneca, *A constância do sábio*, xii, 1.
86. Mt 19,14.

aos quais existia, mesmo sendo criança. Nisso, de fato, pecava: em procurar prazeres, elevações, verdades não nele, mas em suas criaturas, em mim e nos outros. Assim me precipitava nas dores, nas confusões, nos erros. Obrigado, minha doçura, minha honra e minha segurança, meu Deus, obrigado pelos teus dons. Tu, porém, conserva-os para mim. Pois assim conservarás a mim, e o que me deste crescerá e chegará à perfeição, e eu serei contigo, porque o meu ser, isso também tu me deste.

Livro II

I, 1. Quero lembrar minhas vergonhas passadas e as corrupções carnais da minha alma, não porque as ame, mas para te amar, meu Deus. Faço isso por amor do amor de ti, retraçando meus caminhos mais vis na amargura do meu arrependimento, para que tu te tornes doce para mim, doçura que não falha, doçura fértil e segura, que me recolhe da dispersão na qual me cindi inutilmente quando, vertendo de tua unidade, me dissipei na multiplicidade. Por um tempo, na adolescência, fervi de me saciar de baixezas, deixei brotar uma floresta de amores vários e sombrios, gastei minha imagem e apodreci perante teus olhos, querendo agradar a mim mesmo e agradar aos olhos dos homens.

II, 2. E o que me dava prazer, senão amar e ser amado?[1] Porém não mantinha a justa distância de uma alma a outra, por onde passa a luminosa fronteira do afeto: vapores exalavam da concupiscência lodosa da carne e dos borbotões da puberdade, embaçando e ofuscando meu coração, até já não distinguir entre a limpidez da afeição e a caligem da libido. Uma e outra fermentavam misturadas e arrastavam minha idade frágil entre os penhascos dos desejos, imergiam-na no sorvedouro das vergonhas. Tua

1. Cf. Cícero, *Catilinárias*, II, x, 23.

cólera redobrava sobre mim, e eu não sabia. O estridor dos grilhões de minha mortalidade ensurdecia-me, eu ia mais longe de ti, e tu deixavas; eu me jogava e derramava e escorria e fervia nas minhas fornicações, e tu calavas.² Ó minha tarda alegria! Calavas então, e eu ia ainda mais longe de ti, buscando muitos e muitos germes estéreis da dor, em soberba degradação e lassidão inquieta.

3. Quem poderia então regrar meu tormento e tornar úteis as belezas fugazes dos prazeres mais passageiros, fixando uma meta para suas seduções, para que os vagalhões da minha idade desaguassem na praia do casamento — quem poderia, se naquelas ondas eu não podia encontrar a paz contida no fim de procriar filhos, como prescreve tua lei, Deus, tu, que formas até a progênie de nossa morte, e podes impor tua mão clemente para amenizar os espinhos que não existem em teu paraíso? Com efeito, tua onipotência não está longe de nós, mesmo quando estamos longe de ti. Certamente, eu poderia ter ficado mais atento ao som de tuas nuvens:³ *Sentireis tormentos na carne, e eu queria vos poupar disso,*⁴ e: *É bom ao homem não tocar em mulher,*⁵ e: *Quem não tem esposa pensa nas coisas de Deus, de maneira a agradar a Deus; quem se junta em casamento pensa nas coisas do mundo, de maneira a agradar à esposa.*⁶ Poderia ter ouvido com maior atenção essas palavras e, fazendo-me *eunuco para o reino dos céus,*⁷ me tornaria mais fecundo à espera de teus abraços.

---

2. Cf. Virgílio, *Eneida*, VI, 548-59.
3. As Escrituras como nuvens que transmitem a luz da verdade, filtrando-a; metáfora recorrente na obra de Agostinho; cf. *Comentário ao Salmo 146*, 15.
4. 1Cor 7,28.
5. 1Cor 7,1.
6. 1Cor 7,32-3.
7. Mt 19,12.

4. Eu, porém, fervilhei, miserável, e, abandonando-te, segui o ímpeto de minha torrente e infringi todos os teus preceitos, mas não escapei de teus flagelos — quem pode, entre os mortais? Com efeito, tu estavas sempre presente, misericordiosamente irado, salpicando de amaríssimos desgostos minhas alegrias ilícitas, para que buscasse a alegria sem desgosto e não a encontrasse onde ela poderia estar, senão em ti, Senhor, em ti, que *transformas a dor em advertência*,[8] e feres para sarar, e matas-nos, para que não morramos longe de ti.[9] Onde estava e quão longe me exilava das delícias de tua casa, naquele décimo sexto ano da idade de minha carne, quando a loucura da libido, impunida pela degradação humana, mas proibida pelas tuas leis, tomou o poder sobre mim e eu me entreguei totalmente a ela? Meus pais não se preocuparam em refrear por um casamento meu ímpeto, mas cuidaram apenas que eu aprendesse a falar o melhor possível e a persuadir por discursos.

III, 5. Naquele ano, porém, minha formação foi interrompida. Voltei de Madaura, cidade vizinha, para onde fizera minha primeira viagem para aprender literatura e retórica; meu pai, com mais ânimo do que recursos, porque era um cidadão modesto de Tagaste, aprontava meios para uma estadia mais longa em Cartago. A quem conto isso? Não a ti, meu Deus, mas perante ti conto ao meu gênero, ao gênero humano, por pequena que possa ser a porção dele que se deparar com meus escritos. E para que isso? Evidentemente, para que eu e qualquer um que leia essas coisas reflitamos sobre quanto é necessário *clamar a ti das profundezas*.[10] E o que está mais próximo do que teus ouvidos, quando o coração confessa e a vida é basea-

---

8. Sl 94 (93),20 (Vetus Latina).
9. Cf. Dt 32,39.
10. Sl 130 (129),1.

da na fé? Na época, todos enalteciam aquele homem, meu pai, que gastava mais do que a família possuía para seu filho ter todo o necessário para os estudos, inclusive viajando para longe. Com efeito, muitos cidadãos bem mais ricos não se davam tal pena por seus filhos. Mas o mesmo pai não se preocupava de como eu cresceria em ti, ou quão casto seria; apenas que fosse cultivado, ou melhor, não cultivado pela tua lavoura, Deus, que és o único dono bom e verdadeiro de teu campo, o meu coração.

6. Porém, nesse intervalo ocioso, aos dezesseis anos, livre das aulas em razão das condições familiares, morando com meus pais, o matagal da libido cresceu acima da minha cabeça, e não havia mão que o arrancasse. Ao contrário, quando meu pai me viu nos banhos púbere e ingressando na inquieta adolescência, o anunciou feliz a minha mãe, como se já imaginasse seus netos, feliz da ebriedade pela qual este mundo se esqueceu de ti, seu criador, e amou em teu lugar tua criatura, intoxicado pelo vinho invisível de sua vontade pervertida e voltada para o que é ínfimo.[11] Mas no peito de minha mãe tu já começaras a construir *teu templo*[12] e as fundações de tua santa morada; ele, ao contrário, era ainda catecúmeno, e isso também era recente. Assim, ela estremeceu de *trepidação e tremor*[13] e, embora eu ainda não fosse batizado, mesmo assim temeu as vias tortas pelas quais vagueiam os que *te voltam as costas, e não a face.*[14]

7. Ai de mim! E ouso dizer que calaste, meu Deus, enquanto eu me afastava de ti? Era assim, tu não falavas comigo? E de quem eram, senão tuas, as palavras que

11. Cf. Rm 1,24.
12. 1Cor 3,16-7.
13. 2Cor 7,15.
14. Jr 2,27; cf. 2,31.

cantaste aos meus ouvidos pela minha mãe, tua fiel? Mas nada descia dali para o meu coração, para que eu o fizesse. De fato, ela queria (e lembro no meu íntimo como ela me admoestava com grande insistência) que eu não fornicasse e, sobretudo, que não cometesse adultério com a esposa de alguém. Para mim, pareciam conselhos femininos, aos quais teria vergonha de obedecer. Mas eram conselhos teus e eu não sabia: julgava que tu permanecias calado e ela falava, enquanto através dela tu não calavas e eras menosprezado por mim, seu filho, *filho da tua serva, teu servo*.[15] Mas eu não sabia, e ia me precipitando com tamanha cegueira que me envergonharia de ser menos indigno do que meus coetâneos; com efeito, ouvia-os se vangloriar de suas infâmias, e se vangloriar tanto mais quanto mais fossem ignóbeis, e gostavam de agir assim não apenas pela libido do ato, mas também pela glória. Há algo mais digno de vitupério do que o vício? Eu, para não ser vituperado, tornava-me mais vicioso, e quando não se apresentava uma ocasião que aproveitada me igualasse aos transviados, fingia ter feito o que não fizera, para não parecer mais ignóbil por ser mais inocente e não ser considerado mais desprezível por ser mais casto.

8. Eis com que companheiros percorria as avenidas de Babilônia e me revolvia em sua lama, como se fosse canela e unguentos preciosos.[16] E, para que eu ficasse preso mais firmemente ao umbigo dela, o inimigo invisível me oprimia e me seduzia, porque eu era seduzível. Até mesmo aquela que já *fugira do meio de Babilônia*,[17] mas ainda se detinha em seus arredores, a mãe da minha carne, se me recomendava o pudor, mesmo assim, tendo ouvido de seu marido algo de mim que pressentia pestilento e

15. Sl 116 (115),16.
16. Cf. Ct 4,14.
17. Jr 51,6.

perigoso para o futuro, não se preocupou de contê-lo pelos limites de um afeto conjugal, se não podia cortá-lo de imediato. Não o fez porque temia que minhas esperanças fossem estorvadas pelo fardo de uma esposa; não as esperanças do mundo futuro, que minha mãe punha em ti, mas as esperanças das letras, que meus pais queriam conhecesse à perfeição; ele, porque de ti pensava quase nada, e de mim, coisas irrelevantes; ela, porque julgava que a aplicação continuada nos estudos não apenas não causaria nenhum prejuízo, mas até seria de alguma ajuda para te alcançar. Assim suponho, relembrando como posso as atitudes dos meus pais. Com efeito, uma autoridade excessivamente tolerante afrouxou as rédeas de minhas diversões na dissolução de muitas paixões, e em todas elas havia uma caligem que me vedava a limpidez de tua Verdade, meu Deus, e *minha iniquidade é como se brotasse da gordura*.[18]

IV, 9. Certamente, o roubo é punido por tua lei, Senhor, e pela lei inscrita no coração dos homens, que nem a iniquidade consegue apagar: que ladrão, de fato, tolera serenamente outro ladrão? Nem se ele for rico e o outro, compelido pela miséria. Eu também quis cometer um roubo, e não o fiz impulsionado por alguma carência, a não

---

18. Sl 73 (72),7. Cf. Agostinho, *Comentário ao Salmo 72*, 12: "Não deve ser negligenciado o que o salmista diz: *A iniquidade deles é como se brotasse da gordura*. Há maus que são maus por magreza. Por isso são maus, porque magros, ou seja, fracos, carentes, afeitos por alguma tara da miséria. Eles também são maus, e condenáveis. Deve-se suportar qualquer necessidade, antes de cometer uma iniquidade. Todavia, uma coisa é pecar por necessidade; outra, na abundância. Um mendigo pobre comete um furto: sua iniquidade deriva da magreza; um rico, dispondo de tantos bens, por que usurpa os bens alheios? A iniquidade daquele vem da magreza; a deste, da gordura".

ser penúria e fastio de justiça, e fartura de iniquidade. Pois roubei algo que tinha em abundância e muito melhor, e não pretendia gozar daquilo que procurava pelo roubo, mas do próprio roubo e do pecado. Havia perto de nossa vinha uma pereira, carregada de frutos pouco convidativos tanto pelo aspecto como pelo sabor. Para sacudi-la e espoliá-la, encaminhamo-nos, adolescentes celerados, noite adentro — porque, por um hábito pernicioso, ficávamos brincando na praça até tarde — e arrancamos dela uma grande quantidade de frutos, não para nosso banquete, mas para jogá-los aos porcos; ainda que tenhamos comido alguns, fizemos aquilo pelo prazer do proibido. Eis meu coração, Deus, eis meu coração, de que tiveste piedade no fundo do abismo. Eis meu coração, que te diga agora o que buscava ao ser mau gratuitamente, e se havia outra causa de minha maldade senão a própria maldade. Era feia, mas eu a amava: amava perecer, amava minha queda, não aquilo pelo qual caía, mas minha própria queda eu amava, alma torpe que abandonando teu baluarte ia para o extermínio, desejando não algo infame, e sim a própria infâmia.

v, 10. Certamente, há uma aparência agradável nos corpos bonitos, no ouro, na prata e em todas as coisas; para o tato valem mais as proporções, e cada um dos outros sentidos tem seu parâmetro corporal adequado. As honras temporais e o poder de comandar e de se sobressair têm também sua dignidade, daí a avidez de adquiri-los. A conquista de tudo isso, porém, não deve levar ao afastamento de ti, Senhor, nem ao desvio de tua lei. A vida que vivemos aqui tem seu atrativo e sua dignidade, em certa medida, e é conforme a todos esses bens inferiores. A amizade dos homens também é um caro e doce laço, por fazer de muitas almas uma unidade. Em relação a todas essas coisas e outras similares, comete-se pecado quando, por uma inclinação imoderada para elas, que são os bens mais baixos, abandonam-se os bens melhores e supremos: tu, Deus nosso Senhor, tua Verdade e tua Lei. Com efeito, essas coisas inferiores também proporcionam prazeres, mas não como o meu Deus, que fez tudo, porque nele se compraz o justo, e ele é o prazer dos corações retos.[19]

11. Assim, quando se investiga a causa de um delito, não se costuma acreditar nela senão como desejo de adquirir um daqueles bens que chamamos inferiores, ou medo de perdê-los. Com efeito, eles são belos e nobres, embora sejam desprezíveis e rasteiros diante dos bens superiores e beatíficos. Matou alguém. Por que o fez? Desejava seu cônjuge ou sua casa, queria roubá-lo para viver, ou temia perder algo por causa dele, ou, lesado, ardia de sede de vingança. Poderia cometer um homicídio sem razão, pelo prazer do próprio homicídio? Quem acreditaria? De fato, mesmo daquele homem de coração depravado e demasiado cruel foi dito que *era cruel e mau gratuitamente*; mas antes é indicada a causa: *para que sua mão e seu ânimo não se entorpecessem no ócio*.[20] Mesmo assim, por quê? Para qual fim? Certamente, porque com aquele treinamento ao crime pretendia adquirir honras, poder e riqueza, uma vez tomada Roma, e se livrar do medo da lei e das dificuldades da vida, devido à falta de posses e à consciência de seus crimes. Portanto, nem o próprio Catilina amava seus delitos, mas outras coisas, por causa das quais os cometia.

vi, 12. E eu, miserável, o que amava em ti, meu roubo, delito meu noturno, no décimo sexto ano de minha idade? Não eras belo, porque eras um roubo. Aliás, tu és alguma coisa, para que eu possa falar-te? Eram belos os frutos que roubamos, porque eram tuas criaturas, ó mais belo de todos, criador de tudo, Deus bom, Deus, meu so-

---

19. Cf. Sl 64 (63),11.
20. Salústio, *A conjuração de Catilina*, 16.

berano e verdadeiro bem. Aqueles frutos eram belos, mas não foram eles que atraíram minha alma miserável: possuía em abundância frutos melhores, mas colhi aqueles só para roubá-los. De fato, logo que os colhi os joguei fora, saciado só pela iniquidade, cuja prática me alegrava. Mesmo que alguns daqueles frutos tenham entrado em minha boca, o sabor deles estava no delito. E agora, Senhor meu Deus, investigo o que me agradou no roubo, e não encontro nenhuma beleza — não digo uma beleza como a equidade ou a prudência, nem como a mente, a memória, os sentidos ou a vida vegetativa dos homens; e nem como são belos os astros, ornamentos de seus céus, e a terra e o mar, cheios de rebentos que sucedem nascendo aos que morrem; mas nem sequer a beleza defeituosa e sombria pela qual os vícios enganam.

13. Com efeito, a soberba imita a sublimidade, enquanto tu és o único Deus sublime, acima de todos. E o que procura a ambição, senão as honras e a glória, enquanto tu hás de ser honrado antes de tudo, glorioso na eternidade? E a crueldade dos poderosos quer gerar medo: mas quem deve ser temido senão o Deus único, e quem poderia escapar ou se subtrair a seu poder? Quando, para onde, por que meio e fugindo de onde poderia? E as carícias dos voluptuosos querem ser amadas pelos afagos: mas nada afaga mais do que tua caridade, e nada é amado mais saudavelmente do que tua Verdade, bela e luminosa sobre tudo. E a curiosidade parece expressar a paixão pela ciência, enquanto tu conheces soberanamente todas as coisas. A ignorância e a estupidez, por sua vez, disfarçam-se sob o nome de simplicidade e inocência, porque nada se encontra de mais simples do que tu. E não és tu também o mais inocente, se as inimigas dos maus são suas próprias ações? A indolência é como se procurasse o repouso; mas onde há repouso seguro, fora de Deus? O luxo aspira a se mostrar como saciedade e abundância;

mas tu és a plenitude e a abundância inesgotável da doçura que não se corrompe. A prodigalidade se esconde à sombra da liberalidade: mas tu és o dispensador mais generoso de todos os bens. A avareza quer possuir muito: e tu possuis tudo. A inveja luta pela excelência: quem mais excelente do que tu? A ira quer vingança; quem é mais justo do que tu na vingança? O medo se apavora por acontecimentos insólitos ou repentinos que ameaçam as coisas que ama, preocupando-se com sua segurança. Mas o que há de insólito para ti? O que há de repentino? Quem pode separar de ti o que amas? Onde está, senão em ti, a firme segurança? A tristeza se consuma pelas coisas perdidas com que a cupidez se deleitava, porque não quer que nada lhe seja tirado, como nada pode ser tirado de ti.

14. Assim, a alma fornica quando se afasta de ti[21] e busca algo que não encontra puro e límpido, senão voltando a ti. Todos aqueles que se distanciam de ti e se levantam contra ti te imitam perversamente. Mas mesmo assim, imitando-te, mostram que tu és o criador de toda natureza e que, portanto, não há como se afastar totalmente de ti. Então, o que amei naquele roubo e em que imitei meu Senhor, ainda que viciosa e perversamente? Será que quis agir contra a lei (ao menos pelo engano, porque não poderia pela força) para simular, prisioneiro, uma liberdade manca, imitação tenebrosa da onipotência? Eis aqui o escravo que foge de seu senhor e se refugia na sombra.[22] Ó podridão, ó monstruosidade de vida e profundidade de morte! Podia então querer o que era ilícito, não por outra coisa, mas apenas porque era ilícito?

VII, 15. *Como retribuirei ao Senhor*[23] pelo fato de mi-

---

21. Cf. Sl 73 (72),27 (Vulgata).
22. Cf. Jó 7,2.
23. Sl 116 (114-5),12 (4).

nha memória guardar essas lembranças sem que minha alma se apavore? Amar-te-ei, Senhor, e renderei graças e *confessarei teu nome*,[24] porque me perdoaste um número tão grande de ações más e infames. Atribuo à tua graça e à tua misericórdia teres *derretido meus pecados como gelo*.[25] Atribuo à tua graça também todos os males que não fiz. Com efeito, o que não poderia fazer, se amei um delito gratuito? E reconheço que todos me foram perdoados: os que fiz por minha vontade e os que não fiz por teu governo. Qual homem, refletindo sobre sua fraqueza, ousaria atribuir sua castidade e inocência às suas próprias forças, amando-te menos, como se não lhe fosse tão necessária tua misericórdia, pela qual redimes os pecados a quem se converte a ti? Não me despreze, pois, quem, chamado por ti, seguiu tua voz e evitou os pecados que lê em minhas lembranças e confissões, porque minha doença foi curada pelo mesmo médico que lhe permitiu não adoecer, ou melhor, adoecer menos. Que ele te ame igualmente por isso, aliás, mais ainda, por ver que eu sarei da prostração de tantos pecados graças àquele pelo qual ele se vê livre da prostração de tantos pecados.

VIII, 16. *Que fruto* jamais *colhi*, miserável, *nas coisas de que me envergonho*[26] ao lembrá-las, sobretudo naquele roubo, no qual amei o próprio roubo, nada mais, sendo ele mesmo nada e eu mais miserável por causa disso? E, no entanto, não faria aquilo sozinho — isso eu lembro, dos meus sentimentos de então —, absolutamente não faria aquilo sozinho. Logo, nele amava também a companhia daqueles com quem agi. Logo, não é verdade que não amei nada mais do que o roubo; ou melhor: nada mais mesmo, porque isso também era nada. O que era,

---

24. Sl 54 (53),8.
25. Eclo 3,17.
26. Rom 6,21.

na verdade? Quem mo poderia ensinar, senão aquele que ilumina meu coração e distingue suas sombras?[27] O que é isto, que vem à minha mente para que o investigue, discuta e considere? Porque, se na época desejasse os frutos que roubei e quisesse gozar deles, poderia ter cometido sozinho, se sozinho bastasse, o crime pelo qual satisfaria minha volúpia, e o prurido do meu desejo não precisaria ser atiçado pela fricção de almas cúmplices. Mas, se o meu prazer não estava naqueles frutos, estava no próprio delito que gerava cumplicidade entre os que pecavam juntos.

IX, 17. Qual era esse sentimento da alma? Certamente, ele era muito indigno, e ai de mim, que o provava. Mas qual era? *Quem entende os delitos?*[28] Era um riso, como uma cócega no coração, quando enganávamos pessoas que não imaginavam que pudéssemos cometer tais atos e eram radicalmente contrárias a eles. Por que então eu sentia prazer em não fazer isso sozinho? Talvez porque ninguém ri facilmente sozinho? Não facilmente, por certo, no entanto acontece que homens sozinhos, sem a presença de ninguém, são vencidos pelo riso, se algo muito cômico se apresentar aos sentidos ou à mente. Mas eu não faria aquilo sozinho, absolutamente não o faria sozinho. Eis diante de ti, meu Deus, a lembrança viva da minha alma. Sozinho não cometeria aquele roubo, no qual não me agradava o que roubava, mas o roubar: cometê-lo sozinho em nada me agradaria, e não o faria. Ó amizade tão inimiga, sedução incompreensível da mente, cobiça de prejudicar por brincadeira e jogo, desejo do dano alheio sem nenhuma vantagem para mim, nenhuma vontade de vingança, apenas porque se diz: "Vamos, façamos", e se tem pudor de não ser impudente!

---

27. Cf. Eclo 2,10 (Vulgata); Gn 1,4; cf. Livro XIII, XIV, 15.
28. Sl 19 (18),13.

x, 18. Quem desatará esse emaranhado de complicadíssimos e intricadíssimos nós? É feio: não quero olhar para ele, não quero vê-lo. Quero a ti, justiça e inocência bela e decorosa, com olhares honestos e insaciável saciedade. Junto de ti há repouso completo e vida imperturbável. Quem entra em ti *entra no gozo de seu senhor*,[29] não terá medo e estará otimamente no ótimo. Eu escorri para longe de ti na adolescência e *vaguei*,[30] meu Deus, muito longe de tua estabilidade, e me tornei para mim mesmo uma *região de indigência*.[31]

---

29. Mt 25,21.
30. Sl 119 (118),176.
31. Cf. Lc 15,14.

Livro III

1, 1. Fui para Cartago, e o estrago dos amores pecaminosos fervilhava por toda parte ao meu redor. Ainda não amava, mas amava amar e, tomado por uma carência mais profunda, teria detestado ser menos carente. Amando amar, queria algo para amar e odiava a tranquilidade e o caminho sem armadilhas,[1] porque dentro de mim havia fome por falta de comida interior, por falta de ti, meu Deus; mas não estava faminto dessa fome, não tinha desejo por alimentos incorruptíveis, não porque estivesse cheio deles, mas porque, quanto mais debilitado, mais me enjoavam. E, assim, minha alma não passava bem, e se lançava para fora coberta de úlceras, ávida de se esfolar no contato com coisas sensíveis. Mas se elas não tivessem alma de maneira alguma as amaria. Amar e ser amado[2] me eram mais doces se pudesse gozar do corpo do ser amado. Assim, poluía a fonte do afeto pelas sujeiras da concupiscência e obscurecia sua limpidez pelo inferno da libido; e no entanto, com transbordante vaidade, embora feio e desonesto, me dava ares elegantes e urbanos. Precipitei-me no amor, pelo qual queria ser capturado. *Meu Deus, minha misericórdia*,[3] com quanto fel aspergiste

---

1. Cf. Sb 14,11.
2. Cf. acima, II, ii, 2.
3. Sl 59 (58),18.

aquele meu prazer, e com quanta bondade; porque fui amado, cheguei clandestinamente ao vínculo do gozo e me enlacei feliz nos desgraçados nós, para então ser percutido pelos ferros em brasa do ciúme, das suspeitas, dos receios, das raivas e das brigas.

II, 2. Arrebatavam-me os espetáculos teatrais, cheios de imagens das minhas misérias e de combustível para minhas chamas. O que faz que o homem queira se afligir assistindo a fatos lutuosos e trágicos, que não desejaria que acontecessem com ele mesmo? E, no entanto, quer se afligir por eles como espectador, e essa dor é seu prazer. Não é essa uma extraordinária loucura? Com efeito, tanto mais se comove com tais afeições, quanto menos está a salvo delas; mas, se ele mesmo as sofre, costuma-se chamá-las misérias; se as compadece em outros, misericórdia. Mas, enfim, que misericórdia é essa, dirigida a acontecimentos ficcionais e cênicos? De fato, o espectador não é chamado a intervir, mas apenas a sofrer, e quanto mais sofre, tanto mais aprova o autor daquelas imagens. E, se desgraças humanas antigas ou fictícias são representadas sem que o espectador sofra, este sai de lá aborrecido e reclamando; mas, se sofrer, permanece atento e chora gratificado.

3. Logo, amamos até as dores. Por certo, todo homem deseja o prazer. Mas será que, embora não queira ser miserável, quer ser misericordioso e, já que isso não se dá sem dor, ama as dores apenas por essa causa? Isso também brota daquela mesma fonte do afeto. Mas para onde escorre? Onde deságua? Por que se precipita num rio de piche ardente, ebulição espantosa de desejos vergonhosos, nos quais deturpa a si mesmo e abandona a serenidade celeste, desviado e jogado para baixo pelo seu próprio impulso? Devemos então renunciar à misericórdia? De forma alguma. Logo, às vezes as dores devem ser amadas. Mas evita a impuridade, ó minha alma, sob a proteção

do meu Deus, *Deus dos nossos pais, digno de louvor e sumamente glorificado por todos os séculos*,[4] evita a impuridade. Com efeito, hoje também compadeço, mas naquela época, nos teatros, me comprazia pelos amantes que gozavam um do outro por atos desonestos, ainda que agissem assim apenas na ficção da representação cênica, e, quando se separavam, eu me entristecia, como por misericórdia. Ambas as situações, porém, me deleitavam. Hoje, ao contrário, sinto mais pena daquele que goza na desonra do que daquele que a duras penas parece aguentar a privação de um prazer pernicioso e a perda de uma felicidade miserável. Esta certamente é uma misericórdia mais verdadeira, mas nela a dor não agrada. Pois, mesmo aprovando por dever de caridade aquele que compadece o infeliz, todavia quem é fraternalmente misericordioso preferiria que não houvesse de que compadecer. De fato, se existisse uma benevolência malevolente, o que é impossível, aquele que compadece vera e sinceramente poderia desejar a existência de infelizes, para poder compadecê-los. Assim, há dores que devem ser aprovadas, mas nenhuma deve ser amada. Tu, com efeito, Deus Senhor, que amas as almas, és misericordioso de maneira muito mais pura e incorruptível do que nós, porque não és atingido por nenhuma dor. *E quem estaria à altura disso?*[5]

4. Mas naquele tempo eu, miserável, amava sofrer e queria que houvesse algo de que sofrer nas desgraças alheias representadas ou mimadas, onde a atuação dos histriões mais me agradava e me cativava com mais força, se me arrancasse lágrimas. Não espanta: ovelha infeliz, desgarrada de teu rebanho e rebelde à tua guarda,[6] era

---

4. Dn 3,52-5.
5. 2Cor 2,16.
6. Cf. Sl 119 (118),176; Lc 15,4; 1Pd 2,25; Ez 34,4; Virgílio, *Bucólicas*, III, 3.

devastado por uma ronha nojenta. Daí o amor pelas dores, não para que elas penetrassem mais fundo — com efeito, não queria sofrê-las, apenas olhar para elas — mas para que, ao ouvi-las e vê-las representadas, me arranhassem superficialmente. Porém, como as unhas de quem se coça, geravam inflamações, abscessos e hórrida sarna. Assim era minha vida — mas era vida, meu Deus?

III, 5. Contudo, revoava ao redor, cercando-me de longe, fiel, tua misericórdia. Em quantas iniquidades eu me desfazia! Abandonando-te por curiosidade sacrílega desci até o fundo da infidelidade, cerceado pela obediência enganosa dos demônios, aos quais imolava[7] minhas más ações. E em todas elas tu me flagelavas![8] Ousei até desejar e negociar a posse de *frutos de morte*[9] entre as paredes de tua igreja, durante a celebração de tuas liturgias. Por isso me golpeaste com grandes penas, mas eram nada comparadas à minha culpa, ó *minha* grandíssima *misericórdia, meu Deus, meu refúgio*[10] dos terríveis perseguidores, entre os quais vaguei de cabeça altiva afastando-me de ti, amando meus caminhos e não os teus, amando uma liberdade de fugitivo.

6. Aqueles estudos, que chamam de honrosos, incluíam um tirocínio para os contenciosos forenses, para que eu me destacasse neles, sendo tanto mais elogiado quanto mais trapaceasse. Tamanha é a cegueira dos homens, que chegam a se vangloriar da cegueira. Já me sobressaía na escola de retórica e soberbamente me alegrava

---

7. Cf. Dt 32,17; 1Cor 10,20.
8. Cf. Sl 73 (72),14.
9. Rm 7,5; pecados em geral, mas nesse caso, provavelmente, pecados de luxúria; cf. Agostinho, *Sermão 359b sobre a obediência* (Dolbeau 2), 5.
10. Sl 59 (58),18 e 144 (143),2.

e me enchia de vaidade, embora fosse muito cordato, *Senhor, tu sabes*,[11] e de todo alheio às desordens praticadas pelos "perturbadores" — de fato, esse nome sinistro e diabólico era tido como sinal de requinte — entre os quais vivia com o impudico pudor de não ser como eles; mas vivia com eles e de vez em quando me deleitava da amizade deles, embora discordasse sempre de suas ações, isto é, das badernas com que agrediam com arrogância a timidez dos inexperientes, aos quais perseguiam com brincadeiras gratuitas, alimentando assim suas diversões maldosas. Nada é mais semelhante à ação dos demônios do que tal comportamento. O que haveria de mais verdadeiro do que chamá-los de perturbadores, se eles são os primeiros a serem perturbados e pervertidos ocultamente por espíritos enganadores, que os seduzem e zombam deles, justamente porque eles gostam de enganar e de zombar dos outros?

IV, 7. Com eles, numa idade ainda ingênua, estudava os livros de eloquência, desejando me distinguir nela para um fim condenável e inconsistente, pelos prazeres da vaidade humana. Seguindo a ordem dos estudos, cheguei a um livro de certo Cícero, de quem quase todos admiram a elocução, mas não igualmente o espírito. Aquele livro dele chamado *Hortensius* contém uma exortação à filosofia. E aquele livro mudou meus sentimentos e me voltou para ti, Senhor, mudou minhas preces e gerou em mim propósitos e desejos diferentes. De repente, toda esperança vã me pareceu desprezível, e passei a ansiar pela imortalidade da sabedoria com incrível ardor do coração: começava a me levantar para voltar a ti. Não era para o refinamento da língua, que aparentemente estava adquirindo graças à ajuda financeira de minha mãe — pois estava no décimo nono ano de idade, e meu pai

---

11. Sl 69 (68),6.

morrera havia mais de dois anos — não era para refinar a língua que eu copiava aquele livro: nele não me convencia a elocução, mas o que dizia.

8. Como ardia, meu Deus, como ardia do desejo de revoar das coisas terrenas até ti, e não sabia o que estavas fazendo comigo! Pois *em ti está a sabedoria*.[12] Mas o amor pela sabedoria é dito, em grego, filosofia, e para ela me incitava aquele texto. Há quem seduza pela filosofia, mascarando e embelezando seus erros com aquele nome grande, atrativo e honroso, e quase todos os que agiram dessa maneira, no tempo do autor ou anteriormente, são citados e desmascarados naquele livro, e torna-se evidente então a salvífica advertência de teu Espírito, transmitida pelo teu servo bom e pio: *Tomem cuidado para não serem enredados pela filosofia e pela vã sedução, segundo a tradição dos homens, segundo os elementos deste mundo e não segundo Cristo, porque nele reside corporalmente toda a plenitude da divindade*.[13] A mim, naquele tempo — *tu sabes*,[14] luz do meu coração —, mesmo não conhecendo ainda essas palavras do apóstolo, só uma coisa agradava naquela exortação: que o texto instigava, inflamava e fazia arder do desejo de escolher, buscar, seguir, manter e abraçar fortemente não esta ou aquela escola, mas a própria sabedoria, qualquer que ela fosse;[15] e só uma coisa me repelia em tanta flagrância: que não se encontrava ali o nome de Cristo — porque esse nome, *conforme tua misericórdia*,[16] Senhor, esse nome do meu salvador, teu Filho, meu terno coração o bebeu piamente no próprio leite materno e o guardou no fundo dele, e qualquer texto que

12. Jó 12,13.
13. Cl 2,8-9.
14. Sl 69 (68),6.
15. Cf. Lactâncio, *Instituições divinas*, III, 30.
16. Sl 25 (24),7.

não contivesse esse nome, ainda que fosse bem escrito, polido e verídico, não me conquistava totalmente.

v, 9. Resolvi, então, me debruçar sobre as Sagradas Escrituras, e ver como elas eram. Agora enxergo uma matéria não revelada aos soberbos, nem desnudada às crianças, humilde na entrada, mas no interior sublime e velada por mistérios; e eu não era tal que pudesse ingressar nela ou baixar a cabeça para passar por aquela porta. Com efeito, o que digo agora não o percebi então, quando me voltei para aqueles textos: pareceram-me indignos, se comparados à dignidade de Cícero. Meu inchaço repelia a moderação deles e meu acume não penetrava sua interioridade. Eles eram assim para crescer juntamente com os pequenos, mas eu não me dignava ser pequeno: cheio de presunção, me julgava grande.

vi, 10. Assim, caí nas mãos de homens delirantes de soberba, demasiado carnais e loquazes,[17] em cujas bocas estavam os laços do demônio e um visco feito da mistura das sílabas do teu nome e do nome do Senhor Jesus Cristo e do nosso consolador paracleto, o Espírito Santo. Esses nomes nunca abandonavam a boca deles, mas apenas pelo som e pelo estrépito da língua. Quanto ao resto, o coração era vazio de verdade. E diziam: "Verdade, verdade" e me falavam muito dela, e nunca estava neles; e pronunciavam muitas falsidades não apenas sobre ti, que és verdadeiramente a Verdade, mas também sobre os elementos deste mundo, tua criatura, a respeito dos quais eu deveria ultrapassar até os filósofos que dizem verdades, graças a teu amor, meu pai supremamente bom, beleza de todas as belezas. Ó Verdade, Verdade, quão intimamente, mesmo então, as medulas de minha alma[18] suspiravam por ti, quan-

---
17. Os maniqueístas.
18. Cf. Sl 66 (65),15 (Vulgata).

do eles repetida e frequentemente faziam ressoar teu nome diante de mim, mas apenas na voz e em livros numerosos e enormes! E havia aquelas padiolas[19] em que traziam, em teu lugar, o Sol e a Lua, belas obras tuas, porém obras tuas, não tu, e nem sequer as primeiras. Pois tuas obras espirituais são anteriores a essas, que são corporais, ainda que luminosas e celestes. Eu, porém, tinha fome e sede nem sequer dessas primeiras obras, mas de ti, Verdade *na qual não há mudança nem sombra de variação*.[20] E ainda me traziam nessas padiolas fantasmas reluzentes;[21] mas então teria sido melhor amar este Sol, que pelo menos é verdadeiro para estes olhos, do que aquelas falsidades de uma mente iludida pelos olhos. Contudo, pensando que eras tu, eu as mastigava, mas não avidamente, porque não tinham teu sabor na minha boca — e de fato tu não eras aquelas ficções inúteis — e não me nutriam, ao contrário, ficava mais faminto. A comida nos sonhos é em tudo semelhante à da vigília, mas não alimenta os dormentes: eles dormem. Aquelas, porém, nem sequer eram parecidas de alguma maneira contigo, que agora me falaste, porque eram fantasmas corporais, corpos fictícios, menos certos do que estes corpos verdadeiros, sejam eles celestes sejam terrestres, que vemos com o olhar da carne. Assim como vemos estas bestas e pássaros, e são mais certos que aqueles que imaginamos. E por sua vez estes são mais certos quando os imaginamos do que outros, maiores e infinitos, que conjeturamos a partir deles, mas que nunca existiram. Dessas vacuidades eu me alimentava então, e não me alimentava.

---

19. *Fercula*: espécie de maca em que se carregavam despojos de guerra nos triunfos ou alimentos nos banquetes. Na religião maniqueísta, o Sol e a Lua são veículos (geralmente barcos ou navios) que levam a luz para o mundo e, inversamente, as almas para o céu.
20. Tg 1,17.
21. Cf. Agostinho, *A natureza do bem*, 44.

Mas tu, meu amor, em que me enfraqueço para me tornar mais forte, não és nem estes corpos que vemos, ainda que no céu, nem aqueles que não vemos ali, porque estes tu os criaste, e nem os tens como tuas criações supremas. Quão longe, portanto, estás daqueles meus fantasmas, fantasmas de corpos, que absolutamente não existem! Quão mais certas são as imagens dos corpos das coisas que existem, e ainda mais certos estes corpos aqui, que todavia não são tu. Nem a alma o é, que é a vida dos corpos, e por isso, como vida dos corpos, é melhor e mais certa do que os corpos; tu, porém, és a vida das almas, a vida das vidas, vivente por ti; e não mudas,[22] vida da minha alma.

11. Onde estavas então para mim, quão longe? Peregrinava longe de ti e era excluído até das bolotas dos porcos que nutria de bolotas.[23] De fato, como eram melhores as fábulas dos gramáticos e dos poetas, frente a essas fraudes! Porque os versos e o poema e o voo de Medeia eram mais proveitosos, certamente, do que os cinco elementos variamente disfarçados para se adaptar aos cinco antros das trevas, que não são absolutamente nada e matam quem crê neles.[24] Com efeito, sei transformar o verso e o poema em alimentos verdadeiros: ainda que declamasse o voo de Medeia, não o afirmava e, ainda que o ouvisse declamar, não acreditava nele; mas, naquelas coisas, eu acreditei. Ai, ai! Por esses degraus desci *nas profundezas do inferno*,[25] por certo, angustiando-me e ardendo pela falta de verdade,

---

22. Cf. Ml 3,6.
23. Cf. Lc 15,16. Cf. Agostinho, *A instrução cristã*, III, VII, 11; *Questões sobre os Evangelhos*, II, XXXIII, 1.
24. Segundo a cosmologia maniqueísta, o reino do mal era dividido em cinco regiões: das trevas, da lama, dos ventos, do fogo e da fumaça. Cf. Agostinho, *Contra a epístola de Mani dita do Fundamento*, 18.
25. Pr 9,18.

porque te procurava, meu Deus — confesso-o a ti, que tiveste piedade de mim até quando ainda não confessava —, te procurava não segundo a inteligência da mente, pela qual quiseste que eu fosse superior às bestas, mas segundo os sentidos da carne. Tu, porém, eras mais interior do que meu íntimo, e mais alto do que meu cume. Esbarrei naquela mulher temerária, desprovida de juízo, alegoria de Salomão, *sentada numa cadeira fora de casa, que diz: comam à vontade os pães escondidos e bebam a doce água roubada*.[26] Ela me seduziu, porque me encontrou fora de casa, morando nos olhos da minha carne e mastigando dentro de mim aquilo que engolia por meio deles.

VII, 12. Com efeito, desconhecia a outra realidade, a que é verdadeiramente, e era impelido, como por aguilhões, a concordar com meus insensatos enganadores, quando me perguntavam de onde vinha o mal, se Deus era contido numa forma corporal ou se tinha cabelos e unhas, e ainda se poderiam ser considerados justos homens que tinham várias mulheres, matavam homens e sacrificavam animais.[27] Sendo ignorante, esses argumentos me confundiam, e acreditava avançar rumo à verdade enquanto me afastava dela, porque não sabia que o mal não é senão a privação do bem, até o limite do total não ser. E onde poderia ver isso, se meus olhos viam apenas corpos, e minha mente apenas fantasias? Não sabia que Deus é espírito, não algo cujos membros se estendam em altura ou largura, nem algo que tenha uma massa, porque uma massa é menor na parte do que no todo e, se for infinita, é menor numa sua parte de extensão determinada do que no infinito e não está inteira em toda parte como o espíri-

---

26. Pr 9,17.
27. Os maniqueístas repudiavam o Antigo Testamento, devido à representação antropomórfica de Deus e aos pecados dos patriarcas.

to, como Deus. E ignorava totalmente o que está em nós, segundo o qual somos, e somos definidos com razão, nas Escrituras, *imagem de Deus*.[28]

13. E não conhecia a verdadeira justiça interior, que não julga segundo o costume, mas segundo a lei justíssima de Deus onipotente, à qual devem se conformar os hábitos morais dos diferentes países e épocas, de acordo com o país e a época, enquanto ela permanece sempre e em todo lugar, e não muda em lugares e tempos diferentes. De acordo com ela, eram justos Abraão, Isaac, Jacó, Moisés, Davi e todos aqueles que são louvados pela palavra de Deus. Mas eles são considerados injustos pelos ignorantes, que julgam *segundo o tempo humano*[29] e medem os hábitos universais do gênero humano segundo o particular de seus hábitos. Como se alguém inexperiente em armaduras, que se adaptam cada uma a um membro do corpo, quisesse colocar uma caneleira na cabeça e calçar um capacete, e reclamasse que eles não se ajustam; ou se, num dia em que foi proclamado um feriado à tarde, alguém se incomodasse porque não lhe é permitido manter seu comércio, enquanto de manhã lhe era permitido; ou se alguém visse, numa mesma residência, um escravo manipular algo que não seria permitido a quem serve a bebida, ou fazer coisas atrás do estábulo que não seria permitido fazer diante da mesa, e se indignasse porque, numa mesma residência e família, não se permite o mesmo a todos e em todos os lugares. Assim são aqueles que se indignam porque naquela época foi permitido aos justos algo que não é permitido aos justos de agora, e porque Deus impôs àqueles certos preceitos e a estes, outros, dependendo dos tempos, embora uns e outros sirvam à mesma justiça. No entanto, reconhecem que num mesmo homem, num mes-

28. Gn 1,27.
29. 1Cor 4,3.

mo dia e num mesmo edifício coisas diferentes convêm a cada parte, e algo que era lícito há pouco não o é após certa hora, e o que é permitido ou obrigatório num canto em outro canto próximo é proibido e punido. Então a justiça seria vária e mutável?[30] Ao contrário, são os tempos que ela governa que não andam no mesmo passo, justamente porque são tempos. Os homens, porém, cuja vida sobre a terra é curta,[31] não conseguem comparar pelos sentidos as razões de outros tempos e de outros povos, dos quais não tiveram experiência, com aquelas de que têm experiência; por outro lado, num único corpo ou dia ou casa podem perceber facilmente o que convém a cada membro, momento, parte ou pessoa; assim, no primeiro caso se escandalizam; no segundo, se conformam.

14. Na época, eu não sabia essas coisas nem prestava atenção a elas: estavam por toda parte diante de meus olhos, mas eu não as via. Declamava poemas, e não podia colocar qualquer ritmo[32] em qualquer lugar, mas em tal metro, um tipo; em outro, outro tipo; e, em um único verso, o mesmo ritmo não podia ser posto em todos os lugares. A própria arte, porém, segundo a qual declamava, não tinha regras diferentes em lugares diferentes, mas as continha todas ao mesmo tempo. E eu não percebia que a justiça a que se submeteram os homens bons e santos contém ao mesmo tempo, de maneira muito mais excelente e sublime, todos os seus preceitos, e não muda em nenhum momento, muito embora não prescreva todos eles ao mesmo tempo, mas os distribua segundo o que é adequado a cada época. E eu, cego, criticava os santos patriarcas,

---

30. Cf. Virgílio, *Eneida*, IV, 569.
31. Sb 15,9.
32. *Pes*, lit.: pé, unidade rítmica fundamental da métrica clássica, composta de sílabas longas e breves dispostas numa ordem determinada.

que não apenas agiram no presente segundo o que Deus ordenava e inspirava, mas também anunciaram o futuro segundo o que Deus revelava.

VIII, 15. Por acaso, poderia ser injusto, em algum lugar ou momento, *amar a Deus de todo o coração, toda a alma e toda a mente e o próximo como a ti mesmo*?[33] Por isso, os atos ilícitos que são contra a natureza, como os que cometeram os sodomitas, devem ser detestados e punidos sempre. Mesmo que todo mundo os cometesse, seriam igualmente crimes pela lei divina, que não fez os homens para que usassem uns dos outros daquela forma. Viola-se, portanto, a própria aliança que deve existir entre nós e Deus, quando a natureza de que ele é autor é sujada pela perversidade do desejo carnal. Os atos ilícitos contra os costumes humanos, por outro lado, devem ser evitados segundo a diversidade dos costumes, para que o pacto mútuo estabelecido pelo hábito ou pela lei de um estado ou de um povo não seja violado por um cidadão ou um estrangeiro. Porque é disforme que cada parte não se adapte ao todo. Se, porém, Deus ordenar algo contra o costume ou a convenção de alguém, mesmo que nunca tenha sido feito naquele lugar, deve ser feito; se foi abandonado, deve ser restabelecido; se nunca foi instituído, deve ser instituído. De fato, se é lícito que um rei, na cidade que governa, ordene algo que ninguém antes dele e nem mesmo ele jamais ordenou, e não é contra a sociedade daquela cidade obedecer — ao contrário, seria contra a sociedade não obedecer, porque o pacto geral da sociedade humana é obedecer a seus reis —, quanto mais no caso de Deus, rei do universo, suas criaturas devem se submeter sem hesitação ao que ele ordena! De fato, como nos poderes das sociedades humanas o poder maior prevalece sobre o menor na obediência, assim Deus prevalece sobre todos.

33. Mt 22,37-9; Mc 12,33; Cf. Dt 6,4-5 e Lv 19,18.

16. O mesmo vale para os delitos. Aqui a libido está em lesar alguém ou por ofensas, ou por ações violentas: por vingança, como o inimigo contra o inimigo; ou para adquirir bens de estranhos, como o ladrão contra o transeunte; ou para evitar um mal, contra alguém que é temido; ou por inveja, como o mais pobre contra o mais rico ou um abastado contra alguém que teme possa igualá-lo, ou que o faz sofrer porque já é seu igual; ou apenas pelo prazer do mal alheio, como os espectadores das lutas de gladiadores ou aqueles que zombam e ridicularizam os outros. Esses são os tipos de iniquidade que proliferam pelos anseios de dominar, de ver e de sentir (um ou dois deles, ou os três juntos); e se vive no mal contra o três e sete, *o saltério de dez cordas*,[34] teu decálogo, Deus *altíssimo*[35] e dulcíssimo. Mas que atos desonrosos podem ser cometidos em ti, que não te corrompes? E que delitos contra ti, a quem não se pode lesar? Tu, porém, punes os pecados que os homens cometem uns nos outros, porque assim eles pecam também contra ti, agindo impiamente contra suas próprias almas. E *a iniquidade mente a si mesma*[36] quando eles corrompem ou pervertem sua natureza, que tu fizeste e ordenaste, usufruindo imoderadamente do que é permitido ou inflamando-se pelo que não é permitido, *naquele uso que é contra a natureza*.[37] Ou são culpados quando na mente ou em palavras se enfurecem contra ti e *recalcitram contra o aguilhão*,[38] ou quando, temerários, quebrando os limites da sociedade humana, se comprazem em conluios

---

34. Sl 144 (143),9. A identificação do saltério de dez cordas com o decálogo (três mandamentos relativos a Deus; sete, ao próximo) é desenvolvida por Agostinho no comentário a este salmo e no Sermão 9.
35. Sl 92 (91),2.
36. Sl 27 (26),12 (Vulgata).
37. Rm 1,26.
38. At 26,14.

ou brigas particulares, segundo o que mais lhes apraz ou ofende. E isso acontece quando tu és abandonado, *fonte de vida*,[39] que és único e verdadeiro criador e regedor de tudo, e por soberba individualista se ama, na parte, uma unidade falsa. Volta-se a ti, então, pela piedade humilde, e tu nos purificas do hábito dos males, és indulgente com os pecados de quem confessa, atendes aos gemidos dos prisioneiros e nos livras das correntes que nós criamos para nós mesmos, se não *levantarmos* contra ti *os chifres*[40] de uma falsa liberdade, pela cobiça de ter mais e com o prejuízo de perder tudo, amando o nosso particular mais do que tu, o bem de todos.

IX, 17. Mas entre os atos ilícitos, os delitos e tantas iniquidades, há os pecados dos que estão progredindo. Estes devem ser censurados por quem julga corretamente segundo a medida da perfeição, mas também louvados pela esperança dos frutos, como seara ainda verde. E há ações semelhantes aos atos ilícitos ou aos delitos que porém não são pecados, porque não ofendem nem a ti, Senhor nosso Deus, nem às convenções sociais, como quando certos bens são acumulados para uso próprio segundo o tempo e as conveniências, e não é evidente que haja cobiça de possuir; ou quando alguém recebe uma punição corretiva por uma autoridade estabelecida, e não é evidente que haja prazer em lesar. Por isso, muitas ações que aos homens parecem censuráveis são aprovadas pelo teu testemunho, e muitas, louvadas pelos homens, teu testemunho as condena, porque amiúde a aparência do fato não se coaduna com a intenção do agente e a conjuntura oculta do momento. Mas quando de repente tu ordenas algo inusitado e imprevisto, mesmo que o tenhas vetado em outros tempos, ainda que escondas por enquanto a razão de tua ordem e ainda que

---

39. Jr 2,13.
40. Sl 75 (74),5.

seja contra a convenção da sociedade de um determinado povo, quem duvida que isso deva ser feito, se a sociedade humana justa é aquela que te obedece? Mas felizes os que sabem que és tu que o ordenaste. Porque tudo o que teus servidores fazem é para mostrar o que se deve fazer no presente, ou para anunciar o futuro.[41]

x, 18. Eu, ignorando isso, ria daqueles teus santos servos e profetas. E o que conseguia, quando ria deles, senão que tu risses de mim, levado insensível e paulatinamente para tais tolices, como acreditar que o figo, quando é colhido, chora com sua mãe árvore lágrimas de leite? Mas, se algum santo comesse esse figo — colhido criminosamente por outro, por certo, não por ele —, o figo se misturaria com suas vísceras e dele exalariam anjos, ou seja, partículas de Deus, nos gemidos da reza e nos arrotos. E as partículas do supremo e verdadeiro Deus ficariam presas naquele fruto, se os dentes e o estômago dos santos eleitos não as livrassem. E eu, miserável, acreditei que devíamos ter mais misericórdia dos frutos da terra do que dos homens, para os quais os frutos nasceram. Com efeito, oferecer um fruto a algum faminto não maniqueu, se o pedisse, nos pareceria condenar o vegetal à pena capital.[42]

xi, 19. Mas minha mãe, tua fiel, chorou a ti por mim mais do que choram as mães nos enterros dos corpos, e

---

41. Ou seja: as ações da história sagrada têm sentido moral ou profético.
42. Segundo a doutrina maniqueísta, o Cristo cósmico (distinto do Cristo nascido de Maria) espalhou suas partículas pelo reino do mal, e seu martírio se manifesta na paixão dos vegetais, como no caso das lágrimas da figueira. Só quando ingeridas pelos santos essas partículas são liberadas e voltam a sua verdadeira natureza.

tu *estendeste tua mão do alto*[43] e arrancaste minha alma desta escuridão profunda.[44] Com efeito, pela fé e o espírito que recebeu de ti, ela me via morto, e tu a ouviste, Senhor. Ouviste-a e não desdenhaste suas lágrimas, que escorrendo regavam a terra sob seus olhos em todos os lugares onde rezasse: ouviste-a. Pois de onde veio aquele sonho pelo qual a consolaste, de maneira que aceitasse viver comigo e, em casa, sentar-se comigo à mesa? Porque inicialmente não queria, por rejeitar e detestar as blasfêmias do meu erro.[45] Ela se viu de pé sobre uma régua de madeira e viu um jovem resplandecente e alegre vir ao seu encontro e sorrir-lhe, enquanto ela estava triste e cheia de aflição. Ele lhe perguntou a causa de sua tristeza e de suas lágrimas cotidianas, mais para instruir, como se costuma fazer, do que para aprender; e, quando ela respondeu que chorava minha perdição, ele mandou que ficasse tranquila e a incitou a olhar e ver que onde ela estava eu também estava.[46] Ela então olhou e me viu ao lado dela, de pé sobre a mesma régua. Como se deu isso, senão porque teus ouvidos estavam voltados para o coração dela, ó tu bom e onipotente, que cuidas de cada um de nós como se cuidasses só dele, e de todos nós juntos como se fosse um de cada vez?

XI, 20. E como se deu ainda isso, que, quando ela me contou essa visão e eu tentei interpretá-la de maneira que fosse ela a não desesperar de estar um dia onde eu estava, ela respondeu imediatamente, sem nenhuma hesitação: "Não. Não me disse: onde ele está, tu também estás; mas: onde tu estás, ele também"? Confesso a ti minha recor-

---

43. Sl 144 (143),7.
44. Cf. Sl 86 (85),13.
45. Em 375, Agostinho voltou de Cartago para sua cidade natal, Tagaste, onde começou a lecionar gramática. Cf. Livro IV, I, I e IV, 7.
46. Cf. Jo 14,3.

dação, Senhor, pelo que lembro, e algo que repito com frequência: que a resposta que me deste através de minha mãe, a qual não se confundiu pela falsidade de uma interpretação plausível e imediatamente viu o que deveria ser visto — e que eu certamente não vira, antes que ela mo dissesse —, aquela resposta me impressionou mais do que o próprio sonho, no qual foi predita com tanta antecipação à pia mulher, para consolação da preocupação então presente, uma felicidade que deveria acontecer muito mais tarde. Com efeito, se passaram quase nove anos, durante os quais me revolvi naquele *lamaçal profundo*[47] e nas trevas da falsidade, tentando amiúde me levantar e afundando sempre mais; enquanto isso, aquela viúva casta, pia e sóbria, como tu gostas, já mais animada pela esperança, mas não menos solícita nas lágrimas e nos lamentos, não deixava, em todas as horas de suas orações, de chorar por mim para ti, e *suas preces chegavam à tua presença*;[48] tu, porém, ainda me deixavas rolar e me enrolar naquela escuridão.

XII, 21. Durante aquele período me deste outra resposta, que vou relatar. Deixo de lado muitos fatos, para chegar depressa àqueles que mais me urge confessar a ti, e outros não lembro. Essa outra resposta a deste por meio de um teu sacerdote, um bispo crescido na Igreja e treinado nos teus livros. Quando aquela mulher lhe pediu se dignar conversar comigo e refutar meus erros, desaprendendo-me o mal e ensinando-me o bem (porque ela fazia isso com quem achasse oportuno), ele não quis atender seu desejo, com muito juízo, como percebi depois. Respondeu que eu ainda não poderia ser instruído, porque estava enfatuado pela novidade daquela heresia e já causava confusão em muitos ignorantes com certos casuísmos, como ela o infor-

47. Sl 69 (68),3.
48. Sl 88 (87),3.

mara. "Mas", disse, "deixe-o estar. Apenas rogue ao Senhor por ele; ele mesmo, lendo, descobrirá qual é o erro, e quão ímpio é." Na mesma ocasião lhe contou que ele também, criança, foi entregue aos maniqueus pela mãe, seduzida por eles, e que não apenas leu, mas também copiou, quase todos os livros deles. E que compreendeu sozinho, sem que ninguém o refutasse e convencesse, que aquela seita deveria ser abandonada; e foi assim que a abandonou. Ao ouvir isso, ela não quis concordar, mas continuou insistindo, queixando-se e chorando abundantemente, para que me encontrasse e discutisse comigo. Ele, então, já incomodado, disse: "Vá embora; viva assim, não pode ser que morra o filho dessas lágrimas". Em suas conversas comigo ela lembrava frequentemente essas palavras, como se tivessem ressoado do céu.

Livro IV

I, 1. Durante esse mesmo período de nove anos, do décimo nono ao vigésimo oitavo de minha idade, éramos seduzidos e seduzíamos, errávamos e levávamos ao erro com ambições diferentes: abertamente, pelas disciplinas que chamam de liberais; secretamente, por uma falsa religião; naquelas, soberbos; nesta, supersticiosos; numas e noutra, vãos. Lá, buscando a futilidade da glória popular até nos aplausos dos teatros, nos concursos de poesia, nas competições para uma coroa de feno, nas frivolidades dos espetáculos e na intemperança dos desejos carnais; aqui, procurando nos purificar dessas sujeiras servindo alimentos para os assim chamados eleitos e santos, para que eles, nas oficinas de seus estômagos, os transformassem em anjos e deuses, pelos quais seríamos libertados.[1] Buscava tais coisas e as realizava juntamente com meus amigos, iludidos por mim e comigo. Zombem de mim os arrogantes que ainda não foram saudavelmente prostrados e mortificados por ti, meu Deus: mesmo assim, eu confessarei a ti minhas

---

1. Na hierarquia maniqueísta, Agostinho alcançou o grau intermediário de auditor. Como tal, era encarregado de colher os frutos e vegetais destinados à mesa dos eleitos. Sobre a capacidade destes de liberar as partículas divinas contidas nos alimentos, ver Livro III, IV, 18.

vergonhas, *para teu louvor*.[2] Permite, eu te peço, e concede que eu percorra com a memória do presente os percursos passados de meu erro e te sacrifique a *vítima do júbilo*.[3] O que eu sou, sem ti, senão uma guia para o precipício? Mas o que sou, quando tu me és propício, senão um sugador de teu leite[4] e um comedor de teu alimento, que não se corrompe? E o que é o homem, qualquer homem, quando é homem? Mas zombem de mim os fortes e poderosos: nós, porém, fracos e impotentes, confessaremos a ti.

II, 2. Naqueles anos ensinava a arte da retórica: vencido pela cobiça, vendia a loquacidade que visa a vitória. Mas preferia — *Senhor, tu sabes*[5]— ter bons alunos, os que chamam de bons, e a eles, sem enganá-los, ensinava a ser enganosos, não para acusar um inocente, mas às vezes para defender um culpado.[6] E viste de longe, ó Deus, minha honestidade resvalar num chão escorregadio e brilhar entre muita fumaça, enquanto a exibia no meu magistério para pessoas que amavam a vaidade e buscavam a mentira, eu cúmplice delas. Naqueles anos tinha uma mulher; não assumida pela união que é chamada de legítima, mas conquistada por uma paixão erradia, incapaz de prudência. Apenas uma, no entanto, para a qual conservava a fidelidade do tálamo. Por isso, pude reconhecer com nitidez, por experiência própria, a diferença que passa entre o laço do contrato conjugal, estipulado para o fim da procriação, e o pacto de um amor libidinoso, no qual os filhos nascem contra a vontade dos pais, mesmo que, uma vez nascidos, nos forcem a amá-los.[7]

2. Sl 106 (105),47.
3. Sl 27 (26),6 (Vetus Latina).
4. Cf. Is 60,16.
5. Sl 69 (68),6.
6. Cf. Cícero, *De officiis*, II, 51.
7. Dessa união, Agostinho teve um filho que morreu adoles-

3. Lembro também que certa vez, em que resolvi participar de um concurso de poesia dramática, não sei que arúspice mandou me perguntar quanto eu pagaria para vencer, mas eu respondi que rejeitava e abominava aqueles rituais hediondos e que, mesmo se a coroa daquela competição fosse eternizada em ouro, não permitiria que se matasse uma mosca para minha vitória. Pois ele imolaria animais em seus sacrifícios, pretendendo com aquelas homenagens induzir os demônios a me apoiarem. Contudo, não repudiava aquele mal por via da tua pureza,[8] *Deus do meu coração*.[9] De fato, ainda não aprendera a te amar, porque não aprendera a pensar em outra coisa senão em fulgores corporais.[10] Suspirando por tais ficções, não *fornicava longe de ti*[11] minha alma, não *confiava em falsidades e alimentava os ventos*?[12] Sem dúvida, eu não queria que sacrificassem em meu favor aos demônios, aos quais eu mesmo me sacrificava por aquela superstição. O que mais é alimentá-los senão alimentar os ventos, ou seja, ser para eles, por nosso erro, motivo de prazer e derrisão?

III, 4. Contudo, não deixava de consultar abertamente aqueles charlatões que chamam de "matemáticos",[13] já que eles, aparentemente, não praticavam nenhum sacrifício nem dirigiam orações aos demônios para suas previsões. Mas a piedade verdadeira e cristã os rejeita e conde-

---

cente, Adeodato, citado no Livro IX. Figura também entre as personagens do diálogo *A vida feliz* e é o interlocutor de Agostinho em *O mestre*.
8. Cf. 1Jo 3,3. Não matar ou comer animais era uma exigência da religião maniqueísta, ditada por um ideal de pureza.
9. Sl 73 (72),26 (Vulgata).
10. No maniqueísmo, Deus era identificado com a luz física.
11. Sl 73 (72),27 (Vulgata).
12. Pr 10,4 (Vulgata).
13. Os astrólogos.

na com razão. Pois é bom confessar a ti, Senhor,[14] e dizer: *Tem piedade de mim, cura minha alma, porque pequei contra ti;*[15] e não abusar de tua indulgência para ter liberdade de pecar, mas lembrar a palavra do Senhor: *Eis que estás curado; não peques mais, para que não te aconteça algo ainda pior!*[16] Toda essa doutrina de salvação, eles tentam esvaziá-la, quando dizem: "A causa inevitável de teu pecado vem do céu", ou: "Foi Vênus quem fez isso, ou Saturno, ou Marte", evidentemente para que o homem, que é carne e sangue e soberba podridão, fique isento de culpa e seja culpado, em seu lugar, o criador e ordenador do céu e dos corpos celestes. E quem é ele senão tu, o nosso Deus, doçura e fonte de justiça, que *retribuirás a cada um conforme suas obras*[17] e *não desprezas um coração contrito e humilhado?*[18]

5. Havia naquela época um homem perspicaz, conhecedor renomado e profundo da arte médica,[19] que, em função de procônsul, mas não em qualidade de médico, colocou de sua própria mão a coroa daquela competição sobre minha cabeça doentia. Com efeito, és tu quem cura daquela doença, tu, que *resistes aos soberbos, mas concedes a graça aos humildes.*[20] Porventura, no entanto, descuidaste de mim, deixaste de medicar minha alma, por meio inclusive daquele ancião? Com efeito, tornei-me íntimo dele e frequentador de suas palestras, que acompanhava atenta-

---

14. Sl 92 (91),2
15. Sl 41 (40),5.
16. Jo 5,14.
17. Mt 16,27; Sl 62 (61),13; Ez 18,31-2.
18. Sl 51 (50),19.
19. Vindiciano, autor de dois importantes tratados de medicina, *Gynaecia* e *De expertiis remediis.* Cf. Livro VIII, VI, 8 e *Ep. 183,* III.
20. 1Pd 5,5.

mente: elas eram agradáveis e profundas pela vivacidade de seus enunciados, sem requinte na escolha das palavras. Quando ele soube, numa conversa comigo, que eu me dedicava aos livros dos fazedores de horóscopos, aconselhou-me benigna e paternalmente a deixá-los de lado, para não desperdiçar naquelas futilidades sem efeito o empenho e o trabalho necessários para ocupações úteis. Disse que ele também aprendera essa matéria em seus anos juvenis, querendo tirar dela o provento que lhe desse do que viver, e que, sendo capaz de compreender Hipócrates, pôde muito bem compreender aqueles textos; abandonou-os, contudo, para se dedicar à medicina — não por outra causa, senão porque percebeu que eram completamente falsos e não quis, como homem sério, ganhar a vida enganando as pessoas. "Mas tu", disse, "tens a retórica, pela qual podes te sustentar entre os homens, e te dedicas a essa falácia por escolha livre, não por necessidade econômica. Mais ainda, portanto, deves confiar em mim quanto a ela, porque eu me esforcei em estudá-la exaustivamente, enquanto pretendia fazer dela meu único meio de subsistência." E, quando eu lhe perguntei qual a razão de haver aí muitas predições verdadeiras, ele respondeu que isso era possível devido à força do acaso, presente na natureza de todas as coisas. Com efeito, se alguém consultar aleatoriamente uma página de qualquer poeta, que ao escrevê-la queria dizer algo totalmente diverso, amiúde aparece surpreendentemente um verso adequado à sua preocupação; e não é de admirar, dizia, se uma alma humana, por algum instinto superior, sem saber o que se passa nela, deixa ressoar, não por arte, mas por acaso, algo que se harmoniza com as questões e as ações do interrogante.[21]

---

21. Na opinião de alguns comentadores, Vindiciano se refere aqui a uma tese neoplatônica segundo a qual o cosmo é um único ser animado, de que todos os seres individuais são partes. Portanto, as afeições de uma parte se comunicam naturalmente

6. Proporcionaste-me essas noções, dele ou por meio dele, e esboçaste em minha memória aquilo que mais tarde procuraria por mim mesmo. Mas na época nem ele nem meu caríssimo Nebrídio,[22] adolescente muito bom e ajuizado[23] que desdenhava aquele gênero de divinação, puderam me convencer a abandoná-la, porque pesava muito mais para mim a autoridade daqueles autores, e não encontrava nenhuma prova tão certa quanto queria de que as coisas verdadeiras que eles respondiam ao serem consultados dependessem do acaso ou da sorte, e não da arte de perscrutar os astros.

IV, 7. Naqueles anos em que comecei a lecionar na cidade onde nasci,[24] ganhei um amigo que me era muito caro pelos interesses que tínhamos em comum, meu coetâneo e como eu na flor da adolescência. Quando criança, crescera ao meu lado: fomos à escola juntos e brincávamos juntos. Mas ainda não era tão meu amigo, naquela

---

às outras, como acontece num corpo animado, sem que essa comunicação seja determinada por uma ação consciente. Esse argumento era utilizado especialmente para justificar a eficácia das rezas, da magia e da divinação. Cf. Plotino, *Enéadas*, IV, IV, 26, 32 e 35 e nota de A. Solignac à edição francesa das *Confissões*, Bibliothèque Augustinienne, Desclée de Brouwer, 1962, 1 vol., p. 416, n. 1.

22. Amigo de Agostinho, foi um dos principais interlocutores de suas reflexões filosóficas nos anos de formação. Nebrídio seguiu Agostinho na viagem para a Itália e na volta à África, mas não na conversão e no engajamento na Igreja católica. Morreu por volta de 390. Resta uma pequena correspondência entre os dois, que se supõe organizada e publicada pelo próprio Agostinho. Cf. Livro VII, II, 3; IX, III, 6-IV,7.

23. Alguns manuscritos trazem *castus* (casto) no lugar de *cautus* (prudente, ajuizado). Escolhemos a lição que nos pareceu mais apropriada ao contexto.

24. Tagaste.

época — embora também não o fosse depois, no sentido da verdadeira amizade, que não é verdadeira senão quanto tu a estabeleces entre aqueles que aderem à caridade, derramada *nos nossos corações pelo Espírito Santo que nos foi dado.*[25] Contudo, era muito doce essa amizade cozida ao fogo de interesses semelhantes. De fato, eu o desviei da verdadeira fé, que ele, adolescente, ainda não conservava sincera e plenamente, para as fábulas supersticiosas e perniciosas pelas quais minha mãe chorava por mim. Aquele homem já errava juntamente comigo no espírito, e minha alma não podia ficar sem ele. E eis que tu, implacável no encalço de teus escravos fugitivos, *Deus das vinganças*[26] e ao mesmo tempo fonte de misericórdia, que nos convertes a ti por meios admiráveis, eis que tiraste aquele homem desta vida, quando mal se encerrava um ano de amizade, suave para mim mais do que todas as suavidades de minha vida de então.

8. Quem poderia sozinho enumerar tuas glórias, nem que sejam apenas aquelas que só ele experimentou? O que fizeste então, meu Deus, e como é insondável o abismo de teus julgamentos? Atormentado pela febre, ele ficou longamente sem sentidos e, não havendo mais esperança, foi batizado inconsciente. Eu não me preocupei, presumindo que permaneceria fiel ao que sua alma recebera de mim, e não ao que acontecera com seu corpo inconsciente. Mas não foi nada disso. Com efeito, tendo voltado à consciência e se restabelecido, imediatamente, na primeira ocasião que tive de falar com ele — e foi logo que ele pôde, porque não o deixava e dependíamos completamente um do outro —, tentei zombar do batismo que ele recebera em total ausência da mente e dos sentidos, imaginando que riria comigo. Ele, no entanto, já sabia que o recebera: fi-

---

25. Rm 5,5.
26. Sl 94 (93),1.

cou horrorizado como se eu fosse um inimigo, e com surpreendente e pronta independência me alertou que deveria deixar de dizer tais coisas, se quisesse ser amigo dele. Eu fiquei estupefato e turbado e suspendi toda tentativa, para que convalescesse e voltasse a adquirir saúde, e eu pudesse, então, agir como queria. Mas ele foi arrancado à minha loucura, para se conservar junto a ti para minha consolação: poucos dias depois, em minha ausência, a febre voltou e ele morreu.

9. Aquela dor obscureceu meu coração, e tudo o que via era morte. A pátria era para mim um tormento, a casa paterna uma incrível infelicidade, e tudo o que estava relacionado com ele se tornou sem ele uma insuportável tortura. Meus olhos o procuravam em toda parte, e não o encontravam; e odiava tudo, porque em nada ele estava, e já não podia dizer: "eis, vai vir", como quando vivia e estava ausente. Tornara-me uma grande questão para mim mesmo, e perguntava a minha alma por que estava tão triste e tão conturbada, mas ela não sabia responder. E, se eu dizia: "espera em Deus", ela com razão não me obedecia, porque era melhor e mais verdadeiro o homem caríssimo que perdera do que a fantasia em que lhe impunha de esperar. Só o choro me era doce, e ocupou o lugar do meu amigo nos prazeres de minha alma.

v, 10. E agora, Senhor, tudo isso passou e o tempo sarou minha ferida. Poderei ouvir de ti, que és a Verdade, e encostar o ouvido do meu coração à tua boca, para que tu me digas por que o choro é doce aos infelizes?[27] Por acaso tu, embora estejas em todo lugar, rejeitas longe de ti nossa miséria, e permaneces em ti, enquanto nós nos revolvemos em tentativas? E no entanto, se não chorarmos a teus ouvidos, nada sobraria de nossa esperança.

---

27. Cf. Ovídio, *Tristia*, IV, III, 37.

De onde vem, então, que na amargura da vida colhemos o fruto suave de gemer, chorar, suspirar e lamentar? Ele é doce, talvez, porque esperamos ser ouvidos por ti? Certamente é o que acontece nas rezas, nas quais há um desejo a ser atendido. Mas, na dor de algo perdido e no luto, de que maneira isso funciona? Não esperava que ele ressuscitasse, nem pedia isso pelas lágrimas: apenas sofria e chorava. Estava perdido e perdera minha felicidade. Ou será que o choro é amargo e nos apraz pelo desgosto das coisas que nos deleitavam e agora nos aborrecem?

VI, 11. Mas por que falo essas coisas? Não é o momento de questionar, e sim de confessar a ti. Era infeliz, mas toda alma tomada pela amizade das coisas mortais é infeliz e se dilacera quando as perde, porque então percebe a infelicidade pela qual era infeliz mesmo antes de perdê-las. Assim eu era naquele tempo, chorava muito amargamente, e repousava *na amargura*.[28] Era infeliz a esse ponto, no entanto essa vida infeliz me era mais cara do que aquele amigo, pois não queria perdê-la no lugar dele, e nem sei se iria querer perdê-la para ele, como dizem de Orestes e Pílades, se não for uma ficção, que queriam morrer juntos um para o outro, porque não viver juntos seria pior do que a morte. Mas em mim surgiu uma sensação oposta a essa: sentia um profundíssimo desgosto da vida e, ao mesmo tempo, medo de morrer. Acredito que, quanto mais amava aquele amigo, tanto mais odiava a morte como a mais feroz das inimigas, a temia e imaginava que destruiria de uma vez todos os homens, porque pôde destruir a ele. Era assim mesmo, eu lembro. Eis meu coração, meu Deus, ei-lo por dentro; veja, porque eu lembro, ó minha esperança, tu, que me purificas da sujeira dessas afeições, voltando meus olhos para ti e livrando *meus pés dos laços*.[29] Com efeito,

---

28. Jó 3,20; Is 38,15.
29. Sl 25 (24),15.

admirava-me de que os outros mortais vivessem, enquanto ele, que amara como se não devesse morrer, estava morto, e ainda mais me admirava que eu, sendo outro ele, estivesse vivo enquanto ele morrera. Alguém disse com razão de um amigo seu: *"a metade de minha alma"*.[30] De fato, sentia minha alma e a alma dele como se fossem uma única alma em dois corpos, e por isso sentia horror à vida, porque não queria viver pela metade; mas por isso talvez tivesse medo de morrer, porque não queria que morresse inteiramente aquele que tanto amara.

VII, 12. Ó demência de quem não sabe amar os homens conforme a humanidade! Ó homem estulto que sofre desmedidamente pelo que é humano! Assim eu era então. Assim fervia, suspirava, chorava, me inquietava, e não tinha paz ou juízo. Carregava abatida e ensanguentada minha alma, que não mais suportava ser carregada por mim, e não encontrava onde deitá-la. Não me acalmavam bosques amenos, nem jogos e cantos, nem ambientes perfumados ou rebuscados festins, nem o prazer do quarto e da cama, nem os livros e os poemas. Tinha horror de tudo, até da própria luz, e qualquer coisa que não fosse o que ele era me parecia iníquo e odioso, a não ser os lamentos e as lágrimas: com efeito, só neles encontrava algum repouso. Mas, assim que a alma era afastada deles, o fardo de uma grande infelicidade a oprimia. Deveria elevar a alma a ti[31] para curá-la, Senhor, eu o sabia, mas não queria nem conseguia, ainda mais porque não eras algo sólido e firme em mim, quando pensava em ti. Não eras tu, de fato, mas uma imagem vã, e meu erro era meu deus. Quando tentava deitar minha alma ali, para que repousasse, ela caía no vazio e voltava a ruir sobre mim, e eu me tornara para mim um lugar inóspito, onde não

---

30. Horácio, *Carmina*, I, III, 8.
31. Cf. Sl 25 (24),1.

podia ficar e de onde não podia me afastar. Como meu coração poderia fugir do meu coração? Como eu poderia fugir de mim mesmo? Como poderia não acompanhar a mim mesmo? Contudo, fugi da pátria.[32] Com efeito, meus olhos o buscavam menos, onde não estavam acostumados a vê-lo: da cidade de Tagaste voltei para Cartago.

VIII, 13. O tempo não falha e não dá voltas inúteis pelos nossos sentidos: opera feitos admiráveis na alma. Eis: chegava e passava, *dia após dia*,[33] e chegando e passando introduzia em mim outras expectativas e outras memórias e aos poucos me devolvia aos antigos gêneros de prazer, diante dos quais aquela minha dor recuava; mas a ela seguiam, se não propriamente outras dores, pelo menos causas de outras dores. Com efeito, como aquela dor penetrou em mim tão fácil e profundamente, senão porque derramara minha alma sobre a areia, amando um mortal como se não fosse mortal? Porque o que mais me reconfortava e fazia reviver eram as consolações de outros amigos, com os quais amava aquilo que amava em teu lugar,[34] isto é, uma grande fábula e longa mentira, que corrompia minha mente pela *comichão nos ouvidos*,[35] como uma esfregação adulterina. Aquela fábula, porém, não morreria para mim, se algum dos meus amigos morresse. Havia outras coisas neles, que minha alma preferia: conversar e rir juntos e comprazer um ao outro afetuosamente, ler juntos livros de suave elóquio, brincar juntos e juntos ficar sérios, discordar de vez em quando sem ódio, como um homem consigo mesmo, e misturar essa discórdia raríssima com frequentes concórdias, ensinar um ao outro e aprender um do outro, desejar quem se ausentava

---

32. Cf. Sl 139 (138),7 e Horácio, *Carmina*, II, XVI, 19-20.
33. Sl 61 (60),9 e (95), 2.
34. O deus dos maniqueus.
35. 2Tm 4,3.

com nostalgia, receber quem chegava com alegria. Esses sinais e outros semelhantes procedem do coração de quem ama e é amado, através da boca, da língua, dos olhos e de mil movimentos agradabilíssimos, como combustíveis para derreter as almas e de muitas fazer uma só.

IX, 14. Isso é que amamos nos amigos, e o amamos a tal ponto que a consciência humana se sente culpada se não ama quem responde ao seu amor, ou não responde ao amor de quem a ama, nada mais pedindo daquele corpo senão sinais de afeto. Daí o luto se alguém morrer, e as trevas da dor, e o coração encharcado de uma doçura que se transforma em amargura, e a morte de quem vive pela vida perdida dos que morrem. Feliz quem te ama, e ama o amigo em ti, e o inimigo por tua causa. Porque só não perde algum ente querido quem os ama todos naquele que nunca é perdido. E quem é este senão o nosso deus, Deus, que *fez o céu e a terra*[36] e os preenche,[37] porque foi preenchendo-os que os fez? Ninguém te perde, senão quem te abandona, e ao te abandonar, aonde vai, aonde foge, senão de tua benevolência para tua cólera?[38] Com efeito, onde não encontra tua lei, em sua pena? *E a tua lei é a Verdade*,[39] e a Verdade és tu.[40]

X, 15. *Deus das virtudes, vira-nos, mostra teu rosto, e seremos salvos.*[41] De fato, para onde quer que se vire a alma do homem, fixa-se em dores se não for em ti, ainda que, fora de ti e de si, se fixe em coisas belas, que no entanto não seriam nada, se não fossem por ti. Elas nas-

36. Gn 1,1.
37. Cf. Jr 23,24.
38. Cf. Sl 139 (138),7.
39. 14. Sl 119 (118),142.
40. Cf. Jo 14,6.
41. Sl 80 (79),8 (Vulgata).

cem e morrem e nascendo é como se começassem a ser, e crescem, até ficar completas, e, já completas, envelhecem e perecem. Nem todas envelhecem, mas todas perecem. Portanto, quando nascem e tendem a ser, quanto mais rapidamente crescem para ser, tanto mais se apressam para não ser. Esse é o limite delas.[42] Só isso deste a elas, porque são partes de coisas que não existem simultaneamente, mas desaparecendo e se sucedendo compõem juntas a totalidade de que são partes. Assim se comporta também nossa fala, por signos sonoros. Pois não haveria o discurso inteiro, se uma palavra não desaparecesse, ressoando parte por parte, para deixar lugar a outra. Que *minha alma te louve*[43] por essas coisas, *Senhor criador de tudo*,[44] mas não se fixe nelas pela visgo do amor, através dos sentidos corporais. Com efeito, elas se vão porque já vinham para não ser, e dilaceram a alma com desejos mefíticos, porque ela também deseja ser e ama repousar naquilo que ama. Mas não há como repousar nelas, porque não permanecem: fogem, e quem poderia acompanhá-las com os sentidos da carne? Ou quem poderia agarrá-las, mesmo quando estão à mão? Porque os sentidos da carne são lentos, por serem sentidos da carne: esse é o limite deles. São adequados para outras coisas, para as quais são feitos, mas não são adequados para isso, para segurar o que transcorre de um início devido até o devido fim. No teu Verbo, pelo qual são criados, ali ouvem: "Daqui, *até aqui*".[45]

XI, 16. Não sejas vã, ó minha alma, e não ensurdeças o ouvido do coração com o barulho de tua vaidade. Tu também, escuta: o próprio Verbo te chama de volta, e lá é o lugar do quiete imperturbável, onde o amor, se não

---

42. Cf. Jó 38,5; Sêneca, *A vida feliz*, VII, 4.
43. Sl 146 (145),1.
44. Ambrósio, *Hinário*, I, 2, 1; 2Mc 1,24.
45. Jó 38,11.

abandonar, não é abandonado. Eis, tudo isto vai embora, para que outras coisas surjam e o universo aqui embaixo conste de todas as suas partes. "Mas eu vou embora de algum lugar?", diz o Verbo de Deus. Fixa aí tua morada,[46] guarda aí tudo o que recebes dali, minha alma, quando te cansares dos enganos. Guarda na Verdade tudo o que recebes da Verdade, e nada perderás, e tuas putrefações serão saradas e tuas enfermidades serão curadas,[47] e o que escorre de ti será recomposto e renovado e reunido a ti e o que se vai não te deixará, mas estará contigo e permanecerá em Deus, que sempre está e permanece.[48]

17. Por que, pervertida, segues tua carne? Que seja ela a te seguir, convertida. Tudo o que sentes por ela sentes por partes, e ignoras o todo a que aquelas partes pertencem; contudo, elas te agradam. Mas se os sentidos da tua carne fossem capazes de abranger o todo e não tivessem recebido por tua culpa um justo limite, ocupando eles mesmos uma parte deste universo, tu desejarias então que tudo o que existe no presente passasse, porque o todo te agradaria mais. Com efeito, quando falamos também, ouves com os mesmos sentidos da carne e não queres que as sílabas permaneçam, mas que passem logo, para que outras venham e ouças o todo. Assim acontece sempre com todas as partes que formam um conjunto e que não estão presentes todas simultaneamente no conjunto que formam: elas agradam mais todas juntas que singularmente, se puderem ser percebidas juntas. Mas muito melhor do que elas é quem fez tudo, e *esse é nosso Deus*,[49] que não passa, porque nada vem depois dele.

46. Cf. Jo 14,23.
47. Cf. Mt 4,23.
48. Sl 102 (101),13 e 27; 1Pd 1,23.
49. Sl 100 (99),3.

XII, 18. Se os corpos te agradam, louva a Deus por eles e dirige teu amor para o artífice deles, para que não desagrades nas coisas que te agradam. Se as almas agradam, que sejam amadas em Deus, porque elas também são mutáveis e se fixam nele estavelmente: de outra maneira, irão e perecerão. Que sejam amadas nele, então, e arrasta contigo para ele quantas possas, e dize a elas: "Amemo-nos aqui": ele fez essas coisas e não está longe.[50] Pois não as fez e foi embora: derivam dele e estão nele. Eis: onde está? onde saboreamos a Verdade? Está no fundo do coração, mas o coração se desgarrou dele.[51] *Voltai, traidores, ao coração*[52] e juntai-vos àquele que vos fez. Ficai nele e permanecereis estáveis, repousai nele e encontrareis a quietude. Por que ides por caminhos escabrosos? Para onde ides? O bem que amais vem dele: enquanto leva a ele, é bom e doce; mas tudo o que afasta dele se tornará amargo com justiça porque, quando ele é abandonado, ama-se injustamente. Para que vaguear a esmo por vias difíceis e laboriosas?[53] Não há paz onde a procurais. Buscais a vida feliz na região da morte: não está ali. Como poderia ser vida feliz, se nem sequer é vida?

19. E desceu até aqui aquela nossa vida[54] e assumiu nossa morte e a matou pela abundância de sua vida e nos chamou em voz alta para que voltemos daqui até ele, naquele lugar secreto de onde procedeu até nós naquele primeiro útero virginal, onde esposou a criatura humana, a carne mortal, para que não fosse mortal para sempre; e, daí, *como esposo de sua alcova saiu exultante, como um*

---

50. Cf. At 17,26-7.
51. Cf. Sl 119 (118),176.
52. Is 46,8 (Vulgata).
53. Cf. Sb 5,7.
54. Cf. Jo 6,33.

*gigante a percorrer a rua.*⁵⁵ Não se deteve, de fato, mas correu chamando-nos com as palavras, as ações, a morte, a vida, a descida e a ascensão, chamando-nos, para que voltemos a ele. E se afastou de nossos olhos, para que voltemos ao coração e aí o encontremos. De fato, partiu e — *olha, está aqui!*⁵⁶ Não quis ficar por mais tempo, mas não nos deixou. Partiu de um lugar do qual nunca se ausenta, porque *o mundo foi feito por meio dele e estava no mundo*⁵⁷ e *veio a este mundo para salvar os pecadores.*⁵⁸ A ele confessa minha alma, e ele a cura, porque pecou contra ele.⁵⁹ *Filhos do homem, até quando tereis o coração pesado?*⁶⁰ Então, mesmo depois que a vida desceu, não quereis subir e viver? Mas para onde subireis, se estais no alto e *colocastes vossa boca contra o céu?*⁶¹ "Descei, para subirdes até Deus". Dize isso a elas, para que chorem no *vale dos choros,*⁶² e assim, arrasta-as contigo até Deus, porque é pelo seu Espírito que dizes isso a elas, se o dizes ardendo do fogo da caridade.

XIII, 20. Eu não sabia de tais coisas então, amava as belezas inferiores, descia para o abismo e perguntava aos meus amigos: "Porventura amamos algo que não seja belo? Mas então o que é o belo? E o que é a beleza? O que é que nos atrai e nos cativa nas coisas que amamos? De fato, se não houvesse nelas conveniência e formosura, de modo algum nos interessariam". E refletindo percebia que, num mesmo corpo, uma coisa é a totalidade do cor-

55. Sl 19 (18),6.
56. Mt 24,23; Mc 13,21.
57. Jo 1,10.
58. 1Tm 1,15.
59. Cf. Sl 41 (40),5.
60. Sl 4,3.
61. Sl 73 (72),9.
62. Sl 84 (83),7.

po e portanto o belo, outra sua conveniência, enquanto acomodação adequada a algo, como a parte do corpo a seu inteiro ou o calçado ao pé, e similares. Esse raciocínio surgiu na minha mente brotando do íntimo de meu coração, e escrevi um tratado "Sobre o belo e o adequado", em dois ou três livros, acho; *tu sabes, Deus*,[63] eu esqueci. Com efeito, não mais os tenho, se extraviaram de mim não sei como.[64]

XIV, 21. Porém, Senhor meu Deus, o que me moveu a dedicar aqueles livros a Hiério, orador da cidade de Roma?[65] Não o conhecia pessoalmente, mas amava aquele homem pela fama de sua erudição, que era notável; e ouvira alguns discursos dele que me agradaram. Mas, sobretudo, me agradava porque agradava a outros, e estes o enalteciam com louvores, admirados de que um sírio, formado inicialmente em língua grega, em seguida se tornasse um exímio orador na latina, e fosse profundo conhecedor das matérias pertinentes ao estudo da sabedoria. Louva-se um homem, e o amamos em ausência: por acaso aquele amor sai da boca de quem louva e entra no coração de quem ouve? Não; mas um, amando, inflama o outro. Por isso, amamos quem é louvado, se acreditarmos que o louvor provém de um coração não fingido, ou seja, se for louvado por alguém que o ama.

22. Assim amava então os homens pelo julgamento dos homens, não pelo teu, meu Deus, em que ninguém se engana. Todavia, por que amava alguém aclamado não pelo favor popular, como um auriga famoso, ou um gla-

---

63. Sl 69 (68),6.
64. A obra (*De pulchro et apto*) é de fato perdida. Só conhecemos dela o que Agostinho relata neste livro.
65. Essa personagem não foi identificada. Existem vários oradores e filósofos com esse nome na época de Agostinho.

diador, mas de maneira muito diferente e mais séria, tal como eu também desejava ser louvado? Com efeito, não queria ser louvado e amado como os histriões, embora eu mesmo os louvasse e amasse, e preferiria permanecer desconhecido a me tornar famoso daquela maneira, e ser objeto de ódio a ser amado assim. Onde se distribuem numa única alma os pesos desses amores variados e divergentes? Como acontece que, embora ambos sejamos homens, eu ame em outro algo que não detestaria e rejeitaria em mim, se o não odiasse? Pois não se ama um bom cavalo, embora não se quisesse ser ele, admitindo que se pudesse, como se ama um histrião que compartilha nossa natureza. Eu, então, sendo um homem, amo num homem aquilo que eu mesmo odiaria ser? Profundo abismo é o homem, de que tu, Senhor, conheces o número dos cabelos,[66] e esse número em ti não diminui; e, no entanto, é mais fácil contar os cabelos de um homem do que os sentimentos e motos de seu coração.

23. Mas aquele mestre em retórica era do gênero que eu amava de maneira a querer ser igual a ele; errava por orgulho e era arrastado *por todo vento*,[67] mas muito ocultamente era guiado por ti. E de onde sei e de onde te confesso com certeza que o amava mais pelo amor de quem o louvava do que pelos próprios fatos pelo qual era louvado? Porque se aqueles mesmos que o louvavam o censurassem, e ao censurá-lo e menosprezá-lo narrassem os mesmos fatos, eu não me inflamaria ou emocionaria por ele, e por certo nem os fatos nem o próprio homem seriam outros, apenas seria outro o sentimento de quem narra. Eis onde jaz a alma infirme que ainda não aderiu à solidez da verdade. E como a brisa das palavras soprava do peito de quem opinava, assim minha alma era levada e trazida, torcida e retorcida,

---

66. Cf. Mt 10,30.
67. Ef 4,14.

a luz lhe era ocultada e a verdade não era percebida —
mas está aqui, diante de nós. E teria sido muito importante para mim que aquele homem tomasse conhecimento de minha obra e das minhas pesquisas; e, se as aprovasse, me inflamaria ainda mais; se, ao contrário, não as aprovasse, feriria meu coração vão e desprovido de tua solidez; e no entanto aquele "belo e adequado", acerca do qual escrevi o texto que lhe enviei, se revolvia espontaneamente na minha alma sob os olhos de minha contemplação, e me maravilhava sem precisar de que alguém o louvasse.

xv, 24. Mas o cerne de uma questão tão relevante ainda não o via em tua arte, todo-poderoso, *o único que realiza maravilhas*;[68] minha alma percorria as formas corporais e eu definia e distinguia, amparando-me em exemplos corporais, o belo como o que vale por si mesmo; o adequado, como o que vale em relação a algo. Voltei-me para a natureza da alma, e a falsa opinião que tinha sobre os seres espirituais não me deixava discernir a verdade. A própria força da verdade saltava aos olhos e eu desviava minha mente palpitante da realidade incorpórea para os contornos, as cores e as grandezas extensas: como não as via na alma, julgava não poder ver a alma. E, por amar a paz na virtude, e no vício odiar a discórdia, observava naquela a unidade; nesta, certa divisão; e naquela unidade me parecia consistir a mente racional, a natureza da verdade e o bem supremo; esta divisão da vida irracional, ao contrário, julgava, infeliz, que consistisse em não sei qual substância e natureza do mal supremo, que seria não só substância, mas plenamente vida, e todavia não procederia de ti, meu Deus, *do qual tudo procede*.[69] E àquela chamava Mônada, enquanto mente sem sexo; a esta, Díade — ira nos delitos, libido nas devassidões —, sem saber o

---

68. Sl 72 (71),18.
69. 1Cor 8,6.

que dizia. Com efeito, não sabia nem aprendera que o mal não é substância alguma e que tampouco nossa mente é o bem supremo e imutável.

25. Pois, assim como há delitos, se o movimento da alma que gera o impulso é vicioso e extravasa insolente e desordenadamente, e há devassidões, se a paixão da alma da qual surgem as volúpias carnais é sem medida, se a própria mente racional é viciosa, erros e falsas opiniões contaminam a vida. Acontecia isso naquele tempo em mim, que não sabia que a mente era iluminada por outra luz, para que participasse da verdade, e que não era ela a substância da verdade, *porque tu iluminarás minha lâmpada, Senhor; meu Deus, iluminarás minhas trevas*,[70] e *todos nós recebemos de tua plenitude.*[71] Com efeito, tu és *a luz verdadeira, que ilumina todo homem, vindo neste mundo*,[72] porque em ti *não há mudança nem sombra de variação.*[73]

26. Mas eu me esforçava para te alcançar e era rechaçado longe de ti[74] para saborear a morte,[75] porque *tu resistes aos soberbos.*[76] O que poderia haver de mais soberbo do que defender a incrível loucura de que eu seria, por natureza, o que tu és? Com efeito, como eu era mutável, e isso era evidente, desejava por isso ser sábio, para me tornar de pior melhor, mas preferia julgar que tu também eras mutável a admitir que eu não era o que tu és. Assim, era rechaçado, e tu resistias à minha cabeça cheia de ven-

70. Sl 18 (17),29.
71. Jo 1,16.
72. Jo 1,9.
73. Tg 1,17.
74. Cf. Sl 43 (42),2.
75. Cf. Mt 16,28; Mc 8,39.
76. 1Pd 5,5; Tg 4,6.

to; e eu imaginava formas corporais; e, sendo carne, culpava a carne; e, *vento que vai, não voltava*[77] a ti; e, indo, ia para coisas que não estão em ti, nem em mim, nem no corpo, nem eram geradas em mim pela tua Verdade, mas eram ficções produzidas pela minha vaidade a partir do corpo; e dizia a tuas crianças, teus fiéis, concidadãos meus dos quais, sem o saber, me exilava, dizia a eles, loquaz e inepto: "Por que erra a alma que Deus fez?", e não queria que me perguntassem: "Por que então Deus erra?"; contudo, preferia afirmar que tua substância imutável é forçada a errar a admitir que a minha, mutável, se desvia voluntariamente e erra por punição.

27. Tinha talvez vinte e seis ou vinte e sete anos de idade, quando escrevi aqueles livros, revolvendo dentro de mim ficções corporais que vociferavam aos ouvidos do meu coração, ouvidos que eu prestava, doce verdade, à tua melodia interior, refletindo sobre o belo e o adequado e desejando *estar presente e ouvir-te, e ser tomado de alegria à voz do esposo*;[78] e não podia, porque o ruído dos meus erros me arrastava para fora e o peso da minha soberba me precipitava para as profundezas. Com efeito, tu não *concedias ao meu ouvido o júbilo e a alegria,* e não *exultavam meus ossos,* que não eram *humilhados.*[79]

XVI, 28. E que me valeu, quando tinha cerca de vinte anos, que caísse em minhas mãos o texto aristotélico que chamam de "Dez categorias" — a cujo nome, quando meu mestre de retórica cartaginense o citava com a boca crepitante de empáfia, era como se eu ingressasse titubeante em algo grande e divino —, e que o lesse sozinho e o entendesse? E quando conferi com pessoas que diziam

---

77. Sl 78 (77),39.
78. Jo 3,29.
79. Sl 51 (50),10 (Vulgata).

tê-lo compreendido a duras penas graças a mestres muito eruditos que o explicavam não só falando, mas também desenhando figuras na areia, elas não me puderam dizer nada mais do que eu mesmo, lendo o livro sozinho, já descobrira; e parecia-me que as "Categorias" falavam com clareza das substâncias (por exemplo, "homem"), do que está nelas (como a figura do homem); sua qualidade e estatura (quantos pés mede), a relação (de quem ele é irmão) e onde ele se encontra, quando nasceu, se está de pé ou sentado, calçado ou armado; se faz ou sofre algo; e todas as coisas inumeráveis, de que forneci alguns exemplos, que se encontram nesses nove gêneros ou no próprio gênero de substância.

29. Que me valeu, se até me atrapalhou? Porque tentei entender inclusive a ti, meu Deus, que és maravilhosamente simples e incomutável, julgando que tudo estivesse compreendido naquelas dez predicações, como se tu também fosses o substrato de tua grandeza e beleza e elas estivessem em ti como num substrato, assim como se dá num corpo, enquanto tu mesmo és tua grandeza e tua beleza; um corpo, ao contrário, não é grande e belo enquanto corpo, porque, se fosse menor e menos belo, seria igualmente um corpo. Era falsidade, então, o que pensava de ti, não verdade, e ficções de minha miséria, não certezas de tua beatitude. De fato, tu ordenaste, e aconteceu comigo, que *a terra produzisse espinhas e cardos* e eu *ganhasse meu pão com suor*.[80]

30. E que me valeu que eu, então o mais perverso escravo dos maus desejos, lesse e compreendesse todos os livros que pude sobre as artes que chamam de liberais? E tirava prazer deles, mas não sabia de onde vinha aquilo que eles continham de verdadeiro e certo. Porque dava as costas à

---

80. Gn 3,18-19.

luz e o rosto àquilo que ela iluminava: por isso, meu rosto discernia as coisas iluminadas, mas não era iluminado. Entendi a arte de falar e discutir, as figuras extensas, a música e os números sem grande dificuldade e sem um homem que me ensinasse, *tu sabes, Senhor meu Deus*,[81] porque tanto a rapidez em entender quanto a acuidade em discernir são tuas dádivas. Mas não *sacrificava a ti*[82] por elas. Assim, elas me traziam, mais que proveito, ruína, porque me esforçava em manter em minha posse uma parte tão valiosa de meus bens, e não *guardava para ti minha força*,[83] ao contrário: *afastado de ti para uma região distante, a dissipava* em prazeres devassos.[84] Pois que me valia algo bom, se não o usava bem? De fato, só percebia que aquelas artes eram muito difíceis de entender, mesmo por alunos aplicados e inteligentes, quando tentava explicá-las e havia apenas um, o mais proficiente entre eles, que conseguia acompanhar sem demora minha explicação.

31. Mas que me valeu isso, se julgava que tu, Senhor Deus Verdade, fosses um corpo luminoso e imenso e eu uma partícula daquele corpo? Grande depravação! Mas assim eu era e não me envergonho, meu Deus, de *confessar a ti as misericórdias*[85] que operaste em mim e de te invocar, eu que não me envergonhei então de pregar aos homens minhas blasfêmias e ladrar contra ti. Que me valeu, portanto, uma inteligência ágil naquelas doutrinas, e tantos livros complicadíssimos destrinchados sem o auxílio do magistério humano, se errei na doutrina da religião de maneira abjeta e com sordidez sacrílega? E em que uma inteligência muito mais lenta atrapalhou tuas

81. Sl 69 (68),6.
82. Cf. Sl 54 (53),8; cf. Rm 1,20.
83. Sl 59 (58),10 (Vulgata).
84. Lc 15,13.
85. Sl 107 (106),8.15.21.31.

crianças, se não se afastaram de ti, para ganhar penas no ninho sob a proteção de tua Igreja e nutrir as asas da caridade pelo alimento de uma fé sadia?[86] Ó Senhor nosso Deus, esperemos à sombra de tuas asas,[87] protege-nos e carrega-nos. Tu nos carregarás, tu nos carregarás, desde crianças até os cabelos brancos tu nos carregarás,[88] porque quando tu és nossa firmeza então ela é firmeza, mas quando ela é nossa é enfermidade. O nosso bem vive sempre em ti, e é por aversão a ele que somos perversos. Revertamos agora, Senhor, para não nos subvertermos, porque nosso bem vive em ti sem nenhuma falha, porque és tu mesmo; e não temamos que não haja para onde voltar, por termos caído de lá: não cai em nossa ausência nossa casa, tua eternidade.

---

86. Cf. Jó 39,26 (Vulgata); Sl 84 (83),4.
87. Sl 36 (35),8; 17 (16),8; 61 (60),5.
88. Cf. Is 46,4.

Livro V

1, 1. Recebe o sacrifício de minhas confissões pela *mão da minha língua*,[1] que formaste e moveste a *confessar no teu nome*,[2] e *sara* todos os *meus ossos*,[3] para que *digam: Senhor, quem te é semelhante?*[4] Pois quem confessa a ti não te ensina o que se passou, porque o coração fechado não rechaça teu olho e a dureza dos homens não refreia tua mão, mas tu a dissolves quando queres, misericordioso ou vingativo, e *não há quem escape de teu calor*.[5] Mas minha alma te louve para te amar, e te *confesse tuas misericórdias*[6] para te louvar. Não silencia nem interrompe teus louvores o universo, criatura tua, nem *tudo o que sopra*[7] da boca[8] que se volta para ti,[9] nem silenciam os animais e os corpos, pela boca de quem os contempla, para que nossa alma ressurja em ti da prostração, apoiando-se naquilo que

1. Pr 18,21.
2. Sl 54 (53),8 (Vulgata).
3. Sl 6,3.
4. Sl 35 (34),10.
5. Sl 19 (18),7.
6. Sl 107 (106),8.15 e 21.
7. Sl 150,6 (Vulgata).
8. Cf. Sl 145 (144),21.
9. Cf. Sl 51 (50),51.

fizeste para chegar a ti, que o fizeste admiravelmente;[10] aí há restabelecimento e verdadeira fortaleza.

II, 2. Que se vão e fujam de ti os iníquos inquietos![11] Tu os vês e *separas as sombras*,[12] e o todo que os inclui é belo, ainda que eles sejam torpes.[13] E em que te prejudicaram?[14] E em que deturparam teu reino, que é justo e íntegro, desde os céus até as últimas regiões? E para onde fugiram, quando fugiram de tua presença?[15] E onde não os encontrarás? Mas fugiram para não ver que tu os vês e, cegos, tropeçaram em ti,[16] porque tu não abandonas nada do que fizeste;[17] tropeçaram em ti por serem injustos e com justiça foram atormentados, porque se subtraíram a tua mansidão, tropeçaram em tua retidão e caíram em tua severidade. Por certo não sabem que tu estás em todo lugar, que nenhum lugar te delimita e que somente tu és presente mesmo *naqueles que se afastam de ti*.[18] Que voltem atrás, então, e te procurem, porque tu não abandonas tua criatura como eles abandonaram seu criador. Voltem atrás, e eis que estás aí, no coração deles, no

10. Cf. Sl 72 (71),18; 136 (135),4.
11. Cf. Sl 68 (67),2.
12. Gn 1,4.
13. Cf. Gn 1,31 e Agostinho, *A cidade de Deus*, XI, 23: "Como uma pintura em que a cor preta é colocada no lugar adequado, assim a totalidade das coisas, se alguém pudesse abarcá-la, é bela mesmo com os pecadores, ainda que, se for considerada em si, a deformidade deles seja torpe".
14. Cf. Agostinho, *A cidade de Deus*, XII, 3: "A Escritura fala dos inimigos de Deus, que se opõem a seu império, não por natureza, mas por vícios: não podem prejudicá-lo em nada, mas apenas a si mesmos".
15. Cf. Sl 139 (138),7.
16. Cf. Rm 11,9-11 (Sl 69 (68),23-4).
17. Cf. Sl 9,11; Sb 11,25.
18. Sl 73 (72),27.

coração de quem confessa a ti e se atira em ti e chora no teu colo após difíceis andanças;[19] e tu, fácil, enxugas suas lágrimas,[20] e eles choram e se regozijam nas lágrimas, porque és tu, Senhor, não um homem, carne e sangue, mas tu, Senhor, que os fizeste, restabeleceste e consolaste. E onde estava eu, quando te procurava? Tu estavas diante de mim, mas eu me afastara até de mim mesmo e não me encontrava: quanto menos a ti!

III, 3. Falarei perante o meu Deus do meu vigésimo nono ano de vida. Acabava de chegar a Cartago um bispo maniqueu, de nome Fausto, grande *cilada do diabo*,[21] em que muitos ficavam enredados pela isca de uma fala harmoniosa; já eu, embora louvasse sua eloquência, mesmo assim sabia distingui-la da verdade nas questões que desejava avidamente aprender, e observava não a louça da oratória, mas o alimento da ciência que esse Fausto, renomado entre os seus, servia nela. Já ouvira falar de sua reputação como profundo conhecedor de todas as matérias mais nobres, especialmente erudito nas artes liberais. Eu, tendo lido e aprendido de cor muitas obras de filósofos, comparava algumas teses deles com as longas fábulas dos maniqueus, e julgava mais aceitável o que disseram aqueles, que *foram capazes de conhecer tanto, a ponto de perscrutar o mundo, mas não descobriram seu Senhor*.[22] Porque *tu és grande, Senhor*,[23] e *enxergas os humildes, mas reconheces os altivos de longe*[24] e não *te aproximas senão dos corações contritos*[25] e não és encontrado pelos

---

19. Cf. Sb 5,7.
20. Cf. Ap 7,17 e 21,4.
21. 1Tm 3,7.
22. Sb 13,9.
23. Sl 48 (47),2; 96 (95),4.
24. Sl 138 (137),6.
25. Sl 34 (33),19.

soberbos, ainda que eles, com perícia de curiosos, numerem as estrelas e os grãos de areia e meçam os espaços siderais e investiguem o percurso dos astros.

4. Com efeito, esses conhecimentos, eles os procuram com a mente e o engenho que tu lhes deste, e descobriram muitas coisas e previram muitos anos antes os eclipses do Sol e da Lua, o dia, a hora, a porção que desapareceria, e não se enganaram nos cálculos: aconteceu o que previram. Puseram por escrito as leis que descobriram: hoje são lidas e a partir delas se prevê em que ano e em que mês do ano e em que dia do mês e em que hora do dia e que porção luminosa desaparecerá tanto da Lua como do Sol, e acontece o que é previsto. Admiram-se estupefatos os homens que não conhecem essas matérias; exultam e se exaltam os que as conhecem, e por ímpia soberba retrogradam a si mesmos e se eclipsam de tua luz, prevendo com tanta antecedência um futuro eclipse do Sol e não vendo, no presente, o sol deles, porque não procuram religiosamente de onde lhes vem o engenho com que procuram e, se descobrem que tu os fizeste, não se oferecem a ti para que tu conserves o que fizeste, nem sacrificam a ti os homens que se tomaram por causa de si mesmos, e tampouco matam[26] suas fanfarrices de pássaros, suas curiosidades de *peixes do mar* que vagueiam nas veredas misteriosas do abismo, suas luxúrias de animais do campo[27] para que tu, Deus, fogo devorador, consumas suas mortas inquietações e os recries para a imortalidade.

5. Mas não conhecem o teu Verbo, caminho pelo qual

---

26. Cf. At 10, 10-25.
27. Sl 8,8-9. No Comentário a esse salmo, Agostinho identifica os pássaros com os soberbos, os peixes do mar com os curiosos, os animais do campo com os homens dedicados aos prazeres carnais.

fizeste o que eles numeram, e eles mesmos que numeram, e os sentidos, pelos quais percebem o que numeram, e a mente, pela qual numeram — *e tua sabedoria é inumerável*.[28] E no entanto o próprio unigênito *tornou-se para nós sabedoria, justiça e santificação*,[29] foi numerado entre nós e pagou a César o tributo.[30] Eles não conhecem esse caminho, que os faria descer deles até ele, e por ele subir até ele. Não conhecem esse caminho, e se julgam excelsos e luminosos como as estrelas, e eis que caíram em terra, e *seu coração insensato ficou nas trevas*. Dizem muitas coisas verdadeiras sobre as criaturas, mas não procuram piamente a Verdade, autora das criaturas, e, portanto, não a encontram ou, se a encontram, *tendo conhecido a Deus não o honram como Deus nem lhe rendem graças*, e *se perdem em seus arrazoados* e *se dizem sábios*, atribuindo-se o que é teu, e com isso se esforçam, com a mais perversa cegueira, em te atribuir o que é deles, aplicando suas mentiras a ti, que és a Verdade, e *transformam a glória do Deus incorruptível em semelhança da imagem do homem corruptível e das aves, dos quadrúpedes e das serpentes*, e *trocam tua verdade pela mentira e adoram e servem à criatura no lugar do criador*.[31]

6. Mas eu aprendera muitas coisas verdadeiras ditas por eles sobre as criaturas e encontrava a explicação delas em cálculos, na sucessão dos tempos e na observação direta das estrelas; confrontava-as com as afirmações de Mani, que sobre isso escreveu muito, delirando com muita prolixidade, e nelas não encontrava explicação nem dos solstícios e equinócios, nem dos eclipses dos astros que difundem luz, nem de tudo aquilo que aprendera nos

---

28. Sl 147 (146-7),5.
29. 1Cor 1,30.
30. Mt 22,21.
31. Rm 1,21-5.

livros da sabedoria mundana. Mas me impunham crer naquelas coisas, embora não coincidissem com as explicações fundadas nos cálculos e na testemunha de meus olhos — ao contrário, estavam longe delas.

IV, 7. Porventura, *Senhor Deus da Verdade*,[32] qualquer um que saiba essas coisas já por isso te agrada? Com efeito, infeliz o homem que as conhece todas, mas não te conhece; feliz, ao contrário, quem te conhece, mesmo que não as conheça. Mas quem conhece tanto a ti, quanto a elas, nem por isso é mais feliz, mas só é feliz por ti se, *conhecendo-te, te honra pelo que tu és, te rende graças e não se perde em seus arrazoados*.[33] Assim como, de fato, quem sabe que possui uma árvore e te rende graças pela utilidade dela, embora não saiba os côvados de sua altura ou quanto ela se alastra, é melhor do que aquele que a mede e conta todos os seus galhos, mas não a possui, nem conhece e ama o criador dela — assim *o homem de* fé, a quem pertence um mundo inteiro de riquezas,[34] e que, apegando-se a ti, a quem tudo obedece, possui tudo como se não tivesse nada,[35] embora não conheça sequer as órbitas da Ursa Maior —, seria estulto duvidar que esse homem é muito melhor do que um medidor do céu e numerador de estrelas e pesador de elementos que se esqueça de ti, que *tudo dispuseste segundo a medida, o número e o peso*.[36]

V, 8. Mas, então, quem mandou esse tal de Mani escrever também sobre esses assuntos, se poderia ensinar a piedade sem o conhecimento deles? De fato, disseste ao

---

32. Sl 31 (30),6 (Vulgata).
33. Rm 1,21.
34. Pr 17,6 (LXX).
35. Cf. 2Cor 6,10.
36. Sb 11,21.

homem: *a piedade é a sabedoria*.³⁷ E ele poderia desconhecer a piedade, mesmo que conhecesse perfeitamente aquelas matérias. Mas, se ousava ensinar estas com a maior impudência, mesmo não as conhecendo, é evidente que, aquela, não a poderia conhecer. Pois é vaidade professar os conhecimentos mundanos, mesmo possuindo-os, mas é piedade confessar a ti. Ele porém se desviou disso para abordar aqueles assuntos, e falou tanto deles que, refutado por quem os estudou de verdade, tornou manifesto o valor de seu pensamento nas outras matérias mais ocultas. Com efeito, não quis ser tido em pouca consideração: ao contrário, tentou convencer-nos de que nele estivesse pessoalmente, em plena autoridade, o Espírito Santo, consolador e governador de teus fiéis. Assim, quando se descobria que dissera muitas falsidades sobre céus, estrelas e movimentos do Sol e da Lua, ainda que essas questões não pertencessem ao ensino religioso, tornava-se evidente que seu atrevimento era sacrílego, porque dizia coisas não apenas ignoradas, mas também falsas, com soberba tão vã e insensata, que pretendia fossem atribuídas a ele como a uma pessoa divina.

9. Quando ouço um irmão cristão qualquer que não conhece tais matérias e confunde uma coisa com outra, escuto com paciência sua opinião e não me parece que se prejudique ao ignorar a posição e o comportamento de criaturas corporais, contanto que não acredite em coisas indignas de ti, *Senhor criador de tudo*.³⁸ Prejudica-se, porém, se julga que aquele assunto faz parte da própria constituição da doutrina religiosa e ousa afirmar teimosamente aquilo que ignora. Mas até tal fraqueza é tolerada no berço da fé pela mãe caridade, até que o *homem*

---

37. Jó 28,28.
38. 2Mc 1,24; Ambrósio, *Hinos*, I, 2.

*novo*³⁹ se transforme em *varão feito*⁴⁰ e já não possa ser arrastado por *qualquer vento de doutrina*.⁴¹ Mas no caso daquele que ousou se tornar doutor, autoridade, guia e príncipe dos que convenceu de suas palavras, para que o seguissem não como homem, mas acreditando seguir teu Espírito Santo, quem, ao verificar que dissera o falso sobre algum ponto, não julgaria tamanha loucura detestável e digna de ser repelida para bem longe? Eu, porém, ainda não discernia com clareza se a alternância de dias e noites mais longos ou mais breves, e a própria alternância de dia e noite, e os eclipses dos astros e todos os fenômenos do mesmo gênero que lera em livros de outros podiam ser explicados a partir das palavras dele, de maneira que, se por acaso pudessem, eu permanecesse incerto entre uma tese e outra e preferisse dar crédito à opinião dele, em razão de sua reputação de santidade.

VI, 10. E durante esses quase nove anos em que eu, peregrino na alma, fui auditor deles, esperava com desejo muito intenso a vinda desse Fausto. Pois outros maniqueus que me acontecia frequentar e que se furtavam às questões que eu propunha sobre esses assuntos me prometiam a vinda e a conversa com ele, pela qual problemas como esses e até maiores, que eu pudesse colocar, seriam esclarecidos muito facilmente e no mínimo detalhe. Então ele veio, e conheci um homem amável, de fala suave, tagarelando de maneira muito mais agradável sobre as coisas que aqueles outros costumavam dizer. Mas o que adiantava à minha sede um dispensador elegantíssimo de copos preciosos? Meus ouvidos já estavam cheios daqueles argumentos, e não me pareciam melhores, porque mais bem ditos, nem verdadeiros, porque mais desenvolvidos, nem a alma sapiente, porque

39. Ef 4,24.
40. Ef 4,13.
41. Ef 4,14.

a expressão era conveniente e a fala, ornamentada. Mas aqueles que mo anunciaram não eram bons avaliadores dos conteúdos, e por isso ele lhes parecia prudente e sábio: porque sua fala lhes agradava. Conheço, aliás, outro tipo de pessoas, que chegam a desconfiar até da verdade e não querem assentir a ela, se for apresentada num discurso elegante e florido. Mas eu já fui instruído pelo meu Deus, de maneiras admiráveis e ocultas — e por isso acredito no que tu me ensinaste, porque és a Verdade, e ninguém é doutor do verdadeiro além de ti, onde e por quem seja que ele se manifeste —, aprendi, pois, de ti, que nada deve parecer verdadeiro porque dito com eloquência; nem falso porque os sinais proferidos pelos lábios soam desordenados; inversamente, uma fala não é verdadeira porque pronunciada de maneira grosseira; nem falsa porque é brilhante. Há sabedoria e estultice em ambos os casos, assim como há alimentos úteis e inúteis, e as palavras elegantes ou rudes são como vasos refinados ou rústicos, em que ambos os tipos de alimentos podem ser servidos.

11. Assim, meu anseio, que por tanto tempo esperara aquele homem, deleitava-se, de fato, com o ímpeto e o sentimento com que ele discutia, e com a propriedade das palavras que lhe ocorriam com facilidade a revestir seus pensamentos. Deleitava-me, por certo, e como muitos, ou até mais do que muitos, louvava-o e enaltecia-o; mas me incomodava que, confuso na multidão dos ouvintes, não pudesse levar até ele e repartir com ele as preocupações de minhas dúvidas, numa conversa íntima em que pudéssemos alternar nossas falas. Quando finalmente consegui e, com amigos meus, num momento em que não parecia inoportuno entabular um diálogo, comecei a ocupar sua atenção apresentando os problemas que me preocupavam, logo reconheci um homem inexperiente nas disciplinas liberais, a não ser na gramática, e dono, mesmo nesta, de um conhecimento corriqueiro. Por ter lido alguns discur-

sos de Cícero, pouquíssimos livros de Sêneca, um ou outro poeta e os textos de sua seita escritos num bom latim, e por ter se aplicado ao exercício diário da oratória, desenvolvera uma eloquência que se tornava mais bem aceita e sedutora devido à moderação de seu temperamento e a certa graça natural. É assim como lembro, Senhor meu Deus, juiz de minha consciência? Perante ti estão meu coração e minha lembrança,[42] tu, que me conduzias pelo mistério oculto de tua Providência e já viravas meus erros indecorosos *diante do meu rosto*,[43] para que os visse e os odiasse.

VII, 12. Com efeito, quando ficou suficientemente claro que ele era incompetente naquelas artes em que eu julgara se destacasse, comecei a desesperar que pudesse destrinchar e resolver os problemas que me turbavam; sem dúvida, mesmo ignorando-os, poderia possuir a verdade na religião — se, porém, não fosse maniqueu. Mas é certo que os livros deles são cheios de fábulas sobre o céu, as estrelas, o Sol e a Lua. O que eu queria saber dele, sobretudo, apresentando cálculos matemáticos, era se o que lera em outros livros poderia ser como está escrito nos livros de Mani, e se era possível aduzir, em defesa disso, um cálculo igualmente exato; mas já desconfiava que ele não fosse capaz de explicar isso com a devida sutileza. Quando, mesmo assim, lhe submeti essas questões para que as considerasse e discutisse, ele, com muita modéstia, não ousou assumir esse fardo: sabia não saber tais coisas, e não se furtou a confessá-lo. Não era como outros, muito falantes, que aturei enquanto tentavam me ensinar essas matérias, e não diziam nada. Esse tinha um *coração sincero*[44] — ainda que não *reto diante de ti*[45] — e não desprovido de alguma cautela consi-

---

42. Cf. At 8,21; Nm 10,9.
43. Sl 50 (49),21.
44. Sl 78 (77),37.
45. At 8,21.

go mesmo. Não ignorava de todo sua ignorância e não quis se engajar temerariamente numa discussão na qual não poderia triunfar, nem desistir facilmente — por isso o apreciei ainda mais. Com efeito, é mais bela a moderação de uma alma que confessa seus limites do que são belas as coisas que eu desejava conhecer. E eu sempre o encontrei assim, em todas as questões mais difíceis e sutis.[46]

13. Refreado então o interesse que nutrira pelos escritos de Mani e desesperando ainda mais dos outros doutores da seita, já que ele se mostrava tão despreparado em muitos assuntos que me turbavam, comecei a me entreter com ele pelo interesse que dedicava às letras, que eu mesmo já ensinava aos adolescentes em Cartago como professor de retórica, e a ler com ele os textos que ele desejava ouvir ou aqueles que eu julgava adequados ao seu temperamento. De resto, conhecido aquele homem, abandonei todos os esforços que me impusera para progredir na seita, não ao ponto de me separar definitivamente dela, mas como se, não encontrando nada melhor que aquilo a que de qualquer maneira aderira, me considerasse momentaneamente satisfeito, enquanto não aparecesse nada de preferível. Assim, aquele Fausto, que para muitos foi *laço da morte*,[47] sem sabê-lo ou querê-lo, já começava a afrouxar o laço pelo qual eu fora capturado. De fato, a mão de tua misericórdia, meu Deus, no segredo de tua Providência, não abandonou minha alma: noite e dia era sacrificado a ti, em meu favor, o sangue do coração de minha mãe, através de suas lágrimas, e tu agiste comigo *de modo maravilhoso*.[48] Tu agiste assim, meu Deus, porque *o Senhor assegura os*

---

46. Pouco após a redação dessas linhas, por volta de 401, Agostinho publicará uma extensa refutação das doutrinas de seu antigo mestre: *Contra Fausto Maniqueu*, em 33 livros.
47. Sl 18 (17),6.
48. Jl 2,26.

passos do homem, e seu caminho lhe agrada.[49] Quem prevê a salvação, senão tua mão que refaz o que fizeste?

VIII, 14. Agiste comigo, portanto, de maneira a me convencer a partir para Roma, para ensinar ali o que já ensinava em Cartago. E a razão pela qual me convenci, não deixarei de confessá-la a ti, para que mesmo nisso tua morada tão distante e tua misericórdia tão presente não deixem de ser relembradas e anunciadas. Não quis ir para Roma porque os amigos que me instigavam a isso prediziam maiores ganhos e condição mais honrosa — se bem que essas coisas também pesassem em minha alma naquela época. A razão principal e quase única foi ter ouvido que lá os estudantes eram mais tranquilos e refreados pela coação de uma disciplina mais ordeira, não invadiam confusa e arrogantemente a classe de um mestre cujas aulas não frequentavam e sequer eram admitidos nela, de qualquer forma, se o próprio mestre não autorizasse. Em Cartago, ao contrário, reina uma permissividade vergonhosa e destemperada entre os estudantes: irrompem impudentemente e, com ar realmente enlouquecido, perturbam a ordem que todo professor estabelece em proveito dos alunos. Cumprem com assombrosa estupidez muitas ações ultrajosas, que seriam puníveis por lei se o hábito não as apadrinhasse, e isso mostra quanto são miseráveis: porque fazem como se fosse permitido aquilo que pela tua lei eterna nunca será permitido, e julgam que o fazem impunemente, enquanto são punidos pela própria cegueira de sua ação, e sofrem males incomparavelmente piores que aqueles que infligem. Assim, aqueles comportamentos que não quis adotar quando estudante era obrigado a sofrê-los de outros, como docente, e por isso preferia ir para um lugar onde, pelo que apontavam todos os bem informados, tais coisas não aconteciam. Mas a verdade é que tu, *minha esperança e minha parte na terra dos vi-*

---

49. Sl 37 (36),23.

vos,⁵⁰ querendo que eu mudasse meu lugar terrestre para a salvação de minha alma, geraste aguilhões em Cartago, para que eu me afastasse de lá, e ofereceste seduções que me atraíram para Roma, e isso mediante pessoas que amam esta vida morta, e que aqui cometiam insanidades, lá prometiam vaidades — e tu, para corrigir *meus passos*,⁵¹ aproveitavas secretamente a perversidade, tanto delas quanto minha. Com efeito, aqueles que perturbavam minha paz eram cegados por uma raiva torpe, e aqueles que me incitavam para alhures tinham *o pensamento na terra*;⁵² eu, porém, que aqui detestava uma miséria verdadeira, ali procurava uma felicidade falsa.

15. Mas por que partiria daqui e iria para lá, tu o sabias, Deus, porém não o revelavas nem a mim nem a minha mãe, que chorou amargamente minha partida e me seguiu até o mar. Eu a enganei, enquanto ela me retinha com todas as forças, chamando-me de volta ou querendo viajar comigo, e fingi que não queria deixar sem companhia um amigo, enquanto não houvesse vento para ele navegar. Menti a minha mãe, àquela mãe, e isso também me perdoaste, salvando-me misericordiosamente das águas do mar, quando eu era coberto de sujeira execrável, para me levar até a água de tua graça, para que, uma vez purificado por ela, secassem os rios dos olhos maternos, com os quais ela todo dia irrigava por mim, perante ti, a terra abaixo de seu rosto. E, como ela, apesar de tudo, se recusava a voltar sem mim, a duras penas a convenci a permanecer naquela noite num lugar próximo ao nosso navio, dedicado à memória de São Cipriano. Mas naquela noite parti às escondidas, ela não: ficou, rezando e chorando. E o que te pedia com tantas lágrimas, Senhor, se-

50. Sl 142 (141),6.
51. Sl 37 (36),23.
52. Fl 3,19.

não que não me deixasses navegar? Mas tu, interpretando profundamente e acolhendo a essência de seu desejo, não cuidaste daquilo que ela pedia no momento, para fazer de mim aquilo que ela sempre pediu. O vento soprou, encheu nossas velas e afastou de nossa vista o litoral, onde ela, já de manhã, enlouquecia de dor e enchia teus ouvidos de lamentos e gemidos,[53] mas tu não davas atenção a eles, e me levavas embora pelas minhas cobiças, para acabares com minhas cobiças, e açoitavas o desejo carnal dela pelo justo flagelo das dores. Pois ela amava minha presença perto dela, como costumam as mães, e muito mais que muitas mães, e não sabia quanta alegria tu preparavas para ela com minha ausência. Não sabia: por isso chorava, gritava, e aqueles tormentos revelavam nela os vestígios de Eva, buscando nos gemidos o que pariu entre os gemidos;[54] e, no entanto, após censurar meu engano e minha crueldade, voltou a rezar a ti por mim, e foi para suas ocupações costumeiras; eu, para Roma.

IX, 16. E eis que ali fui atingido pelo açoite de uma doença corporal, e já ia *para as profundezas*,[55] carregando todos os males que cometera contra ti, contra mim e contra outros, muitos e graves além do grilhão do pecado original pelo qual todos morremos em Adão. Com efeito, nenhum deles tu me perdoaras em Cristo, nem este dissolvera em sua cruz as inimizades que eu contraíra contigo pelos meus pecados. Como poderia ele dissolvê-las na cruz de um fantasma, conforme o que eu dele acreditava?[56]

---

53. Cf. Virgílio, *Eneida*, IX, 480.
54. Gn 3,16.
55. Jo 7,9.
56. A doutrina maniqueísta, como outras doutrinas gnósticas (Marcião, Valentino etc.), ensinava que Cristo não teria assumido a natureza humana, mas apenas a aparência (ou fantasma) dela. Teses semelhantes costumam ser reunidas sob o ter-

Logo, como julgava falsa a morte de sua carne, era verdadeira a de minha alma; e, como era verdadeira a morte de sua carne, era falsa a vida de minha alma, que não acreditava nela. Mas, agravando-se as febres, eu ia desfalecendo. E para onde iria, se então partisse deste mundo, senão para o fogo e os tormentos dignos de minhas ações, segundo a verdade de tua ordem? Ela não sabia disso e, no entanto, ausente, rezava por mim. Tu, porém, que estás em todo lugar, a atendeste onde ela estava e tiveste misericórdia de mim, onde eu estava, até eu recuperar a saúde do corpo, ainda que permanecesse insano no coração sacrílego. De fato, nem sequer num perigo tão grande desejei teu batismo; fora melhor criança, quando o solicitei à religião materna, como já lembrei e confessei.[57] Mas crescera em indignidade e, louco, menosprezava as prescrições de tua medicina, de ti, que não me deixaste morrer, nessas condições, uma dupla morte. Se o coração de minha mãe fosse dilacerado por essa ferida, nunca mais sararia. E nem consigo dizer plenamente o que ela sentia na alma a meu respeito, e com quão maior solicitude queria me parir no espírito,[58] ela, que me parira na carne.

17. Por isso, não vejo como ela poderia sarar, se minha morte em tal estado de espírito transpassasse as entranhas de sua afeição. E aonde iriam, *sem cessar*,[59] tantas e tão frequentes preces? Para nenhum lugar, senão para ti. Mas tu, Deus de misericórdias, *desprezarias o coração contrito e humilhado*[60] de uma viúva casta e sóbria, solícita nas esmolas, observante e obsequiosa de teus san-

---

mo geral de "docetismo". Cf. Agostinho, "Questão XIV", em *83 questões diversas*.
57. Cf. Livro I, XI, 17.
58. Cf. Gl 4,19.
59. 1Ts 5,17.
60. Sl 51 (50),19.

tos, que nem por um dia deixava de levar sua oferenda a teu altar, que ia à igreja duas vezes por dia, de manhã e de tarde, *sem cessar*,[61] não para buscar anedotas fúteis e fofocas de velhinhas, mas para te ouvir em teus sermões e para que tu a ouvisses em suas orações? Desdenharias tais lágrimas, que eram tua dádiva, e recusarias tua ajuda, quando elas não te pediam ouro e prata, ou algum bem incerto ou passageiro, mas a salvação da alma de seu filho? Nunca, Senhor: ao contrário, prestavas atenção e as atendias, e o fazias segundo a ordem pela qual prefixaras o que devia ser feito. Não pode ser que tu a enganasses em suas visões e tuas respostas, as que já lembrei[62] e as que não lembrei: ela as conservava em seu peito fiel, e, orando sempre, as apresentava a ti como promissórias de teu punho.[63] Com efeito, por operar *tua misericórdia no tempo*,[64] te dignaste te tornar devedor de promessas para aqueles a que perdoas toda dívida.

x, 18. Saraste-me então daquela doença e salvaste o *filho de tua serva*,[65] ainda só no corpo, para que houvesse alguém para quem doares uma salvação melhor e mais firme. Naquela época, eu me ligara, em Roma, àqueles santos falsos e enganadores; não apenas a seus auditores, ao número dos quais pertenciam as pessoas em cuja casa adoeci e convalesci, mas também àqueles que chamam de eleitos. Ainda me parecia que não éramos nós que pecávamos, mas não sei que outra natureza em nós; agradava minha soberba ficar estranho à culpa e, ao fazer algo mau, não confessar que o fizera, para que tu *curasses* minha

---

61. 1Ts 5,17
62. Cf. Livro III, XI-XII, 19-21.
63. Cl 2,14.
64. Sl 118 (117),1 (Vulgata).
65. Sl 116 (115),16.

alma, *porque pecara contra ti*:[66] ao contrário, gostava de me isentar e acusar não sei qual outro ser, que estava em mim, mas não era eu. Na verdade, porém, eu era um só e minha impiedade *me dividira contra mim mesmo*;[67] por isso meu pecado era ainda mais insanável, porque não julgava ser pecador, e por execrável iniquidade preferia que tu, *Deus todo-poderoso*,[68] tu fosses vencido em mim para minha ruína, e não eu em ti para minha salvação. Porque ainda não puseras *uma fechadura à minha boca, nem um batente em volta dos meus lábios, para que meu coração não se inclinasse para as palavras más que buscam desculpas para os pecados, entre homens que praticam a iniquidade*; por isso, ainda me *ajuntava com seus eleitos*,[69] já descrente, no entanto, de poder avançar muito por aquela falsa doutrina, e, mesmo aqueles argumentos que decidira aceitar até encontrar algo melhor, os retinha de maneira mais frouxa e negligente.

19. Além disso, surgiu em mim o pensamento de que eram mais ajuizados aqueles outros filósofos que chamam de acadêmicos, os quais ponderaram que se deve duvidar de tudo e estabeleceram que nada verdadeiro pode ser aprendido pelo homem. Era isso, com efeito, que eles me pareciam afirmar publicamente, como era opinião comum, mas ainda não entendia a intenção deles.[70] E não

---

66. Sl 41 (40),5.
67. Mt 12,25-6.
68. Gn 17,1.
69. Sl 141 (140),3-4 (Vulgata).
70. Agostinho se refere à Nova Academia, corrente cética surgida do platonismo, à qual Cícero também foi filiado (cf. Cícero, *Acadêmicas*). Já convertido, Agostinho defenderá a tese de que a postura cética era apenas uma estratégia para combater a confiança estoica e epicurista nos dados sensíveis, enquanto o ensino esotérico, não divulgado fora da escola, continuaria

me furtava a rebater a confiança excessiva do meu próprio anfitrião nas fábulas de que são cheios os livros maniqueus. Todavia, mantinha com estes uma amizade mais estreita do que com os outros homens, que não aderiam àquela heresia. Já não a defendia com o ânimo de antigamente, mas a intimidade deles — há muitos escondidos em Roma — me tornava mais preguiçoso em procurar outra coisa, sobretudo porque não esperava encontrar em tua Igreja, *Senhor do céu e da terra*,[71] *criador de todas as coisas visíveis e invisíveis*,[72] a verdade de que eles me afastaram. Parecia-me muito ignóbil acreditar que tu tivesses a figura da carne humana e fosses delimitado pelos contornos de nossos membros corporais; mas, quando queria meditar sobre o meu Deus, não sabia pensar senão numa massa corporal, porque achava que não houvesse nada que não fosse tal — e essa era a causa principal e quase única do meu inevitável erro.

20. De fato, por causa disso acreditava que o mal também fosse uma substância da mesma ordem, e possuísse uma massa obscura e deforme, ou espessa — chamada então de terra —, ou rarefeita e sutil, como a matéria do ar; e imaginava que esta rastejasse por aquela terra como uma mente maligna. E, como a devoção me obrigava a acreditar que um Deus bom nunca criaria uma natureza má, postulava que houvesse duas massas contrapostas, ambas infinitas, porém a má menor, a boa, maior, e desse princípio pestilento decorriam para mim outros sacrilégios. Com efeito, quando minha alma tentava voltar à fé católica, era rejeitada, porque acreditava que a fé católica fosse o que não é. E me parecia mais devoto acreditar

---

a cultivar a busca de um conhecimento inteligível, segundo os ditames de Platão (cf. *Contra Accademicos*, III, XVII, 37 e ss.).
71. Gn 24,3.
72. Cl 1,16.

que tu, meu Deus, a quem confessam por meu intermédio *tuas misericórdias*,[73] fosses infinito por todos os lados, menos por um, onde se oporia a ti a massa do mal,[74] do que acreditar que tu fosses delimitado por todas as partes pela forma de um corpo humano. E me parecia melhor acreditar que tu não criaste mal algum — porque na minha ignorância este me parecia não só uma substância, mas também um corpo, por não saber pensar tal substância senão como um corpo sutil, mas que, mesmo assim, ocupava um lugar no espaço — que acreditar que derivasse de ti aquilo que julgava ser a substância do mal. E o próprio salvador nosso, teu Filho unigênito, eu pensava que fosse algo tirado de tua massa luminosíssima para nossa salvação: em minha vaidade, não acreditava dele senão aquilo de que pudesse me formar uma imagem. Assim, julgava que não poderia ter nascido da Virgem Maria, sem se misturar à carne. Mas, por imaginá-lo daquela forma, não via como pudesse se misturar sem se contaminar. Receava, portanto, que, se o acreditasse nascido na carne, deveria julgá-lo também contaminado pela carne. Teus espirituais[75] rirão de mim, doce e amavelmente, se lerem estas minhas confissões; mas assim era eu.

XI, 21. Além disso, considerava indefensável aquilo que os maniqueus criticavam em tuas Escrituras, embora às vezes desejasse muito discutir cada ponto daqueles livros com alguém de erudição superior, e ouvir como os interpretava. De fato, ainda em Cartago, os discursos de tal Elpídio,[76] que debatia com aqueles mesmos maniqueus, começaram a me abalar, porque apresentavam argumentos sobre as Escrituras aos quais era difícil resistir, e a réplica deles me

---

73. Sl 107 (106), 8.15.21.31.
74. Cf. *Contra a Epístola de Mani*, XXI-XXIII.
75. Cf. 1Cor 2,13-5.
76. Figura não identificada.

parecia inconsistente. Aliás, eles raramente defendiam sua posição em público, mas apenas em segredo conosco, afirmando que as Escrituras do Novo Testamento foram adulteradas por não sei quem, que quis enxertar a lei judaica na fé cristã; mas nunca apresentavam um exemplar não corrompido. Eu, porém, me sentia especialmente oprimido e como que amarrado e sufocado pelo pensamento daquelas massas corporais; embaixo delas, ofegante, não conseguia respirar o ar claro e simples de tua Verdade.

XII, 22. Solícito, comecei a me dedicar ao projeto para o qual viajara — ensinar retórica em Roma —, e inicialmente reuni em casa alguns alunos, com os quais e pelos quais comecei a me destacar. Mas logo percebi que em Roma me acontecia algo que não sofrera na África. Com efeito, como pude constatar, é verdade que ali não se dão aquelas algazarras de adolescentes perdidos; mas de repente, me contam, para não pagar o honorário ao mestre, muitos adolescentes entram em conluio e se transferem para outro, traindo a confiança e menosprezando a justiça por amor do dinheiro. Meu coração os odiava, mas não *com ódio perfeito*.[77] De fato, os odiava mais por ser eu, no caso, a vítima deles, do que pelo ato ilícito que poderia ser cometido contra qualquer um. Contudo, certamente tais pessoas são ignóbeis e *fornicam longe de ti*,[78] amando as ilusões temporais voláteis e um ganho lamacento que suja a mão que o agarra, abraçando um mundo fugidio e desprezando a ti, que permaneces chamando de volta a alma humana meretriz e perdoando-a quando retorna. Agora também odeio pessoas assim, más e pervertidas, mas amo-as para corrigi-las, para que prefiram

---

77. Sl 139 (138),22 (Vulgata). Segundo o comentário de Agostinho a esse salmo, odiar com ódio perfeito significa odiar não o homem, mas o vício que está nele.

78. Sl 73 (72),27.

ao dinheiro a instrução que adquirem, e ainda te prefiram a esta, Deus, verdade e abundância do bem seguro e castíssima paz. Mas então eu não queria tolerar os maus por meu interesse, mais do que queria torná-los bons por causa de ti.

XIII, 23. Por isso, quando o prefeito da cidade de Roma recebeu de Milão a ordem de providenciar um mestre em retórica para aquela cidade, oferecendo inclusive a viagem por conta do Estado, eu, pela intercessão daqueles maniqueus ébrios de vaidades (a mudança era para me livrar deles, mas nenhum de nós o sabia), solicitei ao então prefeito Símaco[79] que me enviasse, depois de me aprovar na declamação de um discurso. E cheguei a Milão, cidade do bispo Ambrósio, conhecido como uma das maiores personalidades do mundo, teu pio devoto, que naquela época, em seus sermões, distribuía diligentemente a teu povo a *flor de teu trigo*,[80] *a alegria do óleo*[81] e *a sóbria embriaguez do vinho*.[82] Eu, porém, era conduzido a ele por ti inconscientemente, para que ele me conduzisse a ti cientemente. Aquele *homem de Deus*[83] me recebeu paternamente e se felicitou bastante, como bispo, pela minha chegada. E eu comecei a amá-lo; de início, porém, não como doutor da verdade que ainda não esperava de tua Igreja, mas como homem benévolo comigo. E o ouvia atento quando discursava em

---

79. Quinto Aurélio Símaco, um dos mais importantes literatos e oradores pagãos da época, foi prefeito de Roma em 384 e 385. Envolveu-se em polêmicas com o papa Dâmaso I e com Ambrósio, opondo-se à remoção do altar dedicado à Vitória no Senado.
80. Sl 81 (80),17; 146-7,14.
81. Sl 45 (44),8.
82. Sl 4,8; cf. Ambrósio, Hino VII (*Splendor paternae Gloriae*), 23-4; *de Cain et Abel libri duo*, I, v, 19;
83. 2Rs 1,9.

público, não com a intenção que deveria ter, mas como para testar se sua eloquência correspondia à sua fama ou se era menos ou mais fluente do que diziam, e concentrava a atenção nas palavras, mas permanecia desinteressado e desdenhoso dos conteúdos; e me agradava a suavidade de seu elóquio, que no entanto era menos brilhante e doce que o de Fausto, no que diz respeito ao estilo da declamação, embora fosse mais erudito. De resto, quanto aos conteúdos em si, não havia comparação: este divagava pelos enganos maniqueístas, aquele ensinava a salvação, da maneira mais salutar. Mas *a salvação está longe dos pecadores*,[84] de que eu então fazia parte. Aproximava-me, porém, lenta e inconscientemente.

XIV, 24. Com efeito, embora não me preocupasse em aprender o que ele dizia, mas apenas em ouvir como o dizia — porque, no desespero de que um caminho para ti pudesse se abrir para o homem, só me restava esse interesse inútil —, todavia, junto com as palavras que apreciava, entravam na minha alma também os conteúdos que menosprezava. Não podia separar uma coisa da outra. E, quando meu coração se abria para perceber como ele era eloquente ao falar, ao mesmo tempo penetrava nele, ainda que aos poucos, quão verdadeiras eram as coisas que dizia. De fato, inicialmente aqueles argumentos começaram a me parecer defensáveis e a fé católica, a favor da qual julgava que nada pudesse ser dito contra as objeções maniqueístas, já estimava que pudesse ser sustentada sem impudência, sobretudo após ouvir repetidamente a solução deste ou daquele enigma das antigas escrituras, que me matava, quando o interpretava à letra.[85] Assim, diante da explicação espiritual de muitas passagens daqueles livros, já me arrependia do meu desespero, pelo

---

84. Sl 119 (118),155.
85. 2Cor 3,6.

qual acreditara até então que absolutamente nada pudesse ser oposto àqueles que detestavam e ridicularizavam a Lei e os profetas. Contudo, mesmo assim não sentia que devesse seguir a via católica, porque, embora esta pudesse dispor de doutos defensores, que rechaçassem as objeções com abundância e sem disparates, nem por isso achava que devesse ser condenada a seita à qual pertencia, porque os argumentos de ambas as partes se equivaliam. A católica, portanto, já não a julgava vencida, mas tampouco ainda me parecia vencedora.

25. Apliquei-me então energicamente para ver se podia de alguma maneira, por provas certas, demonstrar a falsidade das teorias maniqueístas. Se eu pudesse conceber uma substância espiritual, imediatamente todas aquelas construções se dissolveriam e abandonariam minha alma; mas não podia. Todavia, após muitas reflexões e comparações, várias outras filosofias me pareceram muito mais aceitáveis quanto a este mundo corporal e a todas as naturezas percebidas pelos sentidos corporais. Assim, resolvi que deveria abandonar os maniqueus e duvidar de tudo, flutuando entre todas as escolas, segundo a atitude que se costuma atribuir aos acadêmicos, e julguei que nessa fase de dúvida não deveria permanecer numa seita à qual já preferia muitos filósofos. Recusava-me, porém, a entregar inteiramente a cura da debilidade de minha alma a filosofias que não admitissem o nome salvífico de Cristo. Decidi então me tornar catecúmeno da Igreja católica, seguindo a orientação dos meus pais, enquanto não aparecesse algo certo para onde dirigir meu caminho.[86]

---

86. Seguir a religião tradicional dos antepassados, sem com isso julgá-la melhor que as outras, era um costume recomendado pela Nova Academia (cf. Cícero, *De Natura Deorum*, III, II).

Livro VI

1, 1. Ó *minha esperança desde a juventude*,[1] onde estavas para mim e para onde te afastaras?[2] Não me criaste, porventura, não me distinguiste *dos quadrúpedes e não me fizeste mais sábio do que as aves do céu*?[3] E eu vagueava *nas trevas*[4] *por um caminho escorregadio*,[5] e te procurava fora de mim, e não encontrava o *Deus do meu coração*;[6] e chegara até *as profundezas do mar*[7] e desconfiava e desesperava de encontrar a verdade. Já viera a mim minha mãe, forte de devoção, *seguindo-me por terra e por mar*,[8] e segura de ti entre todos os perigos. Com efeito, mesmo nas adversidades da navegação, era ela que tranquilizava os marujos pelos quais os viajantes angustiados, inexperientes do abismo, costumam ser tranquilizados; ela lhes prometia chegar a salvo, porque tu lho prometeras em visão.[9] E certamente, quando ela se juntou a mim, eu corria um gra-

1. Sl 71 (70),5.
2. Cf. Sl 10,1 (9,22).
3. Jó 35,11.
4. Is 50,10.
5. Sl 35 (34),6.
6. Sl 73 (72),26 (Vulgata).
7. Sl 68 (67),23.
8. Virgílio, *Eneida*, IX, 492.
9. Cf. At 27,20-5.

ve risco, pelo desespero de buscar a verdade; contudo, ao lhe comunicar que já deixara de ser maniqueu, mas ainda não me tornara cristão católico, não teve, como quem ouve algo inesperado, um sobressalto de alegria por eu já estar a salvo daquela parte de minha miséria pela qual, diante de ti, me chorava como morto, ainda que ressuscitável, e pela qual te apresentava o féretro de seu pensamento, para que dissesses ao *filho da viúva: Jovem, eu te digo, levanta-te*, e ele revivesse *e começasse a falar e tu o entregasses à mãe*.[10] O coração dela não estremeceu de tumultuosa exultação ao ouvir que já se cumprira uma parte tão grande daquilo pelo qual todo dia chorava para que acontecesse: que eu, ainda não conquistado à verdade, já fosse, pelo menos, arrancado à falsidade. Ao contrário, certa de que tu darias também o que restava, porque tudo prometeras, com a maior tranquilidade e com o peito cheio de confiança respondeu-me acreditar em Cristo que ela, antes de deixar esta vida, me veria como um fiel católico. Isso disse para mim. Mas para ti, fonte de misericórdias, foram rezas e lágrimas mais frequentes, para que apressasses *teu socorro*[11] e *iluminasses minhas trevas*,[12] e foi correr com maior zelo para a igreja, e pender dos lábios de Ambrósio, *fonte de água jorrando para a vida eterna*.[13] De fato, ela amava aquele homem *como um anjo de Deus*,[14] porque soubera que fora por causa dele que eu chegara, naquele ínterim, àquele estado de oscilante hesitação, e previa que por aí eu iria com certeza da doença à saúde, passando, no entremeio, por um perigo maior, como o acesso de febre que os médicos chamam de crítico.

---

10. Lc 7,14-5.
11. Sl 7,11 (Vulgata); 38 (37),23.
12. Sl 18 (17),29.
13. Jo 4,14.
14. Gl 4,14.

II, 2. Assim, quando levou polenta, pão e vinho puro aos túmulos dos santos, como era costume na África, e foi barrada pelo porteiro, ao saber que o bispo o proibira, ela aceitou tão devota e obediente, que me admirei de quão facilmente preferisse culpar seu hábito a questionar a proibição daquele homem. Pois o vício da bebida não oprimia seu espírito, nem o amor do vinho o instigava ao ódio da verdade, como muitos homens e mulheres que, ao ouvir o cântico da sobriedade, passam mal como bêbados perante uma bebida aguada. Ao contrário, quando levava uma cesta com os alimentos cerimoniais, que deveria antes saborear e depois distribuir, colocava nela uma única taça pequena, à medida de seu paladar bastante sóbrio, para tomá-la em sinal de respeito. Se houvesse muitos túmulos de santos a serem honrados daquela maneira, fazia circular sempre a mesma taça, que colocava em todos os lugares, de maneira que o vinho ficava não apenas aguadíssimo, mas também muito morno quando o compartilhava com seus próximos em pequenos goles, porque o que ela buscava ali era a devoção, não o prazer. Assim, quando soube que aquele ilustre pregador, responsável pela devoção, ordenara que essas práticas não fossem realizadas nem mesmo por aqueles que a cumpriam sobriamente, para não dar ocasião aos beberrões de se encher de vinho e porque elas eram muito semelhantes às *parentalia* da superstição pagã,[15] ela se absteve com muita boa vontade e se acostumou a levar ao túmulo dos mártires, em vez de uma cesta cheia de alimentos terrenos, um coração cheio de oferendas mais puras, distribuindo aos necessitados o que podia e

---

15. A refeição sobre o túmulo dos antepassados (*parentalia*) era uma cerimônia pagã que os cristãos readaptaram ao culto das sepulturas dos santos e dos mártires. Na época em questão, no entanto, muitos bispos passaram a proibi-la. Em Hipona, o hábito de distribuir vinho em cerimônias religiosas foi proibido por volta de 395. Cf. Agostinho, *Carta 29* e *Sermão 252*.

celebrando ali, dessa forma, a comunhão do corpo do Senhor, à imitação de cuja paixão os mártires se imolaram e foram coroados. Contudo, parece-me — e sobre esse ponto assim está meu coração *diante de teus olhos*[16] — que talvez minha mãe não tivesse consentido facilmente a renunciar àquela prática, se a proibição viesse de outro que não amasse tanto quanto a Ambrósio. Ela o amava especialmente por causa de minha salvação; ele, por sua vez, amava-a pelas atitudes tão religiosas com que frequentava a igreja, *fervorosa de espírito*[17] nas boas obras, a ponto que amiúde, quando ele me via, rompia em elogios congratulando-se comigo que tivesse tal mãe, não sabendo qual filho ela tinha em mim, desconfiado de tudo e convencido de não poder encontrar o *caminho da vida*.[18]

III, 3. Eu ainda não gemia rezando para que tu viesses em minha ajuda, mas minha alma estava engajada na investigação e inquieta nas discussões, e julgava Ambrósio um homem feliz segundo o século, por ser tão honrado em tantas instâncias do poder — só o celibato dele me parecia oneroso. Mas que esperança cultivava, que lutas enfrentava contra as tentações de sua própria excelência ou que consolações encontrava nas adversidades e quantas saborosas alegrias do teu pão mastigava a boca oculta que estava em seu coração, disso eu não tinha experiência nem sabia imaginá-lo. Ele tampouco conhecia meus ardores, ou a fossa do meu perigo. Com efeito, eu não podia perguntar a ele o que queria como queria, porque multidões de homens preocupados, cujas aflições ele atendia, me separavam de seu ouvido e de sua boca. E quando Ambrósio não estava com eles, e eram períodos muito curtos, restaurava o corpo com os alimentos necessários, ou a alma com a leitura.

16. Sl 19 (18),25.
17. Rm 12,11; cf. At 18,25.
18. Sl 16 (15),11; At 2,28.

Lendo, os olhos percorriam as páginas e o coração penetrava o sentido; a voz e a língua, porém, permaneciam em repouso. Amiúde, quando estávamos presentes — porque a ninguém era proibido entrar e não havia o hábito de lhe anunciar quem chegava —, o observávamos lendo calado, e nunca de outra forma. Sentávamo-nos em longos silêncios — de fato, quem ousaria importunar um homem tão concentrado? —, e então partíamos, conjeturando que, naqueles curtos momentos que conseguia reservar para a recuperação de sua mente, livre do ruído das questões alheias, não quisesse ser distraído por outra coisa, e talvez receasse que algum ouvinte atento e interessado solicitasse explicações, caso houvesse algo de obscuro naquilo que estava lendo, ou que, envolvendo-se em discussões sobre algum ponto mais difícil e gastando tempo nessa atividade, conseguisse avançar menos do que pretendia na leitura daqueles livros; se bem que o objetivo de poupar a voz, que nele ficava rouca muito facilmente, poderia ser mais condizente com a leitura silenciosa. Contudo, qualquer que fosse a intenção ao agir assim, vindo daquele homem deveria ser boa.[19]

4. Mas o fato é que eu não tinha oportunidade de interrogar aquele coração, oráculo teu tão santo, sobre os assuntos que desejava, senão por questões que podiam ser atendidas rapidamente. Minha ansiedade precisava encontrá-lo totalmente ocioso, para que pudesse se desafogar nele, mas isso nunca acontecia. Ouvia-o, porém, todo domingo, quando *dispensava com retidão a palavra da verdade*[20] perante o povo, e sempre mais me convencia de que todos os nós de engenhosas calúnias, que nossos

---

19. Os antigos costumavam ler em voz alta, mesmo quando sozinhos. Esta é uma das primeiras testemunhas de leitura silenciosa na cultura ocidental. Jorge Luis Borges comenta esse trecho em "O culto dos livros" (*Outras inquisições*).
20. 2Tm 2,15.

enganadores atavam contra os livros divinos, podiam ser soltos. Aí aprendi também que teus filhos espirituais, que regeneraste pela mãe católica Igreja, ao entender a expressão *"homem feito à tua imagem"*,[21] não acreditavam que se referisse ao corpo humano determinado por uma forma. Corei de contente, então, por ter ladrado durante tanto tempo, não contra a fé católica, mas contra ficções de pensamentos carnais — embora não suspeitasse nem de longe e obscuramente[22] do que poderia ser uma substância espiritual. Num aspecto, porém, fui temerário e ímpio: falei acusando, quando deveria aprender investigando. Mas tu, *altíssimo*[23] e pertíssimo, secretíssimo e evidentíssimo,[24] cujos membros não são ora maiores, ora menores, mas que és inteiro em todo lugar e não estás em lugar nenhum,[25] tu não és absolutamente segundo esta forma corporal, e no entanto fizeste o *homem à tua imagem*,[26] e este ocupa um lugar, da cabeça aos pés.

IV, 5. De fato, ignorando em que consistia essa tua imagem, eu deveria ter buscado e mostrado em que se deveria acreditar, não insultar e me opor àquilo em que imaginava se acreditasse. O afã de conhecer algo com certeza roía tanto mais violentamente meu íntimo, quanto mais me envergonhava de ter sido iludido e enganado por tanto tempo pela promessa de conhecimentos certos, e de ter tagarelado, com confusão e presunção pueris, sobre muitas coisas incertas como se fossem certas. Que eram falsas, ficou claro para mim mais tarde. Mas já tinha certeza de que eram incertas e que eu as considerara certas

21. Gn 9,6.
22. Cf. 1Cor 13,12.
23. Sl 9,3; 92 (91),2.
24. Cf. I, IV, 4.
25. Cf. Plotino, *En.* III, IX, 4; Porfírio, *Sentenças*, 28.
26. Gn 1,26.

no passado, quando acusava a tua Igreja católica com reclamações cegas. Embora ainda não tivesse compreendido que ela ensinava a verdade, pelo menos descobrira que não ensinava aquilo de que eu severamente a acusava. Assim, ficava perturbado, mudava de rumo e me alegrava, meu Deus, de que a única Igreja, o corpo de teu único filho, na qual me foi revelado, quando criança, o nome de Cristo, não fosse imbuída de infantilidades, e que em sua sã doutrina não constasse que tu, criador de tudo, estivesses relegado na extensão de um lugar, ainda que altíssimo e amplo, mas mesmo assim delimitado por toda parte pela figura de membros humanos.

6. Alegrava-me também de que não me fosse proposto ler as antigas Escrituras da Lei e dos Profetas do ponto de vista que anteriormente as fazia parecer absurdas, porque pensava que teus santos as entendessem da mesma maneira; mas eles não as entendiam assim. Feliz, ouvia Ambrósio dizer amiúde em seus sermões ao povo, como se recomendasse uma regra com grandíssima insistência: *"A letra mata, mas o Espírito comunica a vida"*,[27] quando ele explicava espiritualmente, removendo o véu místico, trechos que tomados à letra pareciam conter um ensinamento perverso, e dizia coisas que não me repugnavam, embora eu ainda não soubesse se o que dizia era verdadeiro. Pois meu coração se abstinha de todo assentimento, receando se precipitar, e essa suspensão me matava ainda mais.[28] Queria, de fato, ter certeza do que não via, da mesma maneira que tinha certeza de que três mais sete são dez. Não era tão in-

---

27. 2Cor 3,6. Cf. Ambrósio, *Sermão 19*.
28. "Suspensão do assentimento" é um termo técnico do ceticismo neoacadêmico. Também é recorrente a imagem do precipício, como se a percepção do mundo fosse um cavalo que deve ser refreado antes de se jogar no abismo da falsa opinião; cf. Cícero, *Accademica priora*, XXI.

sano de julgar que nem mesmo isso pudesse ser conhecido, mas queria que fosse conhecido da mesma forma também o resto, tanto as realidades corporais que não estavam ao alcance dos meus sentidos como as realidades espirituais, que não sabia pensar senão corporalmente. E poderia sarar crendo, para que a agudeza do meu pensamento, melhor purificada, se dirigisse de alguma maneira à tua Verdade, que sempre permanece e nunca falha; mas, como costuma acontecer com quem fez a experiência de um mau médico e receia se entregar inclusive ao bom, assim era a doença de minha alma, que certamente não podia sarar senão crendo, mas recusava se curar por medo de crer o falso, e resistia às tuas mãos, de ti, que confeccionaste os remédios da fé e os espalhaste sobre as doenças do mundo e atribuíste a eles tanta autoridade.

v, 7. No entanto, a partir daquele momento já preferia a doutrina católica, porque sentia que suas prescrições eram mais moderadas e menos enganosas, ainda que devessem ser cridas sem demonstração — quer esta fosse possível, mas inacessível para alguns, quer fosse impossível — enquanto alhures[29] a crença era posta em ridículo pela promessa temerária de uma ciência, e em seguida ordenava-se crer em muitas coisas totalmente absurdas e fabulosas, porque era impossível demonstrá-las. Tu, então, Senhor, moldando e recompondo meu coração com mão delicadíssima e misericordiosíssima, fazendo com que ponderasse que acreditava em inúmeras coisas não vistas ou cujo acontecimento não presenciara — muitos fatos da história dos povos, muitos aspectos de lugares e cidades que não visitara, muitas coisas ditas por amigos, por médicos, por este ou aquele homem, e por causa das quais, se não acreditássemos nelas, não faríamos absolutamente nada nesta vida —, e finalmente que tinha por certo, com

---

29. Entre os maniqueus e, em geral, nas doutrinas gnósticas.

fé inabalável, de quais pais eu nascera, embora não pudesse sabê-lo se não acreditasse no que ouvira; tu, então, me convenceste de que não aqueles que acreditaram em teus livros, que quiseste se firmassem com tamanha autoridade entre quase todas as gentes, mas aqueles que não acreditaram deveriam ser culpados, e não deveriam ser ouvidos se por acaso me perguntassem: "De onde sabes que aqueles livros foram oferecidos ao gênero humano pelo espírito do único Deus verdadeiro e veracíssimo?". Isso mesmo era necessário acreditar sobretudo, porque nenhuma hostilidade de questionamentos caluniosos, de tantos que lera em filósofos conflitantes entre si, pudera alguma vez me forçar a não crer que tu és, embora não soubesse o que és, e que o governo dos homens te pertence.[30]

8. Acreditava nisso às vezes com mais força, às vezes mais debilmente, todavia sempre acreditei que tu és e que te ocupas de nós, embora ignorasse o que se deveria pensar da tua substância ou qual via conduzia ou reconduzia a ti. Assim, como somos incapazes de encontrar a verdade por evidência racional e, por consequência, precisamos da autoridade das Sagradas Escrituras, já comecei a acreditar que de forma alguma terias atribuído uma autoridade tão proeminente àquelas Escrituras pelo mundo todo, se não quisesses que acreditássemos em ti e te buscássemos por meio delas. Com efeito, a absurdidade que costumava me incomodar naqueles livros, após ter ouvido muitos trechos deles explicados de maneira plausível, já a atribuía à profundeza dos mistérios, e por isso aquela autoridade me parecia ainda mais venerável e digna de fé sacrossanta, porque era apropriada à leitura de todos, e ao mesmo tempo reservava a dignidade de seu segredo para uma compreensão mais profunda, oferecendo-se a todos pelas palavras claríssimas e o mais humilde gênero de expres-

---

30. Cf. Cícero, *De Natura Deorum*, II, I, 3.

são, mas atiçando a atenção daqueles que não têm *coração leve*,[31] acolhendo em teu seio todas as pessoas do povo, mas por aberturas estreitas trazendo para ti uns poucos — muito mais numerosos, no entanto, do que seriam se a excelência daquela autoridade não se sobressaísse tanto e não atraísse as multidões para o colo da santa humildade. Refletia sobre isso, e tu estavas junto de mim; suspirava, e tu me ouvias; hesitava, e tu me guiavas; ia pelas largas estradas do século,[32] e tu não me abandonavas.

VI, 9. Ambicionava honras, lucros, matrimônio, e tu rias de mim.[33] Experimentava nesses desejos dificuldades amaríssimas, e tu me eras tanto mais propício, quanto menos deixavas que fosse doce aquilo que não eras tu. Vê meu coração, Senhor, que quiseste que eu lembrasse isso e o confessasse a ti. Agora adere a ti minha alma, que liberaste de um visco tão pegajoso de morte. Como ela era miserável! E tu a pungias onde a ferida era sensível, para que, abandonando tudo, ela *retornasse a ti*,[34] que estás *acima de tudo*[35] e sem o qual tudo seria nada; para que retornasse e sarasse. Como eu era miserável, e de que maneira fizeste com que sentisse minha miséria naquele dia, quando me preparava para declamar o elogio do imperador,[36] em que diria muitas mentiras e mentindo ganharia a aprovação dos entendidos, e essa preocupação tornava meu coração ofegante e quente de febre pelos pensamentos que me consumiam, e eu então, passando por uma ruela de

---

31. Eclo 19,4.
32. Cf. Mt 7,13.
33. Cf. Sl 37 (36),13; Sb 4,18.
34. Sl 51 (50),15.
35. Rm 9,5.
36. Provavelmente, um panegírico a ser pronunciado em 22 de novembro de 385, por ocasião do décimo aniversário do reino de Valentiniano II.

Milão, vi um pobre mendigo, já completamente bêbado, acredito, que cantava e ria. Lamentei, falando aos amigos que estavam comigo, as muitas dores de nossas loucuras, porque com todos os nossos esforços — como aqueles com que então me atribulava, arrastando o fardo de minha infelicidade sob o aguilhão da cobiça, e aumentando-o ao arrastá-lo — nada mais queremos senão chegar a uma felicidade serena, na qual aquele mendigo nos precedera; e talvez nunca o alcançássemos. Pois aquilo que ele conseguira com poucos trocados de esmola, isto é: a alegria de uma felicidade terrena, eu o procurava por percursos tortuosos e cansativos. E por certo ele se alegrava, eu estava ansioso; ele era sereno; eu, trepidante. E, se alguém me perguntasse se eu preferia ficar alegre ou sentir medo, eu responderia: "Ficar alegre"; por outro lado, se me perguntassem se preferia ser como ele, ou como eu era então, eu, ainda que assoberbado por preocupações e temores, teria escolhido a mim mesmo, mas por um raciocínio errado. E como poderia ser verdadeiro? Pois não deveria me preferir a ele por ser mais instruído, porque não sentia prazer por isso, mas queria agradar os homens, e não para instruí-los, mas apenas para agradar. Eis por que tu, com a vara de teu ensino, *esmigalhavas meus ossos*.[37]

10. Afastem-se de minha alma[38] aqueles que dizem: "Mas a diferença está no motivo da alegria. Aquele mendigo gozava da embriaguez, tu querias gozar da glória". Que glória, Senhor? Aquela que não está em ti.[39] Com efeito, assim como não era verdadeira a felicidade, também não era verdadeira a glória, e pervertia ainda mais minha mente. Naquela mesma noite, a ebriedade dele teria evaporado, eu dormiria e me levantaria e dormiria de

37. Sl 42-3 (41-2),11.
38. Cf. Jr 6,8 (Vulgata).
39. Cf. Jr 9,23; 1Cor 1,31.

novo e me levantaria de novo com a minha, por quantos dias! Mas a diferença está no motivo da alegria, eu sei, e a alegria da esperança do fiel está a uma distância incomparável daquela ebriedade vazia. Mas naquele momento também havia distância entre nós, e ele era mais feliz, sem dúvida, não apenas porque transbordava de alegria, enquanto eu era dilacerado por preocupações, mas também porque ele ganhara o vinho augurando o bem, enquanto eu buscava a vanglória mentindo. Naquela época fiz muitas observações sobre esse assunto a meus amigos, e amiúde percebia, em relação a minhas ocupações, que, como quer que andassem para mim, elas me faziam mal. Assim entristecia-me e redobrava aquele mesmo mal e, se algo favorável se me apresentasse, aborrecia-me agarrá-lo, porque, apenas obtido, já se esvaía.

VII, 11. Queixava-me com aqueles com que convivia amigavelmente, e conversava sobretudo e mais intimamente sobre esses assuntos com Alípio e Nebrídio. Dos dois, Alípio[40] nascera na minha cidade, onde seus pais eram personalidades importantes. Era mais jovem do que eu: chegou a estudar comigo, quando comecei a lecionar em nosso município e, mais tarde, em Cartago. Gostava muito de mim, porque me achava boa pessoa e erudito, e eu, dele, pela inclinação que demonstrava pela virtude, apesar da idade pouco avançada. Mas a voragem dos hábitos cartaginenses, nos quais borbulham os espetáculos frívolos, o atraiu para a mania dos jogos circenses. No entanto, na época em que ele se envolvia miseravelmente neles e eu ensinava retórica na escola pública, ele já não assistia a minhas aulas, por causa de uma desavença que surgira entre

---

40. Alípio foi um dos amigos mais próximos de Agostinho, seu interlocutor em alguns diálogos juvenis e em várias cartas. Tornou-se bispo de Tagaste antes de 395 e em 426-9 era decano dos bispos da Numídia.

mim e seu pai. Eu sabia de sua ruinosa paixão pelo circo, e me afligia gravemente, porque julgava que um jovem tão promissor se perderia ou talvez já tivesse se perdido. Mas não havia como eu pudesse admoestá-lo pela benevolência da amizade, ou retê-lo pela autoridade do magistério. Com efeito, acreditava que ele tivesse por mim os mesmos sentimentos do pai. Contudo, não era assim, tanto que, transgredindo a vontade paterna sobre esse ponto, começou a frequentar minhas aulas, ouvir por um tempo e ir embora.

12. Mas já havia saído de minha mente o propósito de intervir para que ele não destruísse um temperamento tão bom pelo afã cego e desastroso daquelas competições inúteis. Tu, porém, que seguras o leme de tudo o que criaste, não esqueceras que ele era destinado a ser ministro de teu sacramento entre teus filhos e, para que sua correção fosse claramente atribuível a ti, agiste por meu trâmite, mas sem que eu o soubesse. De fato, certo dia, enquanto eu dava aula no lugar costumeiro e os alunos assistiam, ele veio, cumprimentou, sentou-se e prestou atenção ao que se discutia. Por acaso, tratava-se da interpretação de um texto. Quando, ao comentá-lo, julguei que poderia tecer oportunamente um paralelo com os jogos circenses, para que a leitura que pretendia sugerir se tornasse mais clara e agradável mediante a derrisão mordaz daqueles que são dominados por tais loucuras, *tu sabes, meu Deus*,[41] que eu não pensava em sarar Alípio daquela peste. Mas ele tomou o comentário para si e acreditou que eu o fizera apenas por causa dele, e, aquilo que para outro seria razão de irritação comigo, para aquele jovem honesto foi razão para se irritar consigo próprio, e gostar ainda mais de mim. Com efeito, já disseste certa vez e incluíste em tuas Escrituras: *"Repreende o sábio, e ele te amará"*.[42] Eu não o re-

---

41. Sl 69 (68),6.
42. Pr 9,8.

preendera, mas tu, que te serves de todos, quer o saibam quer não, segundo uma ordem que conheces — e aquela ordem é justa —, fizeste de meu coração e de minha mente brasas ardentes[43] com que cauterizaste e saraste o abscesso daquela mente de boa esperança. Silencie teus louvores quem não pondera teus atos de misericórdia, que confessam a ti do fundo de minhas entranhas.[44] Ele, de fato, depois daquelas palavras, escapou da fossa tão profunda em que mergulhara voluntariamente e se cegara com singular volúpia: sacudiu sua alma com firme temperança e se livrou de todas as sujeiras do circo, deixando de frequentá-lo. Em seguida, enfrentou a resistência do pai, para poder assistir ao meu curso: este cedeu e o permitiu.[45] Mas, quando recomeçou a acompanhar as aulas, foi enredado, junto a mim, por aquela superstição, amando nos maniqueus a continência exibida, que ele julgava verdadeira e genuína. Era, porém, insensatez e sedução, capaz de atrair as almas que ainda não sabem atingir a profundidade e se deixam facilmente seduzir pelo aspecto superficial da virtude, ainda que imaginária e simulada.

VIII, 13. Não abandonou, por certo, a carreira mundana que seus pais enalteciam: precedeu-me em Roma para estudar direito, e ali foi arrebatado pelos espetáculos de gladiadores, de maneira surpreendente e com surpreendente paixão.[46] Como ele detestava e dispensava essas diversões, alguns amigos e condiscípulos seus, encon-

---

43. Cf. Ez 1,13; Is 6,6-7.
44. Cf. Sl 107 (106),8.15.21.31; 78 (77),4.
45. Segundo alguns comentadores, esse episódio é inspirado em uma passagem da vida do filósofo grego Polêmon (Diógenes Laércio, IV, 16).
46. Na época de Agostinho, as lutas de gladiadores, mais custosas, já eram raras nas províncias, sendo praticadas apenas em Roma e em outras grandes cidades.

trando-o por acaso na rua ao voltar do almoço, nos dias em que eram oferecidos aqueles jogos cruéis e funestos, o conduziram com amigável violência ao anfiteatro, apesar de sua resistência e veementes protestos, enquanto ele dizia: "Se arrastarem meu corpo àquele lugar e o mantiverem ali, por acaso poderão dirigir também minha alma e meus olhos para aqueles espetáculos? Lá ficarei, então, permanecendo ausente, e assim ganharei de vocês e deles".[47] Ao ouvi-lo, eles não deixaram de forma alguma de levá-lo consigo, querendo talvez, por isso mesmo, verificar se poderia cumprir o que prometia. Quando chegaram ali e se sentaram nos lugares disponíveis, tudo fervilhava dos prazeres mais brutais. Ele, fechando os olhos, proibia a alma de participar de tamanhas maldades. Mas tomara tivesse tampado também os ouvidos! Com efeito, num lance da luta, quando o grito imane da multidão unânime o atingiu com violência, vencido pela curiosidade e achando-se pronto a desprezar e vencer aquela visão, qualquer que ela fosse, abriu os olhos e foi percutido na alma por um golpe mais grave do que o recebido no corpo pelo lutador que quis ver, e caiu mais miseravelmente do que aquele que ao cair provocara o clamor que penetrou nos seus ouvidos e descerrou seus olhos para ferir e abater, através deles, uma alma mais imprudente que forte, e tanto mais fraca, quanto presumira de si aquilo que devia receber de ti.[48] De fato, ao ver aquele sangue, bebeu com ele a brutalidade; e não desviou, ao contrário, cravou os olhos. Engolia fúrias, e não sabia, e deleitava-se da perversidade da luta, e se inebriava de prazer cruento.

---

47. O hábito de frequentar socialmente os espetáculos sem se interessar por eles é recomendado por Epicteto (*Manual*, 33, 10) e em geral pela literatura estoica, em termos análogos aos de Alípio. Sobre esse episódio, v. E. Auerbach, *Mimesis*. São Paulo: Perspectiva, pp. 57-65.
48. Cf. Jr 6,15 (Vulgata).

E já não era aquele que viera, mas um da multidão à qual viera, e verdadeiro companheiro daqueles pelos quais fora levado. Que mais? Assistiu, gritou, excitou-se, levou consigo daí uma loucura que o incitou a voltar, não apenas com aqueles que o arrastaram a primeira vez, mas até à frente deles, e trazendo outros. E, todavia, tu o arrancaste de lá com mão fortíssima e misericordiosíssima, e o ensinaste a não contar consigo, mas a confiar em ti.[49] Isso, porém, muito mais tarde.

IX, 14. Tudo isso, entretanto, já se depositava em sua memória para remédio futuro. Assim também se deu quando deixaste que fosse preso como ladrão pelos guardas do foro, ainda estudante e já meu aluno em Cartago, ao meio-dia, enquanto preparava uma declamação que iria apresentar, como é prática costumeira dos alunos. E não acredito que tu o permitiste, meu Deus, senão para que aquele homem, que tanto se destacaria no futuro, já começasse a aprender que na instrução de uma causa ninguém deve ser condenado por outro levianamente, por crença temerária. De fato, ele passeava diante do tribunal sozinho, com as tabuinhas e o estilo, quando um jovem estudante, o verdadeiro ladrão, carregando às escondidas uma machadinha, se aproximou sem que ele o percebesse das grades de chumbo que sobranceavam o beco dos ourives, e começou a cortá-las. Porém, ao ouvir o som do utensílio, os ourives que estavam embaixo cochicharam entre si, e mandaram prender quem ali se encontrasse. Ouvindo as vozes, o ladrão fugiu abandonando a ferramenta, por medo de ser flagrado com ela. Porém Alípio, que não o vira entrar, mas percebeu sua saída e o viu se afastar correndo, curioso de conhecer a razão, entrou no local e, encontrada a machadinha, ficou a examiná-la intrigado. E eis que aqueles que foram enviados o encontram

---

49. Cf. Is 57,13.

sozinho manuseando o utensílio por cujo ruído tinham vindo; prendem-no, arrastam-no, gabam-se perante os frequentadores do foro, ali ajuntados, da captura em flagrante de um ladrão e o levam para entregá-lo aos juízes.

15. Mas a lição estava chegando ao fim. Logo, Senhor, vieste em socorro de sua inocência, de que tu eras a única testemunha. Com efeito, enquanto o levavam à prisão ou ao suplício, os guardas encontraram um arquiteto, supervisor-chefe das obras públicas. Alegraram-se de esbarrar justamente nele, que suspeitava terem eles roubado certos objetos desaparecidos do foro, para que pudesse finalmente identificar quem cometia tais atos. Mas aquele homem vira amiúde Alípio na casa de um senador que costumava visitar e, reconhecendo-o imediatamente, pegou-o pela mão e o afastou da multidão, perguntando a causa de tal desavença. Ouviu o que aconteceu e ordenou a todos os presentes, que tumultuavam e fremiam de ameaças, que o seguissem. E chegaram à casa daquele rapaz que cometera o reato. Diante da porta estava um escravo, e era tão jovem que poderia facilmente contar tudo sem intenção de prejudicar seu dono; pois o acompanhara no foro. Alípio se lembrou dele, e o indicou ao arquiteto. Este, mostrando a machadinha ao escravo, perguntou de quem era. Ele imediatamente respondeu: "Nossa". Então, interrogado, revelou o resto. Assim, a imputação foi transferida àquela casa, para confusão da multidão que já começara a triunfar do futuro dispensador de tua Palavra e julgador de muitas causas em tua Igreja, que saiu disso mais experiente e preparado.

x, 16. Eu o reencontrei em Roma e ele se apegou a mim por um vínculo fortíssimo e me seguiu até Milão, em parte para não me deixar, em parte para tirar algum proveito de sua formação jurídica, segundo o desejo dos pais mais do que seu. E foi por três vezes assistente de juiz, conduzindo-se com uma integridade que surpreendia seus colegas, os quais por sua vez o surpreendiam ainda mais, por atribuírem mais valor ao ouro do que à inocência. Aliás, seu caráter foi testado não só pelas seduções da cobiça, mas também pelo aguilhão do medo. Assessorava em Roma o responsável pelas finanças da Itália, quando um senador poderosíssimo, que muitos cativava pelos benefícios ou subjugava pelo medo, aproveitando-se de seu poder, como era seu costume, pretendeu que lhe fosse concedido algo proibido pelas leis: Alípio se opôs. Prometeram-lhe um prêmio: menosprezou-o resolutamente. Fizeram-lhe ameaças: rechaçou-as com energia incomum, maravilhando todos por não aceitar como amigo ou temer como inimigo um homem tão importante, celebrado pela vasta reputação de dispor de inúmeros meios para favorecer ou prejudicar alguém. O próprio juiz, de que era conselheiro, embora ele mesmo não quisesse consentir, não recusava abertamente, mas transferia a responsabilidade para Alípio, argumentando que este não lho permitia, porque, se o fizesse, se demitiria — o que, aliás, era verdade. Apenas uma coisa chegou a tentá-lo, por amor das letras: mandar copiar livros para si, às custas do tribunal. Porém, consultado seu sentimento de justiça, mudou para melhor sua decisão, julgando mais proveitosa a retidão, que lho proibia, do que o poder, que lho permitia. É pouca coisa. Mas *quem é fiel nas coisas mínimas é fiel também no muito*, e nunca serão vãs as palavras que saíram da boca de tua Verdade: *"Se não fostes fiéis quanto ao dinheiro iníquo, quem vos confiará o verdadeiro bem? E, se não fostes fiéis em relação ao bem alheio, quem vos dará o vosso?"*.[50] Tal era ele naquela época em que éramos próximos e discutíamos sobre o gênero de vida que deveríamos adotar.

---

50. Lc 16,10-2.

17. Junto a nós, Nebrídio[51] — que, deixando sua cidade natal perto de Cartago e a própria Cartago, que visitava com muita frequência, deixando as excelentes terras de seu pai, deixando sua casa, sem que sua mãe viesse a segui-lo, chegou a Milão apenas pela vontade de viver comigo na paixão mais ardorosa pela verdade e a sabedoria —, Nebrídio, investigador ardente da vida feliz e perscrutador agudíssimo das questões mais difíceis, também suspirava e hesitava. Eram três bocas famintas que repassavam a fome uma à outra e *esperavam de ti que a seu tempo lhes desses o alimento*.[52] E em todas as amarguras que por tua misericórdia acompanhavam nossas atividades seculares, quando procurávamos o fim pelo qual as sofríamos, encontrávamos trevas e desviávamos o olhar, gemendo e dizendo: "Até quando?". E o dizíamos amiúde, mas não desistíamos delas, porque não se entrevia nada que tivéssemos a certeza de obter desistindo.

XI, 18. E eu, sobretudo, me admirava ao lembrar quanto tempo se passara desde os meus dezenove anos, quando começara a arder pelo amor da sabedoria, decidindo que, se a encontrasse, abandonaria todas as inúteis esperanças e as loucuras enganadoras de fúteis desejos. E eis que já estava em meu trigésimo ano atolado na mesma lama, pela avidez de aproveitar um presente passageiro em que me dispersava, enquanto dizia: "Amanhã a encontrarei; será manifesta, e a possuirei. Eis que vem Fausto,[53] e me explicará tudo. Ó ilustres acadêmicos! Nada pode ser conhecido quanto à conduta de vida. Mas procuremos com maior atenção e não desesperemos: eis que já não são tão absurdas, nos livros da Igreja, as coisas que pareciam absurdas; podem ser entendidas de forma diferente e sen-

---

51. Ver Livro IV, III, 6 e n.
52. Sl 104 (103),27; 145 (144),15.
53. Cf. Livro V, III, 3-VIII, 12.

sata. Fixemos os pés no lugar em que nos puseram nossos pais quando crianças, até encontrarmos uma verdade evidente. Mas onde encontrá-la? Quando procurá-la? Não tenho tempo para procurar Ambrósio, não tenho tempo para ler. E onde procurar os livros? Onde ou quando adquiri-los? De quem os pegaríamos emprestados? É preciso dedicar tempo, reservar horas para a salvação da alma. Surgiu uma grande esperança: a Igreja católica não ensina o que achávamos que ensinasse, e que denunciávamos em vão. Seus eruditos consideram ímpio crer que Deus seja delimitado por uma figura humana. E hesitamos em bater à porta que dá acesso a todo o resto? As horas da manhã são tomadas pelos alunos; e nas outras, que fazemos? Por que não nos ocupamos com isso? Mas quando iríamos visitar os amigos influentes, de cujo apoio necessitamos? Quando prepararíamos as aulas pelas quais os estudantes nos pagam? Quando repararíamos as forças, repousando a alma da tensão de nossas ocupações?

19. Que tudo isso acabe. Abandonemos essas ocupações vazias e inúteis, dediquemo-nos apenas à busca da verdade. A vida é miserável, a hora da morte é incerta, nos apanha de repente. Em que estado partiremos daqui? E onde poderemos aprender o que negligenciamos aqui embaixo? Ou então deveremos pagar com suplícios aquela negligência? E se a própria morte eliminasse toda preocupação, pondo fim a ela juntamente com a vida sensível? Isso também, então, deve ser investigado. Mas não pode ser assim. Não é à toa, não é inutilmente se a autoridade da fé cristã, de uma altura tão eminente, se difunde pelo mundo inteiro. Tantos e tais atos divinos não teriam sido realizados para nós, se a morte do corpo consumasse também a vida da alma. Por que então hesitamos em abandonar a esperança mundana e nos dedicar por inteiro à busca de Deus e da vida feliz? Mas espera: os bens mundanos também são prazerosos, têm sua doçura, que

não é pequena. Não devemos reprimir levianamente nossa inclinação para eles, porque voltar atrás seria vergonhoso. Eis que já estamos próximos de receber um título. E que mais poderíamos desejar, quanto a isso? Uma quantidade de amigos influentes nos apoia: se não houver nada contra e nos apressarmos, poderemos obter pelo menos uma presidência.[54] E devemos nos casar com uma mulher que tenha algum recurso, para que não pese sobre nossas finanças e ponha um limite à luxúria. Muitos homens ilustres, entre os mais dignos de ser imitados, se dedicaram à busca da sabedoria mesmo sendo casados".

20. Enquanto dizia isso e ventos contrastantes jogavam para lá e para cá meu coração, o tempo passava e eu tardava a *me voltar para o Senhor* e postergava *dia após dia*[55] o momento de viver em ti, mas não postergava o de morrer em mim mesmo: amava a vida feliz, mas tinha medo de encontrá-la onde ela reside, a buscava fugindo dela. Julgava que seria demasiado infeliz se renunciasse aos amplexos femininos, e não pensava no remédio de tua misericórdia para curar aquela enfermidade, porque não tinha experiência dela, mas fazia depender a continência de minhas próprias forças, das quais não tinha noção, porque era estulto a ponto de não saber que, como está escrito, ninguém pode ser continente se tu não lho concedes.[56] E o concederias, se eu alcançasse teus ouvidos por meu lamento interior e lançasse minha aflição em ti com sólida fé.

XII, 21. Alípio, por certo, me demovia de casar, repetindo constantemente que, se o fizesse, de maneira alguma poderíamos viver juntos no amor da sabedoria, como havia tempo planejávamos. Quanto a isso, ele já era perfeitamen-

---

54. *Presidatus*: governo de uma pequena província.
55. Eclo 5,8.
56. Cf. Sb 8,21.

te casto, o que não deixava de surpreender, porque passara até pela experiência do concubinato já no início da adolescência, mas não se apegou a ela, que mais do que nada lhe causou dor e desdém, e desde então vivia em total continência. Eu, porém, respondia citando exemplos daqueles que, embora casados, cultivaram a sabedoria, agradaram a Deus[57] e mantiveram e aproveitaram fiéis amizades. Eu, no entanto, estava longe da grandeza de alma deles: amarrado à doença da carne por uma atração mortífera, arrastava minha corrente receoso de ser solto e rejeitava, feito golpes cortantes, as palavras que, como uma mão que me soltasse, exortavam ao bem. Mais do que isso: através de mim a serpente falava ao próprio Alípio e pela minha boca armava e espalhava armadilhas no caminho dele,[58] para prender seus pés honestos e desembaraçados.

22. De fato, como ele, que não tinha a mim em pequena estima, se admirava por eu ficar tão preso no visco daquela volúpia ao ponto de afirmar, sempre que discutíamos sobre isso entre nós, que de maneira alguma eu poderia suportar uma vida de celibatário e de argumentar em minha defesa, quando o via se admirar disso, que havia muita diferença entre meus prazeres continuados e a experiência rápida e furtiva que ele tivera e de que já quase não lembrava, ao ponto de poder menosprezá-la facilmente e sem incômodo algum, e que, se acrescentasse àqueles prazeres o respeitável nome de casamento, não poderia se surpreender de que eu não quisesse rejeitar tal vida — ele mesmo, então, começou a desejar o casamento, vencido não tanto pela libido daquele prazer quanto pela curiosidade. Com efeito, segundo afirmava, queria conhecer o que seria aquilo sem o qual minha vida, que ele tanto apreciava, não me pareceria vida, mas castigo.

57. Cf. Hb 13,16.
58. Cf. Sl 142 (141),4.

Alma livre daquele laço, maravilhava-se de minha servidão e, ao maravilhar-se, era atraído pelo desejo de experimentar, e daí chegaria à própria experiência e então talvez caísse na mesma servidão que o maravilhava, porque queria *casar-se com a morte*,[59] e *quem ama o perigo cai nele*.[60] A nenhum de nós dois, de fato, importava senão levemente aquilo que faz o valor do casamento: a obrigação de respeitar as regras do matrimônio e de criar filhos. Com muito mais peso e urgência me atormentava, depois de me aprisionar, o hábito de saciar a insaciável concupiscência, enquanto ele era levado ao cativeiro pela curiosidade. Assim éramos nós, enquanto tu, *Altíssimo*,[61] não abandonavas nossa argila, e comiserando-te nos socorrias, miseráveis, por meios admiráveis e secretos.

XIII, 23. Eu era pressionado fervorosamente para que me casasse. Já fizera o pedido, já recebera a promessa, sobretudo pelo esforço de minha mãe para que uma vez casado recebesse a ablução salvífica do batismo. Ela se alegrava de me ver cada dia mais disposto a isso e percebia que estavam se cumprindo seus desejos e tua promessa no que diz respeito a minha fé. É verdade que, a pedido meu e por desejo seu, ela te implorava todo dia com altos gritos de seu coração para que lhe mostrasses em visão algo sobre meu casamento futuro, mas tu nunca o quiseste. Ela via de fato algumas coisas vãs e fantásticas, daquelas que o movimento do espírito produz quando estamos muito preocupados com algo, e as relatava não com a confiança que costumava ter quando eras tu que as mostravas a ela, mas com certo desinteresse. Com efeito, afirmava ser capaz de distinguir, por não sei que sabor que as palavras não podem explicar, a diferença entre aquilo que vinha

---

59. Is 28,18.
60. Eclo 3,27.
61. Sl 92 (91),2.

de ti e aquilo que sua alma sonhava. Mesmo assim, eu era pressionado, e pedi em casamento uma jovem à qual faltavam cerca de dois anos para ser núbil. Porém, como nos agradava, esperávamos.

XIV, 24. Apesar disso, com vários amigos, que discutiam juntos e detestavam os incômodos da vida humana, acalentávamos na alma e já quase assumíramos um projeto: viver no ócio longe da multidão. Estabelecemos que, nesse ócio, se possuíssemos alguma coisa, a tornaríamos bem comum, formando um único patrimônio com os bens de todos, de maneira que, graças a uma amizade sincera, as coisas não pertencessem a um ou a outro, mas formassem uma unidade, de que o inteiro fosse de cada um e cada parte de todos. Parecia-nos que poderíamos ser mais ou menos dez homens nessa sociedade e entre nós havia alguns muito ricos, sobretudo o nosso concidadão Romaniano, que graves problemas nos negócios trouxeram à corte, e de quem eu era íntimo desde a adolescência.[62] Era ele quem mais insistia nesse projeto, e tinha bastante crédito em nos convencer, porque seu patrimônio era muito maior do que o dos outros. Pretendíamos que a cada ano dois de nós se ocupassem de todo o necessário como administradores, deixando os outros tranquilos. Mas, quando come-

---

62. Romaniano, poderoso cidadão de Tagaste, ajudou Agostinho a realizar seus estudos e mais tarde o acolheu em sua casa, quando Agostinho voltou à cidade natal. Por influência de seu protegido, tornou-se maniqueu. Agostinho lhe dedica o diálogo *Contra os acadêmicos*, no qual se faz referência aos problemas aqui mencionados, sem especificá-los, e ainda se alude ao projeto da comunidade filosófica. Mais tarde, tentará convertê-lo ao catolicismo dedicando-lhe o tratado sobre *A verdadeira religião*. O filho de Romaniano, Licêncio, foi aluno de Agostinho e seu interlocutor nos primeiros diálogos conhecidos (*Contra os acadêmicos*, *A vida feliz* e *A ordem*).

çamos a questionar se as mulherzinhas com quem alguns de nós já tinham se casado e outros pretendiam se casar nos deixariam fazer isso, aquela combinação toda, que tão bem formulamos, escorreu entre nossos dedos, rompeu-se e foi abandonada. Voltei então aos suspiros e gemidos a percorrer *os caminhos amplos*[63] e batidos do século, porque *muitos pensamentos* havia *em nossos corações, mas é teu desígnio que permanece em eterno*.[64] Em razão deste esvaziavas os nossos projetos e preparavas o teu, pelo qual *no tempo certo* nos *darias alimento* e *abririas tua mão* e *saciarias nossas almas pela bênção*.[65]

xv, 25. Entretanto *meus pecados se multiplicavam*,[66] e, quando aquela com quem costumava me deitar foi arrancada do meu flanco por ser um empecilho ao casamento, meu coração, que se apegara a ela, despedaçado e ferido, deixou um rasto de sangue. Ela voltou para a África prometendo a ti que não conheceria outros homens, e deixou comigo o filho que tive com ela.[67] Mas eu, infeliz, incapaz até de emular uma mulher, impaciente pela dilação de dois anos antes de receber a moça que pedira, não sendo tão amante do casamento quanto escravo da libido, procurei outra mulher, não para me casar, mas para sustentar e manter intacta ou mesmo acrescer a doença de minha alma com a ajuda de um hábito constante, até o estabelecimento da esposa. Mas minha ferida, gerada pela separação anterior, não sarava: ao contrário, depois da inflamação e de uma dor mais intensa, gangrenava, e doía de maneira mais fria, por assim dizer, porém mais desesperada.

63. Mt 7,13.
64. Pr 19,21; Sl 33 (32),11.
65. Sl 145 (144),15-6.
66. Eclo 23,3.
67. Cf. Livro iv, ii, 2 e nota.

XVI, 26. Louvor a ti, glória a ti, fonte de misericórdias! Eu me tornava mais miserável e tu, mais próximo. Tua mão direita já estava pronta a me arrancar da imundície[68] e me lavar, e eu não sabia. E nada me retinha de um abismo mais profundo de volúpias carnais, senão o medo da morte e de teu julgamento que, apesar de minha passagem por diversas opiniões, nunca abandonou meu peito. Discutia com meus amigos Alípio e Nebrídio *Os limites últimos do bem e do mal*,[69] e teria dado razão a Epicuro em meu coração, se não acreditasse que após a morte havia vida da alma e permanência dos méritos, coisa que Epicuro não quis aceitar. E me perguntava: se fôssemos imortais e vivêssemos em perene prazer corporal sem medo algum de perdê-lo, por que não seríamos felizes e que mais poderíamos querer? Não sabia que isso mesmo caracterizava uma grande infelicidade: não poder, enterrado e cego, conceber a luz da virtude e da beleza que devemos abraçar desinteressadamente, e que o olho carnal não vê, pois se vê a partir de dentro. E, infeliz, nem sequer me perguntava de que fonte jorrava o prazer de discutir com os amigos tais assuntos, ainda que desagradáveis, nem se alguém que, como eu, dispusesse à vontade das volúpias carnais poderia ser feliz sem amigos, mesmo no plano da felicidade sensível. De fato, esses amigos eu os amava desinteressadamente, e sentia que era amado por eles desinteressadamente. Ó caminhos tortuosos! *Ai da alma*[70] do temerário que esperou encontrar uma morada melhor deixando-te! Vira-se e revira-se sobre as costas, o ventre e os flancos, mas tudo é duro, e só tu és repouso. Mas eis que *aí estás*[71] e nos livras dos

---

68. Cf. Sl 40 (39),3.
69. *De finibus bonorum et malorum*, obra de Cícero.
70. Is 3,9.
71. Sl 139 (138),9.

erros miseráveis e nos reconstituis *no teu caminho*[72] e nos consolas e dizes: "*Correi,*[73] *eu vos levarei e vos conduzirei e é lá que eu vos levarei*".[74]

---

72. Sl 32 (31),8.
73. 1Cr 9,24.
74. Is 46,4.

Livro VII

1, 1. Minha adolescência má e nefasta já morrera, e eu ingressava na juventude,[1] tanto maior na idade quanto pior na vaidade, não podendo conceber substâncias senão como aquelas que nossos olhos costumam ver. Não te concebia, Deus, na figura de um corpo humano, desde que começara a estudar um pouco de filosofia; sempre o evitei, e me alegrava de não encontrar isso na fé de nossa mãe espiritual, tua Igreja católica; mas não me ocorria outra maneira de te conceber. Contudo, tentava te conceber, eu, homem — e que homem! —, a ti, único e verdadeiro Deus. Estava convencido até a medula de que tu és incorruptível, inviolável e imutável, porque, ainda que não soubesse por qual razão e de que maneira, via claramente e tinha por certo que o que pode ser corrompido é inferior ao que não pode, e o que não pode ser violado deve ser preferido, sem dúvida, ao que é violável, e o que não sofre mudança é melhor do que o que pode mudar. Meu coração reclamava[2] violentamente contra todas as imagens que criava, e assim tentava afastar a multidão de imundícies que revoava diante do olhar de minha mente; mas, apenas removidas, eis que *em um*

---

1. A passagem da adolescência à juventude acontecia, no mundo romano, aos trinta anos, idade mínima para assumir cargos públicos. Cf. Livro I, n. 40.
2. Cf. Lm 2,18.

piscar de olho[3] elas voltavam a se juntar, invadiam minha visão e a ofuscavam, de maneira que era obrigado a conceber, se não a forma de um corpo humano, todavia algo corporal que ocupasse extensões espaciais, infundido no mundo ou difundido por espaços infinitos fora do mundo, ainda que, por ser incorruptível, inviolável e imutável, o colocasse acima do que é corruptível, violável e mutável. Com efeito, parecia-me que, se abolisse o espaço, haveria o nada — o nada absoluto, não o vazio que se obtém quando um corpo é retirado de um lugar e resta o lugar sem o corpo terroso, úmido, aéreo ou celeste, e no entanto há um lugar vazio, um nada espaçoso.

2. Eu, assim, *de coração embotado*,[4] não tinha clareza nem sequer sobre mim mesmo: qualquer coisa que não se estendesse ou espalhasse por certo espaço, não se condensasse ou dilatasse, não fosse capaz de conter algo ou ser contida por algo, julgava que não fosse absolutamente nada. Como as formas entre as quais meus olhos costumam vaguear, assim eram as imagens que vinham à minha mente, e não via que minha própria intenção, que dava forma àquelas imagens, não era semelhante a elas e que, no entanto, não seria capaz de formá-las, se não fosse algo poderoso. Assim concebia inclusive a ti, vida da minha vida, como algo grande que ocupava espaços infinitos em toda parte e penetrava a inteira massa do mundo e a excedia por todos os lados até a imensidão sem limite, de maneira a conter a terra, conter o céu, conter tudo, e de maneira que tudo tivesse seus limites em ti, mas tu não tivesses limites. Mas como a luz do sol não encontra resistência no corpo do ar — aquele ar que está acima da terra — e pode atravessá-lo penetrando-o sem o quebrar ou cortar, mas enchendo-o por completo;

3. 1Cor 15,52.
4. Is 6,10; cf. Sl 119 (118),70; Mt 13,15; At 28,27.

assim julgava que houvesse permeabilidade para ti não apenas no céu, no ar e no mar, mas até no corpo da terra, e que tua presença pudesse penetrar em todas as coisas, das maiores às menores, e tu fosses interno a elas como um sopro oculto, e externo enquanto regedor de tudo o que criaste. Supunha assim, porque não conseguia conceber de outra forma; mas era falso. Com efeito, dessa maneira, uma porção maior de terra conteria uma tua parte maior, e uma menor, menor; e todas estariam cheias de ti, de modo que o corpo de um elefante conteria mais do que o corpo de um passarinho, por ser maior e ocupar um espaço maior; e assim tuas partes, divididas em pedaços, estariam presentes, as maiores, nas partes maiores do mundo; as menores, nas mais reduzidas. Não é assim, mas tu ainda não *iluminaras minhas trevas*.[5]

II, 3. Teria sido suficiente, contra aqueles enganadores enganados e falastrões mudos (porque não ecoavam teu Verbo),[6] teria sido suficiente, digo, a questão que Nebrídio costumava propor havia muito tempo, desde Cartago, e que abalava todos aqueles que a ouviam: o que poderia fazer contra ti esse tal de povo das trevas, que costumam opor a ti como uma massa hostil, se tu não quisesses lutar contra ele? Se respondêssemos que poderia gerar algum dano, tu serias violável e corruptível. Mas, se disséssemos que não poderia te prejudicar em nada, não haveria razão de lutar e de lutar dessa forma, deixando que uma parte de ti, membro teu ou progênie de tua própria substância, se misturasse a poderes adversos e a naturezas que não foram criadas por ti, ao ponto de ser corrompida por eles e mudar para pior, passando da felicidade à miséria e necessitando de uma ajuda que pudesse arrancá-la daí e purificá-la. Tal seria a alma socorrida pelo teu Verbo: ela escrava, ele livre;

---

5. Sl 18 (17),29.
6. Os maniqueus.

ela contaminada, ele puro; ela corrupta, ele íntegro, porém ele também corruptível, porque feito da mesma substância. Portanto, se tu, aquilo que tu és, ou seja, tua substância, da qual és, for julgada incorruptível, tudo isso deve ser considerado falso e inaceitável; mas, se for julgada corruptível, o próprio pressuposto seria falso e abominável. Isso já teria sido suficiente contra aquela gente, que deveria ser regurgitada do peito oprimido em todo caso, porque não haveria como sair desse impasse sem horrível sacrilégio do coração e da língua, por pensar e falar tais coisas de ti.

III, 4. Na época, porém, embora dissesse e pensasse firmemente que nosso Deus — o verdadeiro Deus: tu, que fizeste não apenas nossas almas, mas também os corpos, e não apenas nossas almas e corpos, mas todos e a todas as coisas — era incorruptível, inabalável e imutável em todas as suas partes, eu não tinha uma explicação desenvolvida quanto à causa do mal. Qualquer que fosse, no entanto, julgava que deveria ser procurada sem me obrigar a considerar mutável Deus imutável, sob pena de me tornar eu mesmo o mal que investigava. Assim, procurava-a estando a salvo, e tinha certeza de que não era verdade o que diziam aqueles de quem fugia com toda a minha alma, por preferirem pensar que tua substância pudesse sofrer o mal, em vez de reconhecer que a deles pudesse fazê-lo.

5. E me esforçava para entender o que ouvia: que o livre-arbítrio da vontade fosse a causa pela qual fazemos o mal e recebemos teu justo castigo, mas não conseguia entender claramente. Assim, o olhar da minha mente, tentando emergir do abismo, voltava a afundar, e quanto mais tentava mais e mais afundava. Com efeito, me elevava em direção à tua luz saber que eu tinha uma vontade, tão bem quanto sabia que tinha vida. Portanto, tinha absoluta certeza de que, quando queria ou não queria algo, só poderia ser eu quem queria ou não queria. Quando,

ao contrário, fazia algo contra a vontade, parecia-me ser passivo mais do que ativo, e julgava que isso fosse, mais do que uma culpa, uma punição, pela qual, por te julgar justo, reconhecia logo não ter sido atingido injustamente. Mas, por outro lado, dizia: "Quem me fez? Não foi meu Deus, que não apenas é bom, mas é o próprio bem? De onde vem, então, que eu queira o mal e não queira o bem? É para que eu possa ser punido com justiça? Quem semeou em mim essa plantação de amarguras, se fui feito inteiramente pelo meu Deus, tão doce? Se o responsável foi o diabo, de onde vem o próprio diabo? Se ele, de anjo bom, se tornou diabo por vontade perversa, de onde surgiu nele mesmo essa vontade má que o tornou diabo, quando, como anjo, fora feito inteiramente pelo Criador sumamente bom?". Com essas cogitações voltava a sufocar e a me precipitar, não porém até aquele fundo do erro, onde ninguém confessa a ti, porque prefere pensar que tu possas sofrer o mal a reconhecer que o homem possa fazê-lo.

iv, 6. Com efeito, me esforçava para entender tudo como já entendera que o incorruptível é melhor que o corruptível, e por isso confessava que tu, fosses o que fosses, eras incorruptível. De fato, nenhuma alma poderia jamais cogitar algo que seja melhor que tu, que és o supremo e ótimo bem. Sendo, porém, o incorruptível preferido ao corruptível, como eu já preferia com absoluta verdade e certeza, se tu não fosses incorruptível, meu Deus, seria possível alcançar com o pensamento algo que fosse melhor que tu. Logo, lá onde via que o incorruptível deve ser preferido ao corruptível, ali deveria te procurar, e daí perceber onde está o mal, ou seja, de onde vem a própria corrupção, que de nenhuma maneira pode atingir tua substância. Com efeito, de nenhuma maneira, absolutamente, a corrupção atinge nosso Deus, por nenhuma vontade, nenhuma necessidade, nenhum acidente imprevisto, porque ele é Deus e o que deseja para si é bom, e ele é o próprio bem; mas corromper-se não é bom. Tampouco serás obrigado a algo contra a vontade, porque tua vontade não é maior do que tua potência. Seria maior, se tu fosses maior do que tu mesmo; de fato, vontade e potência de Deus são o próprio Deus. E o que pode te acontecer de imprevisto, a ti, que tudo conheces? E não há natureza senão porque a conheces. Mas para que explicar tanto por que a substância que é Deus não é corruptível, quando, se o fosse, não seria Deus?

v, 7. E procurava saber de onde vem o mal, e procurava o mal, e não via o mal que estava em minha própria busca. E colocava diante de meu espírito o universo das criaturas: tudo o que podemos discernir nele, como a terra, o mar, o ar, os astros e os seres animados mortais; e tudo o que não vemos, como o firmamento que está acima do céu, todos os anjos e os seres espirituais que estão nele — mas esses também, segundo minha imaginação, dispostos em lugares diferentes, como se fossem corpos. E fiz de tua criatura uma única grande massa, diferenciada segundo os gêneros de corpos, tanto aqueles que realmente são corpos, quanto aqueles que eu imaginava em lugar dos espíritos, e a fiz grande não quanto era, porque não podia sabê-lo, mas quanto quis, porém finita por todos os lados; quanto a ti, Deus, imaginei que a abrangesses e penetrasses, mas que fosses infinito por todos os lados, como um mar que ocupasse todos os lugares da imensidão, um único mar infinito em que houvesse uma esponja grande quanto se possa imaginar, porém finita, e essa esponja fosse preenchida em toda parte pelo mar imenso; assim julgava que tua criatura finita fosse preenchida pelo infinito, e dizia: "Eis Deus, e eis aquilo que Deus criou: Deus é bom e incomparavelmente melhor e mais poderoso; contudo, sendo bom, criou coisas boas, e eis como as abrange e preenche. De onde, então, vem o mal, e como chegou até aqui? Qual é sua raiz e qual sua semente? Ou ele simplesmente não existe?

Mas por que tememos e evitamos o que não existe? No entanto, se o tememos inutilmente, por certo esse temor é um mal pelo qual o coração é pungido e atormentado em vão, e um mal tanto mais grave, quanto não há o que temer, e todavia tememos. Portanto, ou há o mal que tememos, ou o mal é isto: termermos. De onde vem, então, se um Deus que é bom fez todas as coisas boas? De onde vem o mal? Talvez de uma matéria má a partir da qual as fez, e deu a ela forma e ordem, mas deixou nela alguma coisa que não transformou em bem? Mas isso também, por quê? Por acaso, mesmo sendo onipotente, não tinha o poder de convertê-la e transformá-la inteiramente, de maneira que nada restasse de mal? Finalmente, por que quis fazer algo a partir dela, ao invés de criar a partir de sua própria onipotência, de maneira que dela nada fosse? Ou ela poderia subsistir contra a sua vontade? Ou, se ela era eterna, como por tanto tempo, nas infinitas durações temporais anteriores, ele a deixou ser o que era, e apenas posteriormente decidiu fazer algo dela? Ou então, se decidiu agir de repente, por que, sendo onipotente, não fez com que ela deixasse de ser, para sobrar apenas ele mesmo, um total, verdadeiro, supremo e infinito bem? Ou, se não era bom que ele, sendo bom, não fabricasse e fundasse algo bom, por que, suprimida e reduzida a nada aquela matéria que era má, não estabeleceu ele mesmo uma matéria boa, de onde criar todas as coisas? Com efeito, não seria onipotente se não pudesse criar algo bom sem a ajuda de uma matéria que ele não criou". Tais pensamentos se revolviam em meu pobre peito, oprimido pela preocupação terrível de morrer sem encontrar a verdade. Contudo, permanecia estável no meu coração a fé do teu Cristo, Nosso Senhor e Salvador, segundo a Igreja católica, ainda que permanecesse indefinida em muitos pontos e oscilasse para além da regra da doutrina; mas minha mente não a abandonava, ao contrário, se impregnava dela mais e mais a cada dia.

vi, 8. Já desistira das divinações enganosas e dos delírios ímpios dos astrólogos. Sejam confessados a ti teus atos de misericórdia, meu Deus, das mais profundas vísceras de minha alma, inclusive quanto a isso! Pois tu, tu mesmo (porque quem mais nos revoca da morte de todo erro, se não a vida que não sabe morrer e que sem necessitar de lume ilumina as mentes necessitadas, pela sabedoria que governa o mundo até nas folhas cadentes das árvores?), tu providenciaste à minha obstinação, que resistira a Vindiciano, ancião perspicaz, e a Nebrídio,[7] adolescente de alma admirável (aquele afirmando veementemente, este com alguma dúvida, mas contudo repetindo amiúde que a arte de prever os acontecimentos futuros não existe, mas que as conjeturas dos homens gozam às vezes do favor da sorte e que, quando muitas coisas são ditas, várias vão acontecer, não porque os que as dizem tenham conhecimento delas, mas porque as encontram pelo simples fato de não se calar), tu, enfim, me providenciaste um amigo que não deixava de consultar os astrólogos, embora não fosse muito experiente naqueles signos. Era, como disse, um amador curioso e com alguma noção daquela arte, que dizia ter aprendido com o pai, mas ignorava a importância que teria em derrubar meu apreço por ela. Enfim: esse homem, chamado Firmino, de boa formação e fala cultivada, meu amigo caríssimo, me consultou a respeito de certos negócios seus, que o enchiam de esperanças mundanas, perguntando-me o que via nas suas "constelações", como se costuma chamá-las; eu, porém, que sobre esse assunto já começava a ceder aos argumentos de Nebrídio, embora não me negasse a executar a divinação e relatar ao indeciso o que encontrava, o avisei de que estava quase convencido de que aquilo era ridículo e inútil. Ele então me contou que seu pai era grande estudioso daqueles livros e tinha um amigo que também, na mesma época, se dedicava muito

---

7. Ver Livro IV, III, 5-6.

a isso. Com igual empenho, eles atiçavam mutuamente a paixão de seus corações por aquelas bobagens, ao ponto de observar o momento do nascimento e anotar a posição do céu até para os animais desprovidos de linguagem que fossem paridos em suas propriedades, para acumular experiência naquela assim chamada arte. Disse, então, ter ouvido do pai que, quando a mãe de Firmino estava grávida dele, uma escrava do amigo também engravidou. O fato não pôde passar despercebido por seu dono, que observava com a diligência mais minuciosa até os partos de suas cadelas. Aconteceu assim que, enquanto calculavam com atenção rigorosíssima os dias, as horas e as frações menores das horas — aquele, da mulher; este, da escrava —, ambas pariram ao mesmo tempo, de maneira que foram obrigados a desenhar para os dois recém-nascidos as mesmas "constelações" até nos mínimos detalhes, aquele para o filho, o outro, para o pequeno escravo. De fato, quando as mulheres começaram a parir, eles se comunicaram sobre o que estava acontecendo em suas casas, e prepararam mensageiros a serem enviados mutuamente, para que cada um fosse informado dos nascimentos, logo que acontecessem; também tomaram providências para que cada um, em sua casa, recebesse imediatamente a informação. E disse que os mensageiros enviados por ambos se encontraram no caminho a uma distância tão exatamente igual entre as duas casas, que seria impossível registrar posições de astros ou partículas de tempo diferentes entre os dois. Firmino, no entanto, nascido entre as amplas posses de seus pais, percorria as ruas esbranquiçadas do século,[8] aumentava sua fortuna, subia nas honras, enquanto aquele escravo servia

---

8. Segundo Erasmo de Rotterdam (cit. na edição das *Confissões* de Pierre de Labriolle), essa expressão deriva do hábito de preencher com cal os interstícios entre as pedras que pavimentavam as ruas. Como isso era praticado só nos bairros mais abastados, "estrada esbranquiçada" denotaria riqueza.

seu dono sem nunca ter sido aliviado do jugo de sua condição, segundo afirmava o próprio Firmino, que o conhecia.

9. Ouvindo essa história, e acreditando nela porque era ele quem a narrava, toda a minha resistência foi desfeita, e tentei dissuadir desse interesse vão, primeiramente, o próprio Firmino. Argumentei que, para dizer verdades a partir da observação de suas constelações, deveria enxergar nelas a primazia de seus pais em sua família, a nobreza da família em sua cidade, o nascimento livre, a educação refinada e a alta instrução; e, se aquele escravo me consultasse sobre as mesmas constelações — porque eram as mesmas para ele — para predizer a verdade sobre ele também, deveria ver nelas, desta vez, a família de baixíssima extração, a condição servil e todo o resto, muito diferente e distante da primeira observação. Só assim poderia dizer coisas diferentes olhando para a mesma constelação, e dizer a verdade — porque, se dissesse a mesma coisa, diria o falso. Disso se deduz com absoluta certeza que as verdades ditas ao examinar as constelações não são ditas por arte, mas por sorte, e as falsidades, não por imperícia na arte, mas por falácia da sorte.

10. Já propenso a essa solução, mas ainda refletindo para que algum daqueles loucos que ganham a vida com isso, que já pretendia atacar e pôr em ridículo, não me retrucasse que Firmino poderia ter me contado o falso, ou o pai a ele, considerei os que nascem gêmeos, saindo do útero um após o outro com um intervalo de tempo tão pequeno, na maioria dos casos, que, ainda que se lhe atribua algum valor na ordem das coisas, não pode ser registrado pela observação humana, nem marcado por signos que os astrólogos possam analisar para predizer verdades. Mas não serão verdades porque, observando os mesmos signos, o mesmo deveria ser dito para Esaú e para Jacó; e não aconteceu o mesmo a ambos. Logo, ou será predito o falso ou, se for

predito o verdadeiro, não será o mesmo para ambos — mas os signos são os mesmos. Logo, a verdade é predita não por arte, mas por sorte. Tu, porém, Deus que governas o universo com suprema justiça, ages por um estímulo oculto, não percebido pelos que consultam e pelos que respondem, para que cada um, ao consultar, ouça, do justo *abismo de teu julgamento*,[9] aquilo que é oportuno que ouça, segundo os méritos ocultos das almas. E ao teu julgamento o homem não responda: "O *que é isso?*",[10] não responda: "Por que isso?", não responda — porque é homem.

VII, 11. Assim já me soltavas, *meu auxílio*,[11] daqueles laços, mas eu investigava a origem do mal, e não encontrava a saída. Tu, porém, não deixavas que as oscilações do meu pensamento me afastassem da fé, pela qual cria que tu és e que tua substância é imutável, que te ocupas dos homens e os julgas e que puseste em Cristo, teu Filho Nosso Senhor, e nas Sagradas Escrituras aprovadas pela autoridade de tua Igreja católica o caminho da salvação humana, rumo àquela vida que haverá depois desta morte. Guardando e consolidando esses princípios inabaláveis em minha mente, procurava insaciável a origem do mal. Que dores de parto para meu coração, que gemidos, meu Deus! E lá estavam teus ouvidos, sem que eu o soubesse. E enquanto procurava em silêncio, altos sons subiam à tua misericórdia: era minha mente se remoendo calada. Tu sabias o que sofria, e homem nenhum. Pois era muito pouco o que minha língua transmitia aos ouvidos dos amigos mais íntimos! Poderia ser escutado por eles o tumulto todo de minha alma, para o qual nem o tempo, nem minha boca bastavam? Mas ele chegava inteiro ao teu ouvido, porque *rugia entre os gemidos do meu coração e meu desejo estava perante ti*, e

9. Sl 36 (35),7.
10. Ex 16,15.
11. Sl 18 (17),13 e 19 (18),15.

a luz dos meus olhos já não estava comigo.[12] Pois estava dentro, e eu fora, e ela não ocupava um lugar. Eu, porém, prestava atenção às coisas que ocupam um lugar, mas não encontrava ali um lugar para repousar, elas não me davam abrigo, para que pudesse dizer: "é o suficiente, é bom"; mas tampouco me deixavam retornar para onde o bom me seria suficiente. Com efeito, eu era superior a elas, mas inferior a ti, e tu serias minha verdadeira felicidade se eu me submetesse a ti e tu me submetesses àquilo que criaste abaixo de mim.[13] Essa seria a disposição justa, a região intermediária de minha salvação, para que permanecesse à tua imagem[14] e te servindo dominasse o corpo. Mas, como eu me insurgira soberbamente contra ti e *investira contra o Senhor sob a cobertura espessa de meu escudo*,[15] até essas coisas ínfimas me sobranceavam e me oprimiam, e nunca encontrava alívio ou respiro. Elas se apresentavam amontoadas e cerradas em todo lugar quando as olhava, porém quando tentava refletir as imagens dos corpos se opunham a que eu me afastasse, como se dissessem: "Aonde vais, tão indigno e sórdido?".[16] E elas brotaram de minha ferida, pois *humilhaste o soberbo como um ferido*;[17] meu inchaço me separava de ti, e minha face era tão inchada que fechava meus olhos.

VIII, 12. Tu, porém, Senhor, *permaneces em eterno*,[18] mas não *irado em eterno conosco*,[19] porque tens piedade

---

12. Sl 38 (37),9-11.
13. Cf. Gn 1,28.
14. Gn 1,26.
15. Jó 15,26.
16. As imagens dos corpos impedem que a alma volte a sua morada espiritual. Motivo neoplatônico.
17. Sl 89 (88),11 (Vulgata).
18. Eclo 18,1.
19. Sl 39 (38),6.

da *terra e cinza*,[20] e agradou *a teus olhos*[21] reformar minhas deformidades. E *aguilhões internos me pungiam*,[22] para que eu permanecesse inquieto até te tornares uma certeza para minha vista interior. E meu inchaço regredia pela mão oculta de tua medicina, e a vista conturbada e obscurecida de minha mente sarava, *dia a dia*,[23] pelo colírio acre de dores salubres.

IX, 13. E, querendo em primeiro lugar me demonstrar que *tu resistes aos soberbos, mas dás graça aos humildes*,[24] e com quanta misericórdia indicas aos homens a via da humildade, porque *teu Verbo se fez carne e habitou entre os homens*,[25] me providenciaste por meio de um homem intumescido por enorme orgulho uns livros platônicos, traduzidos do grego para o latim; e aí eu li, não por certo com estas palavras, mas exatamente isto mesmo, apoiado por argumentações numerosas e variadas: que *no princípio era o Verbo e o Verbo estava com Deus e o Verbo era Deus; no princípio estava com Deus; tudo foi feito por meio dele, e sem ele nada foi feito; o que foi feito nele era a vida, e a vida era a luz dos homens; e a luz brilha nas trevas, mas as trevas não a apreenderam*; e que a alma do homem, embora *dê testemunha da luz, não é a luz*, mas o *Verbo* Deus, este *é a verdadeira luz, que ilumina todo homem vindo neste mundo*; e que *ele estava no mundo, e o mundo foi feito por ele, mas o mundo não o reconheceu*. Porém, *ele veio para o que era seu e os seus não o receberam, mas a quantos o receberam deu o po-*

---

20. Eclo 17,31 (32).
21. Sl 19 (18),15.
22. Virgílio, *Eneida*, XI, 336.
23. Sl 61 (60),9.
24. 1Pd 5,5; cf. Jó 22,29.
25. Jo 1,14.

der de se tornarem filhos de Deus, crendo no seu nome,[26] isso não li naqueles livros.

14. Li também ali que o Verbo, Deus, nasceu não da carne, não *do sangue, não da vontade do homem nem da vontade da carne, mas de Deus*;[27] porém, que *o Verbo se fez carne e habitou entre nós*,[28] isso eu não li. Encontrei de fato naqueles livros, dito diferentemente e de várias formas, que o filho era *da condição do pai e não se considerava abusivamente igual a Deus*,[29] porque é o mesmo por natureza; porém, que *se esvaziou a si mesmo, e assumiu a condição de servo, tomando a semelhança humana, e, achado em figura de homem, humilhou-se e foi obediente até a morte, e morte de cruz; e por isso Deus o ressuscitou dos mortos e lhe deu o Nome que está acima de todo nome, para que ao nome de Jesus se ajoelhem todos os seres celestes, terrestres e infernais e toda língua confesse que Jesus é o Senhor, em glória de Deus Pai*,[30] isso não estava naqueles livros. Por outro lado, que teu Filho unigênito permanece coeterno a ti antes de todos os tempos e acima de todos os tempos e que *de sua plenitude* as almas *recebem* aquilo que as torna felizes,[31] e que pela participação na sabedoria, que permanece em si, são renovadas, para que se tornem sábias, isso está lá; mas que *no tempo marcado morreu pelos ímpios*[32] e *não poupaste teu único filho e o entregaste por todos nós*[33] não está lá. Com efeito, *ocultaste essas coisas aos sábios e as revelaste aos pe-*

26. Jo 1,1-12.
27. Jo 1,13.
28. Jo 1,14.
29. Fl 2,6.
30. Fl 2,7-11.
31. Cf. Jo 1,16.
32. Rm 5,6.
33. Rm 8,32.

queninos,[34] *para que venham a ele cansados e carregados e ele os alivie, porque ele é manso e humilde de coração,*[35] *e encaminha os humildes segundo o direito e ensina seus caminhos aos dóceis,*[36] *vendo nossa fadiga e miséria e perdoando todos os nossos pecados.*[37] Mas aqueles que sobem nos coturnos de uma instrução que se considera mais elevada não o ouvem dizer: *"aprendei de mim, porque sou manso e humilde de coração, e encontrareis descanso para vossas almas".*[38] Ainda que *conheçam Deus, não o honram como Deus nem lhe rendem graças, mas se perdem em seus arrazoados e seu coração insensato se obscurece. Ao se dizer sábios, tornam-se tolos.*[39]

15. Pois ali também encontrava *tua glória incorruptível* transformada em ídolos e vários simulacros, à semelhança de *imagens do homem corruptível, de aves, quadrúpedes e répteis,*[40] isto é: a comida egípcia pela qual Esaú perdeu a primogenitura,[41] porque o povo primogênito honrou em teu lugar a cabeça de um quadrúpede, *voltando em seu coração para o Egito*[42] e curvando tua imagem, sua alma, diante *da imagem de um bezerro, comedor de capim.*[43] Encontrei ali esse alimento, mas não o comi. Com efeito,

34. Mt 11,25.
35. Mt 11,28-9.
36. Sl 25(24),9.
37. Sl 25(24),18.
38. Mt 11,29.
39. Rm 1,21-2.
40. Rm 1,23.
41. Gn 25,29-34. As lentilhas eram chamadas de *comida egípcia* por provirem daquele país. Daí a analogia com os ídolos. Cf. Agostinho, *Comentário ao Salmo 46,* 6.
42. At 7,39.
43. Sl 106 (105),20. Mas o trecho inteiro se refere, obviamente, ao episódio do bezerro de ouro, Ex 32.

Senhor, quiseste *tirar o ultraje*[44] da minoridade de Jacó, para que *o maior servisse ao menor*,[45] e chamaste os gentis a compartilhar tua herança. Mas eu vim a ti dos gentis e refleti sobre o ouro que quiseste que teu povo levasse do Egito, porque era teu, onde quer que se encontrasse.[46] E disseste aos atenienses, por meio de teu apóstolo, que *em ti vivemos, nos movemos e existimos, como alguns dos vossos, aliás, também disseram*;[47] e é aquela, de fato, a fonte desses livros. Mas não servi aos ídolos egípcios que *aqueles que trocaram a verdade de Deus pela mentira e serviram à criatura em lugar do Criador*[48] celebravam com teu ouro.

x, 16. Mas, incitado por aqueles livros a voltar para mim mesmo, penetrei no meu íntimo conduzido por ti, e consegui porque tu *te tornaste meu auxílio*.[49] Penetrei e

---

44. Sl 119 (118),22.
45. Rm 9,13.
46. Cf. Ex 3,22 e 11,2. O tesouro egípcio que os hebreus levaram consigo no Êxodo é interpretado por Agostinho como figura da sabedoria pagã reaproveitada pelo cristianismo. A tese de que a filosofia grega e a lei mosaica tinham uma origem comum na sabedoria egípcia era corrente tanto entre os pagãos (Numênio de Apameia, neopitagórico) quanto entre os cristãos (Clemente de Alexandria, *Stromata*, I, 21-2; Eusébio de Cesareia, *Preparação evangélica*, IX, 7 e XI, 10, ambos citando Numênio).
47. At 17,28. Neste trecho, fragmento do discurso de Paulo no Areópago de Atenas, o inciso "como... disseram" remete originalmente à frase seguinte, citação do poeta Arato: "Porque somos também de sua raça". Agostinho, porém, o relaciona à frase anterior, que apresenta muita semelhança com expressões neoplatônicas (cf. especialmente Plotino, *Enéadas*, VI, IX, 9, 7-11), seguindo nisso uma interpretação de Ambrósio (*Sobre Isaac e a alma*, I, 78; ver P. Courcelle, *Recherches sur les Confessions de Saint Augustin*. Paris: Boccard, 1950, pp. 106-38).
48. Rm 1,25.
49. Sl 30 (29),11.

vi, pelo olhar de minha alma, pelo que vale, acima do próprio olhar de minha alma, acima de minha mente, uma luz imutável, não esta luz ordinária e visível por qualquer carne, nem uma maior, mas do mesmo gênero, como se brilhasse com muito mais claridade e ocupasse todo o espaço; não era assim, mas diferente, bem diferente de tudo isso. E não estava acima de minha mente como o óleo está sobre a água ou o céu está sobre a terra, mas era superior, porque me fez, e eu inferior, porque fui feito por ela.[50] Quem conhece a verdade a conhece e quem a conhece conhece a eternidade. A caridade a conhece. Ó eterna verdade e verdadeira caridade e cara eternidade! Tu és meu Deus, para ti suspiro *dia e noite*.[51] E, quando te conheci pela primeira vez, tu me levantaste para que visse que o que via era, e que eu, o vidente, ainda não era. E golpeaste com força, irradiando em mim, a debilidade do meu olhar, e eu estremeci de amor e de horror: e descobri que estava longe de ti, no reino da dessemelhança, como se ouvisse tua voz dizer do alto: "Eu sou o alimento dos grandes: cresce e me mastigarás. E não me mudarás em ti como o alimento de tua carne, mas tu mudarás em mim". E reconheci que *educaste o homem pela sua iniquidade* e *fizeste minha alma se desfazer como uma teia de aranha*,[52] e disse: "Por acaso é nada a verdade, se não se expande por espaços finitos ou infinitos?", e tu clamaste de longe: "Sim, certamente, *eu sou aquele que é*".[53] E eu ouvi, como se ouve no coração, e absolutamente não havia como duvidar: teria sido mais fácil duvidar de minha vida do que da existência da verdade, que *se mostra aos intelectos através das criaturas*.[54]

---

50. Cf. Plotino, *Enéadas*, I, VI, 7, 11-7; 9, 7-41.
51. Sl 1,2.
52. Sl 39 (38),12 (Vulgata).
53. Ex 3,14.
54. Rm 1,20.

xi, 17. E examinei as coisas que estão abaixo de ti e vi que elas não eram completamente seres, nem completamente não seres: eram seres, de fato, porque provinham de ti, mas não seres, porque não eram o que tu és. Com efeito, é verdadeiro ser o que permanece imutável. *Quanto a mim, meu bem é estar junto de Deus*, porque, se não permanecer nele, tampouco poderei permanecer em mim. Mas ele, permanecendo em si, *tudo renova*;[55] e és *meu Senhor, porque não careces dos meus bens.*[56]

xii, 18. E é evidente para mim que as coisas que se corrompem são boas: não poderiam se corromper nem se fossem bens supremos, nem se não fossem boas, porque se fossem bens supremos seriam incorruptíveis; mas se não fossem boas não haveria o que corromper nelas. Pois a corrupção comporta um dano e, se nada de bom se perdesse, não haveria dano. Portanto, ou a corrupção não comporta dano algum, o que é impossível, ou, como é absolutamente certo, as coisas que se corrompem são privadas de um bem. Mas se fossem privadas de todo bem não existiriam de forma alguma. Com efeito, se existissem e não pudessem mais ser corrompidas, se tornariam melhores, porque permaneceriam incorruptíveis. E o que há de mais absurdo do que afirmar que perder todo bem torna algo melhor? Logo, se perderem todo bem, absolutamente não serão; logo, enquanto são, são boas. Logo, tudo o que é é bom, e o mal, de que procurava a origem, não é substância, porque se fosse substância seria bom. Com efeito, ou seria substância incorruptível, ou seja, um grande bem, ou substância corruptível, que, se não fosse boa, não poderia ser corrompida. Assim vi, e se tornou evidente para mim que tu fizeste tudo bom e que não há absolutamente nenhuma substância que tu não tenhas fei-

---

55. Sb 7,27.
56. Sl 16 (15),2 (Vulgata).

to. E, como não fizeste todas as coisas iguais, todas elas singularmente são boas, mas todas juntas são muito boas, porque o nosso Deus fez *tudo muito bom*.[57]

XIII, 19. E não há absolutamente mal algum para ti; não apenas para ti, mas tampouco para o universo que criaste, porque não há algo exterior que irrompa nele e corrompa a ordem que impuseste a ele. No entanto, entre suas partes há algumas que, por não se harmonizar com outras, são consideradas más; as mesmas, porém, se harmonizam e são boas com outras, e são boas em si. E todas aquelas que se harmonizam entre si se harmonizam com a parte inferior das coisas, que chamamos terra, e que possui seu céu nublado e ventoso, adequado a ela. E longe de mim dizer: "Tomara todas essas coisas não existissem", porque, ainda que não discernisse nada mais, certamente desejaria algo melhor, mas já deveria te louvar só por elas, porque manifestam que deves ser louvado *os dragões da terra e todos os abismos, o raio, o granizo, a neve, o gelo, o vento da tempestade que cumprem tua palavra, as montanhas e todas as colinas, as árvores frutíferas e todos os cedros, as feras e todos os gados, os répteis e os pássaros voadores; os reis da terra e todos os povos, os príncipes e todos os juízes da terra, os rapazes e as donzelas, os velhos com os jovens louvem teu nome;*[58] mas, como te louvam também *no céu*, te louvem, Deus nosso, *nas alturas todos os teus anjos, todas as tuas virtudes, o Sol e a Lua, todas as estrelas e os astros luminosos, os céus dos céus e as águas que estão acima dos céus louvem teu nome:*[59] já não desejava algo melhor, porque pensava no todo, e com critério mais saudável julgava certamente o superior melhor que o inferior; o todo, porém, melhor do que só o superior.

57. Gn 1,31.
58. Sl 148,7-13.
59. Sl 148,1-5.

XIV, 20. *Não há sanidade*[60] naqueles a quem desagrada algo de tua criação, assim como não havia em mim, quando me desagradavam muitas coisas que fizeste. E como minha alma não ousava pensar que meu Deus a desagradasse, negava que fosse teu tudo aquilo que a desagradava. E assim chegara à tese das duas substâncias, mas nela não encontrava repouso e falava palavras de outros. E, afastando-se de lá, construiu para si um deus espalhado pelo espaço infinito da totalidade dos lugares e acreditou que tu fosses aquilo, e o colocou em seu coração e de novo se tornou templo de seu ídolo, abominável para ti. Mas depois que acalentaste a cabeça do ignorante e fechaste *meus olhos, para que não vissem o que é vão*,[61] descansei um pouco de mim mesmo e minha loucura adormeceu; acordei em ti e te vi infinito num outro sentido, e essa visão não vinha da carne.

XV, 21. E olhei alhures e vi que todas as coisas finitas te devem o ser e são em ti, porém de maneira diferente, não como num lugar, mas porque tu seguras cada uma na mão da verdade; e cada uma é verdadeira enquanto é, e nada é falso senão porque é julgado ser o que não é. E vi que cada uma é conforme não apenas a seu lugar, mas também a seu tempo, e que tu, que és o único eterno, não começaste a agir depois de inumeráveis durações de tempo, porque todas as durações temporais, as que passaram e as que passarão, não iriam nem viriam, se tu não agisses e perdurasses.[62]

XVI, 22. E experimentei pelos sentidos que é suplício para um paladar doente o pão que é gostoso para um são, e que para olhos enfermos é odiosa a luz que é agradável

---

60. Sl 38,4.8.
61. Sl 119 (118),37.
62. Ver Livro XI, XXI, 14 e XIV,17.

para os sadios. E tua justiça desagrada os iníquos; ainda mais desagradam, então, a víbora e o verme, que criaste bons, convenientes à parte inferior de tua criação, à qual também convêm aqueles mesmos iníquos, por serem dessemelhantes de ti; mas conviriam à superior, se se tornassem semelhantes a ti. E investiguei o que era a iniquidade, e não encontrei uma substância, mas a perversão da vontade que se desvia da suprema substância — de ti, Deus — rumo ao ínfimo, *jogando para longe sua interioridade*,[63] e, no exterior, inchando-se.

XVII, 23. E me admirava que já amasse a ti, e não um fantasma no teu lugar, mas não permanecia fruindo do meu Deus: era levado a ti pela tua beleza, e logo arrancado de ti pelo meu peso, e me precipitava aqui, gemendo; e esse peso era o hábito carnal. Mas ficava comigo a memória de ti, e de maneira alguma duvidava que houvesse algo a que me devesse unir, mas eu ainda não era capaz de fazê-lo, porque o *corpo, que é corrompido, pesa sobre a alma e* o sentido, voltando-se para a multiplicidade, *rebaixa-a para uma habitação de argila*;[64] tinha, porém, absoluta certeza de que, *desde a criação do mundo, tua realidade invisível (teu poder eterno e tua divindade) torna-se inteligível pelas coisas que foram criadas.*[65] Com efeito, interrogando-me sobre o critério pelo qual apreciava a beleza dos corpos tanto celestes quanto terrestres, perguntando-me o que estava à minha disposição para que julgasse corretamente as coisas mutáveis e dissesse: "Isto deve ser assim, aquilo não"; interrogando-me, enfim, sobre o critério do julgamento, encontrei a eternidade imutável e verdadeira da Verdade, acima de minha mente mutável. E assim, gradativamente, subi dos corpos para a alma que sente atra-

---

63. Eclo 10,10.
64. Sb 9,15.
65. Rm 1,20.

vés dos corpos, e daí para a faculdade interior à qual os sentidos exteriores do corpo trazem as informações, nível que as bestas também alcançam; e daí, de novo, até a capacidade de raciocínio, à qual é trazido aquilo que os sentidos corporais registram, para que o julgue; e esta, reconhecendo-se ela também mutável dentro de mim, elevou-se até o intelecto e afastou a reflexão do hábito, subtraindo-se às multidões contraditórias de imagens para encontrar a fonte de onde, quando declarava sem dúvida alguma o imutável preferível ao mutável, tinha conhecimento do imutável — porque, se não o conhecesse de alguma maneira, não o poderia antepor ao mutável com tanta certeza; e chegou a *o que é*,[66] no estalo de uma visão confusa. Então verdadeiramente *tua realidade invisível se tornou inteligível* para mim *pelas coisas que foram criadas*,[67] mas não consegui fixar meu olhar e, rechaçado por minha fraqueza, voltei à condição ordinária, não levando comigo senão a lembrança apaixonada e desejosa do cheiro dos alimentos que ainda não podia comer.

XVIII, 24. E buscava o meio de adquirir a força necessária para fruir de ti, e não a encontraria, enquanto não abraçasse o *mediador entre Deus e os homens, um homem, Cristo Jesus*,[68] *que é, acima de tudo, Deus bendito pelos séculos*,[69] que chama e diz: *eu sou o caminho, a verdade e a vida*,[70] e mistura à carne o alimento que eu era fraco demais para receber, porque *o Verbo se fez carne*,[71] para que tua sabedoria, pela qual tudo criaste, se tornasse leite para nossa infância. Ainda não tratava meu Deus,

66. Ex 3,14.
67. Rm 1,20.
68. 1Tm 2,5.
69. Rm 9,5.
70. Jo 14,5.
71. Jo 1,14.

Jesus, de humilde para humilde, nem sabia que lição ministrava sua fraqueza. Com efeito, teu Verbo, eterna Verdade que está acima das partes superiores de tua criação, eleva até ela seus súditos, mas construiu para si, nas regiões inferiores, uma casa humilde com nossa argila, para rebaixar de si mesmos aqueles que deveria subjugar e trazê-los a si, sarando-lhes o tumor e nutrindo-os de amor, para que não continuassem avançando na confiança em si mesmos, mas ao contrário se enfraquecessem ao ver a seus pés uma divindade enfraquecida por ter assumido a túnica de nossa pele[72] e, arrasados, se prosternassem diante dela, e ela, erguendo-se, os levantasse.

XIX, 25. Mas eu julgava diversamente, e de Nosso Senhor Cristo pensava apenas que era um homem de excelsa sabedoria, que ninguém poderia igualar, sobretudo porque, tendo nascido milagrosamente de uma virgem para mostrar que os bens temporais devem ser menosprezados para que se adquira a imortalidade, parecia-me que, por solicitude divina para conosco, merecia uma autoridade tão grande em seu magistério. Mas que mistério sagrado estava no *Verbo feito carne*,[73] não podia nem sequer suspeitá-lo. Sabia apenas, pelos autores que deixaram escritos sobre ele, que — se comeu e bebeu, dormiu e andou, ficou feliz e triste, falou — aquela carne não podia estar unida a teu Verbo sem uma alma e uma mente humanas. Isso era sabido por qualquer um que conhecesse a imutabilidade de teu Verbo, que eu já conhecia pelo que podia, e não tinha a menor dúvida quanto a isso. Com efeito, ora mover os membros do corpo segundo a vontade, ora não movê-los; ora ser tomado por algum sentimento, ora não ser tomado; ora proferir sábios pensamentos mediante signos, ora permanecer em silêncio: tudo isso é próprio

72. Cf. Gn 3,21.
73. Jo 1,14.

de uma alma e de uma mente mutáveis. E, se tais feitos dele fossem falsos, os outros também ficariam sob suspeita de mentira, e não restaria ao gênero humano nenhuma esperança de salvação pela fé naquelas Escrituras. Portanto, sendo as Escrituras verdadeiras, reconhecia em Cristo um homem integral, não apenas o corpo do homem ou a alma do homem sem a mente; mas julgava que esse homem devia ser posto acima de todos os outros não por ser uma das pessoas da Verdade,[74] mas pela extraordinária excelência de sua natureza humana e por uma participação mais perfeita na sabedoria. Alípio, por sua parte, pensava que os católicos acreditavam num Deus revestido de carne, de maneira que em Cristo não havia senão Deus e a carne, e que não se devia atribuir a ele uma alma e uma mente humanas. E, por estar bem convencido de que os feitos que nos foram transmitidos dele não poderiam se realizar senão por uma criatura viva e racional, aproximava-se da fé cristã com maior reticência. Mas, após reconhecer aí um erro da heresia apolinarista, alinhou-se com entusiasmo à fé católica. Quanto a mim, confesso que só aprendi mais tarde de que maneira a verdade católica se distingue da falsidade de Fotino, no que diz respeito ao *Verbo se fez carne*.[75] Realmente, a condenação dos heréticos torna evidente o que tua Igreja pensa e qual é a doutrina correta: com efeito, é preciso que haja heresias,

---

74. Ou seja, da Trindade.
75. Os apolinaristas (de Apolinário de Laodiceia, *c.* 310-*c.* 390), corrente muito influente na época de Agostinho, defendiam que, na Encarnação, o Verbo teria assumido apenas um corpo, não uma alma e uma mente humanas; Fotino teve menor influência; afirmava que o Verbo não é uma pessoa, mas apenas uma *potência* de Deus, que às vezes permanece nele, outra vez se exterioriza na ação divina, como na Encarnação. Jesus, portanto, seria um homem dotado de corpo e alma que recebe o Verbo por ação divina.

a fim de que, entre os fracos, *se tornem manifestos os que são comprovados.*⁷⁶

XX, 26. Mas então, lidos aqueles livros platônicos e incitado por eles a procurar a verdade incorporal, vislumbrei *tua realidade invisível tornada inteligível pelas coisas que foram criadas*⁷⁷ e, mesmo rechaçado por ela, intuí aquilo que as trevas da minha alma não me deixavam contemplar: que certamente tu és e és infinito, mas não difuso por lugares finitos ou infinitos; e és verdadeiramente, tu, que és sempre o mesmo, sem te tornares diferente em nenhuma parte e por nenhuma mudança, mas todo o resto é a partir de ti, por essa única firmíssima razão: porque é; tinha certeza, enfim, de tudo isso, mas era muito débil para fruir de ti. Já me gabava abertamente de ser perito nesses assuntos, mas, se não buscasse teu caminho em *Cristo, nosso salvador,*⁷⁸ não alcançaria a perícia, e sim o perecimento. De fato, já começava a querer *me julgar sábio,*⁷⁹ cheio do meu castigo, e não chorava, aliás, até me inchava de minha ciência. Onde estava aquela caridade que edifica sobre a fundação da humildade, que é Jesus Cristo? E como a aprenderia naqueles livros? Quiseste, acredito, que eu me visse diante deles antes de estudar tuas Escrituras para que ficasse impresso em minha memória como eles me influenciaram e, quando mais tarde fosse domesticado em teus livros e minhas feridas fossem tocadas pela cura de teus dedos, pudesse reconhecer que diferença passa entre presunção e confissão, entre aqueles que veem aonde é preciso ir, mas não veem como, e o caminho que leva à pátria beatífica, para não apenas enxergá-la, mas habitá-la. Com efeito, se eu tivesse me

76. 1Cor 11,19.
77. Rm 1,20.
78. Tt 1,4.
79. Pr 26,5.

formado antes em tuas Sagradas Escrituras e tu tivesses me amansado pela familiaridade com elas, e só depois me visse diante daqueles livros, talvez eles me arrancassem do fundamento da religião ou, permanecendo no sentimento de que saudavelmente me emprenhara, julgaria que ele poderia ser concebido também a partir daqueles livros, se alguém só a eles se voltasse.

XXI, 27. Assim, atirei-me com toda a avidez às obras veneráveis de teu Espírito, e antes de todas as do apóstolo Paulo, e se esvaeceram os questionamentos pelos quais ele me parecera estar em contradição consigo mesmo e não se acordar com as testemunhas da Lei e dos profetas, no significado textual de seu discurso; revelou-se para mim a face única das *palavras puras*,[80] e aprendi a *exultar com tremor*.[81] E comecei a descobrir que tudo o que lera de verdadeiro naqueles livros platônicos é dito nestes com o selo de tua graça, para que quem vê *não se ensoberbeça como se não tivesse recebido* não apenas o que vê, mas também a capacidade de ver — com efeito, *o que possui que não tenha recebido?*[82] — e para que não apenas seja incitado a te ver — *tu, que permaneces sempre o mesmo*[83]—, mas também sare alcançando-te; e para que aquele que não consegue te ver de longe todavia ande pelo caminho pelo qual possa chegar e ver e alcançar, porque, mesmo que *se compraza da lei de Deus segundo o homem interior*, o que fazer da *outra lei em seus membros que peleja contra a lei da sua razão e que o acorrenta à lei do pecado que existe em seus membros?*[84] Porque és justo, Senhor;[85]

80. Sl 12 (11),7.
81. Sl 2,11.
82. 1 Cr 4,7.
83. Sl 102 (101),28.
84. Rm 7,22-3.
85. Dn 3,27.

nós, porém, *pecamos, cometemos iniquidades,*[86] agimos impiamente, e *tua mão pesou sobre nós,* com justiça fomos entregues ao pecador mais antigo, o governador da morte,[87] que persuadiu nossa vontade a se conformar à vontade dele, pela qual *não permaneceu na tua Verdade.*[88] *Que fará o homem infeliz? Quem o libertará deste corpo de morte senão tua graça por Nosso Senhor Jesus Cristo,*[89] que geraste coeterno e criaste *no princípio de teus caminhos,*[90] no qual o *príncipe deste mundo*[91] não encontrou nada que fosse digno de morte, e o matou: e assim *apagou o título de dívida que existia contra nós?*[92] Aqueles livros não contêm isso. Aquelas páginas não contêm o vulto desta piedade, as lágrimas da confissão, o teu sacrifício, *o espírito atribulado, o coração esmagado e humilhado,*[93] a salvação do povo, *a cidade esposa,*[94] *o penhor do Espírito Santo,*[95] o cálice do nosso resgate.[96] Lá ninguém canta: *Não está minha alma submetida a Deus? Pois dele vem minha salvação; ele é meu Deus e minha salvação, meu refúgio; não mais vacilarei.*[97] Lá ninguém ouve chamar: *Vinde a mim, vós que estais cansados.*[98] Não se dignaram a aprender dele, *porque é manso e humilde de coração.*[99] Com efeito, *ocultaste essas coisas aos*

---

86. Dn 3,29.
87. O diabo.
88. Jo 8,44.
89. Rm 7,24-5.
90. Pr 8,22.
91. Jo 14,30.
92. Cl 2,14.
93. Sl 51 (50),19.
94. Ap 21,2.
95. 2Cr 5,5.
96. Cf. Lc 22,42.
97. Sl 62 (61),2-3 (Vulgata).
98. Mt 11,28.
99. Mt 11,28.

sábios e doutores e as revelaste aos pequeninos.[100] Mas uma coisa é ver a pátria da paz do alto de uma selva montanhosa e não encontrar o caminho para ela e vagar inutilmente por passagens impérvias, cercadas pelos assaltos e as insídias de desertores fugitivos guiados por seu chefe, *leão e dragão*;[101] outra coisa é conhecer a via que leva até lá, protegida pela supervisão do comandante celeste, onde os que desertaram a milícia celeste não rapinam, pois a evitam como um suplício. Essas coisas penetravam nas minhas vísceras de muitas maneiras admiráveis, quando lia *o menor de teus apóstolos*;[102] considerava tuas obras e me espantava.

---

100. Mt 11,25.
101. Sl 91 (90),13.
102. 1Cor 15,9.

Livro VIII

1, 1. Que eu rememore, meu Deus, por uma ação de graças a ti, e confesse *tuas misericórdias sobre mim*.[1] Que *meus ossos* sejam embebidos pelo teu amor *e digam: "Senhor, quem é igual a ti?*[2] *Quebraste minhas correntes: vou te oferecer um sacrifício de louvor"*.[3] Vou contar como as quebraste, e todos os que te adoram, ao ouvir, digam: *"Bendito seja o Senhor no céu e sobre a terra; grande e maravilhoso é seu nome"*.[4] Tuas palavras penetraram minhas vísceras, e tu me cercavas por todos os lados.[5] Tinha certeza de tua vida eterna, ainda que a visse *em enigma e como num espelho*;[6] mesmo assim, desaparecera de mim toda dúvida sobre a substância incorruptível, e que dela derivava toda substância; já não desejava ter maior certeza sobre ti, e sim permanecer mais firme em ti. Em minha vida temporal, porém, tudo vacilava, e o coração carecia ser *purificado do antigo fermento*;[7] agradava-me o caminho, que é o próprio Salvador, mas ainda me incomodava atravessar

---

1. Cf. Sl 86 (85),12-3.
2. Sl 35 (34),10.
3. Sl 116 (114-5),16-7 (7-8).
4. Cf. Sl 72 (71),18-9; 135 (134),6; 6 (75),2; 8,2.10.
5. Cf. Is 29,3.
6. Nm 12,8; 1Cr 13,12.
7. 1Cor 5,7.

suas passagens estreitas. Porém puseste em minha mente, e pareceu bom *a meus olhos*,[8] que procurasse Simpliciano.[9] Julgava-o um bom servo teu, e nele resplandecia tua graça. Também ouvira que vivia em total devoção a ti desde a juventude. Agora, porém, envelhecera e, pela longa existência passada numa dedicação tão boa a seguir tua vida, julgava-o muito experiente e muito erudito; e assim era de fato. Por isso, queria que, ouvidas minhas inquietações, me indicasse a maneira adequada para alguém com os meus sentimentos *andar no teu caminho*.[10]

2. Via tua igreja cheia, e alguns se conduziam de uma maneira; outros, de outra. Quanto a mim, as atividades seculares me desagradavam: eram um grande fardo, dissipadas já as ambições que outrora me inflamavam para suportar uma servidão tão pesada na esperança de honra e dinheiro. Pois já não amava tais coisas mais que tua doçura e *a beleza de tua casa*, que *amei*,[11] mas ainda estava preso fortemente à mulher, e o apóstolo não me proibia de casar, embora exortasse para o melhor, preferindo que todos os homens fossem como ele era.[12] Mas eu, mais fraco, escolhia a solução mais fácil e por essa única razão, frouxo e degenerado, me revolvia em preocupações debilitantes também quanto ao resto, porque em outras coisas, ainda que não quisesse sofrê-las, era levado a agir conforme a vida conjugal, à qual meu compromisso me vinculava. Ouvira da boca da Verdade que "*há eunucos que se fizeram eunucos*

---

8. Sl 16 (15),8.
9. Simpliciano foi instrutor de Ambrósio na época de sua consagração e seu sucessor no bispado de Milão, de 397 até a morte (*c*. 400-1). Agostinho lhe endereçou as *Questões diversas a Simpliciano* (397).
10. Sl 128 (127),1.
11. Sl 26 (25),8.
12. Cf. 1Cor 7,1-7.

por causa do Reino dos Céus"; mas ela acrescenta: "*Quem pode compreender compreenda*".[13] *Certamente, são vãos todos os homens nos quais não há conhecimento de Deus e que não conseguiram encontrar aquele que é a partir das coisas boas que viram.*[14] Mas eu já não compartilhava daquele vazio: ultrapassara-o e, pelo testemunho do universo criado, encontrara a ti, nosso criador, e teu Verbo, Deus junto de ti e Deus único contigo, pelo qual tudo criaste. Mas há outro gênero de ímpios, que, *tendo conhecido a Deus, não o honraram como Deus nem lhe renderam graças.*[15] Eu me incluía nele, porque disseste ao homem: "*O temor de Deus é a Sabedoria*"[16] e: "*Não se julgue sábio aos próprios olhos*",[17] porque, "*se jactando de possuir a sabedoria, tornaram-se tolos*".[18] Eu já encontrara a pérola preciosa e deveria vender tudo o que tinha para adquiri-la,[19] mas hesitava.

II, 3. Assim, procurei Simpliciano, que fora pai do então bispo Ambrósio no recebimento da graça, e que de fato era amado como um pai por ele. Narrei para ele os rodeios de meu erro. Mas quando contei que havia lido alguns livros platônicos, traduzidos para o latim por Vitorino,[20] antigo professor de retórica da cidade de Roma, do qual ouvira que morrera cristão, ele congratulou-se comigo por não ter es-

---

13. Mt 19,12.
14. Sb 13,1.
15. Rm 1,21.
16. Jó 28,28.
17. Pr 3,7; 26,5.
18. Rm 1,22.
19. Cf. Mt 13,46; 19,21.
20. Africano como Agostinho, professor da cátedra oficial de retórica da cidade de Roma, Mário Vitorino (c. 275/80-pós 362) foi tradutor de Plotino, Porfírio e Aristóteles e autor de vários tratados filosóficos e retóricos, entre os quais se destaca, após a conversão, o *De Trinitate contra Arium*.

barrado nos escritos de outros filósofos, cheios de falsidades e enganos *segundo os elementos deste mundo*,[21] enquanto Deus e seu Verbo se insinuam nesses de todas as maneiras. Em seguida, para me exortar à humildade de Cristo escondida aos sábios e revelada aos pequenos,[22] relembrou o próprio Vitorino, que conheceu muito intimamente quando morou em Roma, e dele me narrou algo que não calarei. Com efeito, é motivo de confessar a ti grande louvor por tua graça a maneira como aquele ancião doutíssimo e profundíssimo conhecedor de todas as disciplinas liberais, que lera e discutira tantas obras de filósofos, professor de tantos nobres senadores, que até, pela excelência de seu ilustre magistério, mereceu e recebeu a homenagem que os cidadãos deste mundo consideram a mais alta, uma estátua no Foro Romano, aquele venerador até então de ídolos e partícipe de cerimônias sacrílegas, nas quais quase toda a nobreza romana daquele tempo respirava enfatuada a Pelúsia do povo[23] e *monstros e deuses de todo gênero, e Anúbis que ladra* — que uma vez *pegaram em armas contra Netuno e Vênus e contra Minerva*[24] e foram vencidos por Roma que agora os suplicava —, aquele ancião Vitorino, que por tantos anos os defendera com voz trovejante, não teve vergonha de se tornar servo do teu Cristo e infante à tua fonte,[25] curvando o pescoço ao jugo da humildade e submetendo a cabeça ao *escândalo da cruz*.[26]

---

21. Cl 2,8.
22. Mt 11,25.
23. Passagem corrompida e de difícil compreensão, mas é consenso geral, inclusive pela citação que a segue, que Agostinho se refere aqui a cultos egípcios. Sigo a lição do *Corpus Christianorum*, 1990. Pelúsia era uma cidade egípcia famosa pelo cultivo das lentilhas (cf. Livro VII, IX, 15 e n. 41).
24. Virgílio, *Eneida*, VIII, 698-700.
25. Sl 35,10; Jo 4,14; Ap 21,6.
26. Gl 5,11.

4. Ó Senhor, Senhor, que *inclinaste os céus e desceste, tocaste as montanhas e elas fumigaram*,[27] por que meios te insinuaste naquele peito? Segundo Simpliciano me contou, ele lia as Sagradas Escrituras, estudava com a maior atenção os escritos cristãos e dizia a Simpliciano, não publicamente, mas de forma mais confidencial e íntima: "Saiba que já sou cristão". Mas o outro respondia: "Não acreditarei nem te considerarei cristão, se não te vir na igreja de Cristo". Ele então rindo dizia: "Então, são as paredes que fazem os cristãos?". E repetidamente afirmava já ser cristão, e sempre Simpliciano respondia o mesmo, e sempre ele repetia a mesma derrisão das paredes. Receava, de fato, ofender seus amigos, soberbos adoradores de demônios, cuja inimizade julgava iria desabar pesadamente sobre ele do alto de dignidades babilônicas, como de cedros do Líbano ainda não despedaçados pelo Senhor.[28] Porém, depois de ganhar firmeza lendo e aprendendo avidamente, temeu negar Cristo *diante dos santos anjos* por temor de confessá-lo *diante dos homens*;[29] viu-se culpado de um grande crime por ter vergonha dos sacramentos da humildade de teu Verbo e não das cerimônias sacrílegas dos demônios soberbos, que adotara por emulação soberba; envergonhou-se de sua vaidade; corou perante a verdade; e súbita e inesperadamente disse a Simpliciano, segundo este narra: "Vamos à igreja: quero me tornar cristão". Esse, então, o acompanhou, não cabendo em si de alegria. Lá Vitorino recebeu as primeiras iniciações aos sacramentos e não muito mais tarde se alistou para ser regenerado pelo batismo, para surpresa de Roma e regozijo da Igreja. Os soberbos *viam e desgostavam, rangiam os dentes e definhavam*;[30] para teu servo, porém,

27. Sl 144 (143),5.
28. Cf. Sl 29 (28),5.
29. Lc 12,9; cf. Mc 8,38.
30. Sl 112 (111),10.

Deus Senhor era *sua esperança, e não olhava atrás para as vaidades e insanas mentiras*.[31]

5. Finalmente, quando chegou a hora da profissão de fé na qual os que estão prestes a aceder à tua graça costumam pronunciar uma fórmula aprendida de cor de um lugar elevado, diante do povo dos fiéis de Roma, Simpliciano contou que os presbíteros concederam a Vitorino que a pronunciasse privadamente, como se costumava conceder àqueles que poderiam hesitar por receio; mas ele preferiu professar sua salvação na presença da santa assembleia. Pois não era a salvação o que ensinava da cátedra de retórica, e todavia a professava publicamente. Quão menos, portanto, deveria se intimidar pronunciando tuas palavras para teu manso rebanho, se não se intimidava pronunciando as suas para multidões de insensatos? Assim, ao subir ao lugar onde deveria declamar a fórmula, todos os que o reconheceram repetiram um para o outro seu nome num burburinho de congratulação. Mas quem não o conhecia? E na boca de todos, congratulando-se, correu um som abafado: "Vitorino, Vitorino". De súbito, apenas o viram, explodiram numa aclamação, mas logo se calaram atentos, para ouvi-lo. Ele pronunciou um sincero ato de fé com magnífica confiança, e todos, em seus corações, queriam carregá-lo. E o carregaram, pelo amor e pela alegria: essas eram as mãos que o carregavam.

III, 6. Deus bom, o que se passa no homem para que se felicite mais da salvação de uma alma de que desesperava e que foi livrada de um perigo maior, do que de uma em que sempre teve esperança e que esteve num perigo menor? Até tu, pai misericordioso, mais te alegras por *um único penitente do que por noventa e nove justos, que não precisam*

---

31. Sl 40 (39),5 (Vulgata).

de penitência.[32] E escutamos com grande prazer, quando ouvimos que a ovelha que se perdeu é trazida de volta sobre os ombros exultantes do pastor, e uma dracma é devolvida a teus tesouros em meio à felicidade compartilhada pelas vizinhas da mulher que a reencontrou,[33] e a alegria da festa em tua casa faz brotar as lágrimas, quando lemos em tua casa sobre o menor de teus filhos, *que estava morto e voltou a viver, perdera-se e foi encontrado.*[34] Certamente, te alegras por nós e por teus anjos, santos pela santa caridade. Porque tu permaneces sempre igual, e as coisas que não permanecem sempre da mesma maneira tu as conheces todas sempre da mesma maneira.

7. Mas então o que se passa na alma, para que ela tenha maior prazer quando é reencontrado ou devolvido algo que ama, do que se o tivesse sempre à disposição? Comprovam-no, de fato, outros exemplos, e em todo lugar há testemunhas que proclamam: "É assim". O comandante vitorioso é levado em triunfo, e não teria vencido se não houvesse luta; e quanto maior foi o perigo da batalha tanto maior é o tripúdio do triunfo. A tempestade sacode os navegantes e ameaça com o naufrágio, todos empalidecem na expectativa da morte: o céu e o mar se acalmam, e eles se alegram muito, porque temeram muito. Um ente querido está doente, e o pulso revela seu mal; todos os que desejam sua saúde adoecem com ele na alma; ele sara e ainda não caminha com as forças de antigamente, mas já provoca uma felicidade maior que a de antes, quando caminhava são e forte. E, os próprios prazeres da vida humana, os homens os buscam não como acontecimentos inesperados e involuntários, mas por incômodos que se procuram voluntariamente: o prazer de comer e

---

32. Lc 15,7.
33. Cf. Lc 4,4-10.
34. Lc 15,32.

beber é nulo, se não for precedido pelas moléstias da fome e da sede. Os beberrões se servem de comidas picantes, que proporcionem uma ardência fastidiosa, a qual, quando a bebida a aplaca, gera o prazer. E o hábito estabelece que a esposa prometida não seja entregue imediatamente, para que o marido não a tenha em pouca conta, porque não a desejou por algum tempo enquanto noivo.

8. É assim nos prazeres vergonhosos e execráveis, assim naqueles que são tolerados e lícitos; é assim até na mais sincera e decorosa amizade, assim naquele que *estava morto e voltou a viver, perdera-se e foi encontrado*:[35] tanto maior é a felicidade, quanto maior a aflição que a precede. O que é isso, Senhor meu Deus, se tu és eterno gozo para ti mesmo e os que estão ao teu redor gozam de ti eternamente? O que faz que as coisas daqui alternem perdas e ganhos, ofensas e conciliações? Talvez essa seja a medida delas e quanto deste a elas, dos céus mais altos até as últimas profundezas da terra, do início até o fim dos séculos, do anjo até o verme, do primeiro movimento até o último, todo gênero de bens e todas as tuas justas obras, atribuindo a cada um seu lugar e conduzindo cada um a seu tempo? Ai de mim, como és alto nas alturas, e quão profundo nas profundezas! Nunca te ausentas, e nós mal conseguimos voltar a ti.

IV, 9. Age, Senhor, faze, empurra-nos e chama-nos de volta, excita e agarra, queima e sê doce: e nós amemos, corramos. Por acaso muitos não retornam a ti do mais profundo inferno da cegueira, como Vitorino, não se aproximam e são iluminados recebendo a luz que, ao ser recebida, lhes concede o poder de se tornarem teus filhos?[36] Mas, se forem pouco conhecidos pelo povo, até

---

35. Lc 15,32.
36. Cf. Jo 1,9.12.

os que os conhecem se regozijam menos por eles. Pois a felicidade, quando é compartilhada entre muitos, se torna mais abundante também nos indivíduos, que animam e acaloram um ao outro. Além disso, os que são conhecidos por muitos são um exemplo para a salvação de muitos e geram muitos seguidores, e por isso até os que os precederam se alegram muito por eles, porque não se alegram só por eles. Não que, de fato, os ricos sejam recebidos em teu tabernáculo antes dos pobres, ou os nobres antes dos sem nobreza,[37] porque, ao contrário, *escolheste o que é fraqueza no mundo, para confundir o que é forte; e escolheste o que é vil e desprezado e o que não é nada como se fosse algo, para esvaziar o que é*.[38] No entanto, até o *menor de teus apóstolos*,[39] pela língua do qual pronunciaste essas palavras, quando o procônsul Paulo, debelada a soberba graças ao combate dele, tornou-se oficial do grande Rei[40] sob o *jugo suave*[41] de teu Cristo, até ele preferiu ser chamado Paulo, no lugar do anterior Saulo, por via de uma vitória tão marcante.[42] Pois o inimigo é maiormente vencido naquele que mais domina e mediante o qual mais gente domina. E domina mais os soberbos, pelo prestígio da nobreza, e mais gente por meio deles,

---

37. Cf. Tg 2,1-9.
38. 1Cor 1,27-8; Rm 4,17.
39. 1Cor 15,9.
40. At 13,7-12. lit.: "tornou-o funcionário provincial (*effectus*) do grande Rei". O procônsul era representante do poder consular numa província. Daí a imagem de Agostinho, segundo a qual, ao se converter, o procônsul Sérgio Paulo se tornou representante de Deus. O combate a que o texto se refere é o desafio entre Paulo e o mago Bar-Jesus, relatado nos Atos dos Apóstolos.
41. Mt 11,29.
42. De fato, nos Atos dos Apóstolos, Saulo passa a ser chamado Paulo a partir desse episódio, mas o texto não vincula explicitamente a mudança de nome à conversão do procônsul.

pelo prestígio da autoridade. Portanto, tanto mais exuberante havia de ser a alegria de teus filhos, quanto mais refletissem sobre o coração de Vitorino, que o diabo ocupara como uma fortaleza inexpugnável, e sobre a língua de Vitorino, espada grande e afiada que matara muitos, porque nosso rei amarrara um homem forte, e eles viam seus pertences, arrancados ao inimigo,[43] tornarem-se *vasos puros* e adequados a te honrar, úteis ao Senhor e preparados *para toda boa obra*.[44]

v, 10. Quando teu homem Simpliciano me narrou esses feitos de Vitorino, ardi de desejo de imitá-lo; ele, de fato, os narrava por isso. E quando acrescentou ainda o seguinte, que aos tempos da lei promulgada pelo imperador Juliano,[45] que proibia aos cristãos ensinar literatura e oratória, ele, respeitando a lei, preferiu abandonar aquele ensino palavroso a abandonar teu Verbo, pelo qual *as línguas das crianças se tornam eloquentes*,[46] Vitorino pareceu-me não apenas forte, mas também afortunado, porque aproveitou a ocasião para ficar a teu dispor. Eu ansiava por isso, atado não por grilhões exteriores, mas pelos grilhões de minha própria vontade. O inimigo dominava meu querer, dele fizera minha corrente e me prendera. Por certo, da vontade pervertida nasce a libido, e quando se obedece à libido nasce o hábito, e quando não se resiste ao hábito nasce a necessidade. Por todos eles, como anéis entrelaçados — por isso falo em corrente —, uma dura escravidão me mantinha

---

43. Cf. Mt 12,29.
44. 2Tm 2,21.
45. Imperador de 360 a 363, Juliano, dito o Apóstata, tentou restaurar a tradição politeísta, reabrindo os templos, reintroduzindo os ritos pagãos e expulsando os professores cristãos das escolas públicas. Foi o último imperador pagão.
46. Sb 10,21.

prisioneiro. Mas a nova vontade que começara a surgir em mim, pela qual queria te servir gratuitamente e fruir de ti, único prazer seguro, ainda não estava pronta para vencer a anterior, forte de sua antiguidade. Por isso, duas vontades, uma velha, outra nova, uma carnal, outra espiritual, combatiam entre si e, divergindo, dilaceravam minha alma.

11. Assim, pela minha própria experiência, compreendia o que lera: que *a carne deseja contra o espírito e o espírito, contra a carne.*[47] Era eu em ambos os casos: mais eu, porém, naquilo que aprovava em mim, do que naquilo que em mim desaprovava. Nisto, com efeito, eu não era eu, porque em grande parte consentia contra a vontade ao que fazia voluntariamente. Contudo, era eu quem tornava o hábito mais resistente contra mim, buscando voluntariamente o que não queria buscar. E quem terá razão de reclamar, quando o pecado é seguido por uma justa punição? Já não tinha a desculpa pela qual costumava justificar que ainda não te servia, abandonando o século: que minha percepção da verdade ainda era incerta — agora tinha certeza dela. Mas, ainda atado à terra, resistia a te servir e receava me livrar de todos os empecilhos, quando deveria recear ser impedido.

12. Assim, o fardo do século exerce um doce peso, como costuma fazer o sono, e quando meditava sobre ti os pensamentos eram semelhantes às tentativas daqueles que querem acordar, mas que, vencidos, voltam a afundar na profundeza do sono. E como não há ninguém que queira dormir para sempre e qualquer um de juízo são prefere ficar desperto, e todavia, na maioria das vezes, adia o momento de acordar, sentindo nos membros um pesado torpor, e se deixa capturar pelo sono já contra

---

47. Gl 5,17.

a vontade, embora tenha chegado o tempo de levantar; assim tinha por certo que teria sido melhor me dedicar à tua caridade do que ceder à minha concupiscência: aquela aprazia e convencia; esta, porém, seduzia e atava. Não tinha o que responder, quando me dizias: "Ó tu, que dormes, desperta e levanta-te de entre os mortos, que Cristo te iluminará",[48] e, quando me demonstravas com todos os meios que dizias a verdade, eu, encurralado pela Verdade, não tinha o que responder, a não ser estas palavras preguiçosas e sonolentas: "logo", "já, já", "espera um pouco". Mas o "já, já" não tinha limite, e o "espera um pouco" ia longe. Em vão *me comprazia na tua lei segundo o homem interior, quando outra lei em meus membros combatia a lei de minha mente e me acorrentava à lei do pecado que existia em meus membros.*[49] E a lei do pecado é a violência do hábito, que arrasta e ata a alma ainda que ela não queira, e no entanto mereça, porque se entregou a ela voluntariamente. *Infeliz de mim, quem me libertará deste corpo de morte, senão tua graça por Jesus Cristo Nosso Senhor?*[50]

VI, 13. Mas contarei como me subtraíste aos laços do desejo da cópula, que me aprisionavam apertadíssimos, e da escravidão das ocupações seculares, e *confessarei teu nome, Senhor,*[51] *meu auxílio e meu redentor.*[52] Desempenhava as tarefas costumeiras com angústia crescente e todo dia suspirava por ti, e frequentava tua igreja sempre que sobrasse tempo daqueles afazeres sob cujo peso gemia. Acompanhava-me Alípio, livre de funções jurídicas

---

48. Ef 5,14.
49. Rm 7,22-3.
50. Rm 7,24-5.
51. Sl 54 (53),8 (Vulgata).
52. Sl 19 (18),15 (Vulgata).

após ter sido assessor por três vezes,[53] esperando para quem vender de novo seus conselhos, como eu vendia a habilidade de falar, se é que pode ser transmitida pelo ensino. Nebrídio aceitara por amizade conosco trabalhar com Verecôndio, cidadão de Milão e professor de gramática, caríssimo amigo de todos nós, o qual desejava muito e pleiteava em nome da nossa amizade que alguém do nosso grupo fosse seu assistente, coisa de que necessitava muito. Nebrídio não foi levado a isso por cobiça de vantagens materiais — poderia ganhar muito mais com a literatura, se quisesse —, mas, amigo tão doce e meigo, sentiu-se obrigado por benevolência a não desdenhar um pedido nosso. Contudo, exercia aquela função com a maior cautela, evitando ser notado por seus superiores *segundo este mundo*,[54] e se furtando a motivos de inquietação com eles, porque queria manter livres a mente e quantas mais horas de folga pudesse, para pesquisar ou ler e ouvir questões relativas à sabedoria.

14. Certo dia, então — não lembro a razão de Nebrídio estar ausente —, veio nos visitar em casa, a mim e a Alípio, certo Ponticiano, concidadão nosso, porque africano como nós, que ocupava um cargo muito importante no Palácio: não lembro o que queria de nós. Sentamo-nos juntos para conversar. Por acaso, sobre a mesa de jogos que estava diante de nós, um livro chamou sua atenção: pegou-o, abriu-o, deparou-se muito inopinadamente com o apóstolo Paulo; com efeito, esperava encontrar um daqueles livros em que me dispersava por causa de minha profissão. Então, olhando-me e sorrindo, manifestou uma grata surpresa por encontrar, por ocasião de uma visita inesperada, esses escritos, e só eles, ao alcance de meus olhos. De fato, era cristão e fiel e se prosternava amiúde diante de ti, nosso

---

53. Cf. Livro VI, x, 16.
54. Ef 2,2.

Deus, em frequentes e longas orações. Quando eu frisei que me debruçava naqueles escritos com a maior dedicação, a conversa resvalou, por iniciativa dele, para o monge egípcio Antão, um dos nomes mais ilustres entre teus servos, mas desconhecido por nós até então. Ponticiano, quando percebeu isso, delongou-se em sua narrativa, apresentando a nós, que o ignorávamos, um homem tão importante, e admirando-se por nossa ignorância. De nossa parte, nos espantávamos de que *maravilhas tuas*,[55] plenamente comprovadas, tivessem acontecido na verdadeira fé e na Igreja católica num passado tão recente, quase na nossa época. Todos nós estávamos surpresos: nós, por fatos tão grandes, ele, porque nunca ouvíramos falar deles.

15. Daí a conversa resvalou para as comunidades monásticas, as condutas de vida que carregam teu doce cheiro e os desertos fecundos de ermitões, de que não tínhamos conhecimento. Havia um mosteiro repleto de bons irmãos fora dos muros de Milão, mantido por Ambrósio, e não o sabíamos. Aquele homem continuava falando, e nós calávamos atentos. E aí lhe ocorreu contar que, não sei em que época (mas certamente em Treviri,[56] numa tarde em que o imperador estava presenciando os espetáculos do circo), ele e três colegas seus saíram para passear nos jardins contíguos às muralhas e ali, por acaso, se separaram em duplas, ele com um deles e os outros dois também se afastando juntos. Estes, vagueando, entraram em um casebre onde moravam uns servos teus *pobres em espírito*, a quem pertence *o reino dos céus*,[57] e lá encontraram um livro, em que estava escrita a vida de Antão.

---

55. Sl 145 (144),5.
56. Na época, Treviri (hoje Trier, Alemanha) era uma das cidades-sede do império e capital da Gália. A Aula Palatina, que abrigava o trono, ainda é conservada.
57. Mt 5,3.

Um deles começou a ler, admirou-se e inflamou-se, e lendo cogitou abraçar aquela vida e te servir, abandonando suas funções seculares. Pois pertencia aos assim chamados inspetores imperiais.[58] Então, subitamente repleto de amor sagrado e honesta vergonha, furioso consigo mesmo fixou os olhos no amigo e disse: "Dize-me, te peço: aonde queremos chegar com todos estes nossos afazeres? O que queremos? Por qual razão servimos? Poderíamos ter ambição maior, no Palácio, do que a de sermos amigos do imperador? Mas há algo nisso que não seja frágil e cheio de perigos? E por quantos perigos passamos para chegar a esse perigo maior? E quando se dará o que ambicionamos? Mas amigo de Deus, se quiser, posso me tornar agora". Assim falou e, exaltado pelo parto de uma nova vida, voltou a fixar os olhos no livro: lia e mudava por dentro, onde tu o vias, e sua mente se despia do mundo, como logo se tornou aparente. Com efeito, tendo lido e mudado o curso de seu coração, estremeceu um pouco, reconheceu e escolheu o melhor e, já teu, disse a seu amigo: "Eu já abandonei nossa ambição e decidi servir a Deus, e começo-o agora, neste momento e neste lugar. Se não queres me imitar, não te oponhas". O outro respondeu que seguiria seu companheiro de tantas missões e tantas recompensas. E ambos, já teus, começavam a *edificar a torre* deles, assumindo *as despesas*[59] de *deixar tudo o que era seu e te seguir*.[60] Entretanto, Ponticiano e o outro que passeava com ele em outra parte do jardim,

---

58. *Agentes in rebus*, lit.: agentes para assuntos (especiais). Inspetores administrativos, com funções também de polícia. Segundo alguns comentadores, esse funcionário poderia ser Jerônimo, que abandonou a carreira administrativa na corte de Treviri para se dedicar à vida monástica (v. Pierre Courcelle, op. cit., pp. 175-87).
59. Lc 14,28.
60. Mt 19,21.27; Lc 5,11.

procurando-os, chegaram àquele lugar e, ao encontrá-los, solicitaram que voltassem, porque o sol já estava declinando. Mas eles, exposta sua decisão e seu propósito, e como tal vontade tivesse surgido e se firmado, pediram que não se ofendessem, por se recusarem a acompanhá-los. Estes, mesmo sem mudar sua conduta de vida, choraram, segundo ele contou, congratularam-se piamente com eles, se recomendaram a suas orações e, arrastando seus corações pelo chão, voltaram ao Palácio, enquanto aqueles, fixando o coração no céu, permaneceram no casebre. E ambos tinham noivas, que, ouvindo o acontecido, também consagraram a ti sua virgindade.

VII, 16. Isso narrava Ponticiano. Mas tu, Senhor, durante as palavras dele me reviravas para mim mesmo, arrancando-me de minhas costas, onde eu mesmo me colocara para não me enxergar, e colocava-me diante dos meus olhos, para que visse quanto era abjeto, deformado e sórdido, manchado e ulceroso. Via e me horrorizava, e não havia para onde fugir de mim mesmo. E, se tentava desviar o olhar, Ponticiano continuava narrando o que narrava, e tu de novo me contrapunhas a mim mesmo e me empurravas para diante dos meus olhos, para que encontrasse minha iniquidade e a odiasse. Já a conhecia, mas a dissimulava, recalcava e esquecia.

17. Naquele momento, porém, quanto mais ardentemente amava aqueles de quem ouvia os sentimentos salutares, porque se deram inteiramente a ti para ser curados, com tão maior execração, em comparação a eles, odiava a mim mesmo, porque muitos anos se passaram em mim, cerca de doze, desde que me apaixonara pelo estudo da sabedoria, lendo aos dezenove anos o *Hortensius* de Cícero, e ainda adiava o momento em que, desdenhando a felicidade terrena, estaria livre para procurá-la, apesar de não só o descobrimento dela, mas até sua simples busca, ser

preferível a grandes tesouros e ao governo dos povos, ou a prazeres corporais que cheguem de toda parte ao menor sinal. Mas eu, adolescente muito miserável, e ainda miserável na saída da adolescência,[61] te pedia a castidade, dizendo: "Concede-me castidade e continência, mas não agora". Com efeito, receava que tu me atendesses logo, e logo me curasse da peste da concupiscência, que queria antes satisfeita que extinta. E ia pelos caminhos depravados de uma superstição sacrílega, não porque estivesse certo dela, mas como se os preferisse a outros que não queria piamente, mas aos quais me opunha com hostilidade.

18. E acreditava que *adiava de dia em dia*[62] a decisão de seguir apenas a ti, menosprezando a esperança do século, por não enxergar nada de seguro aonde dirigir meu caminho. Mas chegou o dia em que fiquei nu e minha consciência gritou contra mim: "Onde está tua língua? Não dizias que não querias jogar fora o fardo da vaidade por uma verdade incerta? Eis aqui a certeza, e aquele fardo ainda te oprime, e pessoas que não se esgotaram em pesquisas e não passaram dez anos ou mais meditando sobre esses assuntos ganham asas sobre ombros mais livres". Assim eu me roía por dentro, e era violentamente perturbado por uma terrível vergonha, enquanto Ponticiano falava. Mas, terminada a conversa e resolvida a questão pela qual vinha, ele se foi, e eu fiquei comigo mesmo. O que não disse contra mim? Com que chicotes de palavras não flagelei minha alma, para que me seguisse na tentativa de ir atrás de ti? Mas ela resistia, recalcitrava sem se justificar. Todos os argumentos estavam esgotados e vencidos: só lhe restava uma trepidação muda, mas ela temia como a morte se esquivar da correnteza do hábito que a levava à morte.

61. Ver Livro I, VIII, n. 40.
62. Eclo 5,8.

VIII, 19. Então, naquela rixa violenta de minha morada interior, que engajara ferozmente contra minha alma em nosso aposento, meu coração, eu, perturbado no rosto e na mente, invisto sobre Alípio, exclamo: "Que toleramos? O que é isso? Que ouviste? Os ignorantes se levantam e conquistam o céu e nós, com nossas doutrinas sem coração, eis onde nos revolvemos na carne e no sangue! Envergonhamo-nos de segui-los, porque nos precederam, e não nos envergonhamos de nem sequer segui-los?". Disse não sei o quê desse gênero, e minha excitação me arrancou dele, que me olhava atônito em silêncio. Nem minha voz, de fato, soava como de costume. Expressavam melhor meu pensamento a testa, as bochechas, os olhos, a tez, o tom da voz do que as palavras que pronunciava. Havia um pequeno jardim na casa, que utilizávamos assim como o restante. Pois o dono, nosso anfitrião, não morava conosco. O tumulto de meu peito me levou até lá, onde ninguém atrapalharia a luta impetuosa que eu engajara comigo mesmo para o êxito que tu sabias, mas eu ainda não: delirava para ser salvo, e morria para viver, ciente de que era do mal, mas inconsciente de que logo seria do bem. Saí então para o jardim, e Alípio, um passo atrás: sua presença não coibia minha privacidade. E poderia ele me abandonar, naquelas condições? Sentamo-nos o mais distante possível dos edifícios. Eu tremia no espírito, indignado por uma turbulentíssima indignação, por não ir voluntariamente e *de acordo contigo*[63] para o lugar pelo qual *todos os meus ossos*[64] clamavam e levantavam louvores ao céu: e não se vai ali por navios ou quadrigas ou a pé, como fui da casa até o lugar onde sentava.[65] Porque não apenas ir, mas também chegar ali, não era senão querer ir, mas querer com força e integralmente, em vez de revirar e jogar para lá e para cá

---

63. Ez 16,8.
64. Sl 35 (34),10.
65. Cf. Ambrósio, *De Isaac*, VIII, 78-9; Plotino, *En.* I, VI, 8.

uma vontade cindida ao meio, uma parte lutando para se levantar contra outra parte que cai.

20. Eu, enfim, no afã dessa irresolução, executava em meu corpo muitos movimentos que os homens às vezes querem fazer e não podem, porque lhes faltam os membros correspondentes, ou estão amarrados, ou enfraquecidos por uma doença, ou são impedidos de qualquer maneira. Quando arrancava os cabelos, quando batia na testa ou entrelaçava os dedos para abraçar os joelhos, fazia o que queria. Mas poderia querer e não ser capaz de o fazer, se a mobilidade dos membros não mo permitisse. Realizava tantas ações, portanto, onde querer e poder não eram o mesmo; mas não realizava algo que desejava com uma paixão incomparavelmente maior e que poderia realizar imediatamente, se quisesse, porque se quisesse querer, sem dúvida, imediatamente quereria. Pois nesse caso vontade e execução seriam a mesma coisa, e o querer já seria fazer; e todavia isso não acontecia, e o corpo obedecia mais docilmente à menor vontade da alma, movendo os membros segundo suas ordens, do que a própria alma obedecia a si mesma, cumprindo uma sua grande vontade por simples vontade.

IX, 21. De onde esse prodígio? E por que isso? Tua misericórdia me ilumine, e eu pergunte, se puderem me responder os porões dos castigos humanos e os tenebrosos esmagamentos dos filhos de Adão: de onde esse prodígio? E por que isso? A alma ordena ao corpo, e este obedece imediatamente; a alma ordena a si mesma, e encontra resistência. A alma ordena que a mão se mexa, e a facilidade é tal, que mal se distingue a ordem da execução; no entanto, a alma é alma, e a mão é corpo. Ordena a alma que a alma queira: não são duas coisas distintas, mas ela não obedece. De onde esse prodígio? E por que isso? Quem ordena querer, repito, não ordenaria se não quisesse, porém não executa o que ordena. Mas não quer por inteiro; logo, não ordena por inteiro. Com efeito, na medida em que ordena, quer, e, na medida em que não executa o que ordena, não quer, pois a vontade ordena que a vontade seja não outra vontade, mas ela mesma. Mas não ordena plenamente; por isso não é o que ordena. De fato, se fosse plena, não ordenaria que o fosse, porque já o seria. Não é absurdo, então, que em parte queira, em parte não queira: é a doença da alma, que não consegue se erguer por inteiro, alçada pela verdade, oprimida pelo hábito. Por isso as vontades são duas, porque nenhuma delas é inteira e o que está numa falta na outra.

x, 22. *Pereçam na tua presença*,[66] Deus, como de fato perecem, *os palavrosos e enganadores*[67] da mente que, ao perceber duas vontades nas decisões, afirmam que há duas mentes de natureza diferente: uma boa, outra má. Mas na verdade eles é que são maus, quando concebem esses pensamentos maus, e eles é que seriam bons, se concebessem pensamentos verdadeiros e consentissem à verdade, para que deles diga o apóstolo: "*outrora éreis trevas, mas agora sois luz no Senhor*".[68] Com efeito, agora querem ser luz não no Senhor, mas neles mesmos, julgando que a alma seja o que Deus é, e por isso se tornam trevas mais espessas, porque se afastaram mais longe de ti por terrível arrogância, de ti, *verdadeira luz que ilumina todo homem vindo para este mundo*.[69] Atentem no que dizem e se envergonhem, e *dirijam-se a ele e serão iluminados, e o vulto deles não ficará envergonhado*.[70] Quando eu deliberava sobre começar já a servir o Senhor meu Deus, como me propusera havia muito tempo, era eu que queria, e era eu

66. Sl 68 (67),3.
67. Tt 1,10.
68. Ef 5,8.
69. Jo 1,9.
70. Sl 34 (33),6.

que não queria: era eu. Mas nem plenamente queria, nem plenamente não queria. Por isso lutava comigo mesmo e me dissociava de mim mesmo, mas essa dissociação, ainda que fosse contra a vontade, não revelava a existência de uma mente de outra natureza, e sim meu castigo. *Já não era eu que a produzia, mas o pecado que habita em mim*,[71] por punição de um pecado mais livre, por ser eu um filho de Adão.

23. Com efeito, se houvesse tantas naturezas quantas são as vontades que lutam entre si, então não seriam duas, mas muitas. Se alguém deliberasse entre ir a uma reunião deles[72] ou ao teatro, exclamariam: "Eis duas naturezas, uma boa que o traz aqui, outra má que o leva para lá. Senão, de onde viria essa hesitação entre vontades opostas?". Mas eu digo que são ambas más, tanto a que o leva para eles, quanto a que o conduz ao teatro. Mas acreditam que a vontade que o leva à reunião deles seja boa. Mas então, se alguém dos nossos devesse escolher entre duas vontades conflitantes entre si e hesitasse entre ir ao teatro ou à nossa igreja, eles não hesitariam também sobre o que responder? Pois ou confessariam o que não querem, que uma vontade boa o leva a nossa igreja, como de fato leva aqueles que são imbuídos de seus sacramentos e neles se mantêm; ou julgariam que duas naturezas e duas mentes más estão em conflito num mesmo homem, e não será verdade o que costumam dizer, que uma é boa e outra má; ou então se converteriam à verdade e não negariam que, quando alguém delibera, uma única alma é perturbada por vontades diferentes.

24. Portanto, não digam eles que enxergam duas vontades se enfrentando num único homem, duas mentes con-

---

71. Rm 7,17.
72. Dos maniqueus.

trárias em luta, feitas de substâncias contrárias e a partir de princípios contrários, uma boa, outra má. Pois tu, *Deus veraz*,[73] os contrarias, refutas e desmentes no caso de duas vontades ambas más, como quando alguém pondera matar um homem com um veneno ou com uma arma; furtar este ou aquele bem alheio, se não pode apossar-se de ambos; adquirir prazeres por luxúria ou guardar dinheiro por avareza; ir ao circo ou ao teatro, quando ambos oferecem espetáculos no mesmo dia; acrescento ainda uma terceira opção: ir roubar na casa alheia, apresentando-se a ocasião; e uma quarta: cometer adultério, se a possibilidade se oferecer ao mesmo tempo. Se todas essas opções coincidirem num mesmo intervalo de tempo e forem todas igualmente desejadas, e não for possível realizá-las simultaneamente, elas dilaceram a alma por quatro vontades conflitantes entre si, ou até mais, em tanta abundância de coisas desejáveis, e, no entanto, eles não costumam afirmar que haja tal multidão de substâncias distintas. Acontece o mesmo com as vontades boas. Com efeito, pergunto-lhes se não é um bem apreciar a leitura do apóstolo, se não é outro bem apreciar a austera melodia de um salmo, e outro bem expor o Evangelho. Responderão a cada vez: "É um bem". Mas então: se todas essas opções agradam ao mesmo tempo, o coração de um homem não estaria distendido entre diferentes vontades, ao deliberar o que escolher como prioridade? São todos bens, e disputam entre eles, até que seja escolhido um, pelo qual se tornará una a vontade que se dividia em muitas. Assim também, quando a eternidade nos apraz lá em cima e a volúpia dos bens temporais nos retém aqui embaixo, é a mesma alma que não quer nem isso nem aquilo com a vontade inteira e por isso se dilacera num grave tormento, porque aquilo que prefere como verdade não o realiza, como costume.

---

73. Jo 3,33.

XI, 25. Assim sofria e me torturava, acusando a mim mesmo com mais dureza do que nunca, revirando-me e debatendo-me para romper definitivamente o laço que já me prendia apenas por um fio; mas ainda me prendia. E tu me pressionavas por dentro, Senhor, com misericórdia severa, alternando os flagelos do medo e da vergonha, para que não desistisse de novo e não deixasse de romper aquele laço exíguo e tênue que ainda restara, e ele não voltasse a se fortalecer e a me prender com maior força. Pois eu dizia dentro de mim: "Agora vai acontecer, agora vai", e já ia me dispondo conforme minhas palavras. E quase me decidia, e não me decidia, porém não recaía na situação anterior, ficava perto e retomava o fôlego. Voltava a tentar e por pouco não chegava lá e por pouco, já, já, não alcançava e conseguia; mas não chegava lá, nem alcançava nem conseguia, hesitando em morrer para a morte e em viver para a vida, e dentro de mim o que era pior, porém familiar, tinha mais força do que o melhor, mas insólito, e aquele preciso instante em que algo novo aconteceria, quanto mais se aproximava, tanto mais me despertava repulsa; mas não recuava nem me esquivava, apenas permanecia em suspenso.

26. Retinham-me ninharias de ninharias e vaidades de vaidades, velhas amigas minhas, que puxavam minha veste carnal e sussurravam baixinho: "Vais nos deixar?"; e: "A partir deste momento deixaremos de estar contigo, para sempre"; e: "A partir deste momento, nunca mais poderás fazer isto e aquilo, para sempre". E o que insinuavam com isso, que eu chamei "isto e aquilo", o que insinuavam, meu Deus? Tua misericórdia o afaste da alma de teu servo! Que sujeiras insinuavam, que vergonhas! E já as ouvia pela metade, ou muito menos, não como contraditores francos que me cortassem o caminho, mas como se murmurassem pelas costas e me beliscassem enquanto me afastava, para que me virasse. Atrasavam, contudo,

meu esforço de me livrar arrancando-me delas, para ir ali onde era chamado, enquanto a violência do meu hábito dizia: "Julgas que poderás ficar sem elas?".

27. Mas já o dizia quase sem calor: do lado para o qual virava a face e para o qual ansiava ir, mostrava-se a nobreza casta da Continência, serena, sorrindo-me sem abandono, afagando-me com decência, para que viesse sem hesitar, e estendia para me acolher e abraçar suas santas mãos cheias de multidões de bons exemplos. Quantos rapazes e moças ali, muita juventude e gente de todas as idades, viúvas severas e virgens anciãs, e em todos eles a mesma continência, não certamente estéril, mas mãe fecunda dos filhos dos prazeres que lhe vêm de ti, Senhor, seu marido.[74] E me sorria com um sorriso de incitamento, como se dissesse: "Tu não podes, como estes, como estas? Porventura estes e estas podem graças a si mesmos e não graças ao Senhor seu Deus? Deus Senhor me deu a eles. Por que permaneces em ti mesmo, onde não há permanência? Atira-te nele, não tenhas medo; não se esquivará, para que tu caias; atira-te nele com confiança, te receberá e curará". Mas eu tinha muita vergonha, porque ainda ouvia os murmúrios daquelas ninharias e ficava em suspenso, titubeando. E ela de novo, como a dizer: "Ensurdece contra aqueles teus membros imundos sobre a terra, para que sejam mortificados. *Eles te descrevem prazeres, mas não como a lei do Senhor teu Deus*".[75] Esse conflito no meu coração não era senão de mim mesmo contra mim mesmo. E Alípio, ficando ao meu lado, esperava silencioso o resultado de minha estranha comoção.

XII, 28. Mas, do fundo arcano de onde essa profunda meditação trouxe e amontoou perante meu coração toda

---

74. Cf. Sl 113 (112),9.
75. Sl 119 (118),85 (Vetus Latina).

a minha miséria,⁷⁶ surgiu uma grande tempestade, carregando chuva intensa de lágrimas. E para deixar que ela se manifestasse em todos os seus ruídos — a solidão me parecia mais adequada à tarefa de chorar — levantei-me e me afastei de Alípio, para ficar onde sua presença não me fosse onerosa. Encontrava-me nesse estado, e ele o percebeu: com efeito, acho que dissera algo em que o som da minha voz já parecia grávido de choro, e então me levantei. Ele permaneceu onde nos sentávamos, muito estupefato. Eu me joguei não sei como sob uma figueira, e soltei as rédeas às lágrimas; rios derramaram de meus olhos, sacrifício aceitável para ti,⁷⁷ e te disse muitas coisas, não com estas palavras, mas com este sentido: *"E tu, Senhor, até quando?⁷⁸ Até quando vai tua ira, Senhor?⁷⁹ Não guardes memória das faltas de nossos antepassados".⁸⁰ Com efeito, sentia que eram eles que me retinham. Lançava gritos miserandos: "Por quanto tempo, por quanto tempo 'amanhã e amanhã'? Por que não agora? Por que não acabar neste instante com minha indignidade?".

29. Dizia isso e chorava, no despedaçamento amarguíssimo de meu coração. E eis que de uma casa próxima ouço uma voz, como de meninos ou meninas, não sei, que diziam e repetiam sem parar, cantando: "Pega, lê, pega, lê". Imediatamente, mudando de expressão, comecei a cogitar se alguma vez, em algum tipo de brincadeira, as crianças costumavam cantar algo parecido, mas não me ocorreu tê-lo ouvido em lugar nenhum; então, reprimido o impulso das lágrimas, me levantei, julgando que não podia interpretar aquela ordem divina de outra maneira,

76. Cf. Sl 19 (18),15.
77. Cf. Sl 51 (50),19.
78. Sl 6,4.
79. Sl 79 (78),5.
80. Sl 79 (78),8.

senão abrindo o livro e lendo o primeiro versículo que encontrasse. Com efeito, ouvira sobre Antão que ele se sentiu admoestado por uma leitura do Evangelho, à qual assistiu por acaso, como se fosse dirigido a ele o que se lia: *"Vai, vende os teus bens e dá-o aos pobres, e terás um tesouro nos céus. Depois, vem e segue-me"*,[81] e por tal oráculo foi imediatamente *reconduzido a ti*.[82] Voltei rapidamente, portanto, ao lugar onde se sentava Alípio: ali, de fato, deixara o livro do apóstolo, quando me levantara. Peguei-o, abri-o e li em silêncio o versículo sobre o qual primeiro caiu meu olhar: *"Não em orgias e bebedeiras, nem em devassidão e libertinagem, nem em rixas e ciúmes, mas vesti-vos do Senhor Jesus Cristo e não procureis satisfazer os desejos da carne"*.[83] Não quis ler mais, nem era preciso. Porque, logo que acabei aquela frase, foi como se uma luz de certeza derramada no meu coração dissipasse todas as trevas da dúvida.

30. Então fechei o livro marcando a passagem com o dedo ou com algum outro sinal e já apresentava para Alípio uma expressão apaziguada. Este, por sua vez, me revelou da maneira seguinte o que se passava nele, e que eu ignorava: pediu para ver o que lera. Mostrei-lho, e ele foi mais adiante na leitura. Eu ignorava o que se seguia, mas o texto continuava assim: *"Acolhei o fraco na fé"*,[84] e, segundo me disse, ele referiu a sentença a si mesmo. Tal admoestação o convenceu sem nenhum conflito violento a se associar à minha boa resolução, a mais coerente com seus costumes, que já antes eram muito melhores do que os meus. Fomos contar tudo a minha mãe: ela exultou triunfante e agradeceu a ti, que és capaz *de fazer além*

81. Mt 19,21.
82. Sl 51 (50),15; Cf. Atanásio, *Vida de Antão*, § 2.
83. Rm 13,13-4.
84. Rm 14,1.

de tudo o que nós podemos pedir ou conceber,[85] porque parecia que lhe fora concedido por ti muito mais, a meu respeito, do que costumava pedir entre tristes lágrimas. De fato, me reconduziste a ti, para que, sem procurar mulher ou outra esperança do século, permanecesse na regra de tua fé,[86] como revelaste a ela com muitos anos de antecedência, e *transformaste o luto dela em alegria,*[87] muito mais abundante do que desejara, e muito mais preciosa e casta do que esperara de netos nascidos de minha carne.

---

85. Ef 8,20.
86. Cf. Livro III, XI, 19.
87. Sl 30 (29),12

Livro IX

1, 1. Ó Senhor, *eu, teu servo, eu, teu servo e filho de tua serva. Rompeste meus grilhões. Vou te oferecer um sacrifício de louvor.*[1] Louvem-te meu coração e minha língua, e *todos os meus ossos digam: Senhor, quem é igual a ti?*[2] Que o digam, e tu responde e dize a minha alma: *"Eu sou tua salvação".*[3] Quem era eu, e como era? O que foram minhas ações e, se não as ações, minhas palavras e, se não as palavras, minha vontade, a não ser más? Tu, porém, Senhor, eras bom e misericordioso, e sondavas a profundidade de minha morte com tua mão direita, e esvaziavas o mar de corrupção do fundo de meu coração. E tudo estava nisto: não querer o que eu queria, e querer o que tu querias.[4] Mas por onde fora, durante tanto tempo, meu livre-arbítrio, e de que lugar escondido, profundo e longínquo foi evocado num instante, para que eu submetesse *o pescoço a teu doce jugo e os ombros a teu leve fardo:*[5] Jesus Cristo, *meu amparo e meu redentor?*[6] Quão suave tornou-se de repente para

---

1. Sl 116 (114-5),16-7 (7-8).
2. Sl 35 (34),10.
3. Sl 35 (34),3.
4. Cf. Mt 26,39; Mc 14,36.
5. Cf. Mt 11,30.
6. Sl 19 (18),15.

mim carecer daquelas suaves inépcias que tinha medo
de perder e agora estava feliz em abandonar. Tu as arrancaste de mim, tu, verdadeira e suma suavidade, as
arrancaste e te colocaste no lugar delas, mais doce que
qualquer volúpia, porém não de carne e sangue; mais
claro que toda luz, porém mais oculto do que todo esconderijo; mais enaltecedor do que toda honra, mas não
para aqueles que enaltecem a si mesmos. Meu espírito
já estava livre das angústias que o roíam[7] — a ambição,
a cobiça, os amplexos e a vontade de coçar a sarna dos
desejos — e agora tagarelava para ti, minha luz e minha
riqueza e minha salvação, Senhor meu Deus.

11, 2. E *na tua presença*[8] quis desligar docemente,
sem rompimentos ruidosos, o magistério de minha língua dos mercados de loquacidade, para que alunos que
meditam não a tua lei, não a tua paz, mas insanidades
mentirosas e disputas forenses deixassem de comprar de
minha boca os instrumentos de sua loucura. Felizmente,
faltavam pouquíssimos dias para as férias da vindima,[9]
e resolvi aguentar até elas, para então me afastar como de
costume e, resgatado por ti, nunca mais voltar àquele comércio. Nossa decisão, portanto, era manifesta a ti, mas
não aos homens, a não ser aos íntimos: estabelecemos entre nós que não fosse comunicada a qualquer um descon-
sideradamente, embora tu desses a nós, que remontamos
o *vale das lágrimas*[10] e cantamos o *canto das subidas*,[11]
flechas afiadas e carvões devastadores contra *a língua*

---

7. Cf. Horácio, *Carm*. 1, 18, 4.
8. Sl 19 (18),15.
9. De 22 de agosto a 15 de outubro, segundo o Código de Teo-
dósio.
10. Sl 84 (83),6.
11. Sl 120 (119),1.

traidora,[12] que nos atrapalha pretendendo dar conselhos e consome o que ama, como faz com a comida.

3. Tu atingiras nosso coração com as flechas de tua caridade[13] e carregávamos plantadas nas vísceras tuas palavras e os exemplos de teus servos, que tornaste, de turvos, luminosos, e de mortos, vivos; e essas palavras, ajuntadas no seio de nosso pensamento, ardiam consumindo nosso pesado torpor, para que não voltássemos a nos envergar para as profundezas, e nos acendiam tão fortemente que qualquer sopro contrastante *de língua traidora*[14] poderia tornar o incêndio mais vivo, nunca extingui-lo. Ainda que também houvesse apoiadores de nosso voto e propósito, por causa de teu nome que santificaste por toda a terra, não cumprir um prazo tão pequeno até as férias e abandonar antes delas uma profissão pública exercida diante dos olhos de todos poderia parecer uma forma de ostentação, como se quisesse que todos, com os olhares voltados para meu gesto, vendo-me antecipar o dia iminente do começo das férias, tecessem muitos comentários, e desejasse assim me dar importância. E o que me valeria, se julgassem e discutissem meu sentimento e *injuriassem nossa boa ação*?[15]

4. Além disso, naquele mesmo verão, por excesso de trabalho escolar, meus pulmões começaram a fraquejar, respirar com dificuldade, sinalizar por dores de peito alguma lesão, recusando-se a emitir sons claros ou prolongados. Num primeiro momento, isso me perturbou, porque já chegara quase à condição de abandonar forçosamente o fardo daquele magistério, ou pelo menos, caso pudesse ser curado e sarar, suspendê-lo. Mas desde que surgiu e

---

12. Sl 120 (119),3-4.
13. Cf. Sl 11 (10),2; Pr 7,23.
14. Sl 120 (119),3.
15. Rm 14,16.

se firmou em mim uma vontade plena de *parar e ver que
tu és o Senhor*[16] — tu sabes, meu Deus — comecei até a
me alegrar, porque se me oferecia inclusive essa desculpa
não fingida para atenuar o descontentamento das pessoas que, para o bem dos moços livres de sua família,[17]
prefeririam que eu nunca me tornasse livre. Cheio dessa
alegria, portanto, aguentava até o fim aquele período de
tempo — mais ou menos vinte dias, não lembro — e no
entanto o suportava penosamente, porque a cobiça que me
ajudava a carregar aquele trabalho oneroso recuara, e eu
ficaria esmagado, se a paciência não tivesse ocupado seu
lugar. Algum dos teus servos, meus irmãos, pode dizer que
eu pequei nisso, porque, já arrolado de todo o coração na
tua milícia, aceitei sentar-me nem que fosse por uma hora
na cátedra da mentira.[18] Eu não o contesto. Mas tu, Senhor misericordiosíssimo, não me perdoaste e perdoaste
também esse pecado, juntamente com outros horrendos e
funestos, na água do batismo?

III, 5. Verecundo se roía de ansiedade por esse nosso
bem, porque se via excluído do nosso consórcio pelos laços estreitíssimos que o retinham. Ainda não cristão, mas
casado com uma mulher já cristã, encontrava justamente
nela o maior impedimento a seguir o caminho em que
enveredávamos, porque afirmava que não queria ser cristão senão da maneira como não poderia sê-lo. Mas ofere-
ceu generosamente sua casa para nela ficarmos, enquanto
permanecêssemos na cidade. *Tu o recompensarás*, Senhor, *na ressurreição dos justos*, porque já lhe atribuíste

---

16. Sl 46 (45),11.
17. *Liberos suos*; lit.: seus livres, ou: seus filhos. Nas famílias
latinas, o adjetivo substantivado *liber* indicava os filhos, para
distingui-los dos escravos, que também eram submetidos à autoridade do *pater familias*.
18. Cf. Sl 1,1 (Vulgata).

a sorte deles.[19] Com efeito, enquanto estávamos ausentes, pois já nos encontrávamos em Roma, atingido por uma doença corporal e tornado cristão e fiel no decorrer dela, deixou esta vida. Assim, tiveste piedade não apenas dele, mas também de nós, para que não fôssemos torturados por uma dor insuportável, pensando na extraordinária benevolência do amigo para conosco sem poder contá-lo entre os membros de teu rebanho. Graças a ti, Deus nosso! Somos teus. Demonstram-no tuas exortações e consolações. Por sua casa de campo em Cassiciaco,[20] onde descansamos em ti do calor do século, tu, cumpridor de tuas promessas, deste em troca a Verecundo a delícia de teu paraíso eternamente verdejante, porque perdoaste seus pecados sobre a terra *na montanha do leite*, tua montanha, *a montanha da abundância*.[21]

6. Naquela época, então, ele se angustiava; Nebrídio, ao contrário, se alegrava conosco. Com efeito, embora ele também ainda não fosse cristão e tivesse caído na fossa do erro fatal que consiste em acreditar que a carne da Verdade, teu Filho, era tão só aparência,[22] estava em via de sair dela, e sua atitude era de quem busca com grandíssimo ardor a verdade, mesmo não tendo assumido ainda nenhum dos sacramentos de tua Igreja. Não muito tempo após nossa conversão e regeneração pelo teu batismo o liberaste da carne, quando, tornado-se ele também fiel católico, te servia em perfeita castidade e continência na África, junto à

---

19. Cf. Sl 125 (124),3 (Vulgata).
20. Localidade incerta, mas que talvez corresponda à atual Cassago, a 33 quilômetros de Milão.
21. Sl 68 (67),16 (Vulgata). A. Solignac, em seu comentário à edição das *Confissões* da Bibliothèque Augustinienne (Paris: Desclée de Brouwer, 1962, 2 v., p. 79, n. 3), ressalta a assonância entre *montanha do leite* (lat. *Monte incaseato*) e *Cassiciacum*.
22. Ver Livro V, IX, 16, n. 55.

sua família, que convertera inteira ao cristianismo. E agora vive *no seio de Abraão*.²³ O que quer que isso seja, o que quer que esse seio signifique, lá vive meu Nebrídio, meu doce amigo, que tu, Senhor, transformaste de liberto em filho adotivo: lá ele vive. Que outro lugar seria apropriado a tal alma? Lá ele vive, no lugar sobre o qual me fazia tantas perguntas, quando era um homenzinho inexperiente. Já não presta ouvido à minha boca, mas presta sua boca espiritual à tua fonte, e bebe quanto pode, à medida de seu desejo, uma sabedoria infinitamente fecunda. E não acho que se inebrie dela ao ponto de se esquecer de mim, porque tu, Senhor, que o abeberas, lembras-te de mim. Assim, portanto, estávamos — consolando Verecundo, triste por nossa conversão, ainda que conservasse a amizade, e exortando-o à fé conforme sua condição, ou seja, na vida conjugal; e, quanto a Nebrídio, esperando o momento em que nos seguiria, coisa que ele estava muito próximo de fazer e quase no ponto de realizar —, quando, até que enfim, aqueles dias se esgotaram: realmente, pareceram longos e numerosos diante do desejo de um livre ócio em que poderíamos cantar com todas as nossas fibras: *Meu coração te diz: busquei teu rosto; teu rosto, Senhor, procurarei.*²⁴

IV, 7. E chegou o dia de me livrar de fato da profissão da retórica, da qual já me livrara no pensamento; e assim foi. Arrancaste minha língua do lugar de onde já arrancaras

---

23. Lc 16,22. Como fica claro pela carta 164 a Euvódio, escrita por volta de 415-6, Agostinho identifica *o seio de Abraão* com aquilo que, mais tarde, será definido como Limbo: o destino das almas dos justos que morreram antes da Encarnação ou não foram batizados. Tal deveria ser, portanto, a condição de Nebrídio. Agostinho sempre manteve dúvidas sobre a natureza desse lugar, julgando que as Escrituras não forneciam indicações suficientes (cf. Solignac, op. cit., nota suplementar 8, pp. 549-60).
24. Sl 27,8.

meu coração e eu te abençoava feliz, partindo com todos os meus para o campo. Os estudos que conduzi ali, já ao teu serviço, mas ainda transpirando a escola da soberba, como num intervalo de espera, são relatados em livros em forma de diálogos, entre as pessoas presentes ou comigo mesmo diante de ti;[25] as discussões com Nebrídio, ausente, são testemunhadas pelas cartas.[26] Mas quando encontraria tempo suficiente para relembrar todos os teus grandes favores para conosco, ainda mais na pressa de passar a outros, mais importantes? Com efeito, eles voltam à minha lembrança, e é doce para mim, Senhor, confessar a ti com que esporas interiores me amansaste e como aplanaste os montes e as colinas do meu pensamento e endireitaste minhas veredas tortuosas e nivelaste o que era acidentado;[27] e de que maneira subjugaste também Alípio, irmão do meu coração, ao nome de teu unigênito, *Nosso Senhor e Salvador Jesus Cristo*,[28] que anteriormente ele se recusava a incluir em nossos escritos. Com efeito, ele queria aspirar o cheiro dos *cedros* das escolas de filosofia, que *o Senhor já despedaçou*,[29] mais do que as salubres ervas eclesiásticas, que repelem as serpentes.

8. E como soltava a voz para ti, meu Deus, ao ler os salmos de Davi, cantos de fé, sons de piedade que não ad-

---

25. Os assim chamados diálogos de Cassiciaco, primeiras obras conservadas de Agostinho: *Contra os acadêmicos, A vida feliz, A ordem*; os diálogos "consigo mesmo diante de ti" são os *Solilóquios*.
26. A correspondência com Nebrídio corresponde às *Cartas* 3-14 na coleção das obras de Agostinho. Essa passagem sugere que foram reunidas e divulgadas pelo próprio Agostinho, após a morte do amigo.
27. Cf. Is 40,4 e Lc 3,4.
28. 2Pd 3,18.
29. Sl 29 (28),5.

mitem espíritos orgulhosos, eu, iniciante em teu amor genuíno, catecúmeno em férias numa casa de campo com o catecúmeno Alípio, e minha mãe nos acompanhando com atitude feminina, fé viril, segurança de anciã, caridade de mãe, piedade de cristã! Como soltava a voz naqueles salmos e como era inflamado para ti por eles e me animava a recitá-los, se pudesse, para o mundo inteiro, contra a arrogância do gênero humano! Mas eles são cantados no mundo inteiro, e *não há quem se esconda de teu calor*.[30] Com quanta dor áspera e veemente me indignava contra os maniqueus, e por outro lado os compadecia, por não conhecerem aqueles sacramentos, aqueles medicamentos, e por se colocarem, insanos, contra um remédio que os tornaria sãos! Queria então que estivessem por perto, escondidos em algum lugar, e que, sem o meu conhecimento, vissem meu rosto e ouvissem minhas palavras, quando lia naquele ócio o salmo 4, e vissem como aquele salmo me transformava: *Quando te invoco, responde-me, Senhor, minha justiça! Na angústia tu me aliviaste; tem piedade de mim, Senhor, ouve minha prece.*[31] Que ouvissem sem que eu soubesse que estavam ouvindo, para não pensarem que dizia por causa deles o que dizia entre as palavras do salmo — porque, de fato, não diria as mesmas coisas, nem da mesma maneira, se percebesse que era ouvido e visto por eles, e eles, se eu as dissesse, não as entenderiam da maneira como eu as dizia comigo mesmo e para mim diante de ti, conforme o sentimento pessoal de minha alma.

9. Estremeci de medo e, ao mesmo tempo, fervi de esperança e *exultação por tua misericórdia*,[32] Pai (e tudo isso transparecia dos meus olhos e da minha voz), no tre-

---

30. Sl 19 (18),7.
31. Sl 4,2.
32. Sl 31 (30),8.

cho onde *teu bom espírito*,[33] dirigindo-se a nós, nos diz: *"Filhos dos homens, até quando tereis o coração pesado? Por que amais o vazio e buscais a mentira?".*[34] De fato, eu amara o vazio e buscara a mentira. Mas tu, Senhor, já enalteceras teu santo,[35] *ressuscitando-o de entre os mortos e fazendo-o assentar-se à tua direita,*[36] de onde enviaria do alto sua promessa, *o Paráclito, espírito da Verdade.*[37] E já o enviara, mas então eu não sabia. Ele já o enviara, porque já fora enaltecido ressurgindo dos mortos e ascendendo ao céu. Mas antes *ainda não havia Espírito, porque Jesus ainda não fora glorificado.*[38] E a profecia declara: *"Até quando tereis o coração pesado? Por que amais o vazio e buscais a mentira? Sabei que o Senhor enaltece seu santo".*[39] Diz *"até quando"*, diz *"sabei"*, mas eu, não sabendo ainda, amei o vazio e busquei a mentira, e então ouvi e tremi, porque essas coisas são ditas a homens tais como eu lembrava ter sido. Com efeito, o vazio e a mentira estavam nas fantasias que eu tomava por verdades. E emitia tantos lamentos altos e graves na dor de minha lembrança que, se os ouvissem aqueles que ainda hoje amam o vazio e buscam as mentiras, talvez se abalassem e regurgitassem tudo aquilo, e tu *os atenderias, se te invocassem,*[40] porque *aquele que intercede por nós*[41] morreu da verdadeira morte da carne por nós.

---

33. Sl 143 (142),10.
34. Sl 4,3.
35. Sl 4,4. Na interpretação de Agostinho, o santo é Cristo.
36. Ef 1,20.
37. Jo 14,16-7. Paráclito (do grego *Parakletos*: defensor, intercessor) é um dos epítetos do Espírito Santo.
38. Jo 7,39.
39. Sl 4,3-4.
40. Sl 4,4.
41. Rm 8,34.

10. Lia: *"Enfureçam-se e não pequem"*,[42] e como isso me animava, meu Deus, porque já aprendera a me enfurecer por minhas ações passadas, para que não pecasse nas que me restam, e com razão me enfurecia, porque não era a natureza alheia do povo das trevas que pecava em mim, como dizem os que não se enfurecem e *guardam para si a ira para o dia da ira e da revelação de tua justa sentença*![43] Meus bens já não estavam fora de mim e não os buscava com olhos carnais neste sol daqui. Os que querem gozar do que é exterior facilmente se esvaziam e se dispersam nas coisas que são visíveis e temporais, e lambem as aparências delas com sua imaginação esfomeada. Oh, tomara se cansassem de sua inédia e dissessem: *"Quem nos fará ver o bem?"*![44] Mas digamos, e eles ouçam: *"A luz de teu vulto, Senhor, está gravada em nós"*.[45] Com efeito, não somos nós a luz que *ilumina todo homem*,[46] mas somos iluminados por ti para que nós, *que outrora fomos trevas*, sejamos *luz em ti*.[47] Oh, se vissem a eternidade interior que eu, por tê-la experimentado, fremia de não poder mostrar a eles, oh, se me trouxessem o coração que colocam em seus olhos, fora de ti, e me perguntassem: *"Quem nos fará ver o bem?"*! Lá mesmo, onde me enfurecia contra mim, dentro do meu quarto, onde me arrependia, onde imolava em sacrifício minha velhice e iniciava pela meditação minha renovação, esperando em ti, lá começaste a te tornar doce para mim e *puseste alegria em meu coração*.[48] Lendo, declamava por fora e reconhecia por dentro tudo isso, e não queria multiplicar os

---

42. Sl 4,5 (Vulgata).
43. Rm 2,5.
44. Sl 4,6.
45. Sl 4,7 (Vetus Latina).
46. Jo 1,9.
47. Ef 5,8.
48. Sl 4,7 (Vulgata).

bens terrenos devorando o tempo e sendo devorado pelo tempo, porque encontrara na eterna simplicidade outro *grão, vinho e óleo*.⁴⁹

11. E exclamava, no versículo seguinte, com altos gritos do meu coração: "Oh, *em paz*! Oh, *nele mesmo*! Oh, o que diz? *adormecerei e pegarei no sono*!".⁵⁰ Com efeito, quem estará contra nós, quando *se cumprir a palavra da Escritura: a morte foi absorvida na vitória?*⁵¹ E tu és certamente o *ele mesmo*, o que não muda, e em ti está o repouso esquecido de todas as tribulações, porque não há nenhuma alteridade a se procurar em ti, nem multiplicação de outras coisas que não são o que tu és, mas *tu, Senhor, singularmente, me constituíste na esperança*.⁵² Lia, fervia e não sabia o que fazer com esses mortos e surdos de quem fui solidário, peste, ladrador amargo e cego contra palavras açucaradas pelo mel celeste e luminosas por tua luz, e *detestava os inimigos*⁵³ dessa Escritura.

12. Como relembrar tudo, daqueles dias de férias? Mas não esqueci e não calarei a severidade de teu açoite, nem a admirável rapidez de tua misericórdia. Uma dor de dentes me torturava, e, quando piorou ao ponto de eu não conseguir falar, surgiu em meu coração a ideia de pedir que os amigos que estavam presentes te implorassem por mim, Deus de toda a saúde.⁵⁴ Escrevi isso numa tabuinha de cera e a dei a eles, para que a lessem. Logo que dobramos os joelhos numa atitude de súplica, a dor sumiu. Mas o que era essa dor? E como desapareceu? Espantei-me,

49. Sl 4,8 (Vulgata).
50. Sl 4,9 (Vetus Latina).
51. 1Cor 15,54.
52. Sl 4,10 (Vetus Latina).
53. Sl 139 (138),21.
54. Cf. Sl 38 (37),23.

confesso-o, *Senhor meu Deus meu*:[55] nunca, no decorrer de minha vida, experimentara algo parecido. Mas teus acenos penetraram em mim profundamente e eu, regozijando-me na fé, louvava teu nome, embora aquela fé não me deixasse a salvo dos meus pecados anteriores, ainda não perdoados pelo teu batismo.

v, 13. Acabadas as férias da vindima, resignei demissões, para que os milaneses providenciassem outro vendedor de palavras para seus estudantes, fosse porque já escolhera te servir, fosse porque não estava mais em condições de exercer aquela profissão devido à dificuldade de respiração e à dor de peito. Comuniquei por carta a teu bispo, o santo homem Ambrósio, meus erros passados e minha intenção atual, para que me indicasse qual de teus livros deveria ler preferivelmente para me tornar mais preparado e apto a receber tanta graça. E ele indicou o profeta Isaías, por ser, acredito, o prenunciador mais claro do Evangelho e da vocação dos gentios. Eu, porém, não entendi o primeiro trecho que li e, imaginando que todo o resto fosse assim, posterguei a leitura para quando estivesse mais familiarizado com a linguagem do Senhor.

vi, 14. Então, quando chegou o tempo de inscrever meu nome,[56] deixamos o campo e voltamos a Milão. Alípio quis renascer em ti junto comigo, já revestido da humildade conveniente a teu sacramento e de um solidíssimo domínio do corpo, ao ponto de pisar o solo gelado da Itália de pés descalços, ousadia pouco comum. Trouxemos conosco o garoto Adeodato, nascido carnalmente de mim pelo meu pecado.[57] Tu o fizeras bem: tinha ape-

---
55. Jo 20,28.
56. A inscrição para o batismo era no início da Quaresma (em 387, foi em 10 de março).
57. Ver Livro IV, II, 2 e n. 7.

nas quinze anos, e superava em inteligência muitos homens sérios e eruditos. Confesso a ti teus dons, Senhor meu Deus, criador de tudo e tão poderoso em reformar nossas deformidades: pois não havia nada de mim naquele rapaz, a não ser o pecado. Ainda que o criássemos na tua doutrina, tu a insuflaste em nós, ninguém mais: confesso a ti teus dons. Há um livro meu, intitulado *O mestre*: lá ele dialoga comigo. Tu sabes que são suas todas as opiniões que ali atribuo a meu interlocutor, e ele tinha então dezesseis anos. Experimentei dele muitos outros fatos admiráveis. Sua inteligência me dava arrepios. E quem, além de ti, seria o artífice de tais maravilhas? Tiraste logo a vida dele da terra, e eu o guardo mais seguro na lembrança, nada temendo por sua adolescência, sua juventude e sua maturidade. Trouxemo-lo conosco, como um coetâneo em tua graça, para educá-lo em tua doutrina: fomos batizados, e a angústia da vida passada fugiu de nós. Não me saciava, naqueles dias, da admirável doçura de refletir sobre a excelência de teu julgamento para a salvação do gênero humano. Quanto chorei, comovido profundamente por teus hinos e cânticos, que faziam ressoar suavemente tua igreja! Aqueles sons enchiam meus ouvidos e destilavam a verdade em meu coração; um sentimento pio transbordava dali, e escorria em lágrimas; e elas me faziam bem.

vii, 15. Não havia muito tempo que a igreja milanesa começara a praticar esse gênero de estímulo e consolo, com grande empenho dos irmãos em juntar vozes e corações. Mal se passara um ano, ou pouco mais, que Justina, mãe do imperador criança Valentiniano, perseguira teu homem Ambrósio por causa da heresia dela, porque fora seduzida pelos arianos. O santo povo pernoitava na igreja, pronto a morrer com seu bispo, teu servo. Lá minha mãe, tua ancila, entre as primeiras em solicitude e vigílias, vivia em oração. Nós, ainda frios ao calor de teu

Espírito, contudo sentíamos a tensão da cidade atônita e turbada. Foi então que se estabeleceu cantar hinos e salmos à moda das terras de Oriente, para que o povo não adoecesse de tristeza; e a prática foi mantida desde então até hoje por muitos, aliás, por quase todos os teus rebanhos, e imitada no resto do mundo.[58]

16. Naquela ocasião revelaste em visão ao teu bispo que já nomeei o lugar onde jaziam ocultos os corpos dos mártires Gervásio e Protásio, que por tantos anos preservaste incorruptos no tesouro de teus aposentos, para trazê-los à tona oportunamente a fim de dobrar uma raiva feminina, mas imperial.[59] Com efeito, quando, descobertos e exumados, foram levados com as honras devidas à basílica de Ambrósio, não apenas aqueles que eram atormentados por um espírito impuro sararam, por confissão dos próprios demônios, mas também um cidadão cego havia muitos anos, conhecidíssimo na cidade, tendo per-

---

58. No fim de 385 ou no início de 386, o imperador Velentiniano II, então com doze anos, e sua mãe Justina destinam ao culto ariano duas igrejas milanesas: a Basílica Portiana, fora dos muros da cidade, e a Basílica Nova, dentro deles. Ambrósio, na qualidade de bispo, recusa-se a entregá-las, e o povo católico ocupa os edifícios, que são cercados pelo exército. Segue-se um período de tensão, durante o qual, segundo a tradição, Ambrósio compõe a coleção de hinos hoje conhecidos como ambrosianos, para incitamento e diversão dos ocupantes. Em 2 de abril, a doação é revogada, e Ambrósio obtém assim uma de suas mais marcantes vitórias.
59. A descoberta dos corpos dos mártires Gervásio e Protásio se deu em 386, logo após a disputa entre Ambrósio e a imperatriz pelo controle das basílicas milanesas. As relíquias foram transferidas para uma nova basílica, edificada por vontade de Ambrósio e consagrada naquela ocasião com o nome de *Basilica Martyrium* (Basílica dos Mártires, hoje Basílica de Santo Ambrósio). Cf. Ambrósio, *Carta* 22.

guntado e ouvido a razão da tumultuosa alegria do povo, levantou-se num pulo e pediu ao seu guia que o levasse até o lugar. Conduzido ali, implorou que o deixassem tocar com um lenço o féretro que carregava *a morte de teus santos, valiosa a teus olhos*.[60] Quando o fez e levou o lenço aos olhos, imediatamente eles se abriram. Daí a notícia se espalhar; daí teus louvores arderem, brilharem; daí o ânimo daquela inimiga ser, se não conquistado pela saúde da fé, pelo menos reprimido em sua loucura persecutória. *Ó Deus, eu te dou graças!*[61] De onde e por onde trouxeste minha lembrança, para que eu confessasse a ti esses fatos que, embora grandes, tinha esquecido? E todavia, na época, quando assim exalou *o odor de teus perfumes*, não *corremos atrás de ti*;[62] por isso chorava ainda mais entre as melodias de teus hinos, eu que suspirara por tanto tempo por ti e finalmente te respirava, por quanto o ar possa encher uma cabana de feno.[63]

VIII, 17. *Tu, que fazes morar na mesma casa os que têm uma mesma alma*,[64] juntaste a nós também Evódio, jovem da nossa cidade.[65] Prestara serviço como *agens in rebus*,[66] *voltou a ti*[67] e foi batizado antes de nós, deixando a milícia secular para se alistar na tua. Morávamos e pre-

---

60. Sl 116 (114-5),15.
61. Lc 18,11.
62. Ct 1,3.
63. Talvez referência ao Sl 103(102),15-6 (Vetus Latina): "Ó Homem! Os dias dele são como feno. Como a flor do campo, assim floresce. O sopro de Deus o atravessa e já não é, já não conhece seu lugar". Cf. o comentário de Agostinho a esse salmo.
64. Sl 68 (67),7 (Vetus Latina).
65. Mais tarde bispo de Uzalis, na atual Tunísia. É o interlocutor de Agostinho no diálogo *O livre-arbítrio*.
66. Ver Livro VIII, VI, 15, n. 58.
67. Sl 51 (50),15.

tendíamos continuar morando juntos, segundo uma pia vontade. Procurávamos um lugar em que poderíamos ser mais úteis ao servir-te: juntos, estávamos voltando para a África. Mas enquanto nos encontrávamos em Óstia, à foz do Tibre, minha mãe morreu. Omito muita coisa, porque estou me apressando muito. Aceita minhas confissões e minhas ações de graças, ainda que silenciosas, meu Deus, sobre fatos inumeráveis. Mas não omitirei nada do que minha alma concebeu daquela tua serva que me concebeu na carne, para que eu nascesse nessa luz temporal, e no coração, para a luz eterna. Direi os dons não dela, mas teus nela. Com efeito, não se fez a si mesma nem educou a si mesma: tu a criaste, e nem o pai nem a mãe sabiam como ela seria, ao nascer deles. E a instruíste *no temor de ti sob o cajado*[68] de teu Cristo, na regra de teu Filho único, numa casa devota, bom membro de tua Igreja. Quanto à sua educação, porém, ela louvava a dedicação não tanto de sua mãe, quanto de uma serva decrépita, que já carregara seu pai criança nas costas, como costumam fazer garotas um pouco crescidas com as crianças menores. Por essa razão e por sua velhice e ótimos costumes naquela casa cristã, era tida em muita conta pelos patrões. Por isso, encarregada de cuidar inclusive das filhas dos donos, exercia essa função com muita diligência, e era muito enérgica tanto em corrigi-los com santa severidade, quando fosse necessário, quanto em educá-los com moderação e bom senso. Pois não deixava que bebessem nem água, fora dos horários em que tomavam uma refeição muito modesta na mesa dos pais, ainda que estivessem ardendo de sede, alegando esse saudável raciocínio: "Agora bebeis apenas água, porque não tendes vinho à disposição; mas quando tiverdes marido e fordes donas da despensa e da adega a água parecerá desprezível, enquanto o hábito de beber permanecerá". Assim, recomendando com

---

68. Sl 5,8; 23 (22),4.

argumentos e impondo com autoridade, refreava a cobiça numa idade ainda tenra e conformava a própria sede das crianças a uma decente moderação, para que não desejassem o que não convém.

18. Insinuou-se nela, contudo, como tua serva contava a mim, seu filho, insinuou-se o gosto do vinho. Pois, menina sóbria, costumava ser enviada a tirar vinho do tonel; naquelas ocasiões, depois de imergir o copo pela abertura superior e antes de verter vinho puro no frasco, experimentava um pouco com a ponta dos lábios, não aguentando mais sem que seus sentidos se revoltassem. Com efeito, não fazia isso por desejo de embriaguez, mas pelos excessos transbordantes da idade que borbulham de travessuras e costumam ser represados nas almas infantis pelo peso dos adultos. Assim, acrescentando cada dia um pouco àquele pouco — porque *quem desconsidera o pouco cairá aos poucos*[69] —, adquiriu o hábito, até o ponto de já tomar de um gole cálices quase cheios de vinho puro. Onde estava então aquela idosa sagaz e sua enérgica proibição? Porventura algo teria serventia contra um vício secreto, se tua medicina, Senhor, não vigiasse sobre nós? Na ausência do pai, da mãe e das amas, tu estavas presente, tu, que criaste, tu, que nos chamas e que também realizas algum bem por intermédio dos homens, para a salvação das almas. O que fizeste, então, meu Deus? De onde tiraste o remédio? De onde saraste? Não pegaste de tuas provisões ocultas a repreensão dura e cortante de outra alma, como um ferro cirúrgico, e cortaste de um golpe aquela podridão? De fato, uma criada com que costumava descer à adega, brigando com a pequena patroa, como acontece, de só a só, jogou-lhe na cara aquela culpa com um insulto pesadíssimo, chamando-a de "pequena beberrona". Golpeada por aquele ferrão, ela viu sua torpeza e

---

69. Eclo 19,1.

imediatamente a condenou e abandonou. Assim muitas vezes os amigos pervertem pela adulação, e os inimigos corrigem pela agressão. Porém tu lhes retribuis não pelo que fazes por meio dela, mas pelo que eles pretendiam fazer. Pois aquela criada desejava por raiva exasperar a pequena patroa, não sará-la; e, se foi em particular, foi ou pelo acaso do lugar e do momento da briga, ou talvez para não correr perigo ela mesma, por ter demorado tanto a falar. Mas tu, Senhor, que governas as coisas celestes e terrenas, que retorces para teus fins a torrente profunda e impões ordem ao fluxo turbulento dos séculos, saraste uma alma pela insanidade da outra, para que ninguém, ao ver isso, atribua a seu próprio poder ter emendado pela palavra alguém, mesmo tendo a intenção de emendá-lo.

IX, 19. Assim, educada pudica e sobriamente — mais por ter sido submetida por ti aos seus pais do que por seus pais a ti —, quando chegou à idade núbil foi entregue a um marido que ela serviu como a um senhor e se esforçou por conquistar a ti, falando-lhe de ti pelo seu comportamento, que a tornava bela, amável respeitosamente e admirável aos olhos daquele homem. Tolerava, inclusive, as ofensas da alcova, para que não houvesse nenhum dissabor com o marido quanto a isso. Com efeito, esperava tua misericórdia sobre ele, para que, crendo em ti, se tornasse casto. Ele, de resto, era tão notável em sua benevolência quanto aceso em sua ira. Mas ela sabia não se opor a um homem irado, não apenas com uma ação, mas nem sequer com uma palavra. Quando, porém, o via oportunamente acalmado e tranquilo, então lhe pedia razão de seus atos, se ele se comportara de maneira muito desconsiderada. Enfim, como muitas matronas, cujos homens eram bem mais mansos, carregavam no rosto desfigurado sinais de feridas e comentavam em conversas entre amigas o comportamento de seus maridos, ela, na linguagem delas, repreendendo-as gravemente como se brincasse, dizia que, quando ouviram recitar o assim chamado contrato de casamento, deveriam tê-lo considerado um documento que as tornava servas; portanto, lembrando essa condição, não deveriam se levantar contra seus senhores. E quando elas se espantavam, conhecendo o esposo violento que ela tinha, que nunca se ouvisse falar ou fosse manifesto por algum indício que Patrício tivesse batido na mulher ou que eles tivessem se enfrentado por um único dia numa briga doméstica, e lhe perguntavam amigavelmente a razão, ela lhes ensinava seu procedimento, que descrevi acima; as que o seguiram, depois de experimentá-lo, lhe agradeciam; as que não, continuavam submissas e maltratadas.

20. Até sua sogra, que num primeiro momento se indispôs contra ela pelos mexericos de servas maldosas, foi vencida pela perseverança paciente e mansa de seu tratamento obsequioso, ao ponto em que ela própria denunciou ao filho as más línguas das servas que se intrometiam a turbar a paz doméstica entre ela e sua nora, e pediu uma punição. E depois que ele, fosse para atender ao pedido da mãe, fosse para tutelar a disciplina da casa e garantir a concórdia da família, entregou as denunciadas ao chicote, confiando na discrição da denunciante, esta por sua vez prometeu que qualquer uma que, para agradá-la, lhe falasse mal de sua nora deveria esperar o mesmo castigo. E, como ninguém mais se atreveu a tanto, viveram na doçura de uma memorável benevolência.

21. Também deste àquela tua boa serva, em cujo útero me criaste, *meu Deus, minha misericórdia*,[70] esse grande dom: entre quaisquer pessoas que estivessem em desentendimento e em conflito, ela se oferecia como pacificadora, de maneira que, mesmo ouvindo as afirmações mais ásperas de ambas as partes — do tipo que uma discórdia

---

70. Sl 59 (58),18 (Vulgata).

inchada e indigesta costuma vomitar quando, em presença de uma amiga, a ferocidade dos ódios se manifesta em frases corrosivas —, ela nunca referia as falas de uma à outra, a não ser naquilo que ajudaria a reconciliá-las. E isso me pareceria um bem menor, se não tivesse a triste experiência de multidões inumeráveis que, por não sei que horrenda pestilência de pecados que se alastra a perder de vista, não apenas referem aos inimigos em cólera os ditos de seus inimigos, mas ainda acrescentam coisas que não foram ditas, enquanto, ao contrário, o homem deveria julgar insuficiente para o homem não suscitar ou acrescer pela maledicência as inimizades dos homens, se não se esforçar em extingui-las bendizendo. Assim era ela, aprendendo teu magistério interior na escola do coração.

22. Finalmente, conseguiu trazer a ti também seu marido, no fim da vida temporal dele, e não precisou mais sofrer dele, já fiel, o que suportava quando não era fiel. Era também serva de teus servos. Entre estes, todos os que a conheceram muito te louvavam e honravam e apreciavam por ela, porque sentiam tua presença em seu coração, testemunhada pelos frutos de uma santa convivência.[71] Com efeito, foi *esposa de um só marido, retribuiu a seus pais, cuidou de sua casa piamente, teve a seu favor a testemunha de suas boas obras.*[72] Alimentou seus filhos, voltando a pari-los toda vez que percebeu que se desviaram de ti.[73] Finalmente, cuidou de todos nós, Senhor, que por tua generosidade permites que sejamos chamados teus servos, e que antes de sua morte já vivíamos juntos após ter recebido a graça de teu batismo, como se fôssemos filhos seus; e nos serviu como se ela fosse filha nossa.

---

71. Cf. Tb 14,17 (Vulgata).
72. 1Tm 5,8-10.
73. Cf. Gl 4,19.

x, 23. Porém, aproximando-se o dia em que ela deixaria esta vida — dia que tu conhecias, mas nós ignorávamos —, aconteceu, por obra tua, eu acredito, conforme teus procedimentos ocultos, que eu e ela nos encontrássemos sós, encostados ao peitoril de uma janela que dava para o jardim interno da casa que nos hospedava em Óstia sobre o Tibre, onde, longe da multidão, nos recuperávamos do cansaço de uma longa viagem antes de embarcar. Conversávamos então sozinhos muito suavemente e, *esquecendo-nos do que fica para trás e avançando para o que está adiante*,[74] questionávamos entre nós, em presença da Verdade que tu és, como seria a vida futura dos santos, a vida que *os olhos não viram, os ouvidos não ouviram e o coração do homem não percebeu*.[75] Nós, porém, buscávamos pela boca do coração tua fonte suprema, *a fonte da vida* que *está em ti*,[76] para que, regados segundo nossa capacidade, pudéssemos de alguma maneira conceber algo tão grande.

24. Quando, conversando, chegamos à conclusão de que qualquer prazer dos sentidos carnais, qualquer luz corporal, não nos parecia merecer, já não digo comparação, mas sequer menção diante daquela vida feliz, então, alçados por um sentimento mais intenso rumo ao *idêntico*,[77] percorremos gradativamente todos os seres corporais e o próprio céu de onde o Sol, a Lua e as estrelas

---

74. Fl 3,13.
75. 1Cor 2,9; Is 64,3.
76. Sl 36 (35),10.
77. Em latim: *idipsum*, lit.: *aquilo mesmo, o mesmo*. O termo se encontra nos Sl 4,9 e 122 (121),3 (Vulgata e Vetus Latina) e costuma ser interpretado pelos exegetas antigos como um dos nomes de Deus. Tiramos nossa tradução do comentário de Agostinho ao salmo 122 (121): "O que é o *idipsum*? É o que é sempre idêntico a si mesmo".

iluminam a terra. E subimos daí ainda mais para dentro, pensando, falando e admirando tuas obras, e chegamos às nossas mentes e as transcendemos, para alcançar a região da abundância sem limites, onde nutres Israel em eterno com o alimento da verdade.[78] E lá a vida é a sabedoria, pela qual tudo o que está aqui foi feito, as coisas que foram e as que serão, e ela não foi feita, mas é agora o que foi e sempre será. Ou melhor, o ter sido e o vir a ser não estão nela, mas apenas o ser, porque ela é eterna: pois o ter sido e o vir a ser não são eternidade. E, enquanto falávamos e a desejávamos, a atingimos pela duração total de um batimento do coração; e suspiramos e deixamos guardadas ali as *primícias do Espírito*,[79] e voltamos ao ruído de nossas bocas, onde as palavras começam e acabam. Mas o que há de semelhante à tua Palavra, Nosso Senhor, que permanece sem envelhecer e tudo renova?

25. Dizíamos, então: se em alguém se calar o tumulto da carne, se se calarem as imagens da terra e das águas e do ar, se se calar a abóbada celeste e a própria alma se calar e se ultrapassar deixando de pensar em si mesma, se se calarem os sonhos e as aparições da imaginação, se toda linguagem e todo signo e tudo o que se dá transitoriamente se calar completamente em alguém — porque, para quem as escuta, todas essas coisas dizem: *Nós não fizemos a nós mesmas, quem permanece na eternidade nos fez*[80] —, se dito isso silenciarem, após termos orientado nosso ouvido para quem as fez, e este só falar não por elas, mas por ele mesmo, para que ouçamos sua Palavra, não pela língua carnal ou pela voz de um anjo ou pelo estrondo de uma nuvem ou pela analogia de um enigma, mas ouçamos ela mesma, a que amamos nessas coisas, ela

78. Cf. Ez 34,14.
79. Rm 8,23.
80. Sl 100 (99),3; Sl 33 (32),11.

sem elas, assim como agora nos estendemos e por uma rápida reflexão atingimos a sabedoria eterna que permanece acima de tudo, se isso se prolongar e forem eliminadas as outras visões de um gênero muito inferior e essa única capturar e absorver e imergir seu observador numa beatitude interior, de maneira que a vida eterna seja igual à intuição instantânea de que já temos saudade, não será isto: *Vem alegrar-te com teu Senhor*?[81] E quando isso? Talvez quando *todos ressurgiremos, mas nem todos seremos transformados*?[82]

26. Assim falávamos, ainda que não dessa maneira e com essas palavras, e no entanto, Senhor, tu sabes que naquele dia, depois dessa conversa e depois que, entre uma palavra e outra, o mundo com todos os seus prazeres perdeu valor, então ela disse: "Filho, no que me diz respeito, nada mais me apraz nesta vida. Não sei o que faço aqui e por que ainda estou aqui, esgotada toda esperança neste século. Só havia uma coisa pela qual desejava permanecer nesta vida, e era te ver cristão católico antes de eu morrer. O meu Deus me concedeu isso com sobra, porque te vejo servidor dele, desprezando a felicidade terrena. O que eu faço aqui?".

XI, 27. Não lembro bem o que respondi a essas palavras, mas ela, após um intervalo de cinco dias ou pouco mais, acamou-se com febre. Certa vez, enquanto estava doente, sofreu uma perda de consciência e, por um momento, permaneceu ausente dos que a cercavam. Nós acorremos, mas ela logo readquiriu os sentidos, nos viu, a mim e a meu irmão, à sua cabeceira e, como quem busca algo, nos perguntou: "Onde eu estava?" e então, nos vendo atônitos pela dor, disse: "Enterrem aqui a sua mãe".

81. Mt 25,21.
82. 1Cor 15,51 (Vulgata).

Eu permanecia em silêncio e refreava o choro, mas meu irmão disse alguma coisa sobre ela escolher, como um destino mais feliz, morrer em pátria e não em terra estrangeira. Ouvindo isso, com expressão aflita, o repreendeu com os olhos e, voltando-se para mim, disse: "Veja o que ele fala". Em seguida, aos dois: "Enterrem meu corpo onde for; não se preocupem com ele; só lhes peço isso, que se lembrem de mim no altar de Deus, em qualquer lugar onde estiverem". Explicado esse seu pensamento com as palavras de que era capaz, calou-se, e a doença, agravando-se, a debilitava.

28. Eu, porém, refletindo sobre tuas dádivas, *Deus invisível*,[83] que semeias nos corações de teus fiéis (e delas nascem frutos admiráveis),[84] eu me alegrava e te rendia graças lembrando o que sabia: com quanto afã ela sempre se preocupara da sepultura, que providenciara e preparara para si junto ao corpo do marido. Com efeito, tendo eles vivido sempre em grande concórdia, por essa razão, como a alma humana mal é capaz de compreender as coisas divinas, ela queria que, como prolongamento e memória para os homens daquela felicidade, após sua peregrinação ao além-mar lhe fosse concedido que uma mesma terra encobrisse o que era terra de ambos os cônjuges. Mas quando esse pensamento vão começara a desaparecer de seu coração, graças à plenitude de tua bondade, eu não sabia, e me regozijava maravilhado de ela ter se manifestado dessa forma para mim, muito embora naquela nossa conversa na janela, quando disse: "O que faço aqui?", também não parecesse desejar morrer na pátria. Mais tarde ouvi que certo dia, enquanto estávamos em Óstia, conversando com alguns amigos meus em confidência materna sobre o desprezo desta vida e o bem da

---

83. Col 1,15.
84. Cf. Col 1,6.

morte, estando eu ausente, eles, surpresos da virtude feminina que tu lhe deste, perguntavam se não temia deixar seu corpo tão longe da pátria, ela respondeu: "Nada está longe de Deus, e não há perigo de que ele, no fim dos séculos, não saiba onde me encontrar para me ressuscitar". Então, no nono dia de sua doença, quinquagésimo sexto de sua idade e trigésimo terceiro da minha, sua alma religiosa e pia se separou do corpo.

XII, 29. Fechei seus olhos e uma enorme tristeza inundou meu coração e transbordou em lágrimas, mas meus olhos por um violento imperativo da alma reabsorveram seu fluxo até secá-lo, e essa luta me fazia muito mal. Na verdade, no momento em que ela exalou o último respiro, o rapaz Adeodato desandou a chorar, mas foi reprimido por todos nós e se calou. Da mesma maneira, minha infância, que caía em prantos, era reprimida pela voz de um coração adulto, e se calava. Com efeito, não considerávamos oportuno expressar aquele luto com queixas lacrimosas e gemidos, porque com eles a maioria costuma lamentar a infelicidade dos que morrem, se não sua extinção total. Mas ela não morria infelizmente, nem morria completamente. Tínhamos, como provas certas disso, as testemunhas de seu comportamento e sua *fé não fingida*.[85]

30. O que havia então dentro de mim de tão profundamente dolorido, senão a ferida recente de uma tão doce e cara convivência repentinamente interrompida? Confortava-me seu reconhecimento, quando em sua extrema doença gratificava minhas atenções chamando-me de piedoso e lembrava com um sentimento de grande prazer que nunca recebera de minha boca frases cortantes ou palavras injuriosas. E no entanto, que semelhança, meu Deus, que nos fizeste, que comparação poderia haver en-

---

85. 1Tm 1,5.

tre a devoção que eu lhe prestava e a dedicação dela por mim? Era a perda de seu conforto tão grande que feria minha alma e despedaçava minha vida, porque a minha e a dela se tornaram uma só.

31. Então, reprimido o choro daquele jovenzinho, Evódio pegou o saltério e começou a cantar um salmo, ao qual a casa inteira respondeu: *Vou cantar a misericórdia e o direito, Senhor.*[86] Porém, tendo ouvido o que acontecera, muitos irmãos e mulheres pias acorreram; e enquanto, como de costume, pessoas do ofício se ocupavam dos cuidados fúnebres, eu, num lugar onde podia fazê-lo decentemente, discutia com aqueles que resolveram não me deixar sozinho assuntos adequados à situação, e pelo bálsamo da verdade mitigava o tormento conhecido por ti, mas ignorado por eles, que me ouviam atentamente e julgavam que não sofresse nenhuma sensação de dor. Eu, porém, gritava a teus ouvidos, onde nenhum deles me ouvia, a fragilidade de meu sentimento, e represava o fluxo da tristeza, que cedia um pouco, para então voltar por seu próprio impulso, não ao ponto de eu transbordar em lágrimas ou de mudar minha expressão — mas eu sabia o que oprimia meu coração. E, como me afligia intensamente que tanto poder tivessem sobre mim esses acontecimentos humanos que é necessário que aconteçam segundo a ordem devida e o destino de nossa condição, minha dor doía de outra dor, e uma dupla tristeza me consumia.

32. O corpo foi levado para o enterro: fomos, voltamos sem lágrimas. De fato, nem nas orações que dirigimos a ti, oferecendo o sacrifício de nosso resgate enquanto o cadáver era posto ao lado do sepulcro antes de ser baixado nele, como é costume fazer, nem naquelas orações chorei; mas carreguei o dia inteiro uma tristeza pe-

---

86. Sl 101 (100),1.

sada, e com mente perturbada pedia que sarasses minha
dor, e tu não o fazias, eu acredito, para que guardasse
na memória ao menos uma prova da amarra que todo
hábito proporciona, mesmo em oposição à mente, quando esta já não se nutre de palavras enganadoras. Julguei
bom, inclusive, tomar um banho, porque ouvira que a palavra banho [*balineum*] deriva dos gregos chamarem de
balaneion aquilo que rechaça a angústia da mente.[87] Eis
que confesso até isso a tua misericórdia, *pai dos órfãos*,[88]
porque me lavei e fiquei tal como era antes de me lavar. A
amargura de minha tristeza não escorreu de meu coração.
Então dormi, acordei e encontrei minha dor diminuída de
uma porção não pequena e, enquanto estava só em minha
cama, relembrei os versos verídicos do teu Ambrósio:

Deus criador de tudo
Ordenador do céu que vestes
De dia da beleza da luz
De noite da dádiva do sono

Para que o repouso reconforte
O corpo desfeito da fadiga
Alivie as mentes cansadas
E poupe os aflitos do luto.[89]

33. E então paulatinamente voltava meu sentimento antigo para tua serva, para sua convivência, devota contigo e
santa, doce e condescendente conosco, da qual de repente
era privado, e tive vontade de chorar *diante de ti*, dela e por
ela, de mim e para mim, e soltei as lágrimas que refreava,
para que corressem quanto quisessem, derramando-se sob
meu coração: e o deitei nelas, porque aí estavam os ouvi-

87. *Balaneion* de *ballein anían* (jogar fora a aflição).
88. Sl 68 (67),6.
89. Ambrósio, *Hinos*, I, 2.

dos teus, não aqueles de algum homem que interpretasse com soberba meu choro. E agora, Senhor, o confesso a ti por escrito. Leia quem quiser e interprete como quiser, e se identificar algum pecado no fato de eu chorar por poucos minutos minha mãe — a mãe que então estava morta a meus olhos, que chorou por mim muitos anos para que vivesse a teus olhos — não sorria, mas ao contrário, se tiver caridade grande, chore meus pecados diante de ti, pai de todos os irmãos de teu Cristo.

XIII, 34. Eu, porém, com coração já sarado daquela ferida na qual poderia ser desaprovado o sentimento carnal, derramo diante de ti por tua serva, Deus nosso, um gênero muito diferente de lágrimas, que emanam de um espírito abalado pela consideração dos perigos que corre toda alma que morre em Adão:[90] ainda que ela, vivificada em Cristo já antes de ser separada da carne, tenha vivido de tal maneira que teu nome era louvado pela sua fé e seus costumes, não ouso afirmar que, desde o momento em que a regeneraste pelo batismo, nenhuma palavra contrária a teus preceitos tenha saído de sua boca. E foi dito pela Verdade, teu Filho: *aquele que chamar seu irmão de louco estará sujeito ao fogo da Geena*;[91] e ai das vidas dos homens, mesmo das louváveis, se tu as julgares sem misericórdia! Mas, como não inquires nossas falhas com severidade, esperamos confiantes algum lugar junto de ti. Mas o que enumera quem te enumera seus verdadeiros méritos, senão dádivas tuas? Oh, se os homens se conhecessem como homens e *quem se gloria se gloriasse no Senhor*![92]

35. Eu, então, *meu louvor*[93] e minha vida, Deus *do*

---

90. Cf. 1Cor 15,22.
91. Mt 5,22
92. 2Cor 10,17.
93. Sl 118 (117),14.

meu coração,[94] deixando de lado por um momento suas boas ações, pelas quais, feliz, te rendo graças, te imploro agora pelos pecados de minha mãe; *dá-me ouvido*[95] pelo remédio de nossas feridas que foi pendurado no madeiro e, sentado à tua direita, intercede por nós.[96] Sei que ela agiu misericordiosamente e *perdoou de coração*[97] *as dívidas a seus devedores*; tu também *perdoa suas dívidas*,[98] se ela contraiu algumas nos tantos anos posteriores a seu batismo. Perdoa-a, Senhor, perdoa-a, imploro, *não entres com ela em julgamento*.[99] *A misericórdia desdenhe o julgamento*,[100] porque tuas palavras são verdadeiras e prometeste misericórdia aos misericordiosos; e, se o foram, é porque tu o concedeste a eles, tu, que *farás misericórdia a quem farás misericórdia e terás piedade de quem terás piedade*.[101]

36. E acredito que já fizeste o que te peço, mas *aceita as oferendas espontâneas de minha boca, Senhor*.[102] Com efeito, ela, perto do dia de sua despedida, não dispôs para que seu corpo fosse envolto por tecidos luxuosos ou perfumado por aromas, não desejou um túmulo especial nem se preocupou da sepultura na pátria: não pediu isso de nós, mas apenas ser lembrada no teu altar, que ela serviu sem faltar um dia, o altar onde ela sabia ser partilhada a vítima santa, pela qual foi cancelado *o título de dívida*

94. Sl 73 (72),26
95. Sl 143 (142),1.
96. Rm 8,34.
97. Mt 18,36.
98. Mt 6,12.
99. Sl 143 (142),2.
100. Tg 2,13.
101. Rm 9,15; Ex 33,19.
102. Sl 119 (118),108 (Vulgata).

que existia contra nós,[103] pela qual foi vencido o inimigo que registrava nossos delitos buscando do que nos culpar, e nada encontrou naquele com o qual vencemos. Quem lhe devolverá o sangue inocente? Quem lhe restituirá o preço pelo qual nos resgatou, arrancando-nos dele? Pelo vínculo da fé, tua serva atrelava sua alma ao sacramento desse nosso resgate. Ninguém a separe de tua proteção. O *leão dragão*[104] não se interponha, nem pela força, nem pela astúcia; porque ela não responderá que nada deve, para que o acusador astucioso não a confunda a fim de ganhá-la, mas responderá que suas dívidas foram perdoadas por aquele a quem ninguém poderia devolver o que, sem ter dívidas, devolveu em nosso lugar.

37. Que esteja em paz, então, com seu marido, antes do qual e depois do qual nunca teve homem, que serviu oferecendo-te *o fruto da paciência*,[105] para ganhá-lo também a ti. E inspira, meu Senhor, meu Deus, inspira teus servos, meus irmãos, teus filhos, meus donos, que sirvo com o coração, com a voz e com as letras, para que quantos deles lerem estas linhas se lembrem no teu altar de Mônica, tua serva, com Patrício, que foi seu marido, pela carne dos quais me puseste nesta vida; como, não sei. Lembrem-se com sentimento piedoso dos que foram meus pais, nesta luz transitória; e meus irmãos, sujeitos a ti, Pai, na Mãe Igreja católica; e meus concidadãos, na Jerusalém eterna para a qual suspira teu povo peregrino desde o êxodo até o retorno: para que, por meio de minhas confissões, o que ela me pediu no último instante lhe seja dado com maior abundância nas orações de muitos, e não apenas nas minhas.

---

103. Col. 2,14 (Vulgata).
104. Sl 91 (90),13.
105. Lc 8,15.

Livro x

I, 1. Que eu te conheça, meu conhecedor, *que eu te conheça como sou conhecido*.[1] Virtude da minha alma, entra nela e captura-a, para que a tenhas e possuas, *sem mancha nem ruga*.[2] Esta é minha esperança, por isso falo e daquela esperança gozo,[3] quando gozo saudavelmente. O resto da vida é tão menos deplorável quanto mais o deploramos, e tanto mais deplorável quanto menos o deploramos. Com efeito, *eis que amas a verdade*,[4] porque *quem a pratica vem à luz*.[5] Quero praticá-la diante de ti em meu coração pela confissão, e diante de muitas testemunhas pelos meus escritos.

II, 2. Aliás, mesmo que eu não quisesse confessar a ti, há algo em mim que te seja encoberto, Senhor, *aos olhos de quem estão nus*[6] os abismos da consciência humana?[7] Esconder-te-ia de mim, não me esconderia de ti. Mas, agora que meu lamento dá testemunha de que eu desagra-

---

1. 1Cor 13,12.
2. Ef 5,27.
3. Cf. Rm 12,12.
4. Sl 51 (50),8.
5. Jo 3,21.
6. Hb 4,13.
7. Cf. Eclo 42,18.20.

do a mim mesmo, tu resplandeces e agradas e és amado e desejado, para que me envergonhe de mim e me despreze e te busque e não agrade nem a mim nem a ti senão por causa de ti. Pois a ti, Senhor, eu sou manifesto, seja o que eu for; e já disse qual é o proveito de minha confissão. E não a pronuncio pelos sons e palavras da carne, mas pelas palavras da alma e o clamor do pensamento, que teu ouvido conhece. Com efeito, quando sou mau, confessar a ti não é senão desgostar de mim mesmo, mas quando sou piedoso confessar a ti nada mais é que não atribuí-lo a mim mesmo, porque tu, Senhor, *abençoas o justo*,[8] mas antes *justificas o ímpio*.[9] Minha confissão, portanto, se faz *diante de ti*,[10] em silêncio e não em silêncio: silenciosa pelo ruído, mas gritante pelo sentimento. E nada digo de justo aos homens que antes não o tenha ouvido de ti, ou então nada de justo ouves de mim que antes não me tenhas dito.

III, 3. Mas então o que eu tenho a ver com os homens, para que escutem minhas confissões, como se devessem *curar todos os meus males*?[11] Raça curiosa de conhecer a vida alheia, preguiçosa em corrigir a sua! Por que querem ouvir de mim quem eu sou, se não querem ouvir de ti quem eles são? E, se ouvirem de mim sobre mim mesmo, como saberão que digo a verdade, quando *ninguém dentre os homens sabe o que é do homem, senão o espírito do homem que está nele*?[12] Mas, se ouvirem de ti sobre eles mesmos, não poderão dizer "O Senhor mente". Com efeito, o que é ouvir de ti sobre si senão se conhecer? E quem pode conhecer e dizer: "é falso", sem mentir? Mas,

8. Sl 5,13.
9. Rm 4,5.
10. Sl 96 (95),6.
11. Sl 103 (102),3.
12. 1Cor 2,11.

como *a caridade tudo crê*[13] — pelo menos entre aqueles que, juntando-os a si, torna uma coisa só —, eu, Senhor, confesso a ti de maneira que os homens também ouçam, ainda que a eles não possa demonstrar que confesso a verdade; mas acreditam em mim aqueles que me prestam ouvidos que a caridade desobstruiu.

4. Tu, porém, meu médico interior, esclarece-me o proveito do que faço. Com efeito, as confissões de minhas faltas passadas — que perdoaste e encobriste[14] para que eu fosse feliz em ti, que mudas minha alma pela fé e pelo teu sacramento — tais confissões, quando lidas e ouvidas, despertam o coração para que não durma no desespero e diga "não posso", mas permaneça acordado no amor de tua misericórdia e na doçura de tua graça, força de todo fraco que por meio dela se torna consciente de sua fraqueza. E aos bons agrada ouvir as faltas passadas daqueles que já se livraram delas; e não lhes agrada porque são faltas, mas porque já foram, e já não são. Mas então qual o proveito, meu Senhor a que todo dia minha consciência confessa, confiando mais na esperança de tua misericórdia do que em sua inocência, qual o proveito, digo, de confessar também, por esses escritos, aos homens e diante de ti, o que eu sou agora, e não apenas o que fui? De confessar o que fui vi o proveito, e já o lembrei. Mas muitos desejam conhecer também o que sou agora, neste momento mesmo de minhas confissões — pessoas que me conhecem e que não me conhecem, que me ouviram falar ou ouviram falar de mim —, mas seus ouvidos não têm acesso a meu coração, onde eu sou o que sou. Querem, então, ouvir de mim a confissão do que sou por dentro, onde nem os olhos, nem os ouvidos, nem a mente podem enxergar; mesmo assim, querem acreditar em mim: mas

---

13. 1Cor 13,7-8.
14. Cf. Sl 32 (31),1.

me conhecerão? A caridade, que os torna bons, lhes diz que não minto quando confesso de mim, e é ela que, neles, acredita em mim.

IV, 5. Mas para qual proveito querem isso? Talvez desejem se congratular comigo, quando ouvirem quanto me aproximo de ti pela tua dádiva, e rezar por mim, quando ouvirem quanto me atraso pelo meu peso? A esses me mostrarei. Porque não é pequeno o proveito, Senhor meu Deus, se *obtivermos tua graça pela intercessão de muitas pessoas*[15] e muitos a ti rogarem a meu favor. Que a alma fraterna ame em mim o que ensinas deve ser amado, e compadeça em mim o que ensinas deve ser compadecido. Faça-o a alma fraterna, não a estranha, não a *dos filhos dos estrangeiros, cuja boca fala mentiras, e cuja direita é direita do perjúrio*,[16] mas a alma fraterna que, quando me aprova, se alegra por mim, e, quando me reprova, se entristece por mim, porque, quer me aprove quer me reprove, gosta de mim. A esses, me mostrarei: respirem pelos meus bens, suspirem pelos meus males. Meus bens são teus feitos e teus dons; meus males, delitos meus e punições tuas. Respirem por aqueles e suspirem por estes, e hinos e choros subam à tua presença de corações fraternos, teus turíbulos. Mas tu, Senhor, deliciado pelo bálsamo de teu santo templo, *tem piedade de mim segundo tua grande misericórdia*[17] *por causa de teu nome*[18] e, nunca abandonando o que começaste, leva a termo minhas imperfeições.

6. Nisso está o proveito de minhas confissões, não acerca daquilo que fui, mas daquilo que sou, para que

---

15. 2Cor 1,11.
16. Sl 144 (143),7-8.
17. Sl 51 (50),3.
18. Sl 25 (24),11; 79 (78),9; 109 (108),21.

confesse não apenas diante de ti, em secreta exultação com *tremor*[19] e em secreto amargor com esperança, mas também aos ouvidos dos crentes filhos dos homens, companheiros do meu gozo e parceiros de minha condição mortal, concidadãos meus e peregrinos comigo, os que me precederam, os que me seguirão e os que me acompanham na vida. Eles são teus servos e meus irmãos, filhos teus que quiseste que fossem meus senhores, porque ordenaste que os servisse, se quisesse viver de ti contigo. E essa tua palavra teria sido insuficiente para mim, se a prescrevesses pela fala, e não a antecipasses também pela ação. E eu a cumpro nas palavras e nos atos, e a cumpro à sombra de tuas asas,[20] porque o perigo seria grande demais se *minha alma não estivesse submetida a ti* à sombra de tuas asas[21] e minha fraqueza não te fosse conhecida. Sou uma criancinha, mas meu pai vive para sempre e meu tutor é capaz; pois quem me gerou e quem me tutela é o mesmo, tu mesmo és todos os meus bens, tu, onipotente, que estás comigo desde antes que eu estivesse contigo. Mostrarei então, àqueles que me ordenaste servir, não aquilo que fui, mas aquilo que já me tornei e aquilo que ainda sou; *mas eu não julgo a mim mesmo*.[22] Que assim também seja ouvido.

v, 7. Tu, com efeito, me julgas, Senhor, porque, ainda que ninguém *conheça o homem, dentre os homens, senão o espírito do homem, que está nele*,[23] contudo há algo do homem que nem o espírito do homem que está nele sabe, mas tu, Senhor, que o fizeste, sabes tudo dele. Eu, porém, embora me rebaixe diante de ti e me considere *terra e cin-*

---

19. Sl 2,11; cf. Fl 2,12.
20. Sl 17(16),8; 36 (35),8.
21. Sl 62 (61),2 (Vulgata).
22. 1Cor 4,3.
23. 1Cor 2,11.

za,²⁴ todavia sei algo de ti, que não sei de mim. Certamente, *vemos em espelho e por enigma*, não ainda *face a face*.²⁵ Por isso, enquanto peregrino longe de ti, estou mais presente a mim mesmo do que a ti e, no entanto, sei de ti que não podes ser atingido por nada; mas de mim não sei a quais tentações poderei resistir e a quais não poderei. Mas existe a esperança (porque tu és fiel) de *que tu não deixas que sejamos tentados além daquilo que podemos suportar*, e que *junto com a tentação crias também um meio de sair dela para que possamos enfrentá-la*.²⁶ Confessarei então o que sei de mim, confessarei também o que não sei de mim, porque, o que sei de mim, o sei pela tua iluminação, e o que não sei de mim, não o saberei até que *minhas trevas se tornem como o meio-dia*²⁷ no teu rosto.

VI, 8. Amo-te, Senhor, não com consciência duvidosa, mas certa. Percutiste meu coração com tua Palavra, e te amei. Mas também o céu e a terra e todas as coisas que estão neles me dizem de todo lugar que te ame, e não cessam de dizê-lo a todos os homens, *para que não tenham desculpa*.²⁸ Porém, num nível mais profundo, tu *terás piedade de quem quiseres ter piedade, e serás misericordioso com quem quiseres ser misericordioso*:²⁹ sem isso, céu e terra falam teus louvores aos surdos. Mas o que amo, quando te amo? Não a forma de um corpo nem a elegância de um ritmo, não a claridade da luz amiga destes meus olhos, não as doces melodias cantadas em todos os tons, não o cheiro suave de flores, unguentos e perfumes, não o maná ou o mel, não os membros que

---

24. Gn 18,27.
25. 1Cor 13,12.
26. 1Cor 10,13.
27. Is 58,10.
28. Rm 1,20.
29. Rm 9,15; Ex 33,19.

recebem os amplexos carnais: não amo tudo isso, quando amo meu Deus. E, no entanto, amo certa luz e certo som e certo cheiro e certo alimento e certo amplexo, quando amo meu Deus, luz, som, cheiro, alimento, amplexo do meu homem interior, onde brilha para minha alma aquilo que não ocupa um lugar e onde ressoa aquilo que o tempo não consome e onde cheira aquilo que o vento não dissipa e onde se saboreia aquilo que a voracidade não diminui e onde se abraça aquilo que a saciedade não separa. É isso que amo, quando amo meu Deus.

9. E o que é isso? Perguntei à massa do mundo sobre meu Deus, e ela me respondeu: "Não sou eu, mas *ele me fez*".[30] Perguntei à terra, e ela disse: "Não sou eu"; e tudo o que está nela confessou o mesmo. Perguntei ao mar, aos abismos e aos seres vivos que rastejam, e responderam: "Não somos teu Deus; procura acima de nós".[31] Perguntei aos ventos que sopram e todos os ares com seus habitantes disseram: "Anaxímenes errou: não somos Deus". Perguntei ao céu, ao Sol, à Lua, às estrelas: "Tampouco somos o Deus que procuras", disseram. E disse a todos eles, que rodeavam minha carne por fora: "Falai-me do meu Deus, porque vós não sois, dizei-me algo dele". E eles exclamaram com voz poderosa: *"Ele nos fez"*.[32] Minha intenção[33] era minha pergunta e a aparência deles era a resposta. Voltei-me então para mim mesmo e perguntei: "Tu, quem és?", e respondi: "Um homem". E eis que se me apresentam um corpo e uma alma: um, exterior; a

---

30. Algumas edições colocam essa frase no fim do parágrafo. Aqui sigo a lição do *Corpus Christianorum*.
31. Cf. Jó 28,12-4.
32. Sl 100 (99),3.
33. Lat.: *intentio*. Na terminologia agostiniana, indica um movimento da vontade, espontâneo ou não, em direção a alguma coisa. Cf. Livro XI.

outra, interior. Em qual deles devo procurar meu Deus, que já procurei pelos corpos da terra até o céu, até onde pude enviar os mensageiros de meus raios oculares? Mas o interior é melhor. Com efeito, é a ele que se referiam todos os mensageiros corporais, como a um supervisor e juiz das respostas do céu e da terra e de tudo o que está neles, quando diziam: "Não somos Deus" e "*Ele nos fez*". O homem interior conhece isso pela ação do exterior; eu, o interior, conheci essas coisas, eu, eu alma, pelos sentidos do meu corpo.

10. Mas essa aparência não se manifesta para todos que tiverem seus sentidos íntegros? Por que não diz a mesma coisa a todos? Os animais pequenos e grandes a veem, mas não podem perguntar. Com efeito, neles a razão julgadora não governa as mensagens dos sentidos. Os homens podem perguntar, para que *a realidade invisível de Deus se torne inteligível através das criaturas*;[34] mas se submetem às criaturas por amor, e submetidos a elas não podem julgá-las. E estas não respondem senão a quem as interroga como juiz, e não mudam sua voz, isto é, sua aparência, se um apenas as vê e outro, ao vê-las, as interroga; não se mostram de um modo para um e de outro para outro, e sim, embora se mostrem do mesmo modo para ambos, para um permanecem mudas, e ao outro falam; ou melhor, falam para todos, mas só as entendem aqueles que cotejam a voz proveniente de fora com a verdade de dentro. De fato, a Verdade me diz: "A terra e o céu e todos os corpos não são Deus". A natureza deles diz isso: é uma massa que se oferece à vista, menor na parte do que no todo. Já tu és melhor, falo de ti, alma, porque tu animas a massa de teu corpo e lhe forneces a vida, que nenhum corpo fornece ao corpo. Mas teu Deus, para ti, é a vida da vida.

---

34. Rm 1,20.

vii, 11. O que amo, então, quando amo meu Deus? Quem é aquele que está acima da cabeça de minha alma? Subirei até ele pela minha própria alma. Ultrapassarei minha faculdade pela qual me junto ao corpo e preencho de vida seu organismo. Não é nessa faculdade que encontro meu Deus: com efeito, ela se encontra até *no cavalo e no jumento, que não compreendem*,[35] e é a mesma por que vivem também seus corpos. Há outra faculdade, pela qual não apenas vivifico, mas proporciono o sentido à minha carne, que Deus fez para mim, ordenando aos olhos que não ouçam e aos ouvidos que não vejam, mas àqueles, que eu veja por eles, e a estes, que eu ouça por eles, e fixando aos outros sentidos, singularmente, sedes e funções próprias; essas diferentes ações, porém, eu as realizo neles permanecendo um — eu, a alma. Ultrapassarei também essa faculdade minha — com efeito, igualmente a possuem o cavalo e o jumento: eles também sentem pelo corpo.

viii, 12. Ultrapassarei também essa faculdade de minha natureza, então, subindo por graus até aquele que me fez — e eis que chego aos campos e aos amplos palácios da memória, onde se encontram tesouros de inumeráveis imagens de todo tipo de objeto, trazidas pelos sentidos. Lá está guardado também tudo o que imaginamos, aumentando ou diminuindo ou transformando de qualquer maneira aquilo que foi captado pelos sentidos, ou qualquer outra coisa confiada a eles e neles depositada, que ainda não tenha sido absorvida e sepultada pelo esquecimento. Quando estou ali, peço que se apresente o que procuro, e algumas coisas aparecem imediatamente, outras são buscadas por mais tempo e emergem como de repositórios mais ocultos; outras irrompem em bandos e, enquanto se pede e busca outra coisa, se interpõem como se dissessem: "Por acaso somos nós?", e eu as afasto com

---

35. Sl 32 (31),9.

a mão do meu coração da frente de minha lembrança, até que o que quero se desanuvie e venha à minha presença de um lugar escondido. Outras surgem facilmente em séries ordenadas segundo as chamo, as anteriores cedem o passo às seguintes, e ao cedê-lo são reconduzidas ao lugar de onde voltarão a se apresentar quando eu quiser. Isso acontece quando narro algo de cor.

13. Ali se encontram conservadas distintamente, segundo os gêneros, as sensações que entraram cada uma pela respectiva porta: a luz e todas as formas e cores pelos olhos, toda espécie de som pelos ouvidos e todos os cheiros pela porta das narinas, todos os sabores pela porta da boca, mas aquilo que é duro, que é mole, quente ou frio, liso ou áspero, pesado ou leve, tanto exterior quanto interior ao corpo, entra pelo sentido do corpo inteiro. Tudo isso é acolhido no grande abrigo da memória, em não sei que dobra secreta e inefável, para ser retomado, quando for necessário, e trazido de volta. E todas as sensações, cada uma pela respectiva porta, entram nela e são depositadas nela. Não entram elas mesmas, contudo, mas as imagens das sensações das coisas ficam ali à disposição do pensamento de quem as relembra. E essas imagens, quem poderia dizer como se formam, ainda que seja evidente por quais sentidos são captadas e depositadas ali dentro? Pois, mesmo quando estou na escuridão e no silêncio, produzo cores em minha memória, se quiser, e distingo o branco do preto, e qualquer outra cor que queira, e os sons não se intrometem perturbando o exame daquilo que foi colhido pelos olhos, muito embora eles também estejam lá, mas como que latentes em outro recanto. Com efeito, posso chamá-los também, se me agradar, e logo se apresentam, e com língua inerte e garganta calada canto quanto quiser, e as imagens das cores, não menos presentes, não se intrometem e não me interrompem, enquanto trago de volta outro tesouro, que entrou pelos ouvidos.

Assim recordo como quero o restante, que é recolhido e introduzido pelos outros sentidos, e distingo o aroma dos lírios do das violetas sem precisar cheirar, e prefiro o mel ao mosto, o liso ao áspero sem nada saborear e apalpar no momento, mas lembrando.

14. Faço isso internamente, no enorme palácio de minha memória. Nela estão à disposição o céu e a terra juntos com tudo aquilo que pude sentir neles, com exceção do que esqueci. Lá eu mesmo me encontro e me lembro: o que fiz, quando, onde e de que maneira, e o que senti enquanto o fazia. Lá está tudo aquilo que lembro ter experimentado ou acreditado. Daquela mesma abundância retiro outras e outras imagens de coisas que experimentei ou que acreditei na base daquilo de que tinha experiência, e as associo a fatos do passado, e inclusive imagino a partir delas ações, acontecimentos e esperanças futuras, e reflito sobre tudo isso como se estivesse de novo à mão. "Farei isto e aquilo", digo em mim mesmo naquela grande dobra de minha alma repleta de tantas e tantas imagens, e isto ou aquilo acontece. "Oh, se ocorresse isto ou aquilo!"; "Deus não queira isto ou aquilo!": digo em mim mesmo e, quando o digo, estão ao meu alcance as imagens de tudo o que digo, saídas do mesmo tesouro da memória, e não diria nada, se não estivessem.

15. É grande essa faculdade da memória, sobremaneira grande, meu Deus, aposento amplo e infinito. Quem poderia alcançar seu fundo? E essa faculdade é da minha alma, pertence à minha natureza, mas nem eu posso abarcar tudo o que sou. Logo, a alma é estreita demais para conter a si mesma. Mas onde poderia estar aquilo que não cabe em si mesmo? Fora de si mesmo e não em si mesmo, por acaso? Como, então, não cabe? Grande admiração surge em mim por causa disso, a estupefação me arrebata. E os homens vão admirar a altura das monta-

nhas, as ondas ingentes do mar, as quedas enormes dos rios, a amplidão do oceano, as órbitas das estrelas, mas se esquecem de si mesmos e não se admiram de que tudo isso que acabei de dizer eu não o via com os olhos, e no entanto não o teria dito se montanhas e ondas e rios e estrelas, que vi, e o oceano, no qual acredito, não os visse interiormente em minha memória, tão grandes em dimensão, como se os visse lá fora. Contudo, não os absorvi ao vê-los, quando os vi pelos olhos, nem estão dentro de mim eles mesmos, e sim as imagens deles, e sei por qual sentido corporal foram gravadas em mim.

IX, 16. Mas não apenas elas estão guardadas neste enorme receptáculo de minha memória. Lá está também, como num lugar mais interno que não é um lugar, tudo o que aprendi e ainda não esqueci sobre as disciplinas liberais. E delas não carrego as imagens, mas as próprias coisas. Com efeito, o que é a gramática, o que é a arte dialética, quantos são os gêneros de argumentação, tudo o que sei disso está na minha memória não como se, retendo a imagem, eu deixasse seu objeto fora de mim; ou como se ele soasse e desaparecesse, à maneira de um som que imprime seu rasto nos ouvidos e, quando lembrado, é como se soasse, embora já não soe; ou como um cheiro que, enquanto passa e se dissolve no vento, alcança o olfato e daí leva para a memória a sua imagem, que retomamos ao recordá-lo; ou como a comida, que certamente já não tem sabor no estômago, todavia é como se o tivesse na memória; ou como algo que é sentido no contato do corpo e que, mesmo separado de nós, é imaginado pela memória. De fato, essas coisas não penetram nela, mas apenas suas imagens são captadas com maravilhosa presteza e colocadas em escaninhos maravilhosos, de onde maravilhosamente reaparecem, quando lembradas.

x, 17. Porém, quando ouço que os gêneros de argu-

mentação são três — se é, o que é e como é —,³⁶ retenho
as imagens dos sons de que essas palavras são feitas e sei
que eles atravessaram o ar ruidosamente e agora já não
existem. Mas, as coisas que eram significadas por aqueles
sons, não as percebi com os sentidos do corpo e não as vi
em lugar nenhum a não ser em minha alma. Guardei na
memória não suas imagens, mas elas mesmas: que elas
digam por onde penetraram em mim, se puderem. Com
efeito, percorro todas as portas de minha carne e não encontro
por onde poderiam entrar. Os olhos dizem: "Se
tiverem cor, nós as anunciamos"; os ouvidos dizem: "Se
ressoarem, são registradas por nós"; as narinas dizem:
"Se cheiram, por nós são transmitidas"; diz também o
sentido do gosto: "Se não for um sabor, não o pergunte
a mim"; o tato diz: "Se não for corpóreo, não o apalpei;
se não o apalpei, não o assinalei". De onde e por onde
entraram elas na minha memória? Não sei como: de fato,
quando as aprendi, não acreditei no coração de outro,
e sim as reconheci no meu e as aprovei como verdadeiras
e as confiei a ele como se voltasse a depositá-las num
lugar de onde poderia retirá-las quando quisesse. Logo,
estavam ali mesmo antes que eu as aprendesse, mas não
estavam na memória. Onde, então? E por que, quando
foram ditas, as reconheci e disse: "Assim é, é verdade",
senão porque já estavam na memória, mas tão remotas e
ocultas, como em cavidades mais profundas, que, se não
fossem desenterradas pelo estímulo de alguém, eu talvez
não pudesse pensá-las?

XI, 18. Descobrimos, quanto a isso, que aprender algo
de que não recebemos imagens pelos sentidos, mas que discernimos
interiormente sem imagens, assim como é, por
ele mesmo – aprender isso não é senão, por assim dizer,

36. *An sit, quid sit, quale sit*, categorias tradicionais da argumentação retórica.

recolher cogitando aquilo que a memória já continha espalhado e desordenado e, ao percebê-lo, prestar atenção a ele, como se aquilo que antes, disperso e esquecido, ficava latente, o colocássemos ao alcance da mão na própria memória, de maneira que se apresente facilmente à nossa intenção já familiarizada com ele. E, como minha memória manipula dessa forma muitos conteúdos que já foram encontrados e, como disse, colocados ao alcance, dizemos que ela aprendeu e conhece. Mas se eu deixar de lembrá-los regularmente, por curtos intervalos de tempo, eles voltam a afundar e se escondem em nichos mais distantes e é preciso excogitá-los mais uma vez a partir dali (porque, de fato, eles não têm outro lugar), como se fossem novidades, e de novo reuni-los para que possam ser conhecidos, ou seja, quase resgatá-los de certa dispersão — e é por isso que falamos em *cogitar*. Com efeito, *cogito* é frequentativo de *cogo* (reunir), como *agito* (agitar) o é de *ago* (mexer) e *factito* (fazer frequentemente), de *facio* (fazer). A mente, porém, reivindicou essa palavra especificamente para si, de maneira que recolher, não em qualquer lugar, mas apenas na mente, é dito com propriedade *cogitar*.

XII, 19. A memória contém também os princípios e as leis inumeráveis dos números e das medidas, e nenhum deles foi impresso por sentidos corporais, porque não têm cor nem som, não cheiram, não têm sabor e não são palpáveis. Ouvi o som das palavras pelas quais são significados, quando se fala deles, mas as palavras são uma coisa; eles são outra. Com efeito, as palavras são diferentes em grego e em latim; eles não são nem gregos, nem latinos, nem de outro gênero de língua. Vi linhas finíssimas traçadas por artistas, como fios de aranha; mas aquelas linhas são outras, não são imagens das que os olhos carnais me mostram; as conhece quem as reconhece interiormente, sem pensar em um corpo qualquer. Também percebi por todos os sentidos do corpo os números de tudo o que numeramos; mas aqueles outros, pelos quais numeramos, não são imagens destes, e é por isso que eles são verdadeiramente. Ria de mim quem não entende, quando digo isso; eu terei dó de quem ri.

XIII, 20. Todas essas coisas, as guardo na memória; e a maneira como as aprendi, guardo-a na memória; muitas coisas absolutamente falsas que foram ditas contra elas, as ouvi e também as guardo na memória; porque, ainda que sejam falsas, lembrar-me delas não é falso. Distingui aquelas verdades das falsidades ditas contra elas, e isso também lembro, e uma coisa é perceber que faço essa distinção agora, outra lembrar que a fiz outras vezes, sempre que refletia sobre elas. Lembro, portanto, que muitas vezes as percebi interiormente, e aquilo que distingo e percebo agora o deposito na memória, para lembrar mais tarde que o percebi agora. Logo, lembro também que lembro, de maneira que, mais tarde, se lembrar do que pude guardar agora na memória, ainda o lembrarei graças à faculdade da memória.

XIV, 21. A mesma memória contém também as afecções de minha mente, não da maneira como a mente as possui quando as experimenta, mas de uma forma muito diferente, como é próprio da faculdade da memória. De fato, lembro que fui alegre sem ficar alegre; e me recordo de minha tristeza passada sem ficar triste; e sem medo rememoro que certa vez tive medo; e estou ciente, sem desejo, de meu desejo antigo. Às vezes, se dá até o contrário: relembro alegre minha tristeza extinta; triste, a alegria. Isso não é de admirar, quando se trata do corpo: com efeito, uma coisa é a mente, outra o corpo. Assim, não admira que eu lembre com prazer uma dor corporal que passou. Nesse caso, porém, sendo a mente a própria memória — pois, quando confiamos algo à memória de alguém, para que o guarde, dizemos: "Atenção, tenha isso em mente", e, quando o esquecemos, dizemos: "Não me vem à mente" e "me fugiu da mente", chamando de mente a própria memória — então, como é que, quando lembro alegre minha tristeza passada, a mente abriga a alegria e a memória, a tristeza, mas a mente está alegre porque nela está a alegria, enquanto a memória, embora nela esteja a tristeza, não está triste? Por acaso ela não pertence à mente? Quem diria isso? Realmente, então, a memória é como um estômago da mente, a alegria e a tristeza como alimentos doces e amargos: quando são enviados à memória, podem ser depositados ali como dentro de um ventre, mas não podem conservar o sabor. Assemelhar essas duas operações é risível; contudo, não são de todo dessemelhantes.

22. Mas eis que, quando digo que as perturbações da alma são quatro: desejo, alegria, medo e tristeza,[37] tiro isso da memória; e qualquer coisa que eu possa argumentar a respeito delas, dividindo-as em espécies singulares, cada uma segundo seu gênero, e definindo-as, é lá que encontro o que dizer e é de lá que o trago. Contudo, não sou perturbado por nenhuma daquelas perturbações, quando as evoco relembrando-as, e antes de ser evocadas e trazidas de volta já estavam lá: é por isso que, graças à lembrança, pude regurgitá-las. Pode ser, portanto, que como o alimento retorna do ventre na ruminação, assim esses conteúdos retornem da memória na lembrança. Por que então quem argumenta, isto é, quem lembra, não sente na boca do pensamento a doçura da alegria ou a amargura da tristeza? Talvez a comparação seja dessemelhante nisso, por não ser semelhante em tudo? Com efeito, quem falaria voluntariamente desses assuntos, se cada vez que nomeássemos a tristeza ou o medo fôssemos obrigados

---

37. Divisão tradicional, talvez de origem estoica. Cf. Cícero, *De Finibus*, III, 35 e *Tusculanae*, IV, 11.

a nos entristecer e temer? Não falaríamos deles, contudo, se não encontrássemos na memória não apenas o som dos nomes, segundo imagens impressas pelos sentidos do corpo, mas também as noções das próprias coisas, que não recebemos de nenhuma janela da carne, mas que a própria mente, sentindo-as pela experiência de suas paixões, as confiou à memória, ou esta as abrigava mesmo que ninguém lhas tivesse confiado.

xv, 23. Mas, se isso acontece por imagens ou não, quem poderia dizê-lo facilmente? De fato, nomeio uma pedra, nomeio o Sol, quando as próprias coisas não estão presentes aos meus sentidos: sem dúvida, as imagens deles estão disponíveis na memória. Nomeio a dor do corpo, e ela não está presente quando nada dói. Mas, se não estivesse presente a imagem dela em minha memória, não saberia o que digo e argumentando não a distinguiria do prazer. Nomeio a saúde do corpo quando meu corpo é saudável: ela está presente para mim. Mas, se a imagem dela não estivesse também em minha memória, de maneira alguma lembraria o que significa o som daquele nome, e os doentes não entenderiam o que se está dizendo quando a saúde é nomeada, se não guardassem a mesma imagem pela faculdade da memória, embora a própria coisa esteja ausente do corpo. Nomeio os números, pelos quais numeramos: eis que estão em minha memória não as imagens deles, mas eles mesmos. Nomeio a imagem do Sol, e ela está em minha memória; não, porém, a imagem de sua imagem, mas a própria imagem é que lembro: ela mesma está à disposição para que a lembre. Nomeio a memória e sei o que nomeio. E onde o sei, senão na própria memória? Porventura ela também estaria em si mesma por imagem, e não por ela mesma?

xvi, 24. Mas o quê? Quando nomeio o esquecimento e imediatamente reconheço o que nomeio, como poderia reconhecê-lo, se não me lembrasse dele? Não estou falando do som de seu nome, mas da coisa significada: se a tivesse esquecido, não seria capaz de reconhecer a que corresponde aquele som. Logo, quando lembro a memória, ela está disponível por si mesma na própria memória; mas, quando lembro o esquecimento, ao mesmo tempo estão à disposição a memória e o esquecimento; a memória, pela qual lembro; e o esquecimento, que é o que lembro. Mas o que é o esquecimento senão a privação da memória? De que maneira, então, está presente para que o lembre, se quando está presente não o posso lembrar? Mas, se o que lembramos o conservamos na memória, e se de maneira alguma poderíamos reconhecer o que é significado ouvindo seu nome se não lembrássemos o esquecimento, a memória então conserva o esquecimento. Logo, está presente para que não o esqueçamos aquilo que nos faz esquecer quando está presente. Deveríamos entender por isso que o esquecimento não está na memória por si mesmo quando o lembramos, mas pela sua imagem, porque, se estivesse presente por si mesmo, faria com que não lembrássemos, mas ao contrário esquecêssemos? Quem finalmente poderá indagar isso? Quem compreenderá como ele é?

25. Eu certamente, Senhor, trabalho nisso e trabalho em mim mesmo: tornei-me para mim uma terra de muita dificuldade e suor.[38] Pois agora não estamos *explorando as regiões do céu*,[39] medindo a distância entre as estrelas ou investigando o baricentro terrestre: sou eu quem lembra, eu, a mente. Não surpreende tanto que esteja longe de mim algo que eu não sou; mas o que há de mais pró-

---

38. Cf. Gn 3,17-9.
39. "Ninguém olha o que está diante dos pés, mas exploramos as regiões do céu", citado duas vezes por Cícero: na *República*, I, 30, como verso da *Iphigenia* de Ênio; em *A divinação*, II, XII, como sentença de Demócrito.

ximo de mim do que eu mesmo? E eis que a faculdade de minha memória não é compreendida por mim, embora eu nem pudesse nomear a mim mesmo sem ela. Com efeito, o que poderia dizer, se é certo para mim que eu lembro o esquecimento? Direi, por acaso, que não está em minha memória algo que lembro? Direi que o esquecimento está em minha memória justamente por isso, para que não esqueça? Ambas as alternativas são o cúmulo do absurdo. Mas quanto à terceira? Como poderia dizer que minha memória guarda a imagem do esquecimento, não o próprio esquecimento, quando me lembro dele? Como diria isso, se para que a imagem de alguma coisa se imprima na memória é necessário antes que a própria coisa esteja presente, para que a imagem dela possa se imprimir? De fato, é assim que lembro Cartago; assim, todos os lugares que visitei; assim, os rostos dos homens que vi e as mensagens dos outros sentidos; assim, a saúde e a dor do meu corpo: quando essas coisas estavam à mão, a memória captou as imagens delas, que percebi quando estavam presentes e trago de volta à mente quando as relembro ausentes. Se, portanto, o esquecimento é conservado na memória pela sua imagem, e não em si mesmo, ele necessariamente esteve presente, para que sua imagem fosse captada. Mas como estaria presente, e como sua imagem se inscreveria na memória, se o esquecimento apaga com sua presença até aquilo que encontra já impresso? E no entanto, seja como for, ainda que de maneira incompreensível e inexplicável, tenho certeza de que lembro o próprio esquecimento, que encobre aquilo que lembramos.

XVII, 26. Grande faculdade é a memória, meu Deus, algo assustador, multiplicidade profunda e infinita; e isso é a mente, e isso sou eu. O que sou, então, meu Deus? Qual é minha natureza? Vida variada, multiforme, de caudalosa imensidade. Eis que em minha memória, por campos e antros e cavernas incontáveis e incontavelmente cheios dos gêneros incontáveis das coisas, seja por imagens, no caso de todos os corpos, seja por presença, no caso das disciplinas, seja por algum tipo de noção ou notação, no caso das afecções da mente — que a memória conserva mesmo quando a mente não as sofre, ainda que esteja na mente tudo o que está na memória —, por tudo isso eu vago e circulo, aqui e ali, penetro quanto posso, e nunca encontro o fim. Tamanha faculdade é a memória, e tamanha faculdade de vida está no homem que vive mortalmente! O que farei então, minha verdadeira vida, meu Deus? Ultrapassarei até essa minha faculdade que chamam memória, irei além para buscar a ti, doce luz. O que me dizes? Eis que ascendo a ti, que permaneces acima de mim, passando pela minha mente: ultrapassarei até essa minha faculdade que chamam memória, querendo te alcançar por onde podes ser alcançado e me unir a ti por onde é possível se unir a ti. Com efeito, até o gado e os pássaros têm memória, ou não voltariam aos estábulos e aos ninhos, nem se acostumariam a muitas outras coisas; pois não poderiam se acostumar a nada, a não ser pela memória. Logo, ultrapassarei até a memória para alcançar aquele que me distinguiu dos quadrúpedes e me fez mais sábio que os pássaros do céu. Ultrapassarei até a memória, mas para te encontrar onde, verdadeiro bem, suavidade segura, para te encontrar onde? Se te encontro além da memória, sou imêmore de ti. E como te encontrarei, se não me lembrar de ti?

XVIII, 27. Uma mulher perdeu uma dracma e a procurava com uma lanterna:[40] se não se lembrasse dela, não a encontraria. Pois como saberia que era a mesma, ao encontrá-la, se não se lembrasse dela? Lembro de ter buscado e encontrado muitas coisas perdidas. Por isso sei que, quando procurava por uma delas e me diziam: "Por acaso

---

40. Cf. Lc 15,8.

é esta?", "Seria por acaso aquela?", logo respondia: "Não é", até que me oferecessem o que procurava. Qualquer que fosse, se não me lembrasse dela, não a encontraria mesmo que ma oferecessem, porque não a reconheceria. Sempre acontece assim, quando buscamos e procuramos algo perdido. Todavia, se algo some dos olhos, mas não da memória, como um corpo visível qualquer, permanece interiormente uma imagem dele, e procuramos até que sua visão nos seja devolvida. E, quando é encontrado, o reconhecemos pela imagem que temos interiormente. E não diríamos que encontramos o que sumiu, se não o reconhecêssemos, e não poderíamos reconhecê-lo, se não o lembrássemos: ele sumiu, sim, dos olhos, mas permaneceu na memória.

xix, 28. E quando a própria memória perde algo, quando esquecemos e procuramos lembrar, onde procuramos, senão na própria memória? Nela, se nos é oferecida uma coisa por outra, a rejeitamos, até que apareça o que procurávamos. E, quando aparece, dizemos "é isso"; não diríamos assim se não o reconhecêssemos, nem o reconheceríamos se não o lembrássemos. Sem dúvida, portanto, o esquecêramos. Mas será que ele não desaparecera totalmente, mas por uma parte, que permanece, procurávamos outra, porque a memória sentia que não lembrava o conjunto do que costumava lembrar em conjunto e, como que claudicante pela mutilação de um hábito, reclamava que lhe fosse devolvido o que faltava? Como quando enxergamos com os olhos um homem conhecido ou pensamos nele e procuramos seu nome que esquecemos, e qualquer outro que se apresente não se ajusta, porque não costumamos pensar nele com aquele nome; portanto o rejeitamos, até que surja aquele com que a noção que está acostumada a aparecer junto com ele esteja satisfatoriamente de acordo. E de onde surge, senão da própria memória? Porque, mesmo quando o reconhecemos graças à sugestão de alguém, surge daí. Pois não acreditamos no que é dito como numa novidade, mas o confirmamos porque o lembramos. Se, ao contrário, estivesse de todo apagado da mente, não o lembraríamos mesmo que fosse sugerido. Não esquecemos ainda inteiramente aquilo que lembramos ter esquecido. De fato, nem poderíamos procurar o que perdemos, se o tivéssemos esquecido inteiramente.

xx, 29. Mas então, de que maneira te procuro, Senhor? De fato, quando te procuro, meu Deus, procuro a vida feliz. Procurar-te-ei, para que viva minha alma. Pois meu corpo vive por minha alma e minha alma vive por ti. De que maneira, então, procuro a vida feliz? Não a possuo, até dizer: "Basta, está lá". Mas para tanto é preciso que diga de que maneira a procuro, se pela lembrança, como se a tivesse esquecido e, esquecida, ainda a possuísse, ou pelo desejo de aprender algo desconhecido, porque nunca o conheci ou porque o esqueci tanto que nem lembro que o esqueci. A vida feliz não é aquela que todos querem e que não há absolutamente ninguém que não queira? Onde a conheceram, se a querem tanto? Onde a viram, para amá-la? É evidente que a conhecemos, de alguma maneira. E há uma maneira pela qual quem a conhece já é feliz; e há outros que são felizes na esperança. Estes a conhecem em um grau inferior àqueles que já são felizes de fato; todavia, são melhores do que aqueles que não a conhecem nem de fato nem na esperança. Mas até estes, se não a conhecessem de alguma maneira, não quereriam tanto ser felizes — e eles querem, isso é certíssimo. Não sei de que maneira a aprenderam e por isso a conhecem por não sei que noção, que eu me esforço para entender se está na memória, porque, se está ali, já fomos felizes alguma vez — cada um singularmente ou todos naquele homem que primeiro pecou e no qual também todos morremos e do qual todos nascemos infelizes —, isso não me pergunto agora: pergunto-me se a vida feliz está na memória. Com efeito, não a amaríamos, se não a conhecêssemos. Ouvimos seu nome e todos confessamos desejar a própria coisa; de fato, não é o som que nos agrada. Pois, se um grego o ouve em latim, não lhe agrada, porque não sabe o que foi dito; mas a nós nos agrada, assim como a ele se ouvisse o mesmo em grego, porque não é nem grega nem latina a própria coisa, que gregos e latinos e os homens de outras línguas desejam conseguir. Todos a conhecem, portanto, e, se fosse possível perguntar a todos em uma única língua se querem ser felizes, sem nenhuma hesitação responderiam que querem. E isso não aconteceria se a própria coisa, a que o nome se refere, não estivesse na memória deles.

xxi, 30. Porventura, me lembro dela como da Cartago que vi? Não: a vida feliz não se vê pelos olhos, porque não é um corpo. Porventura, tal como lembramos os números? Não: quem tem noção destes não deseja ainda consegui-los; da vida feliz, ao contrário, temos noção e por isso a amamos, mas ainda queremos consegui-la, para sermos felizes. Porventura, tal como lembramos a eloquência? Não, porque, embora também nesse caso, ouvindo o nome, lembremos a própria coisa, e muitos, não sendo ainda eloquentes, desejem sê-lo — de onde se depreende que a noção está neles —, todavia pelos sentidos do corpo perceberam outros sendo eloquentes, gostaram e desejaram ser assim, muito embora não tenham gostado senão por uma noção interior, e não teriam desejado ser assim se não gostassem; mas a vida feliz não a experimentamos em outros com algum sentido do corpo. Porventura, tal como lembramos o regozijo? Talvez. Com efeito, lembro meu regozijo mesmo quando triste, assim como lembro a vida feliz sendo infeliz; e com nenhum sentido do corpo vi ou ouvi ou cheirei ou gostei ou toquei meu prazer, mas o experimentei em minha mente, quando estive alegre, e fixei a noção dele em minha memória, para que pudesse lembrá-lo às vezes com repugnância, às vezes com nostalgia, dependendo da diversidade dos objetos dos quais lembro ter gozado. Pois me enchi de regozijo também por coisas torpes, que agora na lembrança detesto e execro, e às vezes por coisas boas e honestas que ao relembrar desejo, ainda que não estejam mais aí; e por isso relembro tristemente o regozijo passado.

31. Onde e quando, então, experimentei minha vida feliz, para lembrá-la, amá-la e desejá-la? E não apenas eu ou poucos, mas *absolutamente todos querem ser felizes*.[41] Se não tivéssemos certa noção disso, não o desejaríamos com uma vontade tão firme. Mas o que é isso? Se se perguntar a dois homens se querem ser soldados, pode acontecer que um responda que quer; outro, que não quer. Mas, se se perguntar a eles se querem ser felizes, ambos imediatamente e sem hesitação dirão que querem, e este não quer ser soldado, e o outro não quer deixar de sê-lo, senão para serem felizes. Talvez seja porque um se regozija com isso, outro com aquilo? Por isso todos os homens concordam em querer ser felizes, como concordariam, se interrogados, em querer se regozijar, e chamam esse gozo de vida feliz. E, embora uns o procurem aqui, outros ali, mesmo assim, aquilo que todos desejam alcançar é único: o regozijo. E, como esta é uma coisa que ninguém pode dizer não ter experimentado, a encontra na memória e a reconhece quando ouve as palavras "vida feliz".

XXII, 32. Longe, Senhor, longe do coração do teu servo que confessa a ti, longe, me julgar feliz por qualquer gozo que porventura eu goze. Há um gozo, com efeito,

---

41. Cícero, *Hortensius* (cit. em Agostinho, *c. Acc.* I, II, 5; *b. v.* II, 10; *lib. arb.* I, XIV, 30, II, IX, 26; *tr.* XIII, IV, 7).

que não é concedido aos ímpios,[42] mas àqueles que te cultuam desinteressadamente, cujo gozo tu mesmo és. Essa é a vida feliz: regozijar-se em ti, de ti, por causa de ti — é essa, e não outra. Quem pensa que seja outra busca outro gozo, e não o verdadeiro. Contudo, a sua vontade não renuncia a uma imagem qualquer de gozo.

XXIII, 33. Não é certo, portanto, dizer que todos querem ser felizes, porque quem não quer o gozo de ti, que é a única vida feliz, não quer realmente uma vida feliz. Ou talvez todos a queiram, mas, como *a carne tem aspirações contrárias ao espírito e o espírito, contrárias à carne, de sorte que não fazem o que querem*,[43] esbarram naquilo que conseguem e se contentam com ele, porque, aquilo que não conseguem, não o querem o suficiente para consegui-lo. De fato, pergunto a todos se preferem gozar de uma verdade ou de uma falsidade: tanto não hesitam em dizer que preferem a verdade, quanto não hesitam em dizer que querem ser felizes. Sem dúvida, a vida feliz é o gozo da verdade. Esse é, de fato, o gozo de ti, que és a verdade,[44] *Deus, minha luz*,[45] *salvação de minha face, meu Deus*.[46] Essa vida feliz todos a querem, essa vida, a única que é feliz, todos a querem, todos querem o gozo da verdade. Tenho experiência de muitos que querem enganar, mas de ninguém que queira ser enganado. Onde, então, conheceram essa vida feliz, senão onde conheceram também a verdade? Com efeito, a amam também, porque não querem se enganar, e, se amam a vida feliz, que nada é senão o prazer da verdade, certamente amam também a verdade; e não a amariam, se al-

42. Cf. Is 48,22.
43. Gl 5,17.
44. Cf. Jo 14,6.
45. Sl 27 (26),1.
46. Sl 42 (41),12.

guma noção dela não estivesse na memória deles. Por que então não gozam dela? Por que não são felizes? Porque estão ocupados mais intensamente em outras coisas, que os tornam mais miseráveis do que os torna felizes aquilo que lembram debilmente. De fato, *ainda há um pouco de luz nos homens; que andem, andem, para que as trevas não os engulam.*[47]

34. Por que então, se é amada a vida feliz que nada mais é do que o gozo da verdade, *a verdade gera o ódio*[48] e o teu homem, *pregando o verdadeiro, se torna inimigo deles,*[49] senão porque a verdade é amada de maneira que todos que amam outra coisa querem que o que amam seja a verdade e, como não querem se enganar, não querem ser convencidos de que estão errados? Assim, odeiam a verdade por causa daquilo que amam no lugar da verdade. Amam-na quando ilumina, a odeiam quando os censura. Com efeito, como não querem se enganar, mas querem enganar, amam-na quando se mostra, mas a odeiam quando os mostra. Ela castigará por isso aqueles que não querem ser revelados por ela, revelando-os mesmo que não queiram, mas ela não se revelará a eles. Assim, assim, mesmo assim a mente humana, mesmo que queira se esconder assim, cega e fraca, torpe e indecente, não quer, no entanto, que algo lhe seja escondido. É recompensada pelo avesso: não se oculta à verdade, mas a verdade se oculta para ela. Mas mesmo assim, quando é miserável, prefere gozar do verdadeiro que do falso. Será feliz, portanto, se, sem ser perturbada por nenhuma moléstia, gozar da única verdade, pela qual todas as coisas são verdadeiras.

---

47. Jo 12,35.
48. Terêncio, *Andria*, 68.
49. Gl 4,16.

XXIV, 35. Eis quanto vagueei te buscando em minha memória, e não te encontrei fora dela. Com efeito, nada encontrei a teu respeito que eu não lembrasse, de onde te aprendi. Porque, de onde te aprendi, não me esqueci de ti. De fato, onde encontrei a verdade, lá encontrei meu Deus, que é a própria verdade, e de onde a aprendi, não a esqueci. Assim, de onde te aprendi, permaneces em minha memória, e ali te encontro, quando me lembro de ti e me deleito em ti. Essas são as minhas delícias, que me doaste por tua misericórdia, olhando para minha pobreza.

XXV, 36. Mas onde estás em minha memória, Senhor, onde estás nela? Que aposento fabricaste para ti? Que santuário te edificaste? Concedeste à minha memória a honra de estar nela, mas em que parte dela estás, isso me pergunto. Ultrapassei a parte que os animais também possuem, ao buscar tua lembrança, porque não te encontrava ali entre as imagens das coisas corporais, e vim às partes onde guardei as afecções de minha mente, e lá tampouco te encontrei. E entrei na sede que minha própria mente ocupa em minha memória, porque a mente também lembra de si mesma, e lá também não estavas, porque assim como não és uma imagem corporal nem uma afecção da mente, tal qual se alegrar, entristecer, desejar, temer, lembrar, esquecer e todo o resto deste gênero, também não és a própria mente, porque tu és o Senhor Deus da mente, e tudo isso muda, mas tu permaneces imutável acima de tudo e te dignaste morar em minha memória, de onde te aprendi. Mas por que me pergunto em que lugar moras, como se ali houvesse realmente lugares? Certamente habitas nela, porque me lembro de ti de onde te aprendi, e nela te encontro, quando busco tua lembrança.

XXVI, 37. Mas, então, onde te encontrei, para te aprender? Com efeito, não estavas já em minha memória, antes de te aprender. Então, onde te encontrei, para te aprender, senão em ti, acima de mim? Mas não em um lugar, nem em parte alguma; nos afastamos e nos aproximamos, mas não de um lugar, nem em parte alguma. Tu, verdade, assistes em todo lugar todos os que te consultam, e respondes a todos ao mesmo tempo, ainda que te consultem sobre coisas diferentes. Respondes claramente, mas nem todos ouvem claramente. Todos te consultam de onde querem, mas nem sempre ouvem o que querem. Teu melhor servidor é aquele que não procura ouvir de ti o que ele quer, mas procura querer o que ouve de ti.

XXVII, 38. Tarde te amei, beleza tão antiga e tão nova, tarde te amei. Mas eis: estavas dentro e eu estava fora. Lá fora eu te procurava e me atirava, deforme, sobre as formosuras que fizeste. Tu estavas comigo, mas eu não estava contigo. Mantinham-me longe de ti coisas que, se não estivessem em ti, não seriam. Chamaste e clamaste e quebraste minha surdez; faiscaste, resplandeceste e expulsaste minha cegueira; exalaste e respirei e te aspirei; saboreei e tenho fome e sede; tocaste-me, e ardo na tua paz.

XXVIII, 39. Quando me juntar a ti com todo o meu ser, nunca mais haverá para mim *fadiga e dor*,[50] e viva será minha vida, toda plena de ti. Mas agora tu elevas aquele que preenches, e como não estou pleno de ti sou um peso para mim mesmo. Minhas alegrias, dignas de serem choradas, lutam com minhas tristezas, dignas de serem celebradas, e não sei de que lado ficará a vitória. Lutam minhas mágoas más com meus prazeres bons, e não sei de que lado ficará a vitória. Ai de mim! Tem misericórdia de mim, Senhor! Ai de mim! Eis, não escondo minhas feridas: tu és o médico, eu o doente; tu és misericordioso, eu miserável. Não é *uma provação a vida humana*

---

50. Sl 90 (89),10.

sobre a terra?⁵¹ Quem quer moléstias e dificuldades? Tu mandas aguentá-las, não amá-las. Ninguém que aguente ama, ainda que ame aguentar. Mesmo que se alegre por aguentar, preferiria, porém, que não houvesse o que aguentar. Desejo a prosperidade nas adversidades, e temo as adversidades na prosperidade. Qual ponto médio há entre as duas, onde a *vida humana não seja uma provação*? Malditas sejam as prosperidades do século, uma e duas vezes: pelo medo das adversidades e pela alegria corrompida! Malditas sejam as adversidades do século, uma, duas e três vezes: pelo desejo da prosperidade, porque a própria adversidade é dura e porque mina a resistência! Não é *uma provação a vida humana sobre a terra,* sem nenhum descanso?

XXIX, 40. Mas toda a minha esperança está em tua misericórdia, sobremaneira grande. Concede o que ordenas, e ordena o que queres.⁵² Prescreveste-nos a continência. *E, quando percebi,* disse alguém, *que ninguém pode ser continente, se Deus não lho der, isso mesmo também era sabedoria, saber de quem vinha esse dom.*⁵³ Pela continência, de fato, somos recolhidos e reconduzidos à unidade, da qual nos dispersamos na multiplicidade. Com efeito, ama-te menos quem ama além de ti algo que não ama por tua causa. Ó amor, que sempre ardes e nunca te extinguirás, caridade, meu Deus, acende-me! Ordenas a continência: concede o que ordenas e ordena o que queres.

XXX, 41. Sem dúvida, ordenas que me abstenha da *concupiscência da carne, da concupiscência dos olhos e da ambição do século.*⁵⁴ Ordenaste-o quanto ao concubinato,

---

51. Jó 7,1 (Vetus latina).
52. Cf. *O dom da perseverança,* XX, 53.
53. Sb 8,21.
54. 1Jo 2,16.

exortaste-me a algo melhor do que o próprio casamento, e
o concedeste. E como tu o deste foi feito, antes mesmo de
eu me tornar dispensador de teu sacramento. Mas ainda
vivem em minha memória, da qual muito falei, as imagens
de tais coisas, que meu hábito fixou nela, e me assediam
quando estou acordado, ainda que com pouca força — no
sono, porém, chegam a gerar não apenas prazer, mas até
algo muito parecido com o assentimento e com o ato. E a
ilusão da imagem na minha alma tem tanto poder sobre
minha carne, que quando durmo as representações falsas
me levam àquilo que as verdadeiras não conseguem quando estou desperto. Por acaso não sou eu mesmo naquelas
circunstâncias, Senhor meu Deus? E, no entanto, há tamanha diferença entre mim e mim mesmo nos dois momentos, quando passo deste estado para o sono, ou daquele
volto a este! Onde está, então, a razão, que resiste a essas
sugestões quando estou acordado e, se as próprias coisas
se apresentam, permanece inabalável? Porventura se fecha ao mesmo tempo que os olhos? Porventura adormece
juntamente com os sentidos corporais? E por que amiúde
acontece que mesmo em sonho resistimos e, lembrando
nosso propósito e permanecendo totalmente castos nele,
não concedemos o assentimento a nenhuma daquelas obscenidades? Contudo, são estados tão distintos que, quando acontece o contrário, acordando readquirimos a paz da
consciência e, por essa mesma distinção, descobrimos que
não fizemos aquilo, muito embora deploremos que aquilo,
de alguma maneira, se tenha feito em nós.

42. Porventura tua mão não seria capaz, Deus onipotente, de sarar todas as fraquezas de minha alma[55] e, por
uma graça tua mais abundante, extinguir inclusive os impulsos lascivos dos meus sonhos? Acresce, Senhor, mais
e mais teus dons em mim, para que minha alma siga em

---

55. Cf. Sl 103 (102),3.

direção a ti e para que no sono não apenas não perpetre, pelas imagens sensuais, essas torpezas de corrupção, até o fluxo carnal, mas nem sequer as consinta. De fato, impedir por um aceno que nada de semelhante gere prazer, por pouco que o possa, ainda que no sentimento casto de um dormente que tenha não apenas minha conduta de vida, mas também minha idade, não seria grande coisa para o onipotente, que é capaz de fazer além do que podemos pedir e conceber.[56] Mas por agora, enquanto ainda estou com esse gênero de mal em mim, eu o contei ao meu bom Senhor, exultando *com tremor*[57] por aquilo que me deste e chorando por aquilo em que ainda estou inacabado, esperando que tu completes em mim tuas misericórdias até a paz plena, que terão em ti meu interior e meu exterior, quando *a morte será absorvida na vitória*.[58]

XXXI, 43. Há ainda outro *mal do dia*, e tomara que *baste*.[59] Com efeito, restauramos as ruínas cotidianas do corpo comendo e bebendo, antes que tu *destruas os alimentos e o ventre*,[60] quando matarás a indigência por uma saciedade magnífica e *revestirás este ser corruptível pela incorruptibilidade*[61] sempiterna. Mas agora me é doce tal necessidade, e luto contra essa doçura para não ser capturado por ela, e movo uma guerra cotidiana *nos jejuns*,[62] amiúde *reduzindo meu corpo à servidão*,[63] mas minhas dores são eliminadas pelo prazer. Com efeito, fome e sede são dores, ardem e matam como febres, se

56. Ef 3,20.
57. Sl 2,11.
58. 1Cor 15,53; cf. Is 25,8.
59. Mt 6,34.
60. 1Cor 6,13.
61. 1Cor 15,53.
62. 2Cor 6,5.
63. 1Cor 9,27.

não socorrê-las o remédio dos alimentos. Mas, como eles estão à mão, pela consolação de teus dons que põem a serviço de nossa fraqueza a terra, a água e o céu,[64] um flagelo passa a ser chamado de delícias.

44. Isto me ensinaste: que tentasse ingerir todos os alimentos como remédios. Mas quando passo do incômodo da fome para a calma da saciedade, nessa passagem sou insidiado pela armadilha da concupiscência. Com efeito, a própria passagem é um prazer, e não há outra pela qual passar, quando a necessidade força a passar. E, embora a saúde seja a causa do comer e beber, junta-se a ela, como uma acompanhante, uma satisfação perigosa que amiúde tenta sobrepujá-la, para que se faça por causa dela o que declaro e quero fazer por saúde. E não há medida comum às duas: de fato, o que é suficiente para a saúde é pouco para o prazer, e amiúde é incerto se é a cura necessária do corpo que pede um sustento ou a falácia voluptuosa da sofreguidão que se insinua para ser servida. A alma infeliz se alegra dessa incerteza e apronta nela a proteção de uma desculpa, contente em que não fique claro que medida seria necessária para reparar as forças, para que a prática da volúpia seja encoberta pela busca da saúde. Tento todo dia resistir a essas tentações e invoco tua direita e te relato minhas angústias, porque meu julgamento sobre essa questão ainda não está firme.

45. Ouço a voz de meu Deus que prescreve: *vossos corações não fiquem pesados pela devassidão e pela embriaguez*.[65] A embriaguez está longe de mim: sê misericordioso, para que não se aproxime. Mas a devassidão às vezes se insinua em teu servo: sê misericordioso, para que fique longe de mim. Com efeito, *ninguém pode ser*

---

64. Cf. Gn 9,2.
65. Lc 21,34.

*continente, se tu não o concederes.*⁶⁶ Doas muitas coisas a nós, quando oramos; e tudo de bom que recebemos antes de orar o recebemos de ti; e, se em seguida tomamos consciência disso, o devemos a ti. Nunca fui beberrão, mas conheço beberrões que tornaste sóbrios. Logo, é obra tua se não o são os que nunca o foram: tu que fizeste que aqueles que o foram não o fossem para sempre, e também fizeste conhecer aos outros que foste tu quem o fez. Ouvi outra fala tua: *não te deixes levar por tuas paixões e refreia teu desejo.*⁶⁷ Ouvi também, por tua graça, esta outra, que muito amei: *se comemos, nada ganhamos; e, se não comemos, nada perdemos.*⁶⁸ Quer dizer: não me tornarei farto no primeiro caso, nem carente no segundo. Ouvi ainda esta: *eu aprendi a me adaptar à situação em que me encontro: sei viver na abundância e sei aguentar a penúria. Tudo posso naquele que me fortalece.*⁶⁹ Eis o guerreiro do exército celeste, e não o pó que nós somos. Mas lembra-te, Senhor, *que somos pó,*⁷⁰ que do pó fizeste o homem,⁷¹ *e estava morto e foi reencontrado.*⁷² E nem ele poderia sozinho, porque ele também era pó, aquele que amei tanto por dizer, pelo sopro de tua inspiração: *tudo posso naquele que me fortalece.* Fortalece-me, para que possa, dá o que ordenas e ordena o que queres. Ele confessou o que recebera e, quando *se gloriava, se gloriava no Senhor.*⁷³ Ouvi outro pedir, para receber: *afasta de mim,* disse, *as concupiscências do ventre.*⁷⁴ Onde se

66. Sb 8,21.
67. Eclo 18,30.
68. 1Cor 8,8.
69. Fl 4,11.
70. Gn 3,19; Sl 103 (102),14.
71. Cf. Gn 2,7.
72. Lc 15,24.32.
73. 1Cor 1,31; Jr 9,22-3.
74. Eclo 23,6.

demonstra, meu santo Deus, que és tu que o concedes, quando acontece aquilo que prescreves que aconteça.

46. Ensinaste-me, ó bom Pai, que *tudo é puro para os puros, mas é mau para o homem que se alimenta dando escândalo;*[75] e que *toda criatura tua é boa e nada deve ser evitado, se for tomado com ação de graças;*[76] e que *não são os alimentos que nos aproximam de Deus,*[77] e que *ninguém nos julgue por questões de comida e bebida;*[78] e que *quem come não despreze quem não come, e quem não come não julgue quem come.*[79] Isso eu aprendi, graças a ti, louvores a ti, meu Deus, meu mestre, que percutes meu ouvido,[80] que iluminas meu coração:[81] *arranca-me de toda tentação.*[82] Não temo a impuridade da comida, mas a impuridade do desejo. Sei que a Noé foi permitido comer todo gênero de carne que pudesse servir de alimento;[83] que Elias foi nutrido com carne;[84] que João, capaz de formidável abstinência, não foi conspurcado pelos animais, isto é, os gafanhotos, que transformou em comida;[85] mas sei que Esaú foi logrado pelo desejo de lentilhas[86] e Davi repreendia a si mesmo por querer água[87] e nosso rei foi tentado não com carne, mas com

---

75. Rm 14,20.
76. 1Tm 4,4.
77. 1Cor 8,8.
78. Col 2,16.
79. Rm 14,3.
80. Cf. Ap 3,20.
81. Cf. Sl 18 (17),29.
82. Sl 18 (17),30 (Vulgata).
83. Cf. Gn 9,3.
84. Cf. 1Rs 17,6.
85. Cf. Mt 3,4.
86. Cf. Gn 25,3-4.
87. Cf. 2Sm 23,15 ss.

pão.[88] Igualmente, o povo no deserto mereceu censura não por ter desejado carne, mas porque se queixou contra o Senhor por desejo de comida.[89]

47. Assim, posto nessas tentações, luto contra a concupiscência do comer e do beber todo dia, sem dúvida: pois não é algo que possa afastar uma vez por todas e nunca mais praticar como pude com as relações sexuais. No controle da gula, portanto, é necessário manter um equilíbrio entre relaxamento e constrição. E quem é, Senhor, que não é levado a ultrapassar em alguma medida os limites da necessidade? Seja quem for, será grande, e engrandecerá teu nome. Mas eu não sou, porque sou um homem pecador. Eu também, no entanto, engrandeço teu nome, e aquele que *venceu o mundo*[90] *intercede contigo pelos meus pecados*,[91] contando-me entre os membros fracos de seu corpo, porque *teus olhos viram nele o que ainda está inacabado e no teu livro todos estão inscritos*.[92]

XXXII, 48. Dos aliciamentos dos perfumes não me preocupo muito: quando não há, não os procuro; quando há, não os rejeito: estou disposto a viver sem eles para sempre. Assim me parece; talvez me engane. Com efeito, ainda há essas lastimáveis trevas a esconderem a capacidade que está em mim, para que minha mente, quando se interroga acerca de suas forças, não julgue poder acreditar em si mesma tão facilmente, porque o que está em mim é muitas vezes oculto, se a experiência não o torna manifesto, e nesta vida, que é dita ser *toda uma prova-*

---

88. Cf. Mt 4,3.
89. Cf. Nm 11,1 ss.
90. Jo 16,33.
91. Rm 8,34
92. Sl 139 (138),16.

ção,⁹³ ninguém deve ter certeza de que quem se tornou, de pior, melhor, não possa também se tornar, de melhor, pior. A única esperança, única confiança, única promessa firme é tua misericórdia.

XXXIII, 49. As volúpias do ouvido me amarraram e subjugaram com maior tenacidade, mas tu me soltaste e liberaste. Agora, confesso, encontro alguma satisfação nas canções que tuas palavras animam, quando são cantadas com voz suave e com arte, não ao ponto, porém, de me prender, mas de maneira que possa ir embora quando quiser. Todavia, esses cantos, associados aos textos que os vivificam e pelos quais penetram em mim, merecem no meu coração um lugar de certa dignidade, e mal consigo lhes tributar o que seria adequado. Às vezes, de fato, lhes atribuo um valor maior do que o oportuno, quando sinto que nossas mentes são comovidas mais intensa e piamente pelos próprios textos sagrados, se eles forem cantados assim, do que se não forem cantados assim, e que todas as afeições de nosso espírito, segundo sua diversidade, encontram seus modos próprios no som e no canto, pelos quais são estimuladas por não sei qual afinidade. Mas o prazer de minha carne, ao qual não deve ser consentido enfraquecer a mente, amiúde me leva à falta, quando a sensação não acompanha a razão como deveria, seguindo-a pacientemente, merecendo ser aceita apenas por causa dela, mas tenta precedê-la e conduzi-la. Assim peco nisso sem perceber, mas em seguida percebo.

50. Amiúde exagero em evitar essa falta e erro por excesso de severidade, a tal ponto, às vezes, de querer afastar de meus ouvidos e daquele da própria igreja todas as doces melodias que acompanham os salmos de Davi, e julgar mais seguro aquilo que lembro ter ouvido com fre-

---

93. Jó 7,1.

quência sobre o bispo Atanásio de Alexandria, que mandava o leitor pronunciar os salmos com uma inflexão tão moderada, que parecia mais próxima da declamação que do canto. Porém, quando relembro as lágrimas que verti ouvindo o canto da igreja no começo da reconquista de minha fé, e quando ainda hoje me comovo, não pelo canto, mas pelas coisas que se cantam com voz fluente e modulação perfeita, volto a reconhecer a grande utilidade dessa instituição. Oscilo, assim, entre o perigo do prazer e a experiência da salvação e me inclino, ainda que não por um julgamento inabalável, a me pronunciar a favor do hábito de cantar na igreja, para que, pelos deleites do ouvido, a alma mais fraca se aproxime do sentimento religioso. No entanto, como me acontece ser comovido mais pelo canto que pelo texto que é cantado, confesso cometer um pecado merecedor de castigo, e então prefiro não ouvir ninguém cantar. Eis onde estou! Chorai comigo e chorai por mim, vós que cultivais em vós algum bem, de onde procedem vossas ações. Quanto a vós que não o alimentais, esses relatos não vos comovem. Mas tu, *Senhor meu Deus, escuta, olha*[94] e *vê e tem misericórdia e me cura*,[95] eu, que perante teus olhos tornei-me uma questão para mim mesmo, e essa é minha doença.

XXXIV, 51. Para completar as tentações da concupiscência da carne, que ainda me oprimem enquanto *gemo e desejo me revestir da minha habitação que é celeste*,[96] resta o prazer dos olhos desta minha carne, sobre a qual pronuncio confissões para que os ouvidos de teu templo as ouçam, ouvidos fraternos e pios. Os olhos amam formas belas e variadas, cores claras e amenas. Que essas coisas não ocupem minha alma; Deus a ocupe, que fez to-

---

94. Sl 13 (12),4.
95. Sl 9,14 (Vulgata); Sl 6,3; 41(40),5.
96. 2Cor 5,2.

das elas *muito boas*,⁹⁷ mas é ele meu bem, não elas. Elas me atingem todos os dias quando estou acordado, e não me dão trégua como me dão os sons musicais, e às vezes todos os sons, nos momentos de silêncio. A própria luz, rainha das cores, banhando tudo aquilo que enxergamos por onde eu for, durante o dia, me acaricia com todo tipo de afago, enquanto trato de outras coisas e não lhe presto atenção. Mas se insinua com tal força que, se for subtraída de repente, a busco com desejo; e, se faltar por muito tempo, a mente se entristece.

52. Ó luz que Tobit via quando, com os olhos daqui vedados, ensinava ao filho o caminho da vida e o precedia na marcha da caridade, nunca se desgarrando;⁹⁸ ou que Isaac via quando, as luzes carnais oberadas e ofuscadas pela velhice, lhe foi dado não reconhecer seus filhos para benzê-los, mas, benzendo-os, reconhecê-los;⁹⁹ ou que Jacó viu quando, ele também impedido em seus olhos pela grande idade, clareou com seu coração iluminado as gerações de povos futuros prefiguradas em seus filhos¹⁰⁰ e impôs as mãos trocadas sobre seus netos, filhos de José, não como o pai deles corrigia externamente, mas como ele mesmo discernia internamente.¹⁰¹ Aquela é a luz, ela é una e aqueles que a veem e a amam são um. Mas esta luz corporal, à qual me referia, tempera a vida mundana com um prazer tentador e perigoso para os cegos que a amam. Porém, quando eles aprendem a te louvar por ela, *Deus criador de tudo*,¹⁰² então a incluem no teu hino, e não são excluídos dela no seu sono; assim desejo ser. Resisto

---

97. Gn 1,31.
98. Tb 4.
99. Gn 27.
100. Gn 49.
101. Gn 48.
102. Ambrósio, *Hinos*, I, 2,1.

às seduções dos olhos, para que não estorvem meus pés, pelos quais avanço em teu caminho, e levanto a ti olhos invisíveis, para que *livres meus pés da rede*.[103] Tu os livras repetidamente, porque costumam se enredar. Tu não paras de livrá-los, mas eu com frequência sou capturado por armadilhas espalhadas em todo lugar. Porque *não dormes nem cochilas, guardião de Israel*.[104]

53. Quantas, inumeráveis coisas, realizadas por artistas e artesãos nas roupas, nos calçados, nos vasos e em tudo o que se fabrica, nas pinturas e nas moldagens variadas e naquilo que ultrapassa o uso necessário e a representação devota, os homens acrescentaram às tentações dos olhos, procurando, de fora, o que é feito por eles, mas abandonando, de dentro, quem os fez, e destruindo aquilo de que são feitos! Eu, porém, meu Deus e meu ornamento, também por tudo isso te dedico um hino e ofereço um sacrifício de louvor[105] a quem se sacrificou por mim, porque as belezas trazidas pelas almas às mãos dos artífices vêm daquela beleza que está acima das almas, pela qual minha alma suspira *dia e noite*.[106] Os fabricadores e perseguidores de belezas exteriores derivam dela seus critérios de julgamento, mas não derivam dela seus critérios de uso. Contudo, ela está ali, e eles não a veem, para não ir mais longe e não *colocar sua força sob tua proteção*,[107] ao invés de dissipá-la em devassidões deliciosas. Mas eu, que falo e enxergo tudo isso, eu também prendo meu pé nessas belezas; porém tu o livras, Senhor, tu o livras, porque *tua misericórdia está à frente de meus olhos*.[108] Com efeito, eu

103. Sl 25 (24),15.
104. Sl 121 (120), 4.
105. Cf. Sl 116 (114-5),17.
106. Sl 1,2.
107. Sl 59 (58),10 (Vulgata).
108. Sl 26 (25),3.

sou capturado miseravelmente, e tu me livras misericordiosamente, às vezes sem que eu o perceba, porque caí mais de leve; às vezes com dor, porque já estava amarrado.

xxxv, 54. Acrescenta-se a essas formas de tentação outra, mais rica em perigos. Com efeito, além da concupiscência da carne embutida no deleite e na volúpia de todos os sentidos, servindo à qual definham aqueles que se afastam de ti, existe outra que penetra na alma pelos mesmos sentidos corporais, mas não para o prazer da carne, e sim para que se experimente mediante a carne um desejo vão e curioso que se traja com o nome de conhecimento ou ciência. E, como consiste na cobiça de conhecer, e os olhos são o sentido principal do conhecimento, é chamada pela palavra divina de *concupiscência dos olhos*.[109] Com efeito, em sentido próprio, cabe aos olhos ver. Mas utilizamos esse termo também para os outros sentidos, quando os usamos para conhecer. De fato, não dizemos: "escuta como brilha" ou "cheira como resplandece" ou "saboreia como é luminoso" ou "apalpa como refulge": para tudo isso, usamos o verbo "ver". Por outro lado, dizemos não apenas "vê como reluz", coisa que apenas os olhos podem perceber, mas também: "vê como ressoa; vê como cheira; vê como é saboroso; vê como é duro". Assim, a experiência dos sentidos em geral é chamada *concupiscência dos olhos*, como falamos acima, porque a tarefa de ver, que pertence em primeiro lugar aos olhos, é atribuída também aos outros sentidos, quando estes visam algum conhecimento.

55. Por essa via é possível distinguir de maneira mais clara o que é operado pelos sentidos por prazer e o que por curiosidade, porque o prazer busca o que é belo, melodioso, cheiroso, saboroso, macio, enquanto a curiosidade admite até o contrário como objeto de experiência, não

---

109. 1Jo 2,16.

para se sujeitar à moléstia, mas pelo desejo de experiência e conhecimento. Com efeito, que prazer poderia haver em olhar para o aspecto horrível de um cadáver dilacerado? E, no entanto, onde algum se encontrar largado, todos acorrem para se entristecer, para empalidecer. Temem até voltar a vê-lo em sonho, como se olhassem por obrigação, ou convencidos de sua beleza por algum boato. Isso acontece também com os outros sentidos, mas seria demorado prosseguir. É essa mesma doença do desejo que leva a mostrar nos espetáculos tudo o que possa maravilhar. É por isso que se insiste em examinar as obras da natureza que estão longe de nós, e cujo conhecimento não ajuda em nada; mas os homens desejam apenas saber. É também por isso que, pelo mesmo fim de um conhecimento depravado, fazemos investigações por meio das práticas da magia. Ainda por isso, na própria religião, tentamos Deus reclamando dele *sinais e prodígios*,[110] não por algum escopo salutar, mas apenas por desejo da experiência.

56. Nessa floresta tão imensa, cheia de insídias e perigos, já erradiquei e expulsei muitos deles de meu coração, como me concedeste fazer, *Deus de minha salvação*;[111] mas quando ousarei afirmar, nesta nossa vida cotidiana cercada por todo lado pelo rumor de tantas coisas desse gênero, quando ousarei afirmar que nenhuma delas me faz atento a olhar e ávido de registrar? Certamente, os teatros já não me atraem, não me preocupo em conhecer a órbita das estrelas e nunca minha alma pediu oráculos às sombras: detesto todos os rituais sacrílegos. Com quantas maquinações o inimigo opera para sugerir que eu peça algum signo de ti, Deus meu senhor, ao qual devo uma servidão humilde e simples! Mas te imploro, pelo nosso rei e pela pátria simples e casta, Jerusalém, que,

110. Jo 4,48.
111. Sl 18 (17),47; 38 (37),23.

assim como já estou longe de consentir a isso, me mantenha sempre longe ou até mais longe. Mas quando te rogo pela salvação de alguém minha intenção tem um escopo bem diferente, e tu me concedes e me concederás generosamente fazer o que queres.

57. Contudo, quem poderia enumerar por quantas coisas ínfimas e desprezíveis nossa curiosidade é tentada cotidianamente, e quantas vezes falhamos? Quantas vezes, quando nos narram coisas insignificantes, de início parecemos tolerá-las para não ofender pessoas fracas, mas então aos poucos lhes prestamos atenção voluntariamente? Já não assisto a um cão perseguindo uma lebre, quando é exibido num circo; mas no campo, se por acaso estiver passando, pode acontecer que uma caçada dessas me distraia até de reflexões profundas e me chame para si, desviando não o corpo de meu jumento, mas a inclinação do coração; e se tu, já manifestada minha fraqueza, não me admoestas para que volte logo a ti, tirando daquela visão alguma consideração, ou para que a desconsidere de todo e passe adiante, eu permaneço ali, vão e atordoado. E quanto à lagartixa que captura as moscas ou à aranha que pega em sua teia os insetos que esbarram nela, que amiúde prendem minha atenção enquanto estou em casa? Só porque são animais pequenos, não diria que se trata da mesma questão? Parto daí para te louvar, criador admirável e ordenador de todas as coisas, mas não foi essa minha intenção inicial. Uma coisa é se levantar logo, outra não cair. Desses acontecimentos minha vida é cheia, e minha única esperança é a imensa grandeza de tua misericórdia.[112] Como nosso coração se torna receptáculo desse gênero de coisas e abriga as multidões de uma copiosa futilidade, nossas orações são interrompidas e turbadas por isso e quando, em tua presença, a voz do

---

112. Cf. Sl 86 (85),13.

coração é dirigida aos teus ouvidos, uma ocupação tão importante é entrecortada por pensamentos irrelevantes que irrompem não sei de onde.

XXXVI, 58. Porventura, colocaremos isto também entre as coisas desprezíveis? Há algo que nos devolva a esperança, a não ser a consciência de tua misericórdia, porque começaste a nos mudar? Mas *tu sabes*[113] até que ponto me mudaste, tu, que em primeiro lugar me saras da paixão de me justificar, para em seguida ser *indulgente também com todas as minhas outras culpas, e sarar todas as minhas doenças e redimir minha vida da corrupção e me coroar na piedade e misericórdia e saciar de bens meu desejo*,[114] tu, que reprimiste minha soberba pelo temor de ti e acostumaste minha cérvice a teu jugo. Agora o carrego e é leve para mim, porque assim prometeste e fizeste;[115] mas na verdade já era assim, e eu não sabia, quando receava me submeter a ele.

59. Ou porventura, Senhor, que és o único que governa sem soberba, porque *só tu és* o verdadeiro *Senhor*,[116] aquele que não tem senhor, por acaso o terceiro gênero de tentações — a vontade de ser amado e temido pelos homens não por algum fim, mas para gozar disso, que não é um gozo —, será que esse gênero também foi afastado de mim, ou pode ser afastado em toda esta vida? É vida miserável, e feia arrogância. Dela deriva não te amar acima de tudo, nem te temer castamente, e por isso tu *resistes aos soberbos, mas dás graças aos humildes*,[117] e *trovejas*[118]

113. Sl 69 (68),6.
114. Sl 103 (102),3-5.
115. Cf. Mt 11,30.
116. Is 37,20.
117. 1Pd 5,5; Tg 4,6.
118. Sl 18 (17),14.

sobre *as ambições do século*,[119] e *as bases dos montes se abalaram*.[120] Assim, embora seja necessário que sejamos amados e temidos pelos homens pelas tarefas que cumprimos na sociedade humana, o inimigo de nossa verdadeira felicidade espalha por toda parte em suas armadilhas gritos de "Bravo! Bravo!", para que, colhendo-os avidamente, incautos, sejamos capturados e desviemos nosso prazer de tua Verdade e o depositemos na falácia dos homens, gostando de ser amados e temidos não por causa de ti, mas em teu lugar, dessa maneira tornando-nos semelhantes a ele, que então nos tem consigo não na concórdia da caridade, mas na comunhão do suplício, porque ele determinou *erguer seu trono nos confins do norte*,[121] para que, imitando-te de maneira perversa e distorcida, ganhasse servidores tenebrosos e gélidos. Nós, porém, Senhor, eis que somos teu *pequenino rebanho*:[122] tu nos possuis. Distende tuas asas, para que nos refugiemos embaixo delas. Sê nossa glória; sejamos amados por tua causa e tua seja a Palavra a ser temida em nós. Quem quer ser louvado enquanto tu o reprovas não será defendido pelos homens quando tu o julgares, nem livrado quando o condenares. Ainda que não seja *louvado um pecador pelos desejos de sua alma,* nem seja *bendito alguém que opera iniquidades,* um homem louvado por algum dom que tu lhe deste, se sentir maior prazer em ser louvado do que em possuir aquele dom pelo qual é louvado, embora seja louvado, tu também o reprovas, e é melhor aquele que o louva do que este, que é louvado. Pois, aquele apreciou no homem o dom de Deus, este apreciou mais o dom do homem do que o de Deus.

---

119. 1Jo 2,16.
120. Sl (17),8.
121. Is 14,13.
122. Lc 12,32.

XXXVII, 60. Somos tentados todo dia por essas tentações, Senhor, somos tentados sem trégua. A língua dos homens é nossa fornalha cotidiana.[123] Tu nos ordenas a continência também nesse gênero: concede o que ordenas, e ordena o que queres. Tu conheces, a esse respeito, o lamento do meu coração para ti e os rios que saem dos meus olhos. Com efeito, não consigo julgar claramente até que ponto estou me purificando desta peste, e receio muito em mim lados ocultos, que teus olhos conhecem, mas não os meus. A respeito de outros gêneros de tentação tenho alguma capacidade de examinar a mim mesmo, mas quase nenhuma a respeito desta. Com efeito, percebo até que ponto conquistei o poder de refrear minha mente das volúpias da carne e da curiosidade supérflua, quando careço dessas coisas ou por vontade ou porque faltam. Pergunto-me, então, se não tê-las me é mais ou menos molesto. Quanto às riquezas que são procuradas para esse fim, para servir a uma dessas três concupiscências, ou a duas delas, ou a todas, uma mente que não consiga perceber até que ponto, possuindo-as, é capaz de desprezá-las pode renunciar a elas, para se pôr à prova. Mas para carecer de louvor, de maneira a experimentar o que podemos, deveríamos por acaso viver tão mal, perdida e monstruosamente, que não houvesse ninguém que, conhecendo-nos, não nos detestasse? Pode alguém pensar ou dizer idiotice maior? Se o louvor costuma ser e deve ser companheiro da vida boa e das boas obras, essa companhia, tanto quanto a vida boa, não pode ser evitada. Mas eu não sei julgar se posso suportar com serenidade ou sofrimento a falta de alguma coisa, senão quando ela está ausente.

61. Assim, o que posso te confessar sobre esse gênero de tentações, Senhor? O quê, senão que os louvores me agra-

---

123. Cf. Pr 27,21.

dam? Porém, mais a verdade que os louvores. Com efeito, se me propusessem ou ser louvado por todos os homens sendo estulto e errando em tudo, ou ser censurado por todos permanecendo constante e certíssimo na verdade, sei o que escolheria. Contudo, não queria que a aprovação da boca de outro aumentasse o prazer de qualquer uma das minhas virtudes. Mas não só o aumenta, o confesso, como também a censura o diminui. E, quando essa minha miséria me perturba, se me apresenta uma desculpa; o que ela vale, *Deus, tu sabes*;[124] para mim, ela é duvidosa: como nos ordenaste não apenas a continência, ou seja, para quais coisas devemos refrear o amor, mas também a justiça, ou seja, para que devemos dirigi-lo, e não quiseste que apenas tu fosses amado por nós, mas também o próximo,[125] amiúde julgo que, quando me agrada o louvor de alguém que entendeu corretamente, me agrada o progresso ou a esperança de progresso do próximo, e que, ao contrário, me entristece seu mal, quando o ouço censurar aquilo que ignora ou que é um bem. Com efeito, também me entristecem, às vezes, louvores dirigidos a mim, quando louvam em mim aquilo que a mim mesmo desagrada, ou até quando bens menores e mais leves são valorizados mais do que merecem. Mas, de novo, como sei se não sinto assim porque não quero que quem me louve discorde de mim sobre mim mesmo, e não porque sou movido pelo proveito dele, mas porque os mesmos bens, que me agradam em mim, são muito mais prazerosos, quando agradam também a outro? De certa maneira, com efeito, não sou eu a ser louvado quando não louvam a opinião que eu tenho de mim, enquanto ou louvam aquilo que a mim desagrada, ou louvam demais aquilo que a mim agrada menos. Não permaneço, então, inseguro sobre mim mesmo?

---

124. Sl 69 (68),6.
125. Cf. Mt 22,36-40.

62. Eis, vejo em ti, Verdade, que nos louvores que recebo, deveria ser movido não por mim, mas pelo proveito do próximo; mas não sei se é assim. Quanto a isso, me conheço menos do que te conheço. Imploro-te, meu Deus: mostra-me a mim mesmo, para que confesse aos irmãos que rezarão por mim as pragas que descobrir em mim. Interrogar-me-ei de novo, e com mais atenção. Se for movido pelos louvores que recebo por causa do proveito do próximo, por que o sou menos quando algum outro é censurado injustamente, e não eu? Por que a injúria de uma mesma iniquidade me ofende mais quando é lançada contra mim do que quando é lançada contra outro em minha presença? Por acaso, isso também eu ignoro? Ou será que resta apenas esta resposta: que *eu engano a mim mesmo*[126] e não *pratico a verdade*[127] diante de ti no coração e na língua? Afasta de mim, Senhor, esta insanidade, para que minha boca não se torne para mim o *óleo do pecador que perfuma minha cabeça*.[128]

XXXVIII, 63. *Sou pobre e indigente*,[129] mas sou melhor quando num lamento secreto desagrado a mim mesmo e busco tua misericórdia, até que seja sarado de minha deficiência e aperfeiçoado, até a paz que o olho do arrogante ignora. Mas a palavra que a boca profere e as ações que os homens percebem embutem a tentação perigosíssima do amor ao louvor, que esmola elogios para obter algum realce pessoal; ele me tenta até quando o denuncio a mim, por isso mesmo, porque o denuncio, e amiúde se orgulha mais vaidosamente desse mesmo desprezo da vanglória, e por isso não pode se orgulhar da glória desse desprezo, porque quem se orgulha não a despreza.

126. Gl 6,3.
127. Jo 3,21.
128. Sl 141,5.
129. Sl 109 (108),22.

XXXIX, 64. Mas por dentro, por dentro há outro mal, nesse mesmo gênero de tentação, que esvazia aqueles que agradam a si mesmos, ainda que não agradem aos outros, ou lhes desagradem e não se preocupem de lhes agradar. Mas agradando a si mesmos desagradam a ti, não apenas por julgar bom o que não é bom, mas também por julgar teus bens como seus, ou até como teus, mas devidos aos méritos deles, ou até concedidos por tua graça, mas sem compartilhá-los com os outros, e tendo ciúme deles para com os outros. Tu vês o tremor de meu coração em todos esses perigos e lutas e em outros desse tipo, e sinto que tu saras mais constantemente minhas feridas do que eu deixo de infligi-las.

XL, 65. Onde não andaste comigo, Verdade, ensinando-me o que evitar e o que desejar, quando te apresentava como podia minhas humildes observações e te consultava? Perlustrei o mundo exterior pelos sentidos, como pude, e observei a vida de meu corpo e de meus próprios sentidos. Daí, penetrei no interior de minha memória — múltiplos espaços, cheios, em muitas maneiras admiráveis, de uma abundância inumerável. *Observei e me espantei*,[130] e nada consegui discernir neles sem ti, e nada descobri que fosses tu. Nem eu mesmo — que descobria, que peregrinava por todas as coisas e me esforçava por distingui-las e atribuir a cada uma a dignidade que lhe compete, percebendo e interrogando algumas pela mediação dos sentidos; outras, sentindo-as já misturadas comigo; examinando e enumerando os próprios sentidos e investigando outras já nos amplos tesouros da memória; repondo umas, desenterrando outras — nem eu mesmo, que fazia isso, ou seja, minha faculdade, pela qual fazia isso, nem ela eras tu, porque tu és uma luz que permanece, que consultamos acerca de todas as coisas — se elas

---

130. Hab 3,2 (Vetus Latina).

são, o que elas são, quanto devem ser prezadas — e eu te ouvia ensinar e ordenar. E faço isso com frequência. Isso me apraz e, quando posso descansar da necessidade da ação, me refugio nesse prazer. Mas em tudo aquilo que investigo te consultando não encontro um lugar seguro para minha alma senão em ti, onde se recolhem todas as minhas dispersões para que nada de mim se afaste de ti, e às vezes me introduzes num estado muito estranho dentro de mim, até não sei que doçura que, se chegasse em mim à plenitude, não sei o que seria, mas não seria esta vida. Porém, recaio aqui pelo peso de minhas desgraças e sou reabsorvido e preso pelas coisas de sempre, e choro muito, mas estou muito bem preso. Tanto vale o fardo dos hábitos! Consigo estar aqui, e não quero; quero estar lá, e não consigo; aqui e lá, miserável.

XLI, 66. Por isso investiguei as fraquezas de meus pecados na tríplice cupidez,[131] e invoquei tua direita para minha salvação.[132] Com efeito, vi teu esplendor com coração ferido e, rechaçado, disse: quem poderia ficar lá? *Fui excluído da presença de teus olhos.*[133] Tu és a Verdade que preside todas as coisas. Eu, porém, não quis te perder, mas, por minha avareza, quis possuir a mentira juntamente contigo, porque ninguém quer admitir que diz o falso, até o ponto de ele mesmo não saber o que é verdadeiro. Assim te perdi, porque não te dignaste ser possuído juntamente com a mentira.

XLII, 67. Quem poderia ter encontrado que me reconciliasse contigo? Deveria ter recorrido aos anjos? Com que reza? Com que rituais? Muitos que, aspirando voltar a ti e não sendo capazes por si mesmos, tentaram isso, pelo

---

131. Cf. 1Jo 2,16.
132. Cf. Sl 60 (59),7; 108 (107),6.
133. Sl 31 (30),23.

que ouço, caíram no fascínio das visões estranhas e se tornaram merecedores do hábito da ilusão.[134] Com efeito, te procuravam inflados pelo orgulho da erudição, mais estufando do que golpeando o peito, e atraíram para si, pela semelhança de seus corações, as potências do ar,[135] cúmplices e partícipes de sua soberba, pelas quais foram enganados graças aos poderes mágicos, buscando um mediador que os purificasse, e não era aquele. Porque aquele era *o diabo se transfigurando em anjo de luz*.[136] E muito seduziu a carne soberba o fato de ele não ter um corpo carnal. Com efeito, eles eram mortais e pecadores; tu, Senhor, com quem queriam se reconciliar soberbamente, és imortal e sem pecado. Mas era preciso que o mediador entre Deus e os homens tivesse algo semelhante a Deus, algo semelhante ao homem, e que não fosse semelhante aos homens ao ponto de ficar longe de Deus, nem semelhante a Deus ao ponto de ficar longe dos homens, porque então não seria um mediador. Logo, é enganoso aquele mediador — pelo qual, por teu secreto juízo, a soberba mereceu ser enganada — que tem algo em comum com os homens, o pecado, e algo que pretende ter em comum com Deus, enquanto, por não ser revestido da mortalidade da carne, gaba-se de ser imortal. Porém, como *o salário do pecado é a morte*,[137] tem em comum com os homens aquilo que, juntamente com eles, o condena à morte.

XLIII, 68. Mas o mediador veraz — que por tua secreta misericórdia revelaste aos homens e enviaste, para que

---

134. Provavelmente Agostinho se refere aqui em particular a agnósticos e neoplatônicos, como Porfírio e Apuleio, que se dedicavam às práticas mágicas para evocar os espíritos aéreos (cf. *Cidade de Deus*, VIII-IX).
135. Cf. Ef 2,2.
136. 2Cor 11,14.
137. Rm 6,23.

aprendessem inclusive com o exemplo dele a verdadeira humildade — ele, *o mediador entre Deus e os homens, o homem Jesus Cristo*,[138] apareceu entre os mortais pecadores e o Justo imortal, mortal como os homens, justo como Deus, para que, como o salário da justiça é a vida e a paz, pela justiça que o unia a Deus expulsasse a morte, justificando os ímpios, que quis unidos a ele. Foi ele quem foi revelado aos santos antigos,[139] para que encontrassem a salvação pela fé em sua paixão futura, como nós pela fé em sua paixão já realizada. Enquanto homem, com efeito, mediador, mas enquanto Verbo, não intermédio, porque é igual a Deus e Deus *com Deus*[140] e o único Deus.

69. Como nos amaste, bom Pai, que não poupaste teu único filho, mas o entregaste por nós, os ímpios![141] Como nos amaste, nós, para os quais tornaste *servo até a morte de cruz* aquele que *não por usurpação é considerado teu igual*, ele, único *livre entre os mortos*,[142] *tendo o poder de entregar a vida e tendo o poder de retomá-la*,[143] vencedor e vítima por nós diante de ti, e vencedor porque vítima; sacerdote e sacrifício por nós diante de ti, e sacerdote porque sacrifício; tornando-nos, *de servos,* teus *filhos*,[144] ao nascer de ti e nos servir. Minha esperança nele é sólida devidamente, porque tu curarás todas as minhas enfermidades por ele,[145] que *senta à tua direita e intercede por nós*;[146] de outra maneira, eu desesperaria. Pois são muitas

138. 1Tm 2,5.
139. Os profetas.
140. Jo 1,1.
141. Cf. Rm 8,32.
142. Sl 88 (87),6.
143. Jo 10,18.
144. Gl 4,7.
145. Cf. Sl 103 (102),3; Mt 4,23.
146. Sl 110 (109),1; Rm 8,34.

e grandes as minhas enfermidades, são muitas e grandes; mas teu remédio é maior. Poderíamos julgar teu Verbo distante da união com o homem e desesperar de nós, se ele não *se fizesse carne e morasse entre nós*.[147]

70. Aterrado pelos meus pecados e pelo peso de minhas misérias, cultivei e meditei em meu coração uma fuga para a solidão, mas tu me detiveste e me confortaste dizendo: Cristo *morreu por todos a fim de que aqueles que vivem não vivam mais para si, mas para aquele que morreu por eles*.[148] Eis, Senhor, *descarrego em ti* minha aflição,[149] para viver e *considerar as maravilhas de tua lei*.[150] *Tu sabes* minha ignorância e minha fraqueza:[151] *ensina-me* e *cura-me*.[152] Teu Filho único, *no qual se acham escondidos todos os tesouros da sabedoria e do conhecimento*,[153] me redimiu com seu sangue.[154] *Não me caluniem os soberbos*,[155] porque eu *penso meu resgate*[156] e o como e bebo e distribuo[157] e, pobre, desejo ser saciado entre aqueles que *comem e são saciados: e louvarão a Deus aqueles que o procuram*.[158]

---

147. Jo 1,14.
148. 2Cor 5,15.
149. Sl 55 (54),23.
150. Sl 119 (118),18.
151. Sl 69 (68),6.
152. Sl 143 (142),10; 6,3.
153. Col 2,3.
154. Cf. Ap 5,9.
155. Sl 119 (118),122.
156. 75. Sl 62 (61),5 (Vulgata).
157. Jo 6,54 ss.
158. Sl 22 (21),27.

Livro XI

1, 1. Porventura, Senhor, sendo tua a eternidade, ignoras o que te digo, ou vês no tempo o que se dá no tempo? Por que então te narro em detalhes tantos acontecimentos? Não certamente para que tu os conheças graças a mim, mas para despertar o afeto por ti, o meu e o daqueles que leem estas linhas, para que nós todos digamos: *Grande é o Senhor, e demais louvável*.[1] Já disse e direi: faço isso por amor do amor de ti.[2] Pois também rezamos, no entanto a Verdade disse: "*Vosso Pai sabe do que tendes necessidade antes de lho pedires*".[3] Logo, é nosso afeto por ti que manifestamos ao te confessar as misérias nossas e as misericórdias tuas *sobre nós*,[4] para que nos liberes definitivamente, porque já começaste; para que deixemos de ser miseráveis em nós e nos tornemos felizes em ti, porque nos chamaste; para que sejamos *pobres de espírito* e *mansos* e *aflitos, sedentos e famintos de justiça, misericordiosos, puros de coração* e *portadores de paz*.[5] Já te narrei muitas coisas, as que pude e quis, porque tu primeiro quiseste que eu

1. Sl 145 (144),3; cf. Livro I, 1, 1.
2. Cf. Livro II, 1, 1.
3. Mt 6,8.
4. Sl 33(32),22.
5. Mt 5,3-9.

as confessasse a ti, *Senhor meu Deus, porque tu és bom, porque tua misericórdia é para sempre.*[6]

II, 2. Mas quando conseguirei, pela língua de meu cálamo,[7] nomear todas as tuas exortações e todas as tuas repreensões e consolações e orientações, pelas quais me levaste a pregar tua Palavra e dispensar teu sacramento a teu povo? E, mesmo que conseguisse enunciá-las segundo a ordem, cada gota de tempo muito me custa. E há tempos desejo ardentemente meditar tua lei[8] e te confessar minha ciência e minha ignorância sobre ela, os primeiros sinais de tua iluminação e as trevas que ainda me restam,[9] até que a fraqueza seja devorada pela força. E não quero que sejam preenchidas por outras ocupações as horas que consigo livrar da necessidade de restaurar o corpo e tonificar a alma, ou dos serviços que devemos aos homens e dos que não devemos, mas mesmo assim prestamos.

3. Senhor meu Deus, *atende à minha prece*[10] e tua misericórdia ouça meu desejo,[11] porque ele não arde só por mim, mas quer servir à caridade fraterna; e tu vês em meu coração que é assim. Sacrificarei a ti a servidão de meu pensamento e de minha língua, tu, porém, me dá o que *vou te oferecer,*[12] *porque sou pobre e indigente,*[13] *tu és rico para todos os que te invocam,*[14] tu, que, imperturbado, cuidas de nossos turbamentos. Purifica meus lábios inte-

---

6. Sl 118 (117),1.
7. Cf. Sl 45(44).2.
8. Cf. Sl 39(38),4; Sl 1,2.
9. Cf. Sl 18(17),29.
10. Sl 61 (60),2.
11. Cf. Sl 9,38 (10,17).
12. Sl 66 (65),15.
13. Sl 86 (85),1.
14. Rm 10,12.

riores e exteriores de toda temeridade e de toda mentira. Que tuas Escrituras sejam meus castos prazeres, e que eu não me engane nelas e não engane com elas. Senhor, *escuta e tem misericórdia*,[15] Senhor meu Deus, luz dos cegos e potência dos fracos, mas também luz dos videntes e potência dos fortes, escuta minha alma e ouve-a *clamar das profundezas*.[16] Com efeito, se teus ouvidos não estivessem até nas profundezas, *para onde iríamos*?[17] Para onde clamaríamos? *Teu é o dia e tua é a noite*:[18] a teu comando voam os instantes. Concede um espaço, neles, para nossas meditações sobre as dificuldades de tua lei e não a feches a quem bate à sua porta.[19] Por certo não quiseste que tantas páginas de obscuros mistérios fossem escritas inutilmente, ou aquelas selvas não abrigariam seus cervos, que nelas se alimentam e revigoram, circulam e pastam, deitam e ruminam. Ó Senhor, me aperfeiçoa e me revela as selvas.[20] Eis, tua voz é meu prazer, tua voz mais que profusão de volúpias. Dá-me o que amo: porque amo, e isso também tu me deste. Não deixes incultos teus dons e não desdenhes teu rebento sequioso. Que eu te confesse tudo o que encontrar em teus livros e *ouça o canto de louvor*[21] e te beba[22] e *con-*

15. Jr 18,19; Sl 27 (26),7 e 86 (85),3.
16. Sl 130 (129),1.
17. Sl 139 (138),7.
18. Sl 74 (73),16.
19. Mt 7,7.
20. Cf. Sl 29 (28),9 (Vetus Latina): "A voz de Deus aperfeiçoa os cervos e revelará as selvas". Na interpretação de Agostinho (*Comentário ao Salmo 28*), "A voz do Senhor tornou perfeitos os vencedores e triunfadores sobre as línguas venenosas [...] E então revelará a eles as obscuridades dos livros divinos e as sombras dos mistérios, para que pastem nelas com liberdade". Acreditava-se que os cervos fossem imunes aos venenos das serpentes, podendo por isso circular sem perigo nas florestas.
21. Sl 26 (25),7.
22. Cf. Sl 42 (41),2.

sidere as maravilhas de tua lei,[23] desde o *princípio em que fizeste o céu e a terra,*[24] até o reino perpétuo de tua santa cidade contigo.[25]

4. Senhor, *tem misericórdia de mim e acolhe*[26] meu desejo. Julgo, de fato, que ele não se dirige aos prazeres da carne, nem às necessidades do corpo e desta nossa vida de peregrinação, coisas todas que *nos serão acrescentadas*, se buscarmos *teu reino e tua justiça.*[27] Vê, meu Deus, onde está meu desejo. *Os injustos me descreveram coisas prazerosas, mas não quanto a tua lei, Senhor.*[28] Eis onde está meu desejo. Vê, Pai, olha, vê e aprova, e *agrade aos olhos*[29] de tua misericórdia que eu encontre graça perante ti, para que, ao bater, se abra[30] o interior de teus textos. Imploro pelo Nosso Senhor Jesus Cristo, teu Filho, *homem da tua direita, o filho do homem que confirmaste para ti*[31] como mediador teu e nosso; pelo qual nos procuraste quando não te procurávamos, nos procuraste, porém, para que te procurássemos; tua Palavra, pelo qual fizeste todas as coisas,[32] inclusive a mim; teu único filho, pelo qual assumiste em adoção[33] o povo dos crentes, inclusive a mim; imploro por ele, *que senta à tua direita e intercede por nós,*[34] no qual se acham escondidos todos

---

23. Sl 26 (25),7; 119 (118),18.
24. Gn 1,1.
25. Cf. Ap 21,2.
26. Sl 27(26),7.
27. Mt 6,33.
28. Sl 119 (118),85 (Vetus Latina).
29. Sl 19 (18),15.
30. Cf. Mt 7,7.
31. Sl 80 (79),18 (Vulgata).
32. Cf. Jo 1,3.
33. Cf. Gl 4,5.
34. Rm 8,34.

os *tesouros da sabedoria e da ciência*.³⁵ É ele mesmo que busco em teus livros. Moisés escreveu sobre ele: ele mesmo o disse, a Verdade o disse.³⁶

III, 5. Que eu ouça e entenda como *no princípio fizeste o céu e a terra*.³⁷ Moisés escreveu isso, escreveu e se foi, partiu daqui indo de ti a ti, e não está diante de mim agora. Pois, se estivesse, eu o deteria e o interrogaria e imploraria em teu nome que me explicasse, e prestaria os ouvidos de meu corpo aos sons que sairiam de sua boca; e, se falasse em hebraico, eles percutiriam inutilmente meus sentidos e nada dali atingiria minha mente; porém, se falasse em latim, saberia o que estaria dizendo. Mas de onde saberia se disse a verdade? Se soubesse isso também, o saberia graças a ele? Dentro de mim, na morada do meu pensamento, a Verdade, não hebraica nem grega nem latina nem bárbara, sem os órgãos da boca e da língua, sem ruído de sílabas, diria: "É verdadeiro o que diz"; e eu logo, com certeza confiante, diria àquele teu homem: "É verdadeiro o que dizes". Logo, não podendo interrogá-lo, peço a ti, Verdade, de que ele era cheio quando disse verdades, a ti, meu Deus, peço: *poupa meus pecados*³⁸ e, como concedeste àquele teu servo dizer, *concede a mim entender*.³⁹

IV, 6. Aqui estão o céu e a terra, eles declaram que foram feitos: mudam e variam, enquanto naquilo que não foi feito, mas é, nada há que não fosse antes, quer dizer, que mude e varie. Declaram também que não se fizeram a si mesmos: "Somos por isso: por ter sido feitos; portanto, não éramos antes de ser, para que pudéssemos nos fazer a

---

35. Cl 2,3.
36. Cf. Jo 5,46.
37. Gn 1,1.
38. Jó 14,16 (Vulgata).
39. Sl 119 (118),34.73.

nós mesmos". E a voz dos falantes é a própria evidência. Portanto, tu os fizeste, Senhor, que és belo: porque eles são belos; que és bom: porque eles são bons; que és: porque eles são. E não são tão belos nem tão bons nem são tanto quanto tu, criador deles, comparados ao qual não são nem belos nem bons nem seres.[40] Sabemos isso graças a ti, e nosso saber, comparado a teu saber, é ignorância.

v, 7. Mas como fizeste o céu e a terra, e que máquina utilizaste para essa tua operação tão grande? Pois não foi como o artífice humano que forma um corpo a partir de outro corpo pela decisão de uma alma que é capaz de transmitir, de alguma maneira, a forma que enxerga nela mesma por um olhar interno — e como seria capaz disso, senão porque tu a criaste? — e que confere essa forma a algo que já existe e já tem um ser, como a terra ou a pedra ou a madeira ou o ouro ou qualquer coisa do gênero — e como essas coisas existiriam, se tu não as estabelecesses? Tu fizeste o homem que fabrica; tu, a animação que governa seus membros; tu, a matéria de onde ele faz algo; tu, o engenho que contém a arte e vê dentro de si o que executa fora; tu, os sentidos do corpo, pela mediação dos quais este leva da mente para a matéria o que faz, e traz de volta à mente o que fez, para que ela julgue internamente, sob a direção da verdade, se é bem-feito. Tudo isso te louva, *criador de tudo*.[41] Mas, tu, como o fizeste? Como fizeste, Deus, o céu e a terra? Certamente, não fizeste o céu e a terra no céu nem na terra, nem no ar ou na água, porque eles também pertencem ao céu e à terra, e não fizeste o universo no universo, porque não existia um lugar onde fazer antes que tu o fizesses existir. Tampouco tinhas algo à mão, a partir do qual fazer o céu e a terra. Com efeito, de onde receberias algo que não tivesses feito, para que fizesses algo

---

40. Cf. Platão, *Timeu*, 27d-29b.
41. Ambrósio, *Hinos*, I, 2,1.

a partir dele? Existe algo, senão porque tu és? Logo, falaste e eles foram feitos,[42] e foi na tua Palavra que os fizeste.

VI, 8. Mas como falaste? Porventura da mesma maneira como saiu uma voz da nuvem e disse: *"Este é meu filho amado"*?[43] Com efeito, aquela voz foi emitida e passou, começou e acabou. As sílabas ressoaram e se esvaíram, a segunda após a primeira, a terceira após a segunda e assim por ordem, até a última após as outras e o silêncio após a última. De onde se torna claro e evidente que foram emitidas pelo movimento de uma criatura a serviço de tua vontade eterna, mas sendo ela mesma temporal. E essas palavras tuas pronunciadas no tempo foram transmitidas pelo ouvido exterior à mente ajuizada, cujo ouvido interior está voltado para tua Palavra. Mas ela comparou aquelas palavras, que ressoavam no tempo, com tua Palavra eternamente em silêncio, e disse: "É de longe outra coisa, outra coisa, de longe. Aquelas são muito inferiores a mim, e não são, porque fogem e desaparecem; mas a Palavra de meu Deus *permanece* acima de mim *em eterno*".[44] Logo, se tivesses dito palavras ressoantes e transitórias para criar o céu e a terra, já existiria uma criatura corporal antes do céu e da terra, que propagasse temporalmente aquela fala por movimentos temporais. Mas não havia nenhum corpo antes do céu e da terra ou, se havia, certamente o criaste sem fala transitória, para que pudesses criar a fala transitória pela qual ordenarias que o céu e a terra se fizessem. Com efeito, qualquer tenha sido o ser de onde surgiu tal fala, se não tivesse sido criado por ti, absolutamente não seria. Portanto, para que fosse criado o corpo de onde surgiriam essas palavras, que Palavra foi dita por ti?

---

42. Cf. Gn 1,3 ss.
43. Mt 3,17; 17,5.
44. Is 40,8.

VII, 9. Assim, tu nos convidas a entender a Palavra, que é Deus e está contigo, Deus,[45] que é dita eternamente e na qual todas as coisas são ditas eternamente. Com efeito, ele não acaba de dizer uma coisa e passa a dizer outra, para que tudo possa ser dito, mas diz tudo junto e eternamente; ou já seria tempo e mutação e não verdadeira eternidade e verdadeira imortalidade. Isso eu sei, meu Deus, e *dou graças*.[46] Eu sei, confesso-o a ti, Senhor, e comigo o sabe e te louva qualquer um que não seja relutante contra uma verdade indiscutível. Sabemos, Senhor, sabemos que cada coisa morre e nasce na medida em que não é o que era e é o que não era. Nada, portanto, antecede e sucede tua Palavra, porque ela é, verdadeiramente imortal e eterna. Logo, tudo é dito simultânea e eternamente pela palavra coeterna contigo, Palavra que tu dizes, e acontece tudo o que dizes que aconteça; e não fazes senão dizendo; porém não acontecem simultânea e eternamente as coisas que fazes dizendo.

VIII, 10. Por que isso, pergunto, Senhor meu Deus? De certa maneira o vejo, mas não sei expressá-lo em palavras, a não ser assim: que tudo aquilo que começa a ser e deixa de ser começa a ser e deixa de ser quando uma eterna razão, onde nada começa nem acaba, sabe que deve começar e acabar. Essa razão é tua Palavra, que é também o Princípio, como ela mesma nos disse.[47] Assim falou no

---

45. Cf. Jo 1,1.
46. 1Cor 1,4.
47. Cf. Jo 8,25 (Vulgata). É a tese das "razões seminais", de origem estoica e neoplatônica, que Agostinho desenvolveu e transmitiu à Idade Média. Cf. *Comentário literal ao Gênesis*, VI, IX, 16, X, 17: "Na condição originária do mundo, quando Deus criou tudo simultaneamente, o homem foi feito para ser futuramente, como razão do homem a ser criado, não como criatura em ato. Mas tudo isso está de uma maneira no Verbo de

Evangelho pela voz carnal, e ressoou para os ouvidos exteriores dos homens, para que cressem nela e a buscassem interiormente e a encontrassem na eterna Verdade, onde um bom e único mestre instrui todos os discípulos.[48] Ali ouço tua voz, Senhor, que me diz que aquele que nos fala nos instrui; mas aquele que não nos instrui, mesmo falando, não nos fala.[49] Quem, então, nos instrui, senão a Verdade permanente? Porque, mesmo quando uma criatura mutável nos assinala algo, nos remetemos à Verdade permanente, onde aprendemos verdadeiramente, quando paramos e ouvimos e somos *tomados de alegria à voz do esposo*,[50] voltando para onde recebemos o ser. E por isso ela é o Princípio, porque, se não permanecesse, não haveria para onde voltar quando errássemos. Mas, quando voltamos do erro, é conhecendo que voltamos; para que conheçamos, porém, ela nos ensina, porque é *o Princípio e nos fala*.[51]

IX, 11. Naquele Princípio, Deus, fizeste o céu e a terra: na tua Palavra, no teu Filho, na tua Potência, na tua Sabedoria, na tua Verdade, falando milagrosamente e milagrosamente criando. Quem compreenderá? Quem explicará? O que é aquilo que irradia até mim e atinge

---

Deus, onde não é criado, mas eterno; de outra, nos elementos do mundo, onde todas as coisas são criadas simultaneamente para serem futuramente; ainda de outra, nas coisas que, criadas simultaneamente segundo as causas, já não surgem simultaneamente, mas cada uma a seu tempo".
48. Cf. Mt 23,8.
49. Cf. *O mestre*, XI, 38: "Sobre tudo o que compreendemos com a inteligência, não consultamos quem fala exteriormente, mas a Verdade que governa por dentro a própria mente, ainda que sejamos estimulados por palavras exteriores. Mas, aquele que consultamos, este instrui, e é aquele de quem é dito que habita o homem interior [Ef 3,16-7]: Cristo".
50. Jo 3,29.
51. Jo 8,25 (Vulgata).

meu coração sem feri-lo? Sou tomado de horror e ardor: horror, por ser dessemelhante dele; ardor, por ser semelhante.[52] É a Sabedoria, a própria Sabedoria que irradia até mim dissipando minhas nuvens, as quais voltam a me encobrir quando me separo dela pelo nevoeiro e pela muralha de minhas penas, porque *meu vigor se enfraquece em miséria*,[53] a ponto de não suportar meu bem; até que tu, Senhor, que te tornaste *indulgente com todas as minhas iniquidades*, também *cures todos os meus males, e redimirás minha vida da corrupção, e me coroarás de amor e de misericórdia e saciarás de bens* meu desejo, porque *minha juventude se renovará, como a da águia*.[54] Com efeito, *somos salvos pela esperança*, e *aguardamos* tua promessa *na perseverança*.[55] Que te ouça falar internamente quem pode; eu, confiante no teu oráculo, exclamarei: *Como são magníficas tuas obras, Senhor, e todas fizeste na Sabedoria!*[56] Ela é o Princípio, e naquele Princípio criaste o céu e a terra.

---

52. Cf. Livro VII, x, 16.
53. Sl 31 (30),11.
54. Sl 103 (102),3-5; cf. *Comentário ao Salmo 102*, 9: "Dizem que a águia, quando oprimida pelo envelhecimento do corpo, já não pode mais se alimentar devido ao crescimento desmedido do bico. Pois a parte superior do bico, que se dobra em gancho sobre a inferior, por crescer desmedidamente na velhice, por seu comprimento não deixa que abra a boca [...] Oprimida pela fraqueza da velhice e pela falta de comida, ela se debilita muito [...] Então dizem que ela [...] batendo o bico contra uma pedra, o quebra, e se livra da parte superior que lhe impedia de engolir a comida. Volta a se alimentar, e tudo se renova: depois da velhice torna-se quase uma águia jovem. Voltam a força dos membros, o brilho das plumas, o movimento das penas, voa alto como antes. Daí a analogia com a ressurreição".
55. Rm 8,24-5.
56. Sl 104 (103),24.

x, 12. Não estão cheios de velhice aqueles que nos perguntam: "Que fazia Deus, antes de criar o céu e a terra? Com efeito, se permanecia ocioso e não fazia nada, por que não se manteve assim também em seguida, e não se absteve *da obra*[57] como antes? Pois, se apareceu em Deus um movimento e uma vontade nova de produzir uma criação que nunca produzira antes, como poderia ser ainda verdadeira eternidade, se nela surge uma vontade que não era? Com efeito, a vontade de Deus não é uma criatura, mas anterior às criaturas, porque nada poderia ser criado, se não fosse precedido pela vontade do criador. Logo, a vontade de Deus pertence à sua própria substância. Ora, se surgiu na substância de Deus algo que não estava nela antes, então não é verdade que aquela substância seja eterna; se, porém, era eterna a vontade de Deus que produziu a criação, por que a criação também não seria eterna?".

xi, 13. Aqueles que falam assim não te compreendem, ó Sabedoria de Deus, luz das mentes, ainda não compreendem como acontece aquilo que acontece em ti e por ti, e tentam experimentar a eternidade, mas o *coração deles* ainda esvoaça entre os movimentos passados e futuros das coisas e ainda é vão.[58] Quem o poderá apanhar e segurar, para que se detenha um pouco e receba um pouco do esplendor sempre imóvel da eternidade e a compare com os tempos que nunca param e veja que é incomparável; e que um tempo longo não poderia ser longo senão por muitos movimentos passageiros, que não poderiam se estender simultaneamente; e que, ao contrário, nada passa na eternidade, mas tudo é presente, enquanto nenhum tempo é todo presente; e que todo passado é substituído por um futuro, e todo futuro segue um passado, mas todo passado e futuro são criados e descendem daquilo que é sempre presente?

57. Gn 2,3.
58. Sl 5,10 (Vulgata).

Quem poderá segurar o coração do homem, para que se detenha e veja como a eternidade imóvel, nem futura nem passada, dita os tempos futuros e passados? Poderia minha mão ser capaz de tanto, ou a mão de minha boca realizar em palavras uma ação tão grande?

XII, 14. Eis o que respondo a quem pergunta: "O que Deus fazia antes de fazer o céu e a terra?". Não respondo como dizem que alguém respondeu, esquivando com uma brincadeira a contundência do questionamento: "Preparava o inferno para quem investiga mistérios profundos". Não respondo assim. Prefiro responder: "Não sei o que não sei" a ridicularizar quem investiga mistérios profundos e enaltecer quem responde falsidades. Mas afirmo que tu és criador de toda a criação, nosso Deus, e, se pelo nome de céu e terra devemos entender a criação inteira, me atrevo a dizer: antes de fazer o céu e a terra, não fazias nada. Com efeito, se fizesses algo, o que farias a não ser uma criatura? E tomara eu soubesse tudo o que quero saber por meu proveito, como sei que antes de existir alguma criatura não existia criatura alguma.

XIII, 15. Mas, se um espírito volátil vaguear pelas imagens dos tempos passados e se admirar de que tu, Deus onipotente criador e senhor de tudo, artífice do céu e da terra, antes de fazer isso, ficaste inoperante por séculos inumeráveis, preste atenção e repare que sua admiração é enganosa. Com efeito, como poderiam passar esses séculos inumeráveis, se não tivessem sido feitos por ti, que és o autor e fundador de todos os séculos? E quais foram os tempos que não foram fundados por ti? E como passariam, se nunca foram? Logo, se tu és o obreiro de todos os tempos e se houve algum tempo antes que fizesses o céu e a terra, por que se diz que tu te abstinhas *da obra*?[59] De fato, tu

---

59. Gn 2,3.

fizeste aquele tempo, e os tempos não poderiam passar, antes que fizesses os tempos. Mas, se não havia tempo antes do céu e da terra, por que perguntam o que fazias então? Não havia "então", onde não havia tempo.

16. Tampouco tu antecedes os tempos no tempo: porque, se fosse assim, não antecederias todos os tempos. Mas tu antecedes todos os passados do alto da eternidade sempre presente e ultrapassas todos os futuros, porque estes são futuros e, como vêm, passarão; mas tu és sempre o mesmo, e teus anos não findarão.[60] Teus anos não vão nem vêm: estes nossos vão e vêm, para que venham todos. Os teus permanecem todos juntos, porque permanecem, e não são removidos pelos que vêm, porque não passam; mas estes nossos só serão todos, quando todos já tiverem sido. Teus anos são um único dia,[61] e teu dia não é um dia após dia, mas um hoje, porque teu hoje não é suprimido por um amanhã, nem substitui um ontem. Teu hoje é a eternidade, logo geraste coeterno aquele a quem disseste: *"Hoje te gerei"*.[62] Tu fizeste todo o tempo e és antes de todo tempo, e não houve um tempo em que não havia tempo.

XIV, 17. Logo, não houve um tempo em que não fizesses algo, porque tu fizeste o próprio tempo. E nenhum tempo é coeterno contigo, porque tu permaneces; mas ele, se permanecesse, não seria tempo. De fato, o que é o tempo? Quem poderia explicá-lo fácil e brevemente? Quem o compreenderá para expressá-lo em palavras, na fala ou no pensamento? E, no entanto, entre as coisas que nomeamos em nossas conversas, o que há de mais comum e conhecido do que o tempo? E certamente entendemos quando o nomeamos, e entendemos também quando

---

60. Sl 102 (101),28.
61. Cf. Sl 90 (89),4; 2Pd 3,8.
62. Sl 2,7; Hb 5,5.

ouvimos outros nomeá-lo. O que é o tempo, então? Se ninguém me perguntar, eu sei; mas, se quiser explicar a alguém que me pergunte, não sei:[63] mas é com segurança que afirmo saber que, se nada passasse, não haveria tempo passado; se nada sobreviesse, não haveria tempo futuro; e, se nada fosse, não haveria tempo presente. Logo, aqueles dois tempos, passado e futuro, em que sentido eles são, se o passado não é mais, e o futuro ainda não é? Mas o presente, se fosse sempre presente e não se tornasse passado, não seria presente, e sim eternidade. Logo, se o presente, para que seja tempo, há de se tornar passado, como podemos dizer, a respeito dele também, que é, se a razão de sua existência é deixar de ser? De maneira que não afirmamos com verdade que o tempo é, senão porque ele tende a não ser.

xv, 18. E, no entanto, dizemos "tempo longo" e "tempo breve" e não dizemos isso senão do passado e do futuro. Chamamos longo tempo passado, por exemplo, há cem anos; e longo tempo futuro, daqui a cem anos; chamamos breve tempo passado, digamos, há dez dias; breve futuro, daqui a dez dias. Mas em que sentido é longo e breve aquilo que não é? Com efeito, o passado já não é, e o futuro não é ainda. Não digamos, então: "é longo"; mas, do passado: "foi longo"; e do futuro: "será longo". Meu Senhor, *minha luz*,[64] tua Verdade não rirá dos homens também assim? Porque, aquele tempo passado que foi longo, foi longo quando já passara, ou quando ainda era presente? Com efeito, só poderia ser longo quando havia algo que fosse longo; mas depois de passar já não havia; logo, não poderia ser longo, porque não era de forma alguma. Portanto, não digamos: "o tempo passado foi longo", porque não encontraríamos algo que seja longo

---

63. Cf. Plotino, *Enéadas*, III, 7 (45), 1.
64. Mq 7,8; cf. Jo 1,5.

quando, pelo fato de ser passado, já não é; mas digamos: "aquele tempo presente foi longo", porque, enquanto era presente, era longo. De fato, ainda não passara, deixando de ser, portanto havia algo que pudesse ser longo; em seguida, quando passou, o que deixou de ser simultaneamente deixou também de ser longo.

19. Vejamos então, alma humana, se o tempo presente pode ser longo; porque te foi dado perceber as durações e medi-las. Que me respondes? Que cem anos presentes são um tempo longo? Mas vê, antes, se cem anos podem ser presentes. Com efeito, se estiver no primeiro ano deles, este é presente, mas noventa e nove são futuros, logo não são ainda; se, porém, estiver no segundo ano, um já é passado, outro, presente e os restantes, futuros. E assim acontece se pusermos como presente qualquer ano dentro desse número de cem: antes dele, serão passados; depois dele, futuros. Portanto, cem anos não podem ser presentes. Vê se pelo menos o único ano em que estamos pode ser presente. Mas nele também, se estivermos no primeiro de seus meses, os outros serão futuros; se no segundo, o primeiro já passou e os outros não são ainda. Logo, nem o ano em que estamos pode ser inteiramente presente, e, se não é presente inteiramente, não é o ano que é presente. De fato, um ano tem doze meses, dos quais qualquer mês em que estivermos é presente, os outros são passados ou futuros. Se bem que o mês em que estamos tampouco é presente, e sim um único dia: se for o primeiro, os outros serão futuros; se for o último, os outros serão passados; se for qualquer um entre eles, estará entre dias passados e futuros.

20. Eis que o tempo presente, que descobrimos ser o único que deveríamos chamar de longo, é reduzido ao espaço de um único dia. Mas discutamos também isso, porque nem sequer um dia é inteiramente presente. Com

efeito, é composto por um total de vinte e quatro horas
noturnas e diurnas: em relação à primeira delas, as outras
são futuras; em relação à última, passadas; e todas as que
estão no meio têm antes de si horas passadas e depois de
si, futuras. Mas até uma única hora é feita de partículas
fugazes: toda que já se foi é passada; toda que ainda resta
é futura. Se for possível conceber um elemento do tempo
cujo momento não possa ser dividido em partes minutís-
simas, só este poderia ser chamado presente; todavia, ele
passaria tão imediatamente do futuro para o passado,
que não se estenderia por duração alguma. Com efeito,
se se estendesse, dividir-se-ia em passado e futuro; o presente, ao contrário, não tem extensão. Onde está, então,
o tempo que afirmamos ser longo? No futuro? Não digamos, então: "é longo", porque ainda não há nada que seja
longo, e sim: "será longo". Mas quando o será? Se mesmo então for ainda futuro, não será longo, porque ainda
não haverá nada que seja longo; mas se então for longo,
porque de futuro que ainda não é já se tornará presente e
passará a ser, para que haja algo que possa ser longo, os
argumentos acima já atestam que o tempo presente não
pode ser longo.

XVI, 21. E no entanto, Senhor, percebemos intervalos
de tempo e os comparamos entre si e chamamos alguns
de mais longos, outros de mais curtos. De fato, medimos
quanto um tempo é mais longo ou mais curto que outro
e concluímos que este é duplo ou triplo, aquele é simples;
ou que este é tão extenso quanto aquele. Mas medimos
os tempos que passam, quando medimos pela sensação;
porém, os tempos passados, que já não são, e os futuros,
que ainda não são, quem poderia medi-los, a não ser que
alguém ouse dizer que pode medir o que não é? Logo, o
tempo pode ser medido e percebido enquanto passa, mas
quando já passou não pode, porque não é mais.

XVII, 22. Busco, Pai, não afirmo: meu Deus, orienta-me e conduze-me. Alguém poderia me dizer que não há três tempos, passado, presente e futuro, como aprendemos crianças e ensinamos às crianças, mas apenas o presente, porque os outros dois não são? Ou eles também são, porém o que de futuro se torna presente emerge de algum recanto e volta para algum recanto, quando de presente se torna passado? Com efeito, onde viram os acontecimentos futuros aqueles que os anunciaram, se eles ainda não são? Não se pode ver aquilo que não é. E os que narram o passado não narrariam fatos verdadeiros, se não os enxergassem na mente; e, se fossem nada, não poderiam enxergá-los. Logo, tanto os acontecimentos futuros quanto os passados são.

XVIII, 23. Deixa-me, Senhor, buscar mais fundo, *minha esperança*;[65] e que minha intenção não se confunda. De fato, se os acontecimentos futuros e passados existem, quero saber onde estão. Mesmo que não consiga, sei contudo que, onde quer que estejam, ali não são futuros ou passados, mas presentes. Com efeito, se mesmo ali fossem futuros, ainda não seriam, e, se fossem passados, já não seriam. Onde quer que estejam, portanto, o que quer que sejam, não são senão presentes. Muito embora, quando narramos coisas verdadeiras do passado, são extraídas da memória não as próprias coisas que passaram, mas palavras concebidas a partir das imagens que elas imprimiram na mente, como pegadas, pelos sentidos. Assim, minha infância que não é mais está num tempo passado que não é mais; mas a imagem dela, quando a lembro e narro, vejo-a interiormente no tempo presente, porque ainda está em minha memória.[66] Confesso que não sei se a explicação das predições do futuro poderia ser semelhante, de

---

65. Sl 71 (70),5.
66. Cf. Livro X, VIII, 15.

maneira que coisas que ainda não são já estejam presentes em imagens existentes. Mas disto estou certo: frequentemente premeditamos ações futuras, e essa nossa premeditação é presente, mas a ação que premeditamos ainda não o é, porque é futura. Quando chegarmos a ela e começarmos a fazer o que premeditamos, então aquela ação será, porque então não será futura, mas presente.

24. Como quer que se dê o misterioso pressentimento de acontecimentos futuros, não se pode ver senão aquilo que é. Mas o que já é não é futuro, é presente. Logo, quando se diz que acontecimentos futuros são vistos, talvez sejam vistos não eles mesmos, que ainda não são, ou seja, que são futuros, mas causas ou sinais deles, que já são; portanto não são futuros, mas presentes aos que os veem, e a partir deles são preditos acontecimentos futuros concebidos mentalmente. E essas concepções, por sua vez, também são agora, e aqueles que as predizem as veem dentro de si como algo presente. Ilustrarei essa quantidade tão grande de coisas por um exemplo. Vejo a aurora: predigo o nascimento do sol. O que vejo é presente; o que predigo, futuro; não é futuro o sol, que já é, mas seu nascimento, que ainda não é. Todavia, mesmo esse nascimento, se não o figurasse na mente, como agora falando dele, não poderia predizê-lo. Mas nem aquela aurora que vejo no céu é o nascimento do sol, embora o preceda, nem o é a figura na minha mente: estes dois presentes são discernidos, para que eu possa predizer aquele futuro. Com efeito, os acontecimentos futuros ainda não são, e, se não são ainda, não são, e, se não são, não há como serem vistos; mas podem ser preditos a partir de acontecimentos presentes, que já são e são vistos.

XIX, 25. Mas tu, soberano de tua criação, de que maneira ensinas às almas os acontecimentos futuros? De fato, os ensinaste a teus profetas. De que maneira ensinas os eventos futuros, se para ti nada é futuro? Ou então ensinas algo presente sobre o futuro? Porque o que não é não pode ser ensinado. Essa maneira está muito longe de minha vista, é poderosa demais: não chegarei a ela por mim; mas chegarei por ti, quando tu o concederes, doce luz de meus olhos ocultos.

xx, 26. Contudo, o que por ora é claro e límpido é que tanto o futuro quanto o passado não são, e não se diz propriamente: os tempos são três, passado, presente e futuro, mas talvez se devesse dizer propriamente: os tempos são três, o presente do passado, o presente do presente e o presente do futuro. Esses três, de fato, estão na alma, de alguma maneira, e não os vejo em outro lugar: a memória presente do passado, a visão presente do presente, a expectativa presente do futuro. Se nos for permitido dizer isso, então reconheço que enxergo três tempos, e os três são. Pode-se dizer: "os tempos são três, passado, presente e futuro", segundo um hábito incorreto; pode-se dizer assim. Não me preocupo nem resisto nem reclamo, contanto que se entenda que não se está dizendo que o futuro já é nem que o passado ainda é. Com efeito, são poucas as coisas de que falamos com propriedade, dizemos a maioria impropriamente, mas sabemos o que queremos dizer.

xxi, 27. De fato, disse há pouco que medimos os tempos enquanto passam, para que possamos dizer que esse tempo é o duplo daquele, ou igual àquele, e todas as outras relações entre tempos que podemos enunciar medindo-os. Portanto, como dizia, medimos os tempos enquanto passam, e, se alguém me perguntar: "como sabes?", responderei: sei, porque os medimos, e não podemos medir aquilo que não é, e o passado ou o futuro não são. Mas como mediríamos o tempo presente, se não tem extensão? Logo, o medimos enquanto passa, mas quando já tiver passado não o mediremos, porque não haverá nada a ser medido. Mas de onde e por onde e para onde passa, quando o medimos? De onde, senão do futuro? Por onde, senão pelo presente? Para onde, senão para o passado? Daquilo, portanto, que ainda não é, por aquilo que não tem extensão, para aquilo que não é mais. Mas o que medimos, senão o tempo dentro de certo espaço? Com efeito, não dizemos simples, duplo, triplo, quádruplo e igual e qualquer outra relação entre tempos, senão a partir de espaços de tempo. Em que espaço, então, medimos o tempo que passa? Talvez no futuro, de onde vem? Mas não podemos medir o que ainda não é. No presente, pelo qual passa? Não, não podemos medir o que não tem extensão. Ou no passado, para o qual vai? Não podemos medir o que já não é.

XXII, 28. Minha mente arde para conhecer esse complicadíssimo enigma. Não feches, Senhor meu Deus, bom Pai, imploro por Cristo, não feches ao meu desejo esses fatos tão comuns e tão abstrusos, impedindo que eu os penetre e esclareça pela luz de tua misericórdia, Senhor. A quem perguntarei sobre eles? E a quem confessarei mais proveitosamente minha incapacidade senão a ti, a quem não são molestos meus esforços inflamados e intensos sobre as tuas Escrituras? Dá-me o que amo: pois amo, e isso também tu me deste. Dá, Pai, que sabes de verdade *dar boas dádivas a teus filhos*,[67] dá, porque resolvi conhecer e *a tarefa está diante de mim*,[68] até que tu abras.[69] Imploro por Cristo, em nome de seu Santo dos Santos,[70] que ninguém me estorve. Acreditei, por isso eu falo.[71] Essa é minha esperança; por isso vivo, para *contemplar a face*

---

67. Mt 7,11.
68. Sl 73 (72),16.
69. Cf. Mt 7,7.
70. Passagem obscura. Talvez se refira a Hb 9,1-15.
71. Sl 116 (115),1 (Vulgata).

prazerosa de Deus.⁷² Eis, *fizeste velhos os meus dias*⁷³ e eles passam, e não sei como. E dizemos tempo e tempo, tempos e tempos: "por quanto tempo ele disse isso", "por quanto tempo fez aquilo"; e: "Há quanto tempo não vejo isso"; e: "Esta sílaba tem tempo duplo em relação a uma breve simples". Dizemos isso e ouvimos isso e somos compreendidos e compreendemos. São coisas das mais evidentes e comuns e, no entanto, demasiado obscuras, e a descoberta delas é novidade.

XXIII, 29. Ouvi de um homem erudito⁷⁴ que os tempos são os movimentos do Sol, da Lua e das estrelas, e não concordei. De fato, por que então os tempos não seriam todos os movimentos dos corpos? E se os astros do céu parassem e se movesse apenas a roda de um oleiro, não seria pelo tempo que mediríamos seus giros e diríamos que correm por durações iguais, ou se movem às vezes mais lentamente, às vezes mais rapidamente, às vezes ocupando uma duração maior, às vezes, menor? E, ao dizermos isso, não falaríamos também no tempo e nossas palavras não seriam compostas de sílabas longas e breves justamente porque aquelas soariam por um tempo mais longo e estas, mais breve? Deus, concede aos homens ver, nas pequenas coisas, noções comuns às pequenas e às grandes. Estrelas e astros do céu são sinais das estações,

---

72. Sl 27 (26),4.
73. Sl 39 (38),6 (Vetus Latina).
74. Não há acordo entre os pesquisadores sobre a identidade desse erudito. Vários nomes foram propostos (Eratóstenes, Héstios de Perinto, Crisipo, o bispo ariano Eunômio de Cízico), mas nenhum encontrou consenso pleno. Em seu tratado "Sobre a eternidade e o tempo", que Agostinho provavelmente conhecia (cf. Livro XI, XIV, 17), Plotino refuta teses análogas às discutidas por Agostinho, às vezes com argumentos semelhantes (cf. *Enéadas*, III, 7 [45], 7-9).

dos dias e dos anos. São, de fato; mas nem eu poderia dizer que o giro da roda de madeira é o dia, nem aquele erudito, que ele não é um tempo.

30. Eu desejo conhecer o valor e a natureza do tempo, pelo qual medimos o movimento dos corpos e dizemos que aquele movimento, por exemplo, demora duas vezes este. Pergunto-me então: se chamamos de dia não apenas a demora do Sol sobre a Terra, de maneira que uma coisa é o dia, outra a noite, mas também seu percurso inteiro de oriente a oriente, como quando dizemos: "passaram-se tantos dias" — querendo dizer tantos dias com suas noites, e não excluindo a duração das noites —, se, portanto, o dia é gerado pelo movimento do Sol e por seu percurso de oriente a oriente, pergunto se o dia é o próprio movimento, ou a duração dele, ou ambos. No primeiro caso, se trataria de um dia mesmo que o Sol completasse seu percurso num espaço de tempo equivalente a uma hora. No segundo, não seria um dia se entre um surgimento e outro do Sol houvesse uma demora tão breve, mas seriam necessárias vinte e quatro voltas do Sol para completar um dia. No terceiro, não se poderia falar em dia nem se o Sol percorresse seu giro completo no espaço de uma hora, nem se, com o Sol parado, transcorresse um tempo igual àquele que ele costuma empregar para ir de uma manhã à outra. Assim, não me perguntarei o que é aquilo que chamamos de dia, mas o que é o tempo pelo qual medimos o percurso do Sol, e, se este fosse realizado num intervalo equivalente àquele que perfaz doze horas, diríamos que foi realizado em um intervalo de tempo menor do que o habitual pela metade e, ainda que o Sol complete o círculo de oriente a oriente ora naquele intervalo, ora neste, comparando os dois tempos diríamos que aquele é simples, este duplo. Quem ninguém me diga, então, que os tempos são os movimentos dos corpos celestes, porque mesmo quando o Sol parou pela invocação de alguém, para que uma batalha vitoriosa fosse

levada a termo,[75] o Sol ficou parado, mas o tempo passava. De fato, foi em um intervalo de tempo seu próprio, que lhe foi suficiente, que aquele combate foi conduzido e terminado. Vejo então que o tempo é uma certa distensão. Mas vejo mesmo? Ou apenas me parece que vejo? Tu mo mostrarás, luz, Verdade.

XXIV, 31. Mandas concordar, se alguém disser que o tempo é o movimento dos corpos? Não mandas. Com efeito, ouço dizer que nenhum corpo se move a não ser no tempo: tu o dizes. Mas não ouço que o próprio movimento do corpo é o tempo: tu não o dizes. Porque, quando um corpo se move, meço o tempo durante o qual se move desde que começou a se mover até acabar. E se não vi quando começou e ele continua se movendo, de maneira que não vejo quando acaba, não o posso medir, a não ser, talvez, do momento em que começo a ver ao momento em que acabo de ver. Se o vejo por muito tempo, posso afirmar apenas que é um tempo longo, mas não quanto tempo, porque, quando definimos uma quantidade, a definimos por comparação, como quando dizemos: "isto é igual àquilo", ou: "isto é o duplo daquilo", e assim por diante. Mas, se pudermos marcar os intervalos espaciais, desde onde parte até onde chega o corpo que se move, ou as partes dele, no caso de um movimento rotatório, podemos estabelecer em quanto tempo o movimento do corpo ou de suas partes de um lugar ao outro foi completado. Como, portanto, uma coisa é o movimento do corpo, outra, aquilo que nos serve para medir sua duração, quem não percebe qual das duas deveria ser chamada de tempo? Com efeito, se um corpo, variando, às vezes se move, às vezes permanece parado, medimos pelo tempo não apenas seu movimento, mas também sua imobilidade e dizemos: "Ficou parado pelo mesmo tempo em que

---

75. Cf. Js 10,12-3.

se moveu", ou: "Ficou parado pelo dobro ou o triplo do tempo em que se moveu", e qualquer outra medida que tomemos, seja com precisão, seja estimando-a, como se costuma dizer, no mais ou menos. Logo, o tempo não é o movimento do corpo.

XXV, 32. Confesso *a ti, Senhor*,[76] que ainda ignoro o que seja o tempo; mas por outro lado confesso *a ti, Senhor*, que sei que digo isso no tempo, e já estou me delongando a falar do tempo, e essa delonga não é longa senão por uma extensão de tempo. Como posso saber isso, quando não sei o que é o tempo? Ou talvez não saiba como dizer o que sei? Ai de mim, que nem sequer sei o que é que não sei! Eis, meu Deus, que *diante de ti não minto*:[77] como eu falo, assim é meu coração. Tu iluminarás *minha lâmpada, Senhor meu Deus, iluminarás minhas trevas.*[78]

XXVI, 33. Não te confessou minha alma, por confissão verídica, que eu meço os tempos? Assim, meu Deus, meço e não sei o que meço. Meço o movimento dos corpos no tempo. Não meço também o próprio tempo? Mas mediria o movimento de um corpo, a duração dele e a demora para chegar daqui ali, se não medisse o tempo em que ele se move? Mas, o próprio tempo, como o meço? Talvez meçamos um tempo mais longo por um tempo mais curto, como medimos o comprimento de uma travessa pelo comprimento de um côvado? De fato, assim vemos medir pelo comprimento de uma sílaba breve o comprimento de uma sílaba longa, e dizer que esta é o dobro daquela; assim medimos o comprimento dos poemas pelo comprimento dos versos, e o comprimento dos versos pelo com-

---

76. Sl 9,2.
77. Gl 1,21.
78. Sl 18 (17),29.

primento dos pés[79] e o comprimento dos pés pelo comprimento das sílabas e o comprimento das longas pelo comprimento das breves, não no papel — porque nesse caso mediríamos lugares e não tempos — mas enquanto os sons transcorrem na enunciação, e dizemos: "É um poema longo, porque é composto de tantos versos; versos longos, porque compostos de tantos pés; pés longos, porque contêm tantas sílabas; é uma sílaba longa, porque é o dobro da breve". Mas mesmo assim não se estabelece uma medida fixa do tempo, já que pode acontecer que um verso mais curto, se for pronunciado mais devagar, soe num intervalo de tempo maior do que um mais longo, pronunciado mais rapidamente. O mesmo para o poema, para o pé, para a sílaba. Assim, me parece que o tempo não é senão uma distensão, mas, de quê, não sei; porém, me admiraria se não fosse da própria mente. O que meço, então — meu Deus, te imploro —, quando digo aproximadamente: "Este tempo é mais longo que aquele", ou precisamente: "Este é o dobro daquele"? Sei: meço o tempo; mas não meço o futuro, que ainda não é; não meço o presente, que não tem extensão; não meço o passado, que já não é. O que meço, então? Os tempos enquanto passam, não os que passaram? É o que já disse.

XXVII, 34. Insiste, minha mente, e presta a máxima atenção: *Deus é nosso auxílio*;[80] *ele nos fez*[81] e não nós. Repara onde alvorece a verdade. Eis, por exemplo, que uma voz corporal começa a soar e soa e ainda soa e, eis, acabou, já é silêncio, e aquela voz passou e não é mais voz. Era futura, antes de soar, e não podia ser medida, porque ainda não era, e agora não pode, porque já não

---

79. Unidade métrica da poesia latina, composta de duas ou mais sílabas.
80. Sl 62 (61),9.
81. Sl 100 (99),3.

é. Logo, podia enquanto soava, porque então havia o que pudesse ser medido. Mas mesmo então não permanecia: ia e ia embora. Ou podia justamente por isso? Com efeito, enquanto passava, se distendia por algum intervalo de tempo, enquanto o presente não tem intervalo algum. Se, portanto, podia ser medida então, eis, suponhamos, que outra voz começa a soar e ainda soa numa nota sustentada, sem nenhuma alteração: meçamo-la, enquanto soa; com efeito, quando deixar de soar, já terá passado e não haverá o que possa ser medido. Meçamo-la, enfim, e digamos sua quantidade. Mas ainda soa, e não poderá ser medida senão de seu início, quando começou a soar, até o fim, quando acabou. Pois é o próprio intervalo que medimos de um início até um fim. Portanto, a voz que ainda não acabou não pode ser medida, para que se possa dizer quão longa ou curta ela é, nem se é igual a algo ou simples ou dupla ou outra relação da mesma ordem. Mas quando acabar já não será. Logo, como poderá ser medida? No entanto, medimos os tempos, não aqueles que ainda não são, nem aqueles que já não são, nem aqueles que não se estendem por duração alguma, nem aqueles que não têm limites. Ou seja: não medimos nem os tempos futuros, nem os passados, nem os presentes, nem aqueles que estão passando; todavia medimos os tempos.

35. *"Deus criator omnium"*:[82] este verso de oito sílabas alterna sílabas breves e longas: as quatro breves (primeira, terceira, quinta e sétima) são simples em relação às quatro longas (segunda, quarta, sexta e oitava). Cada uma destas, em relação a cada uma daquelas, vale um tempo duplo. Declamo e confirmo que é assim, pelo que se manifesta ao sentido. Pelo que é manifesto ao sentido, meço a sílaba longa pela breve e sinto que vale duas vezes tanto. Mas,

---

82. "Deus criador de tudo": Ambrósio, *Hinos*, 1, 2. Cf. *Conf.* L. IX, XII, 32.

como elas soam uma após a outra, se for antes a breve,
depois a longa, como reter a breve e como sobrepô-la por
medida à longa, para descobrir que vale um tempo duplo,
quando a longa não começa a soar a não ser que a breve deixe de fazê-lo? Porventura meço a longa no presente,
quando não posso medi-la senão pelas extremidades? Mas
sua extremidade é quando termina. O que é, então, que
meço? Onde está a breve pela qual meço? Onde, a longa
que meço? Ambas soaram, se esvaíram, passaram, já não
são. Mas eu meço e confiante afirmo, por quanto possa
confiar num sentido treinado, que uma é simples, outra
dupla, no que diz respeito ao intervalo temporal. E não o
posso fazer, senão porque passaram e já chegaram a termo.
Logo, não meço aquelas, que já não são, e sim meço algo
que permanece, impresso em minha memória.

36. Em ti, minha mente, meço os tempos. Não me ensurdeças, isto é: não ensurdeças a ti mesma com a multidão de tuas impressões. Em ti, repito, meço os tempos.
A impressão que as coisas que passam produzem em ti e
que, quando elas já passaram, permanece, esta eu meço
no presente, não as coisas que passaram e a produziram;
é ela que eu meço, quando meço os tempos. Logo, ou ela
mesma é os tempos, ou não são os tempos o que eu meço.
Quando medimos as pausas e dizemos que aquela pausa ocupou um tempo igual ao que tal voz ocupou, não
dirigimos a reflexão à medida da voz, como se a pausa
soasse, para que possamos afirmar algo em termos de
extensão temporal sobre os intervalos das pausas? Com
efeito, também recitamos mentalmente, sem som e com a
boca em repouso, poemas e versos e qualquer gênero de
oração e estabelecemos as dimensões dos movimentos e
as extensões temporais como se os pronunciássemos emitindo sons. Quando alguém quer emitir uma voz de certa
duração e estabelece por premeditação quanto ela durará,
produz um intervalo de tempo em silêncio e então, ba-

seando-se na memória, começa a emitir aquela voz, que soará até ser conduzida a seu limite preestabelecido. Ou melhor: soou e soará, pois o que já foi executado evidentemente já soou; o que ainda resta soará, e assim procede, enquanto a intenção presente[83] traz o futuro para o passado, diminuindo o futuro e acrescendo o passado, até que, pelo esgotamento do futuro, tudo seja passado.

XXVIII, 37. Mas poderia diminuir e se esgotar o futuro, que ainda não é, e como aumentaria o passado, que já não é, senão porque os três tempos estão na mente que produz isso? Porque ela aguarda, atenta e lembra, de maneira que o que aguarda passe pelo que atenta e se torne o que lembra. Quem negaria que os futuros ainda não são? Mas já está na mente a espera dos futuros. E quem negaria que os passados já não são? Todavia, ainda está na mente a memória dos passados. E quem negaria que o tempo presente não tem extensão temporal, porque passa em um instante? Todavia, perdura a atenção, pela qual o que está presente se encaminha para a ausência. Logo, não é longo o tempo futuro, que não é, mas um futuro longo é a longa espera de um futuro, e não é longo o tempo passado, mas um longo passado é a longa memória de um passado.

38. Estou prestes a cantar uma canção que conheço: antes de começar, minha espera se estende sobre a totalidade dela, mas, depois de começar, tudo o que transfiro dela para o passado se estende também em minha memória, e a vida desta minha atividade se distende entre a memória do que cantei e a espera do que vou cantar; minha atenção, porém, está no presente, e é ela quem traz o que era futuro para o passado. E quanto mais avanço e avanço mais a espera se encurta e a memória se alonga, até que toda espera se esgote, quando a ação inteira for

---

83. Cf. Livro x, n. 34.

concluída e transferida para a memória. E o que vale para toda a canção vale também para cada parte dela e cada sílaba dela; e também para toda ação mais longa, da qual talvez aquela canção seja uma parte; e também para a vida inteira de um homem, cujas partes são as ações do homem; e também para toda a história dos *filhos dos homens*,[84] cujas partes são todas as vidas dos homens.

XXIX, 39. Mas, como *tua misericórdia é melhor do que as vidas*,[85] eis que minha vida é distensão; e *tua direita me levantou*[86] no meu Senhor, filho do homem, mediador entre ti, uno, e nós, múltiplos, que vivemos na multiplicidade e pela multiplicidade, para que te *alcance* por aquele *pelo qual já fui alcançado*, e me recomponha dos velhos dias, *seguindo o uno, esquecendo o que passou*, não naquilo que é futuro e transitório, mas *no que está adiante*; não distenso, mas extenso, não segundo a distensão, mas *segundo a intenção, prossigo para o prêmio da vocação do alto*,[87] onde possa ouvir *a voz de aclamação*[88] e contemplar *tuas delícias*,[89] que não vêm nem vão. Mas por enquanto *meus anos se consomem em tristeza*,[90] e tu és meu alívio, Senhor, meu Pai eterno; eu, porém, me dissolvi nos tempos, cuja ordem desconheço, e minhas reflexões, íntimas entranhas de minha alma, são dilaceradas por tumultuosas variedades, até que eu conflua em ti, purificado e liquefeito pelo fogo de teu amor.

XXX, 40. E me firmarei e consolidarei em ti, meu molde,

---

84. Sl 31 (30),20.
85. Sl 63 (62),4.
86. Sl 63 (62),9.
87. Cf. Fl 3,12-4.
88. Sl 27 (26),4.
89. Sl 26 (25),7.
90. Sl 31 (30),11.

a tua Verdade, e não mais aguentarei os questionamentos dos homens que, pela doença que os castiga, desejam mais do que podem receber, e dizem: "Que fazia Deus, antes de fazer o céu e a terra?" ou: "Como lhe veio à mente fazer algo, se nunca fizera algo antes?". Concede a eles pensar bem no que dizem, e perceber que não se pode dizer "nunca" onde não há tempo. Com efeito, o que mais significa dizer que alguém não fez nunca, senão que não fez em tempo algum? Vejam assim que não pode haver tempo sem criação e deixem esses discursos vazios. Que tendam para *o que está adiante*,[91] e entendam que antes de todos os tempos tu és o criador eterno de todos os tempos e nenhum tempo é coeterno contigo, nem criatura alguma, mesmo se houver alguma acima dos tempos.

XXXI, 41. Senhor meu Deus, quão profunda é a dobra desse teu mistério e quão longe me lançaram as consequências dos meus delitos? Cura meus olhos, e que eu possa compartilhar o prazer de tua luz. Por certo, se houvesse uma mente capaz de uma tão grande ciência e presciência, que soubesse todo o passado e o futuro como eu sei uma canção bem conhecida, essa mente suscitaria uma admiração sem limite e uma estupefação atemorizada, porque então nada lhe seria ignoto do que aconteceu e do que acontecerá nos séculos que restam, como a mim, quando canto, não é ignota aquela canção, quanto já se passou desde o começo e quanto resta até o fim. Mas não se pense que tu, fundador do universo, fundador das almas e dos corpos, não se pense que tu conheces assim todo o futuro e o passado. Tu os conheces de uma maneira muito mais admirável e secreta. Porque não é como uma canção conhecida, que gera sensações variadas em quem a canta ou escuta e distende os sentidos entre a espera das notas futuras e a memória das passadas, não é

---

91. Fl 3,12.

assim que acontece na eternidade imutável, que é a verdadeira eternidade do criador das mentes. Porque assim como conheces *no princípio o céu e a terra*,[92] sem que teu conhecimento mude, assim *fizeste no princípio o céu e a terra*, sem que houvesse distensão em tua ação. Quem compreende, que o confesse a ti, e quem não compreende, confesse-o a ti. Tu és tão elevado, mas os humildes de coração são tua casa! Tu *levantas os oprimidos*,[93] e não caem aqueles de quem tu és a altura.

---

92. Gn 11.
93. Sl 146 (145),8.

Livro XII

1, 1. Dedica-se a muitos assuntos meu coração, Senhor, nesta minha vida miserável, percutido pelas palavras de tua Sagrada Escritura, e por isso a pobreza da inteligência humana é amiúde rica em discursos: porque a busca fala mais que o achado, pedir é mais demorado que obter e a mão que bate à porta é mais ativa do que a mão que recebe. Temos uma promessa: quem a romperá? *Se Deus está conosco, quem estará contra nós?*[1] *Pedi, e vos será dado; buscai e achareis; batei e vos será aberto; pois quem pede recebe, quem busca acha e ao que bate se lhe abrirá.*[2] São promessas tuas, e quem temeria ser enganado, quando é a Verdade que promete?

II, 2. A humildade de minha língua confessa à tua sublimidade que tu fizeste o céu e a terra: este céu que vejo, e a terra que piso, de onde vem a terra que carrego.[3] Tu os fizeste. Mas onde está o céu do céu, Senhor, de que ouvimos nas palavras do salmo: *O céu do céu, ao Senhor; mas a terra, ele a deu aos filhos dos homens?*[4] Onde está o céu que não enxergamos, cuja terra é tudo isso que en-

---

1. Rm 8,31.
2. Mt 7,7-8.
3. O corpo. Cf. Gn 2,7.
4. Sl 155 (113b),24 (16).

xergamos? Com efeito, este todo corporal, que não é todo em toda parte, recebeu até seus últimos limites uma bela aparência, cujo fundo é nossa terra, mas, para aquele céu do céu, até o céu de nossa terra é terra. E não é errado dizer que o grande corpo de ambos é terra, em relação a não sei que céu, que pertence a Deus e não aos filhos dos homens.

III, 3. Mas, por certo, esta *terra era invisível e desordenada*, não sei que profundidade de abismo sobre a qual não havia luz, porque nenhuma aparência havia nela. Por isso mandaste que fosse escrito que *as trevas estavam sobre o abismo*:[5] que mais são as trevas senão ausência de luz? Com efeito, onde está a luz, quando há, senão acima, proeminente e clarificadora? Logo, ali ainda não havia luz, e o que era haver trevas, senão não haver luz? Portanto, acima havia as trevas porque acima não havia luz, assim como onde não há som há silêncio. E o que significa haver silêncio em algum lugar, senão que ali não há som?[6] Não ensinaste isso a esta alma, Senhor, que confessa a ti?[7] Não me ensinaste, Senhor, que, antes que formasses e diferenciasses a matéria informe, não havia algo, nem cor nem figura nem corpo nem espírito? Todavia, não o nada absoluto: havia certa informidade, sem nenhuma aparência.

IV, 4. Como poderia se chamar isso, então, para que até os intelectos mais simples entendam alguma coisa, a não ser por algum vocábulo corriqueiro? Mas, entre todos

---

5. Gn 1,2.
6. A insistência de Agostinho se justifica pela necessidade de refutar a tese maniqueísta segundo a qual as trevas eram um ser, oposto à luz e princípio do mal. Para Agostinho, ao contrário, "trevas" é apenas um conceito privativo, que indica a ausência de seu oposto, a luz, assim como o silêncio não existe em si, mas indica apenas a ausência de som.
7. Cf. Sl 71 (70),17.

os elementos do mundo, qual poderia estar mais próximo da informidade absoluta do que a terra e o abismo? De fato, devido à sua posição ínfima, eles são menos formosos do que os outros, diáfanos e claros, que estão acima deles. Por que então não admitir que a informidade da matéria, que fizeste sem aparência, para fazer dela um mundo de bela aparência, tenha sido indicada aos homens, para facilitar, pela expressão: *terra invisível e desordenada*?

v, 5. Pois, quando o pensamento busca a respeito dela algo que a compreensão possa alcançar, e diz a si mesmo: "Não é uma forma inteligível, como a vida ou a justiça, porque é matéria dos corpos, e tampouco é sensível, porque não há nada que se possa ver e sentir no que é invisível e desordenado"; quando o pensamento humano diz isso a si mesmo, tenta conhecê-la ignorando-a, ou ignorá-la conhecendo-a.

vi, 6. Mas eu, Senhor — se devo te confessar por minha boca e meu cálamo tudo o que me ensinaste sobre esta matéria, cujo nome antes ouvia e não compreendia, porque aqueles que mo ensinavam também não a compreendiam —, eu a pensava sob inúmeras e variadas aparências, portanto não a pensava: a mente revolvia formas feias e repugnantes, fora de ordem, mas ainda assim formas, e chamava de informe não o que carecesse de forma, mas o que tivesse forma tal que, se aparecesse, incomodaria meu sentido por ser insólito e absurdo e confundiria a fraqueza do homem; o que pensava, porém, era informe não por falta de toda forma, mas em comparação a formas melhores, enquanto um raciocínio verdadeiro me sugeria que, se quisesse pensar de fato o informe, deveria subtrair todo e qualquer resquício de forma, e não podia; pois era mais fácil julgar que deixaria de existir aquilo que fosse privado de toda forma do que pensar em algo entre a forma e o nada, nem formado nem nada, mas um informe quase nada. E minha inteligência então desistiu de interrogar meu espírito cheio de imagens de corpos formados, que mudava e variava arbitrariamente: concentrou-se nos próprios corpos e investigou a mutabilidade deles, pela qual deixam de ser o que eram e começam a ser o que não eram, e conjeturou que na transição de forma a forma passariam por algo informe, mas não um nada absoluto — no entanto, queria saber, não conjeturar. E, se minha voz e minha pena te confessassem tudo o que me esclareceste sobre essa questão, qual leitor aguentaria me acompanhar? Nem por isso meu coração deixará de te render honra e cânticos de louvor por aquilo que não chega a escrever. De fato, a mutabilidade das coisas mutáveis é ela mesma capaz de todas as formas nas quais mudam as coisas mutáveis. Mas o que é ela? Um espírito? Um corpo? Por acaso tem aparência de espírito ou de corpo? Se fosse possível dizer "algo nada" e "ser não ser", assim a definiria; contudo, ela já era, de alguma maneira, quando recebeu essas aparências visíveis e compostas.

VII, 7. Mas de onde e de que maneira seria, se não tivesse origem em ti, de onde tem origem tudo o que é, na medida em que é? Tanto mais afastado de ti, porém, quanto mais dessemelhante — não afastado, portanto, em termos de lugar. Assim tu, Senhor, que não és um aqui e outro ali, mas o mesmo e o mesmo, *Santo, Santo, Santo, Senhor Deus onipotente*,[8] fizeste algo *no princípio* que é de ti, na tua sabedoria que nasceu de tua substância, e a partir do nada. Com efeito, não fizeste o céu e a terra de ti: porque então seriam iguais ao teu Filho unigênito e, através dele, a ti,[9] e de maneira alguma seria justo que fosse igual a ti algo que não nascesse de ti. Mas nada

8. Ap 4,8; Is 6,3.
9. Cf. Fl 2,6.

havia além de ti para fazer aquilo, Deus, Trindade Una e Unidade Trina; portanto, é a partir do nada que fizeste céu e terra, algo grande e algo pequeno, porque tu és onipotente e bom ao fazer todos os bens, o grande céu e a pequena terra. Tu eras, e além de ti nada havia a partir de onde fizeste céu e terra, dois algos, um próximo a ti, outro perto de nada; um, ao qual tu és superior; outro, ao qual nada é inferior.

VIII, 8. Mas aquele *céu do céu* pertence a ti, Senhor; a terra, que deste aos *filhos dos homens* para que a vissem e tocassem, não era como agora a vimos e tocamos, porque *era invisível e desordenada* e era *abismo*, sobre o qual não havia luz; ou melhor: *as trevas estavam sobre o abismo*, isto é, mais do que dentro do abismo. De fato, o abismo das águas já visíveis de agora abriga até nas profundezas algum tipo de luz, perceptível de alguma forma pelos peixes e animais rastejantes no fundo; mas então tudo era quase nada, porque ainda era totalmente informe; já havia, contudo, o que pudesse ser formado. Com efeito, tu, Senhor, fizeste o mundo a partir da matéria informe, que fizeste a partir do nada como um quase nada, e a partir desta fizeste grandes coisas, que os filhos dos homens admiram. Pois é muito admirável este céu corporal, o firmamento entre água e água do qual, no segundo dia, após separar a luz, dissete: *"Seja feito" e assim se fez*, e chamaste esse firmamento de céu, mas céu desta terra e deste mar, que fizeste no terceiro dia dando aspecto visível à matéria informe, que fizeste antes dos dias. Com efeito, também já fizeras o céu antes dos dias, mas aquele céu do céu, porque *no princípio fizeste o céu e a terra*. Mas a terra que fizeras era a matéria informe, porque *era invisível e desordenada* e *trevas sobre o abismo*: e a partir daquela terra invisível e inarticulada, daquela informidade, daquele quase nada, fizeste tudo aquilo de que consiste este mundo mutável e sem consistência, no qual a própria mutabilidade se dá a ver, e nela os tempos podem ser percebidos e medidos, porque os tempos nascem pela mutação das coisas, à medida que variam e se transformam as aparências cuja matéria é a terra invisível de que falamos.

IX, 9. Eis por que o Espírito, mestre de teu servidor, ao narrar que tu fizeste *no princípio o céu e a terra*, não fala em tempos, não cita dias. Porque certamente o *céu do céu*, que fizeste *no princípio*, é uma criatura intelectual que, embora não seja coeterna contigo, Trindade, contudo participa de tua eternidade e coíbe firmemente sua mutabilidade pela doçura beatíssima da contemplação de ti e, desde que foi criada, unindo-se a ti sem nenhuma falha, supera toda sucessão e volubilidade temporal. Por outro lado, a *terra invisível e desordenada* tampouco é enumerada nos dias. Com efeito, onde não há aparência alguma e nenhuma ordem nada vem e nada passa, e onde isso não acontece evidentemente não há dias nem sucessão de intervalos temporais.

X, 10. Ó Verdade, luz do meu coração, não deixes que minhas trevas falem comigo! Escorri até aqui embaixo e estou na escuridão, mas aqui, mesmo aqui não deixei de te amar muito; *desviei-me*[10] e *me lembrei de ti*,[11] *ouvi* tua voz *atrás de mim*,[12] para que voltasse, e quase não ouvi, devido ao tumulto dos *rebeldes*.[13] E agora volto ardente e anelante à tua fonte. Que ninguém me impeça: aqui beberei e aqui viverei.[14] Que a minha vida não seja eu mesmo: vivi mal por mim, para mim fui morte; em ti revivo. Fala-me, ensina-me. Acredito em teus livros, mas as palavras deles são grandes mistérios.

10. Sl 119 (118),176.
11. Jn 2,8.
12. Ez 3,12.
13. Ez 3,26.
14. Cf. Jo 4,13-4.

XI, 11. Já me disseste, Senhor, em voz alta ao meu ouvido interior, que tu és eterno, *o único que possui a imortalidade*,[15] porque não mudas por nenhuma aparência ou movimento, nem tua vontade varia com os tempos; com efeito, não é vontade imortal aquela que ora é uma, ora outra. Isso é claro para mim *em tua presença*,[16] e rogo a ti que se torne mais e mais claro, e que eu permaneça judiciosamente nessa revelação sob as tuas asas. Também me disseste, Senhor, em voz alta ao meu ouvido interior, que, todas as criaturas e substâncias que não são o que tu és e todavia são, tu as fizeste; e que só não vem de ti o que não é, e o movimento da vontade que se afasta de ti que és para o que é menos, porque tal movimento é delito e pecado; e que nenhum pecado te prejudica ou perturba teu império, nas alturas como nas profundezas. Isso é claro para mim *em tua presença*,[17] e rogo a ti que se torne mais e mais claro, e que eu permaneça judiciosamente nessa revelação sob as tuas asas.

12. Também me disseste, em voz alta ao meu ouvido interior, que não é coeterna contigo nem mesmo aquela criatura de quem tu és o único prazer e que, se alimentando de ti na castidade mais perseverante, nunca e sob nenhum aspecto desenvolve sua mutabilidade, mas tendo-te sempre presente e dirigindo a ti todo o seu afeto, não tendo futuro a esperar nem algo a ser colocado no passado para ser lembrado, não sofre nenhuma vicissitude nem se distende por algum intervalo de tempo. Ó criatura feliz, se é que há uma, que se alimenta de tua felicidade, feliz porque tu a habitas e a iluminas! E não vejo o que possa julgar mais digno de ser chamado *céu do céu do*

---

15. 1Tm 6,16.
16. Sl 19 (18),15.
17. Sl 19 (18),15.

Senhor, senão a tua casa[18] que contempla tuas delícias sem nenhuma falha que a obrigue a se afastar para outro lugar, a mente pura que é una em plena harmonia, pela paz estável dos santos espíritos, cidadãos da tua cidade, no céu que está acima de nosso céu.

13. Entenda, portanto, a alma, que a peregrinação tornou distante, se já *tem sede de ti*, se já *suas lágrimas se tornaram seu pão*, quando *todo dia lhe perguntam: "onde está teu Deus?"*,[19] se ela *te pede uma única coisa e a procura: habitar na tua casa todos os dias de sua vida*[20] — e o que é sua vida senão tu? E o que são teus dias senão tua eternidade, como são *teus anos, que não findam*, porque *tu és o mesmo*?[21] — entenda, portanto, a alma, como pode, quanto tu és eterno acima de todos os tempos, se tua casa, que não peregrinou, embora não seja coeterna contigo, aderindo a ti sem falha e desistência, não sofre nenhuma mudança temporal. Isso é claro para mim *em tua presença*,[22] e rogo a ti que se torne mais e mais claro, e que eu permaneça judiciosamente nessa revelação sob as tuas asas.

14. Há um quê de informe nas mudanças das coisas ínfimas e últimas: mas quem poderia me dizer, a não ser quem vagueia e se revolve em suas fantasias pela fraqueza de seu coração, quem me diria que, eliminada e consumada toda aparência, se permanecesse apenas a informidade através da qual as coisas mudam e se transformam, esta poderia apresentar uma sucessão temporal? Com efeito, não poderia de maneira alguma, porque sem variedade de

18. Cf. Sl 27 (26),4.
19. Sl 42 (41),3-4.11.
20. Sl 27 (26),4.
21. Sl 102 (101),28 (Vulgata).
22. Sl 18,15.

movimentos não há tempos; e não há variedade alguma onde não há aparência.

XII, 15. Isso considerado, encontro — tanto quanto me concedes, meu Deus, e tanto quanto me estimulas a bater e, quando bato, abres —,[23] encontro duas coisas que fizeste em ausência de tempos, embora nenhuma das duas seja coeterna contigo: uma, que é formada de tal maneira que, sem nenhuma falha de contemplação, sem nenhuma descontinuidade de mudança, ainda que mutável, frui de tua eternidade sem sofrer mutação ou transformação; outra, de tal maneira informe que não há como mudar de forma, movimento ou estado para outro, de modo a ser submetida ao tempo. Mas, esta, não a abandonaste para que permanecesse informe, pois antes de qualquer dia fizeste *no princípio o céu e a terra*, de que falava antes. *Mas a terra era invisível e desordenada e as trevas estavam sobre o abismo*. Com essas palavras sugere-se a informidade, para que possam aprendê-la aqueles que não conseguem conceber uma privação de todo tipo de aparência que, no entanto, não chegue a ser nada; informidade de onde foram feitos outros céu e terra, visíveis e ordenados, e a água que tem aparência e tudo aquilo que, conforme a narração, foi feito na constituição do mundo, inclusive os dias, pois tudo isso é tal que nele se opera a sucessão dos tempos segundo mudanças ordenadas de movimentos e formas.

XIII, 16. Por enquanto, é isso que entendo, meu Deus, quando ouço tua Escritura dizer: "*No princípio, Deus fez o céu e a terra; mas a terra era invisível e desordenada e as trevas estavam sobre o abismo*", sem numerar o dia em que fizeste isso. Entendo, por enquanto, por aquele *céu do céu*, o céu intelectual, onde a intelecção é conhecer simultaneamente, não por partes, não *em enigma e pelo*

---

23. Cf. Mt 7,7.

espelho, mas no todo, na manifestação, *face a face*;[24] não ora isso, ora aquilo, mas, como dissemos, um conhecer simultâneo sem sucessão de tempos; e, por *invisível e desordenada*, entendo uma terra sem a sucessão de tempos que costuma implicar ora um "isto", ora um "aquilo", enquanto, onde não há aparência alguma, nunca há um "isto" e um "aquilo". E por ambos, o formado desde o começo e o totalmente informe (aquele, céu, mas *céu do céu*; este, terra, mas *terra invisível e desordenada*), por ambos eu entendo, por enquanto, que tua Escritura diz: *"No princípio Deus fez o céu e a terra"*, sem citar dias. Logo em seguida, aliás, especifica de que terra falou. E, quando narra que no segundo dia foi feito o firmamento e foi chamado céu,[25] dá a entender a que céu se referia anteriormente, sem menção de dias.

XIV, 17. Espantosa profundeza de tuas falas, de que temos diante de nós a superfície que agrada às crianças: mas espantosa profundeza, meu Deus, espantosa profundeza! Causa terror olhar para ela, terror respeitoso e tremor amoroso. Odeio veementemente os inimigos dela:[26] oh, se tu os matasses com *a espada de dois gumes*,[27] e não houvesse mais inimigos! Pois amo que morram assim para si, para que vivam para ti. Mas eis outros que não criticam, mas louvam o livro do Gênesis: "Não é isso, dizem, que o Espírito de Deus quis que fosse entendido naquelas palavras, quando as escreveu por meio de seu servo Moisés; não quis que fosse entendido aquilo que tu

---

24. 1Cor 13,12.
25. Cf. Gn 1,7-8.
26. Cf. Sl 139 (138),22.
27. Sl 149,6; Eclo 21,4. A espada de dois gumes, arma típica dos soldados de Israel, na exegese cristã costumava ser interpretada como figura de Antigo e Novo Testamento ou (mais provavelmente aqui) do sentido literal e figural das Escrituras.

dizes, mas outra coisa, que nós dizemos". A eles, tomando-te como juiz, Deus de todos nós, respondo o seguinte.

xv, 18. Direis por acaso que é falso o que a verdade me diz em voz alta ao ouvido interior sobre a verdadeira eternidade do Criador: que nem sua substância varia com o tempo, nem sua vontade é exterior a sua substância? Logo, ele não quer ora desta maneira ora daquela, mas o que quer o quer tudo junto, simultaneamente e sempre; não de vez em vez, nem agora isto e agora aquilo, nem quer posteriormente o que não queria, ou já não quer o que queria antes, porque tal vontade seria mutável e tudo o que é mutável não é eterno; mas *nosso Deus é eterno*.[28] Diz também ao meu ouvido interior: a expectativa dos acontecimentos futuros se torna visão, quando estes acontecem, e igualmente a visão se torna memória, quando passam; mas toda percepção que varie dessa forma é mutável, e tudo o que é mutável não é eterno: mas *nosso Deus é eterno*. Junto tudo isso, o encadeio, e descubro que o meu Deus, Deus eterno, não fez as criaturas por uma vontade nova, e tampouco sua ciência admite o transitório.

19. Que direis, então, opositores? Que isso tudo é falso? "Não", dizem. O quê, então? É falso por acaso que toda natureza formada e matéria formável não são senão por aquilo que é sumamente bom, e sumamente é? "Isso também não negamos", dizem. O quê, então? Por acaso negais que há uma criatura que se une ao Deus verdadeiro e verdadeiramente eterno com um amor tão puro que, embora não lhe seja coeterna, não se desligue e deflua dele em nenhuma variedade e sucessão de tempos, mas repouse em sua veracíssima contemplação, porque tu, Deus, te mostras a quem te ama como tu pedes,[29] e lhe bastas,

---

28. Sl 48 (49),15.
29. Cf. Jo 14,21.

e por isso ele não se desvia de ti, nem sequer para si mesmo? Essa é a *casa de Deus*,[30] não uma massa corpórea qualquer, terrena ou celeste, mas espiritual e partícipe de tua eternidade, porque é sem falha em eterno. Com efeito, *a fixaste nos séculos e nos séculos dos séculos; deste-lhe uma lei que jamais passará.*[31] Mas não é coeterna contigo, porque não é sem começo: ela foi feita.

20. Com efeito, ainda que não encontremos tempo antes dela, porque *antes de tudo foi criada a sabedoria*[32] — não, é claro, aquela sabedoria que é em todo coeterna e igual a ti, nosso Deus, seu pai, e pela qual tudo foi criado e que é o princípio no qual *fizeste o céu e a terra*; mas, por certo, a sabedoria que é criada, ou seja, a natureza intelectual que é luz pela contemplação da luz: pois ela também é chamada sabedoria, ainda que criada. Mas a mesma diferença que corre entre luz que ilumina e que é iluminada corre entre a sabedoria que cria e essa, que é criada,[33] assim como entre justiça que justifica e justiça que é produzida pela justificação (de fato, disse um servo teu: *para que nos tornemos justiça de Deus nele mesmo*).[34] Logo, se *antes de tudo foi criada* uma *sabedoria* que é criada, mente racional e intelectual de tua cidade, *nossa mãe*, que *está no alto e é livre*[35] e *eterna nos céus*[36] (que céus, senão os *céus dos céus* que te louvam?[37] porque é isso que significa *céu do céu para Deus*[38]), ainda que não encontremos

30. Gn 28,17.
31. Sl 148,6.
32. Eclo 1,4.
33. Cf. Plotino, *Enéadas*, v, iii, 8.
34. 2Cor 5,21 (Vulgata).
35. Gl 4,26.
36. 2Cor 5,1.
37. Cf. Sl 148,4.
38. Sl 114 (113),16.

tempo antes dela, porque precede até a criação do tempo, já que *antes de tudo foi criada*, antes dela há a eternidade do próprio Criador, do qual, sendo feita, se origina, não no tempo, porém, porque ainda não havia tempo, mas por sua própria condição.

21. Portanto, ela vem de ti, do nosso Deus, sendo totalmente distinta de ti e não idêntica, ainda que não encontremos tempo não apenas antes, mas tampouco nela, porque é capaz de *ver continuamente tua face*[39] e nunca dela se afasta; e por isso acontece que não sofra mudança alguma. Contudo, é inerente a ela a própria mutabilidade, pela qual se obscureceria e resfriaria se, unindo-se a ti com grande amor, não brilhasse e fervesse como um sempiterno meio-dia.[40] Ó casa luminosa e bela! *Amei a formosura de tua casa e o lugar onde habita a glória*[41] do meu Senhor, meu criador e meu dono! Por ti suspire minha peregrinação; apelo a quem te fez para que também me tenha em ti, porque ele me fez também. *Errei como ovelha perdida*,[42] mas, sobre os ombros do meu pastor,[43] que te construiu, espero ser reconduzido a ti.

22. Que me dizeis, vós a quem me dirigia, opositores que no entanto acreditam em Moisés pio servidor de Deus e em seus livros, oráculos do Espírito Santo? Não é essa a casa do Senhor, não coeterna com Deus, mas todavia *eterna nos céus*[44] à sua maneira, onde seria vão procurar sucessão de tempos, porque não a encontrariam? Com efeito, ultrapassa toda distensão e toda duração de uma vida

---

39. Mt 18,11.
40. Cf. Is 58,10.
41. Sl 26 (25),8.
42. Sl 119 (118),176.
43. Cf. Lc 15,5.
44. 2Cor 5,1.

volúvel aquele para o qual *estar junto de Deus é o bem*.⁴⁵
"É ela", dizem. O que, então, daquilo que *meu coração gritou ao meu Deus*,⁴⁶ quando ouviu por dentro *a voz de seu louvor*,⁴⁷ o que, enfim, afirmais ser falso? Por acaso, que houvesse uma matéria informe, onde, por não ter forma alguma, não havia ordem alguma? Mas onde não havia ordem alguma não podia haver sucessão temporal alguma; e todavia esse quase nada, por não ser inteiramente nada, provinha certamente daquele do qual provém tudo o que é, na medida em que, de qualquer forma, é alguma coisa. "Isso também não negamos", respondem.

XVI, 23. Com eles quero dialogar diante de ti, meu Deus, com aqueles que admitem ser verdadeiro tudo aquilo que tua Verdade não silencia dentro de minha mente. Os que o negam, que ladrem quanto quiserem e ensurdeçam a si mesmos; tentarei convencê-los a se calarem e a abrirem caminho à tua Palavra. Mas, se não quiserem e me rejeitarem, te imploro, *não te afastes de mim em silêncio*.⁴⁸ *Fala a verdade em meu coração*:⁴⁹ só tu falas assim. Aqueles, eu os deixarei soprar na poeira e levantar a terra até seus próprios olhos,⁵⁰ e *entrarei em meus aposentos*⁵¹ e cantarei para ti cantos de amor, gemendo *gemidos inenarráveis*⁵² em minha peregrinação e lembrando Jerusalém, o coração tendido para o alto, Jerusalém minha pátria,

---

45. Sl 73 (72),28.
46. Sl 18 (17),7; 119 (118),145.
47. Sl 26 (25),7.
48. Sl 28 (27),1 (Vulgata).
49. Sl 15 (14),3.
50. Metáfora inspirada nas lutas de gladiadores; cf. Plauto, *Miles gloriosus*, a. II, c. V, 148; mas cf. também Gn 2,7 e *Cidade de Deus*, XIII, 24.
51. Is 26,20; Mt 6,6.
52. Rm 8,26.

Jerusalém minha mãe,[53] e tu sobre ela reinando, iluminando, pai, tutor, marido, castas e fortes delícias e prazer inabalável e todos os bens inefáveis, porque único e sumo bem; e não desistirei até que, na paz daquela mãe caríssima onde se encontram *as primícias de meu espírito*,[54] de onde me vêm essas certezas, tu recolhas tudo o que sou desta dispersão e deformidade e me reformes e confirmes na eternidade, *meu Deus, minha misericórdia*.[55] Mas com aqueles que não consideram falso tudo aquilo que é verdadeiro, que honram e põem acima de tudo, como autoridade a ser seguida, tua Santa Escritura redigida pelo santo Moisés, com estes dialogo, ainda que discordem conosco sobre algo. Que tu sejas juiz, Deus nosso, entre minhas confissões e as refutações deles.

XVII, 24. Com efeito, eles dizem: "Embora sejam verdadeiras, todavia Moisés não se referia a nenhuma das duas, quando disse, por inspiração do Espírito: *no princípio Deus fez o céu e a terra*. Pelo nome de céu não entendia a criatura espiritual ou intelectual que contempla para sempre a face de Deus, nem pelo nome de terra queria dizer a matéria informe". O quê, então? "O que nós dizemos", afirmam, "isso aquele homem pensava, isso disse com essas palavras." E o que é isso? "Por céu e terra, quis significar antes, de maneira sucinta e geral, a totalidade deste mundo visível, para em seguida distinguir pela enumeração dos dias, item por item, a totalidade das coisas que aprouve ao Espírito Santo enunciar assim. Com efeito, o povo rude e carnal a que se dirigia era formado de homens tais, que julgou devesse apresentar a eles, da obra de Deus, apenas o que é visível." Mas a *terra invisível e desordenada* e o abismo tenebroso, de onde, como é mostrado em seguida, to-

---

53. Cf. Gal 4,26.
54. Rm 8,23.
55. Sl 59 (58),18 (Vulgata).

das as coisas visíveis foram compostas e ordenadas durante aqueles dias, estas eles concordam que não é inconveniente interpretá-las como matéria informe.

25. E se outro dissesse que com aquele nome de céu e terra foi sugerida antes essa mesma informidade e desordem da matéria, porque é dela que foi criado e constituído este mundo visível com todas as naturezas que aparecem nele em plena evidência e que costumam ser chamadas de céu e terra? E se outro ainda dissesse que é chamada céu e terra, apropriadamente, a natureza visível e invisível e que, por ela, é abarcada por esses dois vocábulos a totalidade das criaturas, que Deus fez na Sabedoria, isto é, *no princípio*; mas que, no entanto — como elas não são da mesma substância de Deus, mas foram ambas feitas do nada, porque não são o mesmo que Deus é, e há em ambas certa mutabilidade, quer permaneçam, como a eterna *casa de Deus*,[56] quer mudem, como a alma e o corpo do homem —, a matéria ainda informe comum a todas as coisas visíveis e invisíveis, ainda informe, mas por certo formável, de onde foram feitos o céu e a terra, ou seja, as criaturas visíveis e invisíveis, ambas já formadas, que aqueles nomes indicam, tal matéria foi indicada pelas palavras que a definem *terra invisível e desordenada* e *trevas sobre o abismo*, mas com esta distinção: que por *terra invisível e desordenada* se entende a matéria corporal antes da qualificação pela forma; por *trevas sobre o abismo*, a matéria espiritual antes da coibição de uma fluidez sem limites e antes da iluminação pela Sabedoria?

26. E ainda algum outro poderia dizer, se quisesse, que quando se lê: *No princípio Deus fez o céu e a terra*, pelo nome de céu e terra não se devem entender as naturezas visíveis e invisíveis já completas e formadas, mas que

---

56. Sl 26 (25),8.

esses termos se referem ao próprio início ainda informe, porém formável, das coisas, e à matéria criável, porque nela já estava misturado, não ainda distinto por qualidades e formas, aquilo que agora, já separado segundo suas ordens, chamamos de céu e terra: aquele, criatura espiritual; esta, material.[57]

XVIII, 27. Ouço e considero todos eles e não quero *discutir sobre palavras: isso não serve para nada, a não ser para a perdição dos que as ouvem.*[58] Para edificar, ao contrário, *a Lei é boa, desde que seja usada legitimamente,*[59]

---

57. Em resumo, Agostinho propõe aqui quatro interpretações diferentes dos dois primeiros versículos do Gênesis, além da sua (segundo a qual o céu do primeiro versículo é a criatura espiritual formada, a terra a matéria sensível informe, e o segundo versículo se refere apenas à matéria corporal informe): 1. Céu e terra indicam apenas o mundo sensível, nomeado de maneira geral; o segundo versículo se refere à matéria informe; 2. Céu e terra indicam a matéria informe do mundo visível (neste caso, o segundo versículo se refere necessariamente a ela); 3. Céu e terra se referem às naturezas invisível (espiritual) e visível já formadas, mas o segundo versículo se refere à matéria informe do visível (a terra invisível e desordenada) e do invisível (as trevas sobre o abismo), respectivamente; 4. Céu e terra indicam a matéria informe comum que em seguida será distinta em naturezas visível e invisível (Agostinho não especifica se o segundo versículo se refere a esta matéria comum ou já distingue entre as duas naturezas). Ao que parece, Agostinho não está reproduzindo exegeses de outros autores, mas tentando esgotar as interpretações logicamente possíveis: 1. Natureza visível já formada; 2. Matéria informe da natureza visível; 3. Naturezas visível e invisível já formadas; 4. Matéria informe das naturezas visível e invisível; 5. Natureza invisível já formada e matéria informe da natureza visível (a tese de Agostinho); cf. V. Goldschmidt, "Exégèse et Axiomatique chez Saint Augustin", em *Ecrits I*. Paris: Vrin, 1984, pp. 202-30.
58. 2Tm 2,14.
59. 1Tm 1,8.

porque sua *finalidade é a caridade que procede de um coração puro, de uma boa consciência e de uma fé sem hipocrisia.*[60] E nosso Mestre sabe quais são os dois preceitos dos quais fez *depender toda a Lei e os Profetas.*[61] Se confesso esses preceitos ardentemente, meu Deus, *luz dos meus olhos*[62] na escuridão, o que impede que sentidos diferentes possam ser encontrados nessas palavras, contanto que sejam verdadeiros? O que impede, digo, que eu as entenda em sentido diferente do que entendia quem as escreveu? Certamente, todos nós que lemos nos esforçamos por indagar e compreender o que queria dizer aquele cujos escritos lemos e, como confiamos em sua veracidade, não ousamos julgar que disse algo que sabemos ou acreditamos ser falso. Logo, quando alguém tenta entender, em tuas Sagradas Escrituras, o que entendeu aquele que as escreveu, o que há de mal se entender aquilo que tu, luz de todas as mentes verídicas, mostras ser verdadeiro, mesmo que não seja aquilo que o autor de que lemos os escritos entendia, uma vez que este também entendia alguma verdade, ainda que não seja a mesma?

XIX, 28. Pois é verdade, Senhor, que tu fizeste o céu e a terra. É verdade que o princípio é tua Sabedoria, em que *tudo fizeste.*[63] Também é verdade que este mundo visível tem como suas partes gerais o céu e a terra, cujo conjunto abrange todas as naturezas criadas e instituídas. E é verdade que todo mutável nos sugere a noção de certa informidade, que receba a forma e pela qual mude e varie. É

---

60. 1Tm 1,5.
61. Cf. Mt 22,40. Os preceitos são: "Amarás ao Senhor teu Deus de todo o teu coração, de toda a tua alma e de todo o teu entendimento" (Dt 6,5) e "Amarás o teu próximo como a ti mesmo" (Lv 19,18).
62. Sl 38 (37),11.
63. Sl 104 (103),24.

verdade que não admite tempo algum aquilo que adere de tal maneira à forma imutável que, embora mutável, não muda. É verdade que a informidade, que é quase nada, não pode abrigar sucessão de tempos. É verdade que aquilo do qual se faz alguma coisa pode, por uma figura de linguagem, assumir o nome da coisa que é feita dele; e que, portanto, podem se chamar de céu e terra certa informidade, de que são feitos céu e terra. É verdade que, de tudo o que é formado, nada se aproxima mais da informidade do que a terra e o abismo. É verdade que tu, *por quem tudo é*,[64] fizeste não só o que é criado e formado, mas também tudo o que for criável e formável. É verdade que tudo o que é formado do informe antes foi informe, depois formado.

xx, 29. Entre todas essas verdades, das quais não duvidam aqueles a quem concedeste vê-las pelo olhar interior e que acreditam firmemente que Moisés, teu servo, falou no *Espírito da Verdade*,[65] entre todas essas verdades, escolhe umas quem diz: "*no princípio Deus fez o céu e a terra* quer dizer que no seu Verbo, coeterno com ele, Deus fez a criatura inteligível e sensível, ou espiritual e corporal";[66] outras, quem diz: "*no princípio Deus fez o céu e a terra* quer dizer que no seu Verbo, coeterno com ele, Deus fez a massa inteira deste mundo corporal com todas as naturezas manifestas e conhecidas que ela contém";[67] outras, quem diz: "*no princípio Deus fez o céu e a terra* quer dizer que no seu Verbo, coeterno com ele, Deus fez a matéria informe das criaturas espiritual e cor-

---

64. 1Cor 8,6; cf. Rm 11,36.
65. Jo 14,17.
66. Exegese de Agostinho que, no que diz respeito ao primeiro versículo, coincide com a terceira exegese dos opositores.
67. Primeira exegese dos opositores.

poral";[68] outras, quem diz: "*no princípio Deus fez o céu e a terra* quer dizer que no seu Verbo, coeterno com ele, Deus fez a matéria informe da criatura corporal, onde ainda estavam confusos o céu e a terra, que agora, já distintos e formados, percebemos na massa deste mundo";[69] outras, quem diz: "*no princípio Deus fez o céu e a terra* quer dizer que, no começo de sua obra de criação, Deus fez a matéria informe que continha confusamente o céu e a terra que agora, formados dela, surgem e aparecem, com todas as naturezas que estão neles".[70]

XXI, 30. Igualmente, no que diz respeito à compreensão das palavras seguintes, entre todas aquelas verdades escolhe umas quem diz: "*mas a terra era invisível e desordenada e as trevas estavam sobre o abismo* quer dizer que aquela natureza corporal que Deus criou ainda era a matéria informe das coisas corporais, sem ordem e sem luz";[71] outras quem diz: "*mas a terra era invisível e desordenada e as trevas estavam sobre o abismo* quer dizer que aquela totalidade que é chamada *céu e terra* era ainda matéria informe e tenebrosa, de onde seriam feitos o céu corporal e a terra corporal com tudo o que está neles, manifesto aos sentidos corporais";[72] outras, quem diz: "*mas a terra era invisível e desordenada e as trevas estavam sobre o abismo* quer dizer que aquela totalidade que é chamada *céu e terra* era ainda matéria informe e tenebrosa, de onde seriam feitos o céu inteligível, que alhu-

---

68. Quarta exegese dos opositores.
69. Segunda exegese dos opositores.
70. Nova exegese, semelhante à quarta citada anteriormente, mas com uma interpretação diferente da expressão "no princípio".
71. O segundo versículo se referiria apenas à natureza corporal, ou seja, ao termo "terra" do primeiro versículo; é a exegese de Agostinho.
72. Completa a segunda exegese dos opositores.

res é chamado *céu do céu*, e a terra, isto é, toda criatura corporal, ou seja, de onde seriam feitas todas as criaturas visíveis e invisíveis";[73] outras, quem diz: "*mas a terra era invisível e desordenada e as trevas estavam sobre o abismo* não quer dizer aquela informidade que as Escrituras chamam *céu e terra*; ao contrário, tal informidade, que é chamada de *terra invisível e desordenada e abismo tenebroso*, já era anterior, e é dito por antecipação que Deus faria dela o *céu e a terra*, isto é, as criaturas espirituais e materiais";[74] outras, quem diz: "*mas a terra era invisível e desordenada e as trevas estavam sobre o abismo* quer dizer que havia uma certa informidade, matéria da qual a Escritura diz por antecipação que Deus faria o *céu e a terra*, ou seja, a massa inteira do mundo corporal, distinta em duas partes gerais, a superior e a inferior, com todas as criaturas que costumamos ver nelas".[75]

XXII, 31. Quanto às duas últimas afirmações, alguém podia tentar refutá-las da seguinte maneira: "Se não quereis que essa informidade da matéria pareça indicada sob o nome de *céu e terra*, então havia algo que Deus não fizera, a partir do qual fez o céu e a terra. Com efeito, a Escritura não diz que Deus fez tal matéria, a não ser que entendamos que ela é significada pela expressão *céu e terra*, ou apenas pelo vocábulo *terra*, quando é dito: *no princípio Deus fez o céu e a terra*; de maneira que, quanto ao que segue: *mas a terra era invisível e desordenada e as trevas estavam sobre o abismo*, se quisermos identificar a matéria informe com isso, entendamos,

---

73. Completa a quarta exegese dos opositores.
74. Completa a terceira exegese dos opositores.
75. Completa a primeira exegese dos opositores. A nova ordem de apresentação serve a Agostinho para reunir a primeira e a terceira exegeses e evidenciar o problema comum da antecipação, discutido no parágrafo 31.

no entanto, que é aquela matéria que Deus fez, de que é dito anteriormente: *fez o céu e a terra*". Os defensores das duas afirmações que citamos por último, tanto de uma quanto de outra, ao ouvir isso, poderiam responder dizendo: "Não negamos que tal matéria foi feita por Deus, Deus cuja obra é *toda muito boa*,[76] porque, assim como julgamos que o que é criado e formado é melhor, também reconhecemos que o que é criável e formável é pior do que o que é criado, e contudo é bom; entretanto, a Escritura não citou que Deus fez tal informidade, assim como não citou muitas outras criações, como a dos Querubins e Serafins, e daqueles que o apóstolo enumera: *Tronos, Dominações, Principados, Potestades*,[77] embora seja evidente que Deus fez todos eles. Se, ao contrário, o enunciado *fez o céu e a terra* incluir a criação inteira, o que dizer das águas, sobre as quais *pairava o Espírito de Deus*?[78] Com efeito, se entendermos que elas estão incluídas sob o termo *terra*, de que maneira o nome de terra poderia ser aplicado também à matéria informe, quando vemos que as águas têm uma aparência tão evidente? Ou, se o for, por que está escrito que daquela mesma informidade foi feito o firmamento e *foi chamado céu*,[79] mas não está escrito que as águas foram feitas? De fato, não são ainda informes e invisíveis as águas que vemos fluir com aparência tão bela. Ou então, se elas receberam tal aparência quando Deus disse: *que as águas que estão sob o céu se reúnam*,[80] de maneira que essa reunião foi a formação delas, o que dizer das águas que estão sobre o céu, as quais, se fossem informes, não mereceriam uma posição tão honrosa, mas, por outro lado, não está escrito por

76. Gn 1,31.
77. Col 1,16.
78. Gn 1,2.
79. Gn 1,7-8.
80. Gn 1,9.

que palavras foram formadas? Logo, se o Gênesis silencia sobre algo que Deus fez, mas que, no entanto, nem uma fé sadia nem um intelecto seguro duvidariam de que foi feito por Deus, e nenhuma doutrina sensata ousaria afirmar que estas águas são coeternas com Deus — pelo fato de as ouvirmos sendo mencionadas no livro do Gênesis, mas não encontrarmos nele quando foram feitas —, por que não entender também, como a Verdade ensina, que aquela matéria informe, que a Escritura chama *terra invisível e desordenada* e *abismo tenebroso*, foi feita do nada por Deus e, portanto, não é coeterna com ele, embora aquela narrativa tenha deixado de dizer quando foi feita?".

XXIII, 32. Portanto, ouvidas e examinadas todas essas afirmações, no alcance de minha fraqueza (que confesso a ti, meu Deus, que a conheces), vejo que, a respeito do que é comunicado por enunciadores verazes mediante signos, podem surgir dois gêneros de divergências: um, quanto à verdade das coisas; outro, quanto à vontade do enunciador. Com efeito, uma coisa é buscarmos a verdade sobre as circunstâncias da Criação; outra, investigar o que Moisés, servidor insigne de tua fé, quis que o leitor ou ouvinte entendesse em suas palavras. Quanto ao primeiro gênero, longe de mim todos aqueles que julgam saber algo que seja falso. Quanto ao segundo, longe de mim aqueles que julgam que Moisés disse algo falso. Mas quero me unir em ti, Senhor, e me deleitar em ti com aqueles que se nutrem de tua Verdade, e juntos nos debruçarmos sobre as palavras de teu Livro, e buscarmos nelas tua vontade pela vontade de teu servo, por cujo cálamo as dispensaste.

XXIV, 33. Mas quem de nós poderia encontrá-la entre tantas verdades, que naquelas palavras se apresentam desta ou daquela maneira aos intelectos que investigam, de modo a dizer: "Moisés quis dizer isso, e quis que isso fosse entendido naquele relato", com a mesma confiança com que diz que aquilo é verdade, seja ou não o que ele queria dizer? Pois eu mesmo, meu Deus, *eu, teu servidor*,[81] que te consagrei o sacrifício da confissão neste escrito e rogo que, por tua misericórdia, *possa te oferecer meu sacrifício*,[82] eu mesmo afirmo com plena confiança que tu criaste tudo em teu Verbo imutável, o visível e o invisível; mas digo com a mesma confiança que Moisés não entendia outra coisa, quando escreveu: *no princípio Deus fez o céu e a terra*, se não enxergo na mente dele o que pensava quando escrevia, como enxergo em tua Verdade que aquilo é certo? Com efeito, ele poderia pensar no início da Criação, quando disse: *no princípio*; podia querer que *céu e terra*, naquele trecho, fossem entendidos não como uma natureza já formada e completa, espiritual ou corporal, mas como ambas ainda esboçadas e informes. De fato, vejo que qualquer uma das hipóteses citadas pode ser considerada verdadeira, mas em qual delas Moisés pensou ao pronunciar aquelas palavras, isso não o vejo, embora não duvide de que um homem tão grande, tenha ele enxergado em sua mente a primeira ou a segunda hipótese, ou outra que não citei, viu algo verdadeiro e o enunciou corretamente, quando pronunciou aquelas palavras.

xxv, 34. *Ninguém mais me moleste*,[83] dizendo-me: "Moisés não queria dizer o que tu dizes; queria dizer o que eu digo". Com efeito, se me disserem: "Como sabes que Moisés queria dizer o que tu dizes pelas palavras dele?", eu deveria suportar o questionamento com ânimo pacato e responder, talvez, como respondi acima, ou me delongar mais, se se tratar de alguém mais renitente. Mas se me disserem: "Ele não quis dizer o que tu dizes, mas o que eu digo", mesmo não negando que ambos dizemos

---

81. Sl 116 (114-5),16.
82. Sl 116 (114-5),18.
83. Gl 6,17.

algo verdadeiro, então, ó meu Deus, vida dos pobres, no seio de quem não há contradição, destila-me calmantes no coração, para que suporte pacientemente tais interlocutores: se eles dizem isso, não é porque são adivinhos e viram no coração de teu servo o que dizem, mas porque são soberbos; e não conhecem a afirmação de Moisés, mas amam a deles, não porque é verdadeira, mas porque é deles. Senão, amariam igualmente a outra verdade, como eu amo o que dizem quando dizem a verdade, não porque é deles, mas porque é verdade — mas então já não é deles, por ser verdade. Se, porém, a amassem por ser verdade, já seria deles e minha, porque seria comum a todos aqueles que amam a verdade. Mas pretender que Moisés não quisesse dizer o que eu digo, e sim o que eles dizem — isso eu não quero, não amo, porque, ainda que seja assim, todavia tal temeridade não é saber, mas arrogância, e não é gerada pela experiência, mas pela presunção. Por isso, Senhor, teus julgamentos são tremendos, porque tua Verdade não é minha ou deste ou daquele, mas de todos nós, que chamas publicamente à comunhão dela, nos admoestando terrivelmente para que não queiramos possuir uma verdade privada, para não sermos privados dela. Com efeito, qualquer um que queira reivindicar como próprio aquilo que tu ofereces à fruição de todos, e queira que seja dele o que é de todos, é rechaçado do que é comum para o que é seu, ou seja: da verdade para a mentira. De fato, quem *fala mentiras fala do que lhe é próprio.*[84]

35. *Escuta*, ótimo juiz, Deus, a própria Verdade, *escuta*[85] o que diria a esse opositor, escuta: falo diante de ti e diante de meus irmãos, que *usam a Lei segundo as regras para sua finalidade, a caridade.*[86] *Escuta* e vê se o que eu

---

84. Jo 8,44.
85. Jr 18,19.
86. 1Tm 1,8.5.

digo te agrada. Responderia, de fato, nesse tom fraterno e pacífico: "Se ambos vemos que é verdade o que tu dizes e ambos vemos que é verdade o que eu digo, pergunto: onde vemos isso? Certamente, eu não o vejo em ti, nem tu em mim, mas ambos na própria Verdade imutável, acima de nossas mentes. Logo, se não discordamos sobre a luz de Deus, Nosso Senhor, por que discordarmos sobre o pensamento de um próximo que não podemos ver como vemos a Verdade imutável, se, ainda que Moisés comparecesse diante de nós e dissesse: "Eu pensava isso", mesmo assim não veríamos, mas acreditaríamos? *Não vamos*, então, *além do que está escrito e ninguém se ensoberbeça, tomando o partido de um contra outro.*[87] *Amemos o Senhor nosso Deus de todo o nosso coração, de toda a nossa alma e de todo o nosso entendimento*[88] e *nosso próximo como a nós mesmos*.[89] O que quer que Moisés entendesse dizer, o entendia conforme a esses dois preceitos da caridade; se não acreditarmos nisso, faremos do Senhor um mentiroso, porque atribuiremos algo diferente do que ele ensinou à mente do nosso companheiro de servidão.[90] Já vês quanto seria estulto, em tal abundância de afirmações absolutamente verdadeiras que podem ser extraídas daquelas palavras, afirmar temerariamente qual delas Moisés entendia de preferência, e ofender assim, com discussões perniciosas, a própria caridade, por causa da qual aquele cujas palavras tentamos explicar falou tudo o que disse.

XXVI, 36. E todavia eu — ó meu Deus, sublimidade de minha humilhação e repouso de minha fadiga, que ou-

---

87. 1Cor 4,6.
88. Dt 6,5; Mt 22,37.
89. Lv 19,18; Mt 22,39.
90. Cf. Jo 5,46: "Se crêsseis em Moisés, haveríeis de crer em mim, porque foi a meu respeito que ele escreveu".

ves minhas confissões e perdoas meus pecados —, eu, a quem mandaste amar meu próximo como a mim mesmo, eu não posso acreditar que Moisés, teu servo fidelíssimo, tenha recebido de ti dons inferiores àqueles que eu mesmo escolheria e desejaria, se tivesse nascido naquela época e tu me colocasses no lugar dele para compor, pelo serviço de meu coração e de minha língua, aqueles livros que, depois de tanto tempo, entre todos os povos futuros e pelo mundo inteiro, deveriam vencer as palavras de todas as doutrinas falsas e soberbas, pela excelência de sua autoridade. Eu queria, de fato, se fosse Moisés naquela época — porque somos todos feitos da mesma massa[91] e *o que é o homem*, senão *porque te lembras dele?*[92] — eu queria, repito, se fosse o que ele era então e se fosse encarregado por ti de escrever o livro do Gênesis, queria que me fosse dada a capacidade de falar e compor o discurso de maneira que nem aqueles que ainda não podem entender como Deus cria rejeitassem suas palavras como superiores a suas forças, nem aqueles que já podem entender encontrassem omissão, nas poucas palavras de teu servo, de qualquer afirmação verdadeira a que tivessem chegado pela reflexão; e, se outro enxergasse ainda outra na luz da verdade, ela tampouco faltaria pela compreensão das mesmas palavras.

XXVII, 37. Pois como uma fonte que, mais abundante num pequeno espaço do que muitos rios, distribui seu líquido por áreas maiores do que qualquer um dos rios que o levam de uma mesma fonte para muitos lugares, assim o relato do dispensador de tua palavra, alimentador de muitos discursos futuros, faz jorrar de um texto reduzido rios de límpida verdade, de onde cada um possa extrair por si, pelos meandros de falas mais prolongadas,

---

91. Cf. Rm 9,21.
92. Sl 8,5 (Vetus latina).

a verdade que pode alcançar sobre esses assuntos — este uma, aquele outra. De fato, alguns, quando leem ou ouvem aquelas palavras, concebem Deus como um homem ou como uma potência dotada de uma massa enorme criando por decisão nova e repentina, fora de si, como em lugares distantes, o céu e a terra, dois grandes corpos, um acima, outro abaixo, contendo, os dois, todas as coisas; e quando ouvem: *Deus disse: faça-se* isto, e *se fez*, concebem palavras que começam e acabam, ressoando no tempo e passando, e após sua passagem de repente veio a existir aquilo que ele ordenou que existisse; e talvez tenham outras opiniões semelhantes, derivadas de seus hábitos carnais. Neles, como em pequenos filhotes, a fraqueza é alimentada pelo seio materno por esse gênero humilíssimo de escrita, e uma fé salvadora é edificada, pela qual considerem e tenham por certo que Deus fez todas as naturezas, cuja maravilhosa variedade seus sentidos exploram. Mas se algum deles, desprezando a simplicidade das palavras, se lançar por estultice soberba fora do berço que o nutre, ai! cai, o miserável, e *Senhor Deus, tem piedade*,[93] para que o pássaro implume não seja esmagado por um viandante, e *envia um anjo teu*[94] que o devolva ao ninho, para que viva até voar.

XXVIII, 38. Outros, porém, para os quais aquelas palavras já não são ninhos, mas pomares sombreados, veem nelas frutos escondidos, volitam alegres, gorjeiam ao enxergá-los e os bicam. Veem, com efeito, quando leem ou ouvem aquelas palavras tuas, Deus eterno, que todos os tempos passados e futuros são sobrepujados por uma permanência imóvel e que não há criatura temporal que tu não tenhas feito, e que tu, cuja vontade, que é o mesmo que tu és, em nada muda ou é tal que antes não fosse, fizeste

---

93. Sl 56 (55), 2.
94. 2Mc 15,23.

tudo por um ato de vontade, não de ti, como tua semelhança, forma de tudo, e sim do nada, como dessemelhança informe, mas que seria formada pela tua semelhança, voltando a ti, o uno, e acolhendo-te segundo uma ordem, pelo que é dado receber a cada coisa no seu gênero; e tudo é *muito bom*,[95] quer permaneça ao teu redor, quer produza ou sofra mutações a uma distância gradativamente maior de tempos e lugares. Eles veem isso e se alegram na luz de tua Verdade, por pouco que isso lhes seja possível aqui.

39. E um deles olha para onde está dito: *no princípio Deus fez*, e enxerga no princípio a Sabedoria, porque ela mesma o disse.[96] Outro olha para as mesmas palavras e por princípio entende o início das coisas criadas, e interpreta: *no princípio fez*, como se fosse: *fez primeiramente*. E, entre aqueles que entendem que *no princípio*, ou seja: na Sabedoria, fizeste *o céu e a terra*, alguns acreditam que o nome de céu e terra se refira à matéria criável do céu e da terra; outros a naturezas já formadas e distintas; outros, a uma matéria já formada e espiritual, sob o nome de céu, e a outra, informe e corporal, sob o nome de terra. Mas aqueles que entendem nos nomes de céu e terra uma matéria ainda informe, a partir da qual seriam formados o céu e a terra, nem eles entendem de uma única matéria, porque alguns querem que seja a matéria de onde seriam realizadas as criaturas inteligíveis e sensíveis; outros, apenas esta massa sensível e corporal que abriga em seu grande seio as naturezas manifestas e perceptíveis. Tampouco entendem de uma única maneira aqueles que acreditam que naquele trecho são chamadas céu e terra duas criaturas já ordenadas e distintas: para uns, trata-se da criação visível e invisível, para outros, apenas da visível, na qual enxergamos o céu luminoso e a terra escura, e tudo o que está neles.

95. Gn 1,26.
96. Cf. Jo 8,25 (Vulgata): "Eu, o Princípio, que vos falo".

XXIX, 40. Mas aqueles que não interpretam *no princípio fez* senão no sentido de *fez primeiramente* não podem interpretar veridicamente *céu e terra* a não ser como matéria do céu e da terra, ou melhor, do universo, isto é: da criação inteligível e corporal. Pois, se quisessem entender o universo já formado, com razão se poderia perguntar a eles o que Deus, que fez isso primeiramente, teria feito em seguida e, como não se pode encontrar nada após o universo, seriam forçados a ouvir: "Por que então primeiramente, se depois não há nada?". Mas, se afirmarem que primeiramente foi criado o informe, depois o formado, tal opinião não é absurda, se forem capazes de distinguir entre anterioridade por eternidade, por tempo, por valor e por origem: por eternidade, como Deus em relação a tudo; por tempo, como a flor em relação ao fruto; por valor, como o fruto em relação à flor; por origem, como o som em relação ao canto.[97] Dessas quatro, a primeira e a última que citei são as mais difíceis de entender; as duas intermediárias, as mais fáceis. Com efeito, é visão rara e demasiado árdua perceber, Senhor, tua eternidade que cria imutavelmente os mutáveis, e por isso é anterior. Quem, além disso, dispõe de um discernimento tão agudo em sua mente que consiga discernir sem grande esforço como o som é anterior ao canto, justamente porque o canto é som formado, e certamente pode haver algo não formado, mas não se pode formar algo que não seja? É anterior enquanto matéria daquilo que é produzido a partir dele, não porque o produza, pois ele mesmo é produzido. Também não é anterior por intervalo de tempo, pois não emitimos num primeiro momento sons informes sem canto para depois organizá-los ou configurá-los em forma de canção, como madeira com que se fabrica uma caixa, ou prata com que se faz um copo; tais matérias, de fato, antecedem também no tempo a forma das coisas que são

97. Cf. Aristóteles, Categorias, 14a26-14b9.

feitas a partir delas. Mas o mesmo não se dá no canto, porque o som dele é ouvido enquanto cantamos, e não soa antes informe para depois tomar forma no canto. Pois, se de alguma maneira soasse antes, passaria, e não restaria nada dele que pudesse ser retomado para ser composto com arte. O canto, então, se desenvolve em seu som, seu som que é sua matéria; e esta é formada para que seja canto. Logo, como dizíamos, a matéria do som é anterior à forma do canto: não anterior como causa eficiente, porque o som não é o artífice do canto, e sim obedece, pelo corpo, à alma do cantante, para que dele se faça o canto; nem é anterior pelo tempo, porque canto e som são produzidos simultaneamente; nem por valor, porque o som não é preferível ao canto, sendo o canto não apenas som, mas som belo; mas é anterior pela origem, porque o canto não é formado para que haja som, e sim o som, para que haja canto. Por esse exemplo entenda quem pode como a matéria das coisas foi feita primeiramente e chamada *céu e terra*, porque dela foram feitos o céu e a terra: mas não foi feita num tempo anterior, porque foram as formas das coisas a gerar o tempo, enquanto aquela matéria era informe e se torna perceptível já no tempo, juntamente com ele; mas nada se pode dizer dela, a não ser que é como se precedesse o tempo, ocupando o lugar mais ínfimo (porque certamente o formado é melhor do que o informe), e fosse precedida pela eternidade do Criador, para que houvesse algo do nada, a partir do qual algo fosse feito.

xxx, 41. A própria verdade gere a concórdia[98] nessa diversidade de afirmações verdadeiras, e nosso Deus tenha piedade de nós, para que *usemos a lei segundo as regras*, segundo *a finalidade do preceito*, a *pura caridade*.[99] Mas, quanto a isso, se alguém me perguntar qual delas

---

98. Cf. Livro X, XXIII, 34.
99. 1Tm 1,8.5.

concebia aquele teu servo, Moisés, não é esse o assunto de minhas confissões. Se não o confesso a ti, é porque não o sei, e todavia sei que aquelas afirmações são verdadeiras, com exceção das carnais, que citei na medida em que o achei oportuno: as palavras de teu livro, humildemente sublimes e copiosamente sucintas, não assustam aqueles pequeninos de boa esperança. Mas nós todos, que, reconheço, enxergamos e dizemos verdades sobre aquelas palavras, devemos nos amar uns aos outros, e amar igualmente a ti, nosso Deus, fonte da verdade, se tivermos sede dela, e não de vaidades; e devemos honrar teu servo, dispensador de tua Escritura, repleto de teu Espírito, acreditando que quando escreveu aquelas palavras, graças a tua revelação, procurava o que nelas fosse melhor, por luz de verdade e por fruto de utilidade.

XXXI, 42. Assim, se um disser: "Isso significa o que eu entendo", e outro: "Não: o que eu entendo", eu julgo mais pio dizer: "Por que não ambos, então, se ambos são verdadeiros, e se alguém enxergar nessas palavras um terceiro sentido, ou um quarto ou qualquer outro que seja verdadeiro, por que não acreditar que os viu todos aquele mediante o qual Deus uno temperou as Sagradas Escrituras para que as interpretações de muitos vissem nelas verdades diferentes? Eu, por certo — atrevo-me a afirmar do fundo do meu coração —, se escrevesse elevado à suprema autoridade, preferiria escrever de tal forma que minhas palavras ecoassem todas as verdades que cada um possa compreender sobre aqueles assuntos, a formular mais claramente uma única afirmação verdadeira, excluindo outras que não poderiam me incomodar por sua falsidade. Não quero, portanto, meu Deus, ser precipitado ao ponto de não acreditar que tal homem não merecesse de ti esse dom. De fato, ele pensou e quis dizer naquelas palavras, quando as escreveu, tudo de verdadeiro que pudemos encontrar nelas e tudo o que não pudemos, ou ainda não podemos e, no entanto, pode ser encontrado nelas.

XXXII, 43. Finalmente, Senhor, que és Deus e não carne e sangue, se o homem não viu tudo, porventura poderia escapar também a teu bom Espírito, que *me conduzirá por uma terra aplanada*,[100] alguma coisa que estivesse naquelas palavras e que tu mesmo revelarias aos futuros leitores, ainda que aquele que as pronunciou talvez tivesse pensado numa única afirmação entre as muitas verdadeiras? Se for assim, que seja mais elevada que as outras a que ele pensou; mas tu, Senhor, manifesta-nos aquela mesma ou outra verdadeira que preferir, de maneira que, ao nos mostrares, por ocasião daquelas palavras, a que aquele homem pensava ou outra, tu nos alimentes, e o erro não nos engane. Eis (Senhor meu Deus, te invoco) quanto escrevemos sobre poucas palavras, quanto! Como nossas forças, como o tempo seria suficiente para tratar da mesma maneira todos os teus livros? Deixa-me, então, confessar a ti sobre eles mais brevemente, e escolher uma única verdade certa e boa que tu me sugiras, mesmo que muitas me ocorram, onde muitas podem ocorrer; com a promessa de que minha confissão, se disser o que teu ministro pensou, o dirá correta e perfeitamente (a isso devo me esforçar) e, se não conseguir, todavia dirá o que tua Verdade quis me dizer pelas palavras dele, que também disse o que tu quiseste.

---

100. Sl 143 (142),10.

Livro XIII

I, 1. Invoco-te, meu *Deus, misericórdia minha*,[1] que me fizeste e não te esqueceste de mim, quando me esquecera de ti. Invoco-te em minha alma, que tu preparas a te receber pelo desejo que lhe inspiraste: não me abandones, agora que te invoco, tu, que antes de eu te invocar te adiantaste e vieste ao meu encalço com chamados frequentes e multiformes, para que eu te ouvisse de longe e me virasse e te chamasse, tu, que me chamavas. Sim, Senhor, revogaste todas as minhas faltas, para não *me retribuir conforme minhas mãos*,[2] pelas quais me desfiz longe de ti, e adiantaste todos os meus méritos, para retribuí-los pelas tuas mãos, pelas quais me fizeste; porque antes que eu fosse tu eras, mas eu não era, para que tu me concedesses o ser, e todavia, eis, eu sou, graças a tua bondade anterior a tudo aquilo que me fizeste e de que me fizeste. Não que tu precisasses de mim, ou que eu fosse um bem de que tu tirasses proveito, meu Senhor e meu Deus, como se eu pudesse te servir para que não tivesses o trabalho de agir, ou como se teu poder fosse menor carecendo de meu obséquio, ou como se eu te cultuasse como se cultiva uma terra, de maneira que, sem o meu culto, tu permanecerias inculto; sou eu, ao contrário, quem precisa

1. Sl 59 (58),18 (Vulgata).
2. Sl 18 (17),21.

te servir e cultuar, para que tu me concedas ser bom, tu, de quem recebo o ser para ser bom.

II, 2. Porque é pela plenitude de tua bondade que tua criação veio à existência, para não faltar um bem que, embora nada te acrescentasse e não fosse gerado de ti como igual a ti, todavia podia ser feito por ti. De fato, o que mereceram de ti *o céu e a terra*, que fizeste *no princípio*? Que o digam: o que mereceram de ti as naturezas espiritual e corporal, que fizeste *na tua sabedoria*,[3] de maneira que permaneceriam suspensas nela, inacabadas e informes, cada uma no seu gênero espiritual ou corporal, vagando em uma falta de medidas e em uma dessemelhança distante de ti (o espiritual informe, porém melhor que um corpo formado, se houvesse, e o corporal informe melhor que o nada absoluto), e assim, informes, ficariam suspensas em tua Palavra, se não fossem chamadas de volta à unidade e formadas pela mesma Palavra e se tornassem, pelo único sumo bem, *todas muito boas*.[4] O que mereceram de ti até para serem informes, porque nem isso seriam, senão por ti?

3. O que mereceu de ti a matéria corporal, para ser pelo menos *invisível e desordenada*, porque nem isso seria, senão porque a fizeste? Justamente por isso, porque não era, não podia merecer ser. Ou o que mereceu de ti o esboço de criatura espiritual, para pelo menos pairar tenebrosa semelhante a um abismo, dessemelhante de ti, se a mesma Palavra não a convertesse ao mesmo por quem foi feita e, iluminada por ele, não se tornasse luz, ainda que não igual, porém conforme à forma que é *igual a ti*?[5] Com efei-

---

3. Sl 104 (103),24.
4. Gn 1,28.
5. Fl 2,6. Essa passagem se baseia na oposição entre idêntico e dessemelhante, o mesmo e a diferença, segundo um esquema platônico que remonta ao *Sofista*. Cf. *Comentário literal ao Gêne-*

to, como para um corpo ser não é o mesmo que ser belo (ou não poderia haver o deforme), assim para um espírito criado viver não é o mesmo que viver sabiamente — ou ele seria imutavelmente sábio. *O bem dele é estar junto de ti*[6] sempre, para não perder por dispersão a luz que adquiriu por conversão, e não recair numa vida tenebrosa semelhante ao abismo. Com efeito, nós também, que quanto à alma somos criaturas espirituais, desviados de ti, nossa luz, *outrora fomos trevas*,[7] e ainda penamos no que resta de nossa escuridão, até que sejamos *a tua justiça* em teu único filho, *como as montanhas de Deus*; pois fomos *teus julgamentos, como o grande abismo*.[8]

III, 4. Quanto ao que disseste em tuas primeiras disposições: *Haja luz, e houve luz*,[9] entendo por isso, sem incongruência, a criatura espiritual; pois já havia certa vida, que tu iluminarias. Mas, assim como não mereceu de ti ser vida, tal que pudesse ser iluminada, tampouco, já sendo, mereceu que tu a iluminasses. Com efeito, a informidade dela não te agradaria, se não se tornasse luz não por existir, mas por contemplar a luz que ilumina e ficar junto dela, de maneira que deve à tua graça tanto o viver de qualquer forma quanto o viver felizmente, convertida, graças a uma mudança para melhor, para aquilo que não

---

sis, I, 9: "A matéria informe, tanto espiritual quanto material [...] não imitava a forma da Palavra sempre unida ao Pai, pelo qual Deus diz tudo eternamente, enquanto, dessemelhante dele, que suprema e primeiramente é, tendia ao nada por sua informidade; mas agora imita a forma da Palavra sempre e imutavelmente unida ao Pai, por ter recebido a forma graças a uma conversão proporcional a seu gênero, tornando-se criatura acabada".
6. Sl 73 (72),28.
7. Ef 5,8.
8. Sl 36,7.
9. Gn 1,3.

pode mudar nem para melhor, nem para pior. E só tu és isso, porque só tu és simplesmente, não sendo diferente para ti viver e viver feliz, porque tu és a felicidade.

IV, 5. Logo, o que te faltaria do bem que tu és para ti mesmo, ainda que fossem absolutamente nada ou permanecessem informes essas criaturas que não fizeste por necessidade, mas pela plenitude de tua bondade, represando-as e convertendo-as à forma, sem que tua felicidade carecesse delas para ser completa? Pois é por seres perfeito que te desagrada a imperfeição delas, e por isso elas são aperfeiçoadas por ti e te agradam; não por seres imperfeito, como se tu também te aperfeiçoasses pela perfeição delas. Com efeito, *teu bom espírito*[10] *pairava sobre as águas*:[11] não era carregado por elas, como se repousasse nelas. Quando é dito que teu Espírito repousa nelas,[12] quer dizer que ele as faz repousar nele. Mas tua vontade incorruptível e imutável, suficiente a si mesma, pairava sobre a vida que tu fizeste, para a qual viver não é o mesmo que viver feliz (pois quando flutua em sua escuridão também vive), e à qual resta se converter para aquele pelo qual foi feita, e viver mais e mais junto à *fonte da vida* e *ver a luz em sua luz*,[13] e se tornar perfeita, iluminada e feliz.

V, 6. Eis que a Trindade, que tu és, meu Deus, se manifesta a mim *por enigma*,[14] pois tu, Pai, fizeste céu e terra *no princípio* de nossa sabedoria, que é tua Sabedoria, nascida de ti, igual a ti e coeterna, isto é, no teu Filho. E já falamos muito do *céu do céu* e da *terra invisível e desordenada* e do abismo tenebroso que remete à deliques-

---

10. Sl 143 (142),10.
11. Gn 1,2.
12. Is 11,2.
13. Sl 36 (35),10.
14. 1Cor 13,12.

cência errática em que permaneceria o informe espiritual, se não se convertesse àquele do qual recebia a vida, qualquer que fosse, e não se tornasse pela iluminação uma vida formosa e fosse o céu daquele céu que foi feito posteriormente, entre água e água.[15] Eu já encontrava o Pai na palavra *Deus*, que fez isso, e o Filho, na palavra *Princípio*, no qual fez isso, e crendo, como cria, que meu Deus é Trindade, a buscava em seus escritos sagrados, e eis: *teu espírito pairava sobre as águas*; eis a Trindade, o meu Deus, Pai e Filho e Espírito Santo, Criador do universo.

VI, 7. Mas por que — ó luz verídica, aproximo de ti meu coração para que não me ministre ensinamentos vazios: dissipa as trevas dele e dize, te imploro pela mãe caridade, te imploro, dize — por que tua Escritura cita teu Espírito justamente nesse ponto, após ter citado *céu e terra, a terra invisível e desordenada* e *as trevas sobre o abismo*? Talvez porque fosse necessário mencioná-los, para dizer que ele pairava? Não se poderia dizê-lo, sem citar antes aquilo sobre o qual pudesse se entender que ele pairava. Com efeito, não pairava sobre o Pai ou sobre o Filho, e não seria adequado dizer que ele pairava, se não pairasse sobre algo. Logo, era preciso dizer antes aquilo sobre o qual pairava, e em seguida ele, que não deveria ser mencionado de outra forma, senão dizendo que ele pairava. Mas por que, então, não deveria ser mencionado de outra forma, senão dizendo que ele pairava?

VII, 8. Nisso, a compreensão de quem pode acompanhe teu apóstolo, quando diz que *tua caridade foi derramada em nossos corações pelo Espírito Santo, que nos foi dado*;[16] teu apóstolo que ensina *as realidades espirituais*,[17]

15. Cf. Gn 1,8.
16. Rm 5,5.
17. 1Cor 12,1 (Vulgata).

que indica o *caminho* da caridade *que sobranceia a todos*,[18] que *dobra os joelhos* por nós *diante de ti*,[19] para que conheçamos a ciência da *caridade de Cristo que se eleva acima de todas*.[20] Por isso, elevando-se desde o início, pairava sobre as águas. A quem falar, como falar do peso da concupiscência que arrasta para o profundo abismo, e da caridade que ergue pelo teu Espírito, *pairando sobre as águas*? A quem falar? Como falar? Pois não se trata de lugares, onde submergimos e de onde emergimos. Mas o que há de mais semelhante, e ao mesmo tempo, de mais dessemelhante? São sentimentos, são amores: a impureza do nosso espírito que se derramou para baixo por amor dos afãs, e a santidade do teu que nos recolhe para cima pelo amor da serenidade, para que levantemos o coração para ti, onde *teu espírito paira sobre as águas*, e venhamos à quietação que está acima, quando *nossa alma terá atravessado as águas* que são *sem substância*.[21]

VIII, 9. Derramaria-se o anjo, derramaria-se a alma humana, e apontariam para o abismo de toda criatura espiritual nas tenebrosas profundezas, se tu não dissesses desde o início: *Haja a luz, e a luz* não houvesse, e cada inteligência obediente de tua cidade celeste não se unisse a ti e repousasse em teu Espírito, que paira imutável sobre todo o mutável. Se não fosse assim, até o céu do céu seria em si mesmo um tenebroso abismo; *mas agora é luz no Senhor*.[22] Com efeito, até essa inquietude miserável dos espíritos derramados que manifestam suas trevas, espoliados da veste

---

18. 1Cor 12,31.
19. Ef 3,14.
20. Ef 3,19.
21. Sl 124 (123),5 (Vetus Latina). No comentário a esse salmo, Agostinho explica que a água sem substância é o pecado.
22. Ef 5,8.

de tua luz,[23] até isso te é suficiente para mostrar que fizeste grande a criatura racional, à qual não basta, para alcançar uma quietude feliz, nada que seja menor do que tu: nem ela mesma, portanto, se basta. Tu, de fato, nosso Deus, *iluminarás nossas trevas*;[24] de ti provêm nossas vestes,[25] e nossas *trevas serão como o meio-dia*.[26] Concede-te a mim, meu Deus, devolve-te a mim — eis: amo e, se é pouco, amarei mais. Não posso saber a medida de quanto falta a meu amor para ser o bastante, para que minha vida corra para teus abraços e não seja rejeitada, até *se esconder no esconderijo de tua face*.[27] Só isso sei, que para mim é mal-estar sem ti, não apenas fora de mim, mas também em mim mesmo, e que toda abundância que não seja meu Deus é, para mim, indigência.

IX, 10. Por acaso o Pai ou o Filho não *pairavam sobre as águas*? Se for como um corpo num lugar, nem o Espírito Santo; mas, se for pela eminência da divindade imutável sobre todo mutável, tanto o Pai quanto o Filho e o Espírito Santo *pairavam sobre as águas*. Por que então isso é dito apenas do Espírito? Por que só dele é dito onde estava, como se fosse um lugar que não é um lugar, e só dele é dito que é *teu dom*?[28] Em *teu dom* repousamos: lá fruímos de ti. Nosso repouso é nosso lugar. O amor nos eleva para lá e *teu bom espírito*[29] levanta nossa humildade *das portas da morte*.[30] Nossa paz está na boa vontade.[31] Cada corpo

---

23. Cf. Sl 104 (103), 2.
24. Sl 18 (17),29.
25. 2Cor 5,4.
26. Is 58,10.
27. Sl 31(30),21.
28. At 2,38.
29. Sl 143 (142),10.
30. Sl 10 (9),14.
31. Cf. Lc 2,14 (Vulgata).

tende a seu próprio lugar pelo seu peso. O peso é o que puxa não apenas para baixo, mas para todo lugar próprio. O fogo tende a subir; a pedra, a descer. São acionados pelos seus pesos, buscam seus lugares próprios. O óleo misturado com a água se eleva acima da água, a água entornada sobre o óleo afunda abaixo do óleo: são acionados pelos seus pesos, buscam seus lugares próprios. Se estiverem fora da ordem, permanecem inquietos: ordenados, repousam.[32] Meu peso é meu amor: ele me leva por onde for levado. Acesos pelo *teu dom*, somos levados para cima; ardemos e vamos. Subimos *as subidas no coração*[33] e cantamos o *cântico dos degraus.*[34] De teu fogo, de teu bom fogo ardemos e vamos, pois vamos para cima, para *a paz de Jerusalém,*[35] pois alegrei-me quando me disseram: "Vamos à casa do senhor".[36] Lá nos colocará a boa vontade, para que nada mais queiramos a não ser *permanecer* ali *em eterno.*[37]

x, 11. Beata a criatura que não conhece outra coisa, embora ela mesma teria sido outra coisa, se *teu dom*, que *paira sobre* todo o mutável, não a tivesse erguido logo que foi feita, sem nenhum intervalo de tempo, naquele chamado em que disseste: *Haja a luz, e houve luz*. Quanto a nós, de fato, há tempos distintos: *fomos trevas e nos tornamos luz;*[38] mas, quanto a ela, é dito o que seria se não fosse iluminada, e é dito como se anteriormente fosse flutuante e tenebrosa, para que ficasse clara a razão pela qual é diferente, isto é, é luz voltada para a luz indefectível. Quem pode, entenda,

---

32. Cf. Aristóteles, *Física*, 200a2, 201a8, 205b27. Agostinho, *O livre arbítrio*, III, 1, 1-3.
33. Sl 84 (83),6 (Vulgata).
34. Sl 120 (119),1.
35. Sl 122 (121),6.
36. Sl 122 (121),1.
37. Sl 61(60),8.
38. Ef 5,8.

interrogue a ti. Para que me importunar,[39] como se eu *iluminasse* algum *homem que vem a este mundo*?[40]

XI, 12. Quem entenderá a Trindade onipotente? Mas quem não fala dela, se é que é dela que fala? Poucas almas, quando falam dela, sabem do que falam. E discutem e brigam, mas ninguém sem paz vê tal visão. Eu gostaria que os homens meditassem sobre uma tríade que está neles mesmos. É bem distante, essa tríade, daquela Trindade, mas falo dela para que tenham por onde se exercitar e experimentar e sentir quão distantes eles são. Refiro-me à tríade seguinte: ser, conhecer, querer. Eu sou e sei e quero; sou um ser que sabe e quer; e sei que sou e quero; e quero ser e saber. Perceba quem pode, então, como a vida está inseparavelmente nessa tríade: uma única vida, uma única mente, uma única essência. Está diante de si mesmo, por certo: *olhe* para si *e veja*[41] e me diga. Mas, quando encontrar algo nisso e o disser, não julgue já ter encontrado aquilo que permanece acima disso imutavelmente, porque é imutavelmente, sabe imutavelmente e quer imutavelmente. E se é Trindade por causa disso, ou se os três estão em cada pessoa, de maneira a serem uma tríade em cada uma, ou se ambas as hipóteses são verdadeiras, em admiráveis modos, simples e múltiplos, num fim a si mesmo que é infinito em si, que é e se conhece e se satisfaz, eternamente ele mesmo, na copiosa grandeza de sua unidade — quem poderia conceber isso facilmente? Quem, dizê-lo de alguma maneira? Quem ousaria enunciá-lo, seja como for?

XII, 13. Prossegue na confissão, minha fé; dize ao Se-

---

39. Cf. Gal 6,17.
40. Jo 1,9 (Vulgata).
41. Lm 1,12.

nhor teu Deus: "*Santo, santo, santo. Senhor*[42] *meu Deus, em teu nome fomos batizados, Pai e Filho e Espírito Santo, em teu nome batizamos, Pai e Filho e Espírito Santo*",[43] porque também entre nós *Deus fez* em seu Cristo o *céu e a terra*, os espirituais e os carnais de tua Igreja,[44] e a nossa terra, antes de receber a forma da doutrina, *era invisível e desordenada*, e *as trevas* da ignorância *estavam sobre nós*, porque *castigando o erro tu educaste o homem*[45] e *tuas condenações são como um vasto abismo*.[46] Mas, como teu Espírito *pairava sobre as águas*, tua misericórdia não abandonou nossa miséria, e disseste: "*Haja luz; arrependei-vos, porque o Reino do Céu está próximo.*[47] *Arrependei-vos; haja luz*" e, como nossa *alma* estava *confusa em nós, lembramo-nos de ti, Senhor, na terra do Jordão e no monte* igual a ti mas feito *pequeno por nós*,[48] e desgostamo-nos de nossas trevas, e *nos convertemos a ti*,[49] e *houve luz*; eis: *outrora fomos trevas, mas agora somos luz no Senhor*.[50]

XIII, 14. Contudo, ainda *pela fé, não pela visão*.[51] Com efeito, é *na esperança que somos salvos. Mas ver o que se espera não é esperar*.[52] *O abismo* ainda *invoca o abismo*, mas já *na voz de tuas cataratas*.[53] Até aquele que diz:

42. Is 6,3.
43. Mt 28,19; Cf. 1Cor 1,15.
44. Cf. 1Cor 2,6-3,3; Rm 7,14.
45. Sl 39 (38),12.
46. Sl 36 (35),7 (Vulgata).
47. Mt 3,2; 4,16-17.
48. Sl 42 (41),7 (Vulgata).
49. Sl 51 (50),15.
50. Ef 5,8.
51. 2Cor 5,7.
52. Rm 8,24.
53. Sl 42 (41),8. Cf. *Comentário ao Salmo 41*, 13: "Que abismo

"Não vos pude falar como a homens espirituais, mas tão somente como a homens carnais",[54] até ele *não julga ter compreendido* ainda, mas, *esquecendo-se do que está para trás, avança para o que está à frente*,[55] e *geme prostrado*,[56] e *tem sede de* ti, *Deus vivo, como as corças desejam as fontes*,[57] e diz: *"Quando chegarei?"*[58] desejando *se revestir de nossa habitação, que é celeste*,[59] e invoca o abismo aqui embaixo, dizendo: *"Não vos conformeis com este mundo, mas transformai-vos, renovando vossa mente"*,[60] e: *"Não penseis como crianças, mas quanto a malícia sede crianças, para serdes perfeitos nos pensamentos"*,[61] e: *"Ó gálatas insensatos, quem vos fascinou?"*[62] Mas já não era sua voz; era a tua, tu que *enviaste do céu teu Espírito*,[63] por meio daquele que *subiu para o alto*[64] e abriu as cataratas de teus dons,[65] para que o ímpeto desse *rio alegrasse tua*

---

invoca, e que abismo é invocado? Na verdade, este nosso intelecto é um abismo. [...] O *abismo invoca o abismo*: o homem invoca o homem. Assim se ensina a sabedoria, assim se ensina a fé: quando o abismo invoca o abismo. [...] Logo, todo homem, mesmo santo, mesmo justo, mesmo tendo progredido em muitas coisas, é um abismo, e invoca o abismo quando prega a um homem algo sobre a fé, algo sobre a verdade, para a vida eterna. Mas o abismo só é útil ao invocar o abismo quando o faz *na voz de tuas cataratas*".

54. 1Cor 3,1.
55. Fl 3,13 (Vulgata).
56. 2Cor 5,4.
57. Sl 42 (41),2-3.
58. Sl 42 (41),3 (Vulgata)
59. 2Cor 5,2.
60. Rm 12,2.
61. 1Cor 14,20.
62. Gal 3,1.
63. Sb 9,17.
64. Sl 68 (67), 19; cf. Ef 4, 7-11.
65. Cf. Ml 3,10.

*cidade.*⁶⁶ Por ele, com efeito, suspira *o amigo do esposo,*⁶⁷ já tendo em sua posse *as primícias do espírito,* mas ainda *gemendo interiormente, esperando* a adoção, *a redenção de seu corpo.*⁶⁸ Suspira por ele, porque é parte da esposa, e zela por ele, porque é amigo do esposo;⁶⁹ zela por ele, não por si, porque *pela voz de tuas cataratas* e não por sua voz *invoca* outro *abismo,* e zelando por ele *receia que, como a serpente seduziu Eva por sua astúcia,* assim eles também *sejam corrompidos, desviando-se da pureza que é em* nosso esposo,⁷⁰ teu único Filho. Qual será a luz daquela visão, quando o *veremos tal como ele é*⁷¹ e terão passado *as lágrimas que são meu pão dia e noite,* quando *todo dia me perguntam: "Onde está o teu Deus?"!*⁷²

XIV, 15. Eu também digo: "Onde está o meu Deus?". Eis onde está. *Respiro um pouco*⁷³ em ti, quando *derramo acima de mim minha alma na voz de alegria e confissão, no som que celebra a festa.*⁷⁴ Mas ela ainda é triste, porque volta a cair e se torna abismo, ou melhor: sente que ainda é um abismo. Minha fé, que tu acendeste na noite *diante dos meus pés,*⁷⁵ diz a ela: *"Por que és triste, alma, e por que me afliges? Espera em Deus;*⁷⁶ sua *palavra é a lâmpada para teus pés.*⁷⁷ Espera e persiste, até que passe a noite, mãe

---

66. Sl 46 (45),5.
67. Jo 3,29.
68. Rm 8,23.
69. A Igreja e Cristo, respectivamente.
70. 2Cor 11,3.
71. 1Jo 3,2.
72. Sl 42 (41),4.
73. Jó 32,20 (Vulgata).
74. Sl 42 (41),5.
75. Sl 119 (118),105.
76. Sl 42 (41),6.
77. Sl 119 (118),105.

dos iníquos, até que passe a ira de Deus, para cujo filho nós também *outrora fomos as trevas*[78] de que carregamos restos no *corpo morto por causa do pecado*,[79] até que o *dia sopre e afaste as sombras*".[80] Espera em Deus: *amanhã me levantarei*[81] e contemplarei; *amanhã me levantarei e verei a salvação de minha face*,[82] o meu Deus, que *dará vida também a nossos corpos mortais, pelo Espírito que habita em nós*,[83] porque *pairava* misericordiosamente *sobre* nossa interioridade tenebrosa e fluida. Dele recebemos o *penhor*[84] nesta peregrinação, para que já *fôssemos luz*,[85] enquanto *éramos salvos* ainda *na esperança*,[86] e *filhos da luz e filhos do dia, não os filhos da noite nem das trevas*,[87] que, no entanto, fomos. Entre estes e nós, nesta incerteza em que ainda se encontra o conhecimento humano, apenas tu distingues, tu que *sondas nosso coração*[88] e chamas *a luz "dia" e as trevas "noite"*.[89] *Quem, de fato, nos distingue, senão tu? Mas o que temos, que não tenhamos recebido de ti?*[90] *Vasos feitos para uso nobre, da mesma massa de que são feitos outros, para uso vil?*[91]

xv, 16. Ou quem senão tu, nosso Deus, *fez* sobre nós o

---

78. Ef 5,8.
79. Rm 8,10.
80. Ct 2,17.
81. Sl 5,4.
82. Sl 42 (41),6.
83. Rm 8,11.
84. 2Cor 1,22.
85. Ef 5,8.
86. Rm 8,24.
87. 1Ts 5,5.
88. Sl 17 (16),3; 1Ts 2,4.
89. Gn 1,4.
90. 1Cor 4,7.
91. Rm 9,21.

firmamento[92] da autoridade em tua Escritura divina? Com efeito, *o céu se enrolará como um livro*[93] e agora *se estende sobre nós como uma pele*.[94] A autoridade de tua Escritura divina, de fato, é tanto mais alta, quanto já sofreram esta morte os mortais pelos quais a dispensaste a nós. Mas tu sabes, Senhor, tu sabes como vestiste de peles os homens, quando se tornaram mortais pelo pecado.[95] Assim estendeste sobre nós como uma pele o firmamento de teu Livro, teus escritos em tudo concordantes, que estabeleceste sobre nós pelo ministério de homens mortais. De fato, por causa da própria morte deles a consolidação da autoridade de tuas palavras por eles redigidas se estendeu altíssima sobre tudo o que está aqui embaixo, enquanto, quando eles viviam aqui, não se estendera com tamanha altitude. Ainda não estenderas o céu como uma pele, ainda não difundiras por todo lugar a fama da morte deles. [96]

92. Gn 1,7
93. Is 34,4.
94. Sl 104 (103),2 (Vulgata).
95. Gn 3,21.
96. Cf. *Comentário ao Salmo 103*, 1, 8: "A pele significa a mortalidade: por isso os dois primeiros homens, nossos progenitores, autores do pecado do gênero humano, [...] vestiram túnicas de pele. [...] Mas aqui, se a palavra 'pele' indica a divina Escritura, como Deus fez o céu de pele, e *estendeu o céu como uma pele*? Porque aqueles pelos quais a Escritura nos foi pregada eram mortais. [...] Moisés viveu e morreu [...]. Jeremias morreu, e tantos profetas morreram; mas as palavras dos mortos, por não serem deles, mas por meio deles serem daquele que *estende o céu como uma pele*, permanecem até nossa posteridade. [...] No que diz respeito à Escritura divina, a palavra dos mortos se estende; por isso é dito que se estende como uma pele; e muito mais se estende enquanto estão mortos. Os Profetas e os Apóstolos se tornaram mais conhecidos após a morte; não eram tão notórios quando vivos. Só a Judeia teve profetas vivos; mortos, são de todos os povos". A leitura figural é tanto mais expressiva quanto na época de Agosti-

17. Que possamos ver, Senhor, *o céu, obra de teus dedos*:[97] serena a nossos olhos a nuvem que colocaste abaixo dele. Nela está teu testemunho que *confere sabedoria aos simples*.[98] Perfaze, Senhor, teu louvor *pela boca de crianças e dos recém-nascidos*.[99] Com efeito, não conhecemos outros livros que destruam tanto assim a soberba, que destruam tanto assim *o inimigo e defensor*,[100] o qual se opõe à tua reconciliação defendendo seus pecados. Não conheço, Senhor, não conheço outras *palavras* tão *sinceras*,[101] que me persuadam tanto à confissão, tornem dócil meu pescoço a teu jugo[102] e me convidem a te cultuar desinteressadamente. *Faze-me entendê-las*,[103] ó bom Pai, concede-me isso, porque me submeto, e tu as firmaste acima dos submissos.

18. Há outras águas acima desse firmamento,[104] eu creio, imortais e ocultas à corrupção terrena. Louvem teu nome, te louvem os povos supracelestes de teus anjos,[105] que não precisam levantar os olhos para o firmamento e ler para conhecer teu Verbo. Porque eles *veem continuamente tua face*[106] e leem nela sem sílabas temporais o que

---

nho os livros, como se sabe, eram feitos de pergaminho, uma pele de carneiro especialmente tratada. Nos tempos do salmista, no entanto, eles eram de papiro, e ele talvez entendesse por "pele" a cobertura de uma tenda (assim traduz a *Bíblia de Jerusalém*).
97. Sl 8,4.
98. Sl 19 (18),8.
99. Sl 8,3.
100. Sl 8,3; Eclo 30,6.
101. Sl 12 (11),7.
102. Cf. Mt 11,29.
103. Sl 119,34.73.144.
104. Cf. Gn 1,7.
105. Cf. Sl 149 (148),3-4.
106. Mt 18,11.

quer tua vontade eterna. Leem, escolhem e amam; leem sempre e o que leem nunca passa. Pois escolhendo e amando leem a própria imutabilidade de tua deliberação. O código deles nunca é fechado, nem o livro enrolado,[107] porque tu mesmo o és para eles e o és para sempre, porque os colocaste sobre o firmamento que firmaste sobre a enfermidade dos povos inferiores, para que estes olhassem para cima e conhecessem tua misericórdia que anuncia temporalmente a ti, que fizeste os tempos. De fato, *Senhor, tua misericórdia está no céu e tua verdade chega às nuvens.*[108] *As nuvens passam,*[109] mas o céu permanece. Os pregadores de teu Verbo passam desta vida para outra vida, mas a tua Escritura se estende sobre os povos até o fim dos séculos. Porém, até *o céu e a terra passarão, mas tuas palavras não passarão,*[110] porque até a pele será dobrada e a erva, sobre a qual foi estendida, passará com seu esplendor,[111] *mas teu Verbo permanecerá em eterno.*[112] Ele nos aparece agora *no enigma* das nuvens e *pelo espelho* do céu, porque mesmo em nós, embora sejamos amados por teu Filho, *ainda não se manifestou o que seremos.*[113] *Espreitou-nos pelas grades*[114] da carne, nos acariciou e inflamou, e corremos atrás de seu odor.[115] Mas, quando se manifestar,

---

107. Referência às duas formas de livro em uso na época de Agostinho: o código (*codex*), feito de páginas recortadas e encadernadas, como os livros atuais, e o livro (*liber*) em rolos avulsos (nesse caso, uma obra poderia ser composta de vários livros, ou rolos, como as *Confissões*).
108. Sl 36 (35),6.
109. Sl 18 (17),13 (Vulgata).
110. Mt 24,35.
111. Cf. Is 40,6 (Vetus Latina): "Toda carne é erva, e todo esplendor da carne como a flor do campo".
112. Is 40,8.
113. 1Jo 3,2.
114. Ct 2,9.
115. Cf. Ct 1,3-4.

seremos semelhantes a ele, porque o veremos tal como ele é:[116] ver tal como ele é, Senhor, é a nossa riqueza, que ainda não nos pertence.

XVI, 19. Com efeito, como tu és absolutamente, só tu sabes que és imutavelmente, sabes imutavelmente e queres imutavelmente; e tua essência imutavelmente sabe e quer; e tua ciência é e quer imutavelmente; e tua vontade é e sabe imutavelmente; e não parece justo diante de ti que, como a luz imutável se conhece, assim a conheça o ser mutável iluminado por ela. Por isso *minha alma é para ti uma terra sem água*,[117] porque, se não pode iluminar a si mesma, também não pode saciar a si mesma. Com efeito, *em ti está a fonte da vida*, assim como *na tua luz* veremos *a luz*.[118]

XVII, 20. Quem reuniu as águas amargas numa única sociedade? Pois elas perseguem o mesmo fim, a felicidade temporal e terrena, embora flutuem numa variedade inumerável de afãs. Quem o fez, Senhor, senão tu, que disseste: *"Que as águas se reúnam numa só massa*, e *apareça a terra seca"* sedenta de ti, porque *teu é o mar, pois foste tu quem o fez*,[119] e *tuas mãos plasmaram a terra seca?*[120] Pois não é a amargura das vontades, mas a reunião das águas que chamamos mar. Tu, de fato, dominas até os maus desejos das almas e fixas até onde é permitido que as águas cheguem, de maneira que suas ondas quebrem sobre elas mesmas, e assim fazes o mar pela ordem de teu governo sobre todas as coisas.

21. Mas as almas sedentas de ti e que se mostram a ti

---

116. 1Jo 3,2.
117. Sl 143 (142),6 (Vulgata).
118. Sl 36 (35),10.
119. Sl 95 (94),5.
120. Gn 1,9.

distintas da sociedade do mar por perseguir um fim diferente, estas tu as irrigas por uma fonte escondida e doce,[121] para que a terra também dê seu fruto: e ela dá seu fruto e, sob teu mando, Senhor meu Deus, nossa alma *produz obras de misericórdia segundo sua espécie*,[122] amando o próximo[123] no auxílio a suas necessidades carnais, *carregando em si a semente segundo a semelhança*,[124] porque foi por nossa enfermidade que nos movemos a socorrer aqueles que são igualmente indigentes, prestando ajuda como queríamos que fosse prestada a nós, se nos encontrássemos na mesma situação, não apenas no que é fácil, como a erva que produz sementes, mas também na proteção sólida de um socorro vigoroso, como uma árvore frutífera, isto é, benéfica ao arrancar aquele que sofreu injustiça da mão do poderoso e oferecer a sombra de uma proteção pelo vigor firme de um julgamento justo.

XVIII, 22. Assim, Senhor, assim, eu te peço, germine, como tu fazes germinar, como tu doas alegria e poder, *germine a verdade da terra, e a justiça olhe do céu*,[125] e *haja luzeiros no firmamento*.[126] *Repartamos nosso pão com o faminto, recolhamos em nossa casa o pobre desabrigado, vistamos o que está nu e não desprezemos os próximos de nossa mesma semente*;[127] diante destes frutos nascidos da terra *vê que isso é bom*[128] e *desponte* nossa *luz temporal* e, pelo fruto inferior de nossas ações aqui embaixo, recebendo a Palavra da vida superior nas delícias da contemplação,

---

121. Cf Sl 63 (62),2.
122. Gn 1,12.
123. Cf. Mt 22,39; Mc 12,31.
124. Gn 1,12.
125. Sl 85 (84),12.
126. Gn 1,14.
127. Is 58,7.
128. Gn 1,18.

apareçamos *como luzeiros no mundo*,[129] aderentes ao firmamento de tua Escritura. Nela tu argumentas conosco para que separemos inteligíveis e sensíveis como *o dia e a noite*,[130] ou as almas dadas aos inteligíveis e as dadas aos sensíveis, de maneira que não apenas tu, no segredo de teu julgamento, como antes do firmamento, *separes luz e trevas*,[131] mas também teus homens espirituais separados e colocados no próprio firmamento, uma vez que tua graça se manifestou no mundo, *iluminem a terra e separem o dia e a noite e marquem o tempo*,[132] porque *o antigo passou, eis que se fez o novo*,[133] e porque *nossa salvação está mais próxima agora do que quando abraçamos a fé*, e porque *a noite avançou e o dia se aproxima*,[134] e porque *abençoas a coroa de teu ano*,[135] *enviando operários para tua seara*,[136] que *outros trabalharam*[137] para semear, enviando também outra semente, cuja colheita será no fim.[138] Assim acolhes os pedidos de quem os formula e benzes os anos do justo, mas *tu és sempre o mesmo e* em *teus anos*, que *não findam*,[139] preparas o celeiro para os anos que passam. Pois é por uma decisão eterna que doas à terra os bens celestes nos tempos apropriados.

23. Pois, de fato, *a alguns é dada mediante o Espírito*

---

129. Fl 2,15.
130. Gn 1,18.
131. Gn 1,4.
132. Gn 1,14.
133. 2Cor 5,17.
134. Rm 13,11-12.
135. Sl 65 (64),12 (Vulgata).
136. Mt 9,38.
137. Jo 4,38.
138. Cf. Mt 13,39.
139. Sl 102 (101),28.

a palavra de sabedoria,[140] como *luzeiro grande*,[141] para aqueles que se comprazem da luz da verdade transparente, como no princípio do dia; *a outros, segundo o mesmo Espírito, a palavra de ciência*,[142] como *luzeiro pequeno*;[143] *a outros, a fé; a outros, o dom das curas; a outros, o poder dos milagres; a outros, a profecia; a outros, o discernimento dos espíritos; a outros, a variedade das línguas*;[144] e todos estes como as estrelas. *Mas é um único e mesmo Espírito que realiza isso tudo, distribuindo seus dons a cada um, conforme lhe apraz*,[145] fazendo aparecer as estrelas *para a utilidade de todos*.[146] Mas *a palavra de ciência*, que contém *todos os sacramentos*[147] que mudam conforme os tempos, como a lua, e os outros conhecimentos recebidos em dom, que foram mencionados em seguida como estrelas, pertencem ao princípio da noite, na medida em que diferem da claridade da sabedoria, de que goza o dia citado acima. Com efeito, eles são necessários para aqueles aos quais teu servo mais ajuizado *não pôde falar como a homens espirituais, mas tão somente como a homens carnais*,[148] ele, que *fala da sabedoria entre os perfeitos*.[149] *O homem psíquico*,[150] porém, como criança em Cristo e bebedor de leite,[151] até que não adquira forças para receber alimentos sólidos e não firme seu olhar

---

140. 1Cor 12,8.
141. Gn 1,16.
142. 1Cor 12,8.
143. Gn 1,16.
144. 1Cor 12,9-10.
145. 1Cor 12,5.
146. 1Cor 12,7.
147. Cf. 1Cor 13,2 (Vetus Latina).
148. 1Cor 3,1.
149. 1Cor 2,6.
150. 1Cor 2,14.
151. Cf. 1Cor 3,1.

para ver o sol, não tenha sua noite vazia, mas se satisfaça com a luz da lua e das estrelas. Isso tu argumentas conosco sapientissimamente, Deus nosso,[152] em teu livro, teu firmamento, para que entendamos tudo em maravilhosa contemplação, embora ainda *por sinais e nos tempos, em dias e anos*.[153]

XIX, 24. Mas antes *lavai-vos, purificai-vos, tirai a maldade de vossas almas e da vista de meus olhos*,[154] para que apareça *a terra seca*.[155] *Aprendei a fazer o bem, fazei justiça ao órfão e defendei o direito da viúva*,[156] para que *a terra gere a erva do pasto e a árvore frutífera*,[157] *e então vinde, argumentais, diz o Senhor*,[158] para que *haja luzeiros no firmamento do céu e iluminem a terra*.[159] Um rico perguntou ao bom mestre *o que deveria fazer para conseguir a vida eterna*. O bom mestre respondeu a ele que o julgava um homem e nada mais — mas ele é bom porque é Deus[160] —, lhe respondeu que, *se quisesse entrar para a vida, guardasse os mandamentos*, afastasse de si o amargo da maldade e da nequícia, *não matasse, não cometesse adultério, não roubasse, não dissesse falso testemunho*, para que *a terra seca* aparecesse e gerasse a honra do pai e da mãe e o amor do próximo. *Tenho feito tudo isso*, respondeu aquele. De onde, então, tantos espinhos, se a terra é frutífera?[161] *Vai*, extirpa o espinheiro silvestre da avareza, *vende o que possuis*, e frutifica

---

152. Cf. Is 1,18.
153. Gn 1,14.
154. Is 1,16.
155. Gn 1,9.
156. Is 1,17.
157. Gn 1,11.
158. Is 1,18.
159. Gn 1,15.
160. Cf. Mc 10,18.
161. Cf. Mt 13,7.22; Mc 4,7.18-20; Lc 8,7.14.

dando aos pobres e terás um tesouro nos céus, e *segue o Senhor, se queres ser perfeito*,[162] em companhia daqueles entre os quais *fala da sabedoria*[163] aquele que sabe distinguir o que é do dia e o que é da noite, para que tu saibas também, e *haja* para ti também *luzeiros no firmamento do céu*; não os haverá se lá não estiver *teu coração*, que por sua vez não estará lá, se não estiver lá *teu tesouro*, como ouviste do bom mestre.[164] Mas a terra estéril *contristou-se*,[165] e os espinheiros sufocaram a Palavra.[166]

25. Mas vós, *raça eleita*,[167] *fraquezas do mundo*,[168] que *tudo deixastes para seguir o Senhor*,[169] ide atrás dele e *confundi o que é forte*,[170] ide atrás dele, *belos pés*,[171] e brilhai *no firmamento*, para que *os céus contem sua glória*,[172] separando a luz dos perfeitos, mas não ainda como os anjos, das trevas dos pequenos, mas não desesperados: *iluminai a terra inteira*,[173] e o dia refulgente de sol difunda a palavra do dia da sabedoria, e a noite, iluminada pela lua, anuncie a palavra da noite da ciência.[174] A lua e as estrelas brilham para a noite, mas a noite não as obscurece, porque são elas que a iluminam conforme sua medida. Com efeito, é como Deus disse: *"que haja*

---

162. Mt 19,16-22; Mc 10,17-22; Lc 18,18-23.
163. 1Cor 2,6.
164. Mt 6,21.
165. Mc 10,22.
166. Mt 12,7.
167. 1Pd 2,9.
168. 1Cor 1,27.
169. Mt 19,27; Mc 10,28; Lc 18,28.
170. 1Cor 1,27.
171. Is 52,7.
172. Sl 19 (18),2.
173. Gn 1,14.
174. Cf. Sl 19 (18),3; 1Cor 12,8.

luzeiros no firmamento",[175] *e de repente veio do céu um ruído, como se soprasse um vendaval impetuoso, e apareceram línguas como de fogo, divididas, que pousaram sobre cada um deles*,[176] e tornaram-se *luzeiros no firmamento do céu*,[177] dotados da língua da vida.[178] Correi em todo lugar, fogos sagrados, fogos de beleza. *Vós sois a luz do mundo*, e não estais *debaixo do alqueire*:[179] foi elevado aquele a que vos unistes, e vos elevou. Correi e anunciai a todos os povos.

XX, 26. Que o mar também conceba e gere vossas obras, e *as águas produzam répteis das almas vivas*.[180] *Separando o que é preciso do que é vil*, vos tornastes *a boca de Deus*,[181] pela qual ele disse: *que as águas produzam*, não a alma viva, que a terra produz, mas *os répteis das almas vivas e as aves que voam sobre a terra*.[182] Porque teus sacramentos, Deus, por obra de teus santos, serpenteiam por entre as vagas das tentações do século para impregnar os povos pelo teu nome, no teu batismo. E entre essas vagas foram feitos *prodígios grandiosos*,[183] como *os grandes ce-*

175. Gn 1,14.
176. At 2,2-3.
177. Gn 1,14.
178. Cf. At 2,4.
179. Mt 5,14-5; Mc 4,21; Lc 11,33.
180. Gn 1,20 (Vulgata).
181. Jr 15,19.
182. Gn 1,20. Por répteis, Agostinho entende, seguindo o uso da época, todos os animais que rastejam e, por extensão, os que nadam. Explorando a oposição entre mar (sociedade dos pecadores) e terra seca (comunidade da Igreja), Agostinho desenvolve uma alegoria mais complexa: as serpentes do mar são os sacramentos ministrados aos infiéis (especialmente o batismo); os grandes cetáceos, os milagres; as aves do mar, os pregadores.
183. Sl 106 (105),21-2.

táceos,[184] e as vozes de teus pregadores que voam sobre a terra junto ao firmamento do teu livro, colocando-o sobre si como autoridade, para que abaixo dele possam volitar, aonde quer que elas forem. De fato, *não há língua nem dialeto em que não se ouça o som de suas vozes* e, *até os confins do mundo, suas palavras*,[185] porque tu, Senhor, *abençoando-os, os multiplicaste*.[186]

27. Porventura minto ou cometo confusões e não sei distinguir entre as cognições claras dessas realidades no firmamento do céu e as ações corporais no mar revolto e sob o firmamento do céu? Com efeito, as noções de tais coisas são sólidas e definidas sem acréscimo de geração em geração, como as luzes da sabedoria e da ciência; mas as operações corporais dessas mesmas realidades são muitas e variadas e, crescendo uma a partir da outra, se multiplicam na tua bênção, Deus, que alivias o fastio dos sentidos mortais, fazendo com que uma coisa, única na cognição da mente, seja representada e dita de muitas maneiras pelos movimentos do corpo. *As águas as produziram*, mas na tua Palavra: as necessidades dos povos, alheios à eternidade de tua Verdade, *as produziram*, mas no teu Evangelho, porque essas mesmas águas as geraram, essas águas cuja amarga languidez foi a causa por que elas, na tua Palavra, surgiram.[187]

28. Mas todas as coisas são belas, quando tu as fazes, e tu és inefavelmente mais belo, tu, que todas fizeste. Se Adão não tivesse caído de ti, não derramaria de seu seio o

184. Gn 1,21.
185. Sl 19 (18),4-5 (Vulgata).
186. Gn 1,22.
187. Possivelmente Agostinho quer frisar aqui a distinção entre a Escritura Sagrada, que permanece sempre igual, e a obra dos pregadores, que muda conforme o tempo e as circunstâncias.

salgado do mar, gênero humano curioso de profundezas, inchado de tempestades e fluido de instabilidades, e não seria necessário realizar corporal e sensivelmente, em muitas águas, feitos e ditos sagrados dispensadores de ti.[188] Assim, de fato, se me apresentam agora os répteis e as aves; mas os homens emprenhados e iniciados por eles, submetidos aos sacramentos temporais, não avançarão além disso, se a alma não viver espiritualmente em outro nível e, após a palavra de iniciação, não buscar o aperfeiçoamento.[189]

XXI, 29. Para tanto, porém, não a profundeza do mar, e sim a terra separada das águas amargas produziu, no teu Verbo, não répteis das almas vivas e aves, mas *a alma viva*.[190] Esta, com efeito, já não precisa do batismo, de que os gentios precisam, e de que precisou, quando as águas a encobriam: pois não se entra de outra maneira *no reino dos céus*, desde que estabeleceste que assim se entraria.[191] E não busca *prodígios grandiosos*, para ter fé: já não é verdade que *se não vir sinais e prodígios, não acredita*,[192] uma vez que a terra do fiel foi separada das águas do mar amargo da infidelidade. E *as línguas são um sinal não para os que creem, mas para os que não creem*.[193] Portanto, tampouco a terra que *firmaste sobre as águas*[194] necessita desse gênero de vo-

---

188. Em *De Genesi contra Maniquaeos*, I, XIX, 30 (c. 389), Agostinho conjeturava que, sem o pecado original, não haveria procriação. Em *Retratações*, I, X, 2 (426-7), no entanto, critica essa sua tese juvenil. Aqui, não há como determinar se ele está ainda defendendo a tese de 389 ou apenas afirmando que, sem a queda, a descendência de Adão não seria "salgada", isto é, viciosa.
189. Cf. Hb 6,1; Ef 4,12.
190. Gn 1,24.
191. Cf. Jo 3,5.
192. Jo 4,48.
193. 1Cor 14,22.
194. Sl 136 (135),6.

láteis, que as águas produziram pelo teu Verbo. *Envia nela tua palavra*[195] pelos teus mensageiros. Narramos as obras deles, mas tu és quem obra neles, e eles obram *a alma viva*. A terra a produz, porque a terra é a causa de eles realizarem essas obras nela, assim como o mar foi a causa de agirem *os répteis das almas vivas e as aves sob o firmamento do céu*, de que a terra já não precisa, embora coma o peixe trazido das profundezas para sua mesa,[196] que *preparaste diante* dos crentes;[197] porque foi por isso que foi trazido das profundezas: para que alimente a terra seca. E as aves são progênie marinha, mas se reproduzem sobre a terra. Com efeito, a infidelidade dos homens foi causa das primeiras falas dos evangelizadores; mas os fiéis também são muitas vezes exortados e benzidos por eles, *dia por dia*.[198] A *alma viva*, no entanto, traz sua origem da terra, porque guardar-se do amor deste século não é proveitoso senão para os que já são fiéis, para que viva por ti a alma deles, que *estava morta* vivendo *nos prazeres*[199] — prazeres mortíferos, Senhor, porque tu és os prazeres vitais do coração puro.

30. Que ajam, portanto, teus ministros na terra, não anunciando e falando por milagres, signos sagrados e palavras misteriosas, como no mar da infidelidade, para transformar a ignorância atenta em mãe da admiração no temor de signos obscuros — tal é, com efeito, o acesso à fé para os filhos de Adão esquecidos de ti, quando eles se escondem de tua vista e se tornam abismo —, mas ajam também como na terra seca, separada dos turbilhões do abismo, e sejam exemplo aos fiéis, vivendo diante deles e estimulando-os à imitação. Assim, de fato, não apenas

---

195. Sl 147,15.
196. Lc 24,41-3. O peixe já era símbolo tradicional de Cristo.
197. Sl 23 (22),5.
198. Sl 61 (60),9.
199. 1Tm 5,6.

para ouvir, mas também para agir, eles ouvem: *"Buscai a Deus, e viva vossa alma"*,[200] para que *a terra produza a alma viva*.[201] *Não vos conformeis com este século*,[202] abstende-vos dele. Abstende-vos da ferocidade da terrível soberba, da volúpia da inerte luxúria e do nome *de uma ciência enganadora*,[203] para que as feras sejam mansas, o gado, submisso, e as serpentes, inócuas. Com efeito, eles representam, em alegoria, os movimentos da alma: mas os fastos da altivez, o prazer da libido e o veneno da curiosidade são movimentos da alma morta, porque a alma não morre quando perde todo movimento, mas morre quando, derramando-se da fonte da vida, é recebida pelo século que passa e se conforma a ele.

31. Mas a Palavra, Deus, é fonte de vida eterna e não passa: por isso em tua Palavra aquele derramamento é coibido, quando nos é dito: *"não vos conformeis com este século"*, para que, na fonte da vida,[204] *a terra produza a alma vivente*, isto é: em tua Palavra, pelos teus evangelistas, produza a alma continente, imitadora dos imitadores de teu Cristo. É isso que significa *segundo o gênero*,[205] porque o homem emula o amigo: *"tornai-vos"*, ele diz, *"como eu, porque eu também me tornei como vós"*.[206] Assim, na *alma viva* haverá boas feras pela mansidão da ação: pois assim mandaste, dizendo: *"Conduze teus negócios com mansidão e serás amado por todo homem"*;[207] e bom gado: sem excesso, *se comer*, e sem carência, *se não*

---

200. Sl 69 (68),33.
201. Gn 1,24.
202. Rm 12,2.
203. 1Tm 6,20.
204. Cf. Jo 4,14.
205. Gn 1,24.
206. Gal 4,12.
207. Eclo 3,19.

comer;²⁰⁸ e boas serpentes não perniciosas para lesar, mas prudentes²⁰⁹ para se precaver e explorar a natureza temporal apenas o suficiente para enxergar a eternidade *que se torna inteligível através das criaturas*.²¹⁰ Com efeito, esses animais servem à razão quando, refreado seu movimento portador de morte, vivem e são bons.

XXII, 32. Eis então, Senhor nosso Deus, nosso Criador: quando forem refreadas as afeições do amor mundano, pelas quais morríamos vivendo mal, e, nós vivendo bem, começar a existir a *alma viva*, e for cumprida tua Palavra, que disseste pelo teu apóstolo: *"não vos conformeis com este século"*, seguirá aquilo que acrescentastes logo depois, dizendo: *"mas transformai-vos, reformando vossa mente"*,²¹¹ não mais *segundo o gênero*, como se imitássemos um precedente próximo, nem pela autoridade de homens que vivem melhor. Com efeito, não disseste: "Faça-se o homem segundo o gênero"; mas: *"Façamos o homem a nossa imagem e semelhança"*,²¹² *a fim de podermos discernir qual é tua vontade*. Por isso aquele divulgador teu, que te gerou filhos pelo Evangelho, para que não precisasse mantê-los como crianças para sempre, alimentando-os de leite e tratando-os como uma ama: *"Transformai-vos"*, disse, *"renovando a vossa mente, a fim de poderdes discernir qual é a vontade de Deus, que é bom, agradável e perfeito"*.²¹³ Igualmente, não disseste: "Faça-se o homem", mas *"Façamos"*, nem disseste: "Segundo o gênero", mas: *"a nossa imagem e semelhança"*. Pois o homem, renovado na mente e contemplando tua Verdade no intelecto, já não

208. 1Cor 8,8.
209. Cf. Mt 10,16.
210. Rm 1,20.
211. Rm 12,2.
212. Gn 1,26.
213. Rm 12,2.

precisa do testemunho de um homem, cujo gênero imite, mas discerne ele próprio, pelo teu testemunho, qual seja *tua vontade, que é boa, agradável e perfeita*; e tu lhe ensinas, pois ele já é capaz de ver, a Trindade da Unidade ou a Unidade da Trindade. Por isso é dito no plural: "*Façamos o homem*", mas é acrescentado no singular: "*e Deus fez o homem*"; e é dito no plural: "*a nossa imagem*", mas é acrescentado no singular: "*a imagem de Deus*".[214] Por isso o homem, *renovado no conhecimento* de Deus *segundo a sua imagem*, que o criou,[215] e tornado *espiritual, julga a respeito de tudo* o que deve ser julgado, *mas ele mesmo não é julgado por ninguém*.[216]

XXIII, 33. Quanto a *julgar a respeito de tudo*, isso significa que o homem *domina os peixes do mar, as aves do céu* e todos os gados e as feras e toda a terra e todos os seres rastejantes, *que rastejam sobre a terra*.[217] Com efeito, ele age pela intelecção da mente, pela qual *percebe o que é do Espírito de Deus*;[218] senão, *o homem colocado no lugar de honra não entende, é comparável a animais insensatos e se torna semelhante a eles*.[219] Portanto, em tua Igreja, Deus nosso, *segundo tua graça, que nos deste*,[220] por sermos *tua feitura, criados entre as obras boas*,[221] não apenas os que dominam espiritualmente, mas também aqueles que espiritualmente se submetem aos que dominam — pois é nesse sentido que fizeste o homem *macho*

214. Gn 1,26-7.
215. Cf. Cl 3,10.
216. 1Cor 2,15.
217. Gn 1,28.
218. 1Cor 2,14 (Vulgata).
219. Sl 49 (48),13 (Vulgata).
220. 1Cor 3,10.
221. Ef 2,10.

e fêmea[222] em tua graça espiritual, onde *não há macho e fêmea* no sentido corporal, assim como não há *judeu nem grego nem escravo nem homem livre*[223] —, os espirituais, digo, tanto os que dominam quanto os que obedecem, julgam espiritualmente, não os conhecimentos espirituais, que brilham *no firmamento* (não é certo julgar uma autoridade tão sublime); nem o teu próprio livro, mesmo que ali algo não seja claro, porque a ele submetemos nosso intelecto e temos por certo que até aquilo que permanece fechado a nossos olhos é dito com justeza e veracidade, de maneira que o homem, mesmo já espiritual e renovado no *conhecimento de Deus segundo a imagem daquele que o criou*, deve ser *executor da Lei*, e não *juiz*;[224] nem julgam a distinção entre homens espirituais e carnais, conhecidos a teus olhos, Deus nosso, mas que ainda não se revelaram por suas obras, para que o reconhecêssemos *pelos seus frutos*[225] (mas tu, Senhor, já sabes quem são e já os separaste e chamaste em segredo, desde antes que houvesse firmamento). O homem, por espiritual que seja, tampouco julga as multidões turvas deste século: pois como pode *julgar os que estão fora*[226] quem ignora quem virá de lá para a doçura de tua graça e quem permanecerá na amargura perpétua da impiedade?

34. O homem, portanto, que fizeste *a tua imagem*, não recebeu o governo dos *luzeiros do céu*,[227] nem do próprio céu oculto,[228] nem do dia e da noite que nomeaste antes

---

222. Gn 1,27.
223. Gl 3,28.
224. Tg 4,11.
225. Mt 7,20.
226. 1Cor 5,12.
227. Gn 1,14.
228. Gn 1,8.

da formação do céu,[229] nem da reunião das águas, que é o mar;[230] mas recebeu o governo *dos peixes do mar e das aves do céu* e de todos os gados e de toda a terra e de todos os seres rastejantes, *que rastejam sobre a terra.*[231] Pois ele julga e aprova o que acha certo, desaprova o que acha errado, seja na solenidade dos sacramentos pelos quais são iniciados aqueles que tua misericórdia recupera das grandes águas; seja naquela em que é oferecido o peixe que a pia terra come, trazido da profundeza; seja nas letras e nos sons das palavras, sujeitas à autoridade de teu livro, como aves que volitam sob o firmamento, que interpretam, explicam, dissertam, discutem, benzem e te invocam, emitindo pela boca signos sonoros, para que o povo responda: amém. E a causa pela qual todos esses sons devem ser enunciados corporalmente é o abismo do século e a cegueira da carne, que não podem ver o pensamento, de maneira que é preciso rumorejar nos ouvidos. Assim, ainda que as aves se multipliquem sobre a terra, elas trazem sua origem das águas. Os *espirituais julgam* também, aprovando o que acham certo e desaprovando o que acham errado, das obras e dos costumes dos fiéis, das esmolas como terra que dá frutos e das paixões amansadas da *alma viva*, da *castidade*, dos *jejuns*,[232] dos pensamentos pios sobre aquilo que se percebe pelos sentidos do corpo. Pois é dito que eles julgam, no presente, daquilo que têm o poder de corrigir.

XXIV, 35. Mas o que é isso, e qual é esse mistério? Eis que *abençoas os homens*, ó Senhor, para que *cresçam e se multipliquem e encham a terra.*[233] Não nos forneces ne-

229. Gn 1,5.
230. Gn 1,9-10.
231. Gn 1,28.
232. 2Cor 6,5-6.
233. Gn 1,28.

nhuma indicação quanto a isso, para que possamos compreender alguma coisa? Por que não abençoaste da mesma forma a luz, que chamaste dia, nem o firmamento do céu, nem os luzeiros e estrelas, nem a terra, nem o mar? Diria que tu, Deus nosso, que nos criaste *a tua imagem*, diria que tu quiseste conceder especificamente ao homem esse dom da bênção, se não tivesses abençoado da mesma forma os peixes e os grandes cetáceos, para *que crescessem e se multiplicassem e enchessem a água do mar*,[234] e as aves para que se multiplicassem sobre a terra. Ainda diria que a bênção pertence àquele gênero de seres que se propagam gerando por eles mesmos, se a encontrasse referida às árvores, às plantas e aos animais da terra. Mas não é dito "*Crescei e multiplicai-vos*" nem para as ervas e as árvores, nem para as bestas e as serpentes, embora todas elas cresçam e perpetuem a espécie por geração, como os peixes, as aves e os homens.

36. Que direi, então, minha luz, Verdade? Que é algo sem sentido, que é dito inutilmente? Nunca, pai da piedade, um servo de tua Palavra diga isso! E, se eu não entender o que quiseste significar com aquela expressão, que a aproveitem melhor homens melhores, isto é, mais inteligentes do que eu, cada um conforme o saber que lhe deste. Mas minha confissão também agrade *diante de teus olhos*,[235] se eu te confessar que acredito que não falaste assim sem razão, e não silenciar o que a ocasião dessa leitura me sugeriu. Pois é verdade, e não vejo o que me impeça de entender assim as expressões figuradas de teus livros. Sei, com efeito, que é significado de muitas maneiras corporalmente aquilo que pela mente é entendido de uma única maneira; e é entendido de muitas maneiras pela mente aquilo que corporalmente é significado

---

234. Gn 1,22.
235. Sl 79 (78),10.

de uma única maneira: por exemplo, o simples amor de Deus e do próximo, por quantas fórmulas sagradas em inúmeras línguas e, em cada língua, inúmeros modos de expressão, é enunciado corporalmente! Assim crescem e se multiplicam os rebentos das águas. Repara ainda nisto, tu, que lês estas linhas: eis o que a Escritura atesta e a voz enuncia, de uma única maneira: *Em princípio, Deus fez o céu e a terra.* Não o entendemos de muitas maneiras, não pela falácia dos erros, mas segundo os gêneros de entendimentos verdadeiros? Assim crescem e se multiplicam os rebentos dos homens.

37. Portanto, se pensarmos na própria natureza das coisas, não alegoricamente, mas em sentido próprio, a todas que são geradas de sementes convém a expressão: *crescei e multiplicai-vos*; mas se as tratarmos como postas em sentido figurado — e assim julgo que as entenda a Escritura, que certamente não atribuiu em vão esta bênção apenas aos rebentos das águas e dos homens — é verdade que encontramos multiplicidades tanto nas criaturas espirituais quanto nas corporais, como *no céu e na terra*;[236] tanto nas almas justas quanto nas iníquas, como *na luz e nas trevas*;[237] tanto nos autores sagrados, pelos quais a lei foi divulgada, como *no firmamento que foi estabelecido entre água e água*,[238] quanto na sociedade das gentes amargas, como *no mar*; tanto no zelo das almas pias, como *na terra seca,*[239] quanto nas obras de misericórdia *da vida presente,*[240] como *nas ervas que produzem sementes e nas árvores que dão frutos;*[241] tanto

236. Gn 1,1.
237. Gn 1,4.
238. Gn 1,7.
239. Gn 1,10.
240. 1Tm 4,8.
241. Gn 1,12.

nos dons espirituais *manifestados para utilidade*,[242] como *os luzeiros do céu*,[243] quanto nos afetos conformados à temperança, como *na alma viva*;[244] em tudo encontramos multiplicidades, fecundidades e crescimentos. Mas o que cresce e se multiplica, de modo que um único conteúdo seja enunciado de muitas maneiras e uma enunciação seja entendida de muitas maneiras, não o encontramos senão nos signos expressos corporalmente e nos conteúdos concebidos intelectualmente. Entendemos que os signos expressos corporalmente são as gerações das águas, que se tornam necessários por causa do abismo carnal; e os conteúdos concebidos intelectualmente são as gerações dos homens, por via da fecundidade da razão. E por isso acreditamos que para esses dois gêneros é dito por ti, Senhor: *crescei e multiplicai-vos*. Pois entendo que por essa bênção tu nos concedeste a faculdade e o poder de enunciar de muitas maneiras o que concebemos intelectualmente de uma única maneira, e de conceber intelectualmente de muitas maneiras o que lemos enunciado obscuramente de uma única maneira. Assim são preenchidas as águas do mar, que não são movidas senão pelas diferentes significações, e assim os rebentos dos homens enchem a terra seca que emerge pelo zelo, e é governada pela razão.

xxv, 38. Quero ainda dizer, Senhor meu Deus, o que me sugere a leitura do trecho seguinte de tua Escritura; e o direi sem temor. Com efeito, é verdadeiro o que direi pela tua inspiração, porque tu quiseste que eu o dissesse a partir daquele texto. E acredito não dizer nada de verdadeiro a não ser que tu o inspires, porque *tu és a verdade*,[245] mas

---

242. 1Cor 12,7.
243. Gn 1,14.
244. Gn 1,20.
245. Jo 14,6.

o *homem é mentiroso*.²⁴⁶ Por isso *quem mente fala do que lhe é próprio*.²⁴⁷ Logo, quando falo a verdade, falo do que é teu. Eis: *nos deste como alimento todas as ervas que dão sementes, que estão sobre toda a superfície da terra, e todas as árvores cujos frutos dão sementes*.²⁴⁸ E não apenas a nós, mas também a todas as aves do céu e animais da terra e serpentes; mas não as deste aos peixes e aos monstros marinhos. Dissemos que naqueles frutos da terra eram significadas e figuradas em alegoria as obras de misericórdia, que brotam da terra frutífera para as necessidades desta vida. Terra assim era o pio Onesíforo, a cuja família *concedeste misericórdia*, porque *muitas vezes confortou* Paulo, *e não se envergonhou de suas cadeias*.²⁴⁹ Assim agiram também *os irmãos* e produziram tal fruto, quando *da Macedônia supriram o que lhe faltava*.²⁵⁰ Mas quanto ele lastima aquelas árvores que não lhe deram o fruto devido, quando diz: *em minha primeira defesa ninguém me assistiu, todos me abandonaram. Que isto não lhes seja imputado!*²⁵¹ Pois o alimento é devido aos que ministram o ensino racional pela compreensão dos mistérios divinos, e por isso lhes é devido como *aos homens*. Mas também é devido àqueles que, como *almas vivas*, se oferecem à imitação por sua total continência. Ainda é devido àqueles que são *como aves*, por causa de suas bênçãos que se multiplicam na terra, porque *em toda terra o som deles é emitido*.²⁵²

---

246. Sl 116 (115),11; Rm 3,4.
247. Jo 8,44.
248. Gn 1,29.
249. 2Tm 1,16.
250. 2Cor 11,9.
251. 2Tm 4,16.
252. Sl 19,5. Homens, almas vivas e aves simbolizam aqui as três formas de sacerdócio mantidas pelos bens da Igreja ou o auxílio dos fiéis: doutores, monges e padres seculares.

XXVI, 39. Nutrem-se desse alimento aqueles que se alegram por eles, e não se alegram por eles aqueles *cujo deus é o ventre*.[253] Pois, mesmo naqueles que oferecem tais coisas, o fruto não é o que eles doam, mas com que ânimo o doam. Assim, naquele que *servia a Deus, não a seu ventre*,[254] vejo claramente do que se regozijava, vejo-o e me felicito muito com ele. De fato, aceitou dos filipenses o que eles enviaram por meio de Epafrodito; mas entendo por que se regozijava. E, do que se regozijava, disso se alimentou, porque, falando na verdade, disse: "*Regozijo-me grandemente no Senhor, porque finalmente vi reflorescer o interesse que costumavam ter por mim, mas do qual se enfastiaram*". Estes, portanto, apodreceram pelo longo fastio e como que secaram deste fruto das boas obras, e ele se regozija por eles, porque refloresceram, e não por si, porque socorreram sua indigência. Pois em seguida diz: "*Não falo assim porque algo me falte. Pois aprendi a me fazer bastar o que tenho. Sei viver na penúria e sei viver na abundância; estou acostumado a qualquer situação: estar saciado e ter fome, ter abundância e passar necessidade; tudo posso naquele que me fortalece*".[255]

40. De que te regozijas, então, grande Paulo? De que te regozijas, de que te nutres, homem renovado *para o conhecimento* de Deus *segundo sua imagem, que nos criou*,[256] alma viva por tamanha continência, e língua que voa *falando mistérios*?[257] Pois tais são os seres animados a quem são devidos esses alimentos. O que é que te nutre? A alegria. Ouçamos o que segue: "*Entretanto,*

---

253. Fl 3,19.
254. Rm 16,18.
255. Fl 4,10-3.
256. Cl 3,10.
257. 1Cor 14,2.

fizestes bem em participar de minha aflição".[258] Disso se regozija, disso se nutre — de eles terem feito bem, não de sua aflição ter sido amenizada — aquele que te diz: "*Na aflição tu me aliviaste*",[259] porque sabe *viver na abundância e sofrer a penúria*, em ti, *que o fortaleces*.[260] "*Vós mesmos bem sabeis*", diz, "*filipenses, que no início da pregação do evangelho, quando parti da Macedônia, nenhuma Igreja participou comigo ao dar e receber, senão vós somente; já em Tessalônica mais de uma vez vós me enviastes com que suprir as minhas necessidades*".[261] Agora se regozija de eles voltarem a essas boas obras e se alegra porque eles reflorescem, como por um campo cuja fertilidade refloresça.

41. Porventura é por causa de suas necessidades (porque disse: "*Enviastes com que suprir as minhas necessidades*"), porventura é por causa disso que se regozija? Não por causa disso. E como o sabemos? Porque ele próprio diz em seguida: "*Não que eu busque as doações. O que busco é o fruto*".[262] Aprendi de ti, meu Deus, a distinguir entre *doação* e *fruto*. *Doação* é a própria coisa que é doada por quem compartilha bens necessários, como dinheiro, alimento, bebida, vestes, abrigo, ajuda. *Fruto* é a boa e reta vontade do doador. Com efeito, o bom mestre não diz apenas: "*Quem sustenta um profeta*", mas acrescenta: "*Na qualidade de profeta*"; tampouco diz apenas: "*Quem sustenta um justo*", mas acrescenta: "*Na qualidade de justo*"; pois assim aquele receberá *uma recompensa de profeta*; este, *uma recompensa de justo*. E não diz somente: "*Quem der um copo de água*

258. Fl 4,14.
259. Sl 4,2.
260. Fl 4,12-4.
261. Fl 4,15-6.
262. Fl 4,17.

fria a beber a um só de meus pequenos", mas acrescenta: "*Por ser meu discípulo*", e assim conclui: "*Em verdade vos digo que não perderá sua recompensa*".[263] A doação é sustentar um profeta, sustentar um justo, oferecer um copo de água fria a um discípulo; mas o fruto é fazer isso pela qualidade de profeta, pela qualidade de justo, pela qualidade de discípulo. Do fruto foi alimentado Elias pela viúva, que sabia que alimentava um homem de Deus, e por isso o alimentou; mas o corvo o alimentou de uma doação.[264] E não foi o interior de Elias a se alimentar, mas seu exterior, que poderia se corromper por falta de tal alimento.

XXVII, 42. Direi, portanto, o que é verdadeiro diante de ti, Senhor: que os homens *incultos e incrédulos*,[265] para cuja iniciação e conquista são necessários os sacramentos de iniciação e os prodígios grandiosos que acreditamos serem significados pelos nomes de peixes e grandes cetáceos, quando socorrem teus servos alimentando-os ou ajudando-os em alguma necessidade da vida presente, como não sabem por que isso deve ser feito e a que fim, nem eles os alimentam, nem teus servos são alimentados, porque nem eles agem por santa e reta vontade, nem estes se alegram de suas doações, de que ainda não enxergam o fruto. Com efeito, a mente se alimenta do que a alegra. Logo, os peixes e os grandes cetáceos não se nutrem dos alimentos que não brotam senão na terra, já distinta e separada da amargura das ondas marinhas.

XXVIII, 43. E viste, Deus, tudo o que fizeste: *e era muito bom*,[266] pois nós também o vemos, e é tudo muito bom.

---

263. Mt 10,41.
264. Cf 1(3)Rs 17,1-16.
265. 1Cor 14,23.
266. Gn 1,31.

Em cada gênero de tuas obras, quando disseste: *"Haja"*, *e houve*, viste que cada um deles era bom. Contei sete passagens em que está escrito que tu viste que é bom o que fizeste; mas, na oitava vez, viste tudo o que fizeste, e não apenas era bom, mas muito bom, como um todo. Com efeito, as criaturas singularmente eram apenas *boas*, mas todas juntas eram *boas* e *muito*. O mesmo também se diz de qualquer corpo belo: que é muito mais belo o corpo composto de partes, todas belas enquanto partes singulares, quando elas formam um conjunto pela ordem mais harmônica, conquanto possam ser belas também individualmente.

XXIX, 44. Esforcei-me para entender se viste sete ou oito vezes que tuas obras são boas, quando elas te agradaram, e não encontrei tempos em tua visão, pelos quais entender quantas vezes viste o que fizeste, e disse: "ó Senhor, não seriam verdadeiros estes escritos, se tu, que és *verídico* e *a verdade*,[267] os ditaste? Por que então me dizes que em tua visão não há tempos, e estes teus escritos me dizem que dia após dia viste que o que fizeste era bom, de maneira que eu, contando-as, encontrei quantas vezes o fizeste?". A isso tu me respondes, porque és meu Deus e falas a teu servo em voz alta no ouvido interior, rompendo minha surdez e gritando: "ó homem, certamente, o que minha Escritura diz, eu o digo. E no entanto ela o diz temporalmente, enquanto minha Palavra não admite tempo, porque permanece igual a mim na eternidade. Como o que vedes pelo meu Espírito, eu o vejo, assim o que dizeis pelo meu Espírito, eu o digo. Mas enquanto vós o vedes temporalmente eu não o vejo temporalmente; do mesmo modo, enquanto vós o dizeis temporalmente, eu não o digo temporalmente".

XXX, 45. Eu ouvi, Senhor meu Deus, e lambi de tua

---

267. Jo 3,33; 14,6.

Verdade uma gota de doçura, e vi que há alguns[268] a quem tuas obras desagradam, que dizem que tu fizeste muitas delas impelido pela necessidade, como as estruturas dos céus e a disposição dos astros, e que não foi a partir de ti, mas foram criadas em outro lugar e com outra origem, e que tu as reuniste, ordenaste e articulaste, quando, vencidos os inimigos, fundaste o edifício do mundo, para que, amarrados àquela construção, eles não mais pudessem se rebelar contra ti; e outras coisas nem fizeste nem ordenaste, como todas as carnes e os seres animados menores e tudo o que tem raízes na terra, mas uma mente hostil e natureza alheia, não criada por ti e contrária a ti, reuniu e formou esses seres nas regiões inferiores do mundo. Insanos dizem tais coisas, porque não veem tuas obras pelo teu Espírito, e não te reconhecem nelas.

XXXI, 46. Mas, aqueles que as veem pelo teu Espírito, tu as vês neles. Logo, quando veem que são boas, tu vês que são boas, e, em tudo o que agrada por tua causa, tu te agradas, e tudo o que nos agrada pelo teu Espírito te agrada em nós. *"Quem, pois, dentre os homens conhece o que é do homem, senão o espírito do homem que nele está? Da mesma forma, o que está em Deus ninguém o conhece senão o Espírito de Deus. Quanto a nós"*, ele diz, *"não recebemos o espírito deste mundo, mas o Espírito que vem de Deus, a fim de conhecer o que Deus nos doou."*[269] E sou levado a dizer: "Certamente, *ninguém conhece Deus senão o Espírito de Deus*. Como, então, nós também conhecemos *o que Deus nos doou?*". A resposta é que, o que conhecemos pelo seu Espírito, *ninguém o conhece, senão o Espírito de Deus*. Assim como justamente foi dito: *"Não sereis vós que estareis falando"*

---

268. Provavelmente os maniqueus.
269. 1Cor 2,11-2.

àqueles que falariam no Espírito de Deus,[270] igualmente pode-se dizer com justiça: "Não sois vós que conheceis" àqueles que conhecem no Espírito de Deus; portanto, não menos justamente pode-se dizer: "Não sois vós que vedes" àqueles que veem no Espírito de Deus. Assim, tudo o que veem no Espírito de Deus que é bom, não são eles, mas Deus quem vê que é bom. Uma coisa, portanto, é achar que é mau o que é bom, como aqueles de que falamos acima. Outra, que o homem veja que é bom o que é bom, como muitos a quem agradam tuas criaturas, que são boas, mas a quem tu não agradas nelas; e por isso querem fruir delas mais do que de ti. Ainda outra, porém, quando ao ver o homem que algo é bom, é Deus que vê nele que algo é bom; de maneira que nisto seja amado aquele que o fez, e que não é amado senão pelo Espírito que ele doou, porque *a caridade de Deus foi derramada em nossos corações pelo Espírito Santo que nos foi dado*,[271] pelo qual vemos que é bom tudo o que é, de algum modo; porque é por causa daquele que não é de algum modo, mas é aquele que é.[272]

XXXII, 47. *Graças a ti, Senhor!*[273] Vemos céu e terra, sejam eles a parte superior e inferior da criação corporal ou a criatura espiritual e corporal, e, por ornamento das partes de que consta a totalidade da massa corporal do mundo, ou a totalidade da criação em geral, vemos a luz criada e separada das trevas. Vemos o firmamento do céu, seja ele o corpo primeiro do mundo, entre as águas espirituais superiores e as corporais inferiores, seja este espaço aéreo, que também é chamado céu, pelo qual vagam as aves, entre as águas do céu, que pairam em forma de va-

270. Mt 10,20.
271. Rm 5,5.
272. Ex 3,14.
273. Ap 11,17.

por e orvalham até em noites serenas, e as águas pesadas, que escorrem na terra.²⁷⁴ Vemos a formosura das águas reunidas nas planícies do mar e a terra seca, seja nua, seja ornamentada como mãe visível e ordenada das ervas e das árvores. Vemos os luzeiros resplandecer no alto, o sol bastar ao dia, a lua e as estrelas consolar a noite, e todos eles marcar e significar os tempos. Vemos a natureza úmida fecundada em todo lugar por peixes, cetáceos e seres alados, porque a densidade do ar, que sustenta o voo das aves, deriva da evaporação das águas. Vemos a face da terra se revestir de animais terrestres, e vemos o homem, feito a tua imagem e semelhança, se impor sobre todos os animais, justamente por tua imagem e semelhança, isto é, pelo poder da razão e da inteligência, e assim como em sua alma há uma parte que decide e domina, outra que se submete para obedecer, assim também foi criada corporalmente para o homem a mulher, que tivesse, por certo, na mente uma natureza igual quanto à inteligência racional, mas que fosse submetida, quanto ao sexo corporal, ao sexo masculino, assim como o desejo de ação é submetido à capacidade de agir retamente gerada pela mente racional. Vemos essas coisas, e são boas singularmente; todas juntas, porém, são muito boas.

XXXIII, 48. Louvam-te tuas obras, para que te amemos, e te amamos, para que tuas obras te louvem. Elas têm início e fim, surgimento e ocaso, aumento e diminuição, forma e privação. Têm, portanto, uma alternância de manhãs e tardes, ora oculta, ora evidente. Pois foram feitas por ti do nada, não de ti, não de algo não teu ou que existisse antes, mas de uma matéria "concriada", isto é, criada simultaneamente, porque formaste a informidade dela sem nenhuma demora temporal. Com efeito, embora a matéria do céu e da terra seja distinta da aparência do

---

274. Cf. *Comentário ao Gênesis*, II, IV, 7.

céu e da terra, pois que a matéria surge do nada absoluto, e a aparência do mundo, da matéria informe, todavia tu fizeste ambas ao mesmo tempo, para que a forma seguisse a matéria sem nenhum intervalo de espera.

XXXIV, 49. Investigamos também por qual sentido figurado quiseste que tuas obras se fizessem segundo tal ordem ou fossem citadas na Escritura segundo tal ordem, e vimos que *são boas* singularmente, mas *muito boas juntas*, no teu Verbo, em teu Filho único, céu e terra, *cabeça e corpo da Igreja*,[275] na predestinação anterior a todos os tempos, sem manhã e sem tarde. Nele começaste a executar temporalmente o que já estava predestinado, para manifestar o que era *invisível* e ordenar o que era *desordenado* — porque nossos pecados *estavam sobre nós*, e nos afastáramos de ti num *abismo tenebroso*, mas *teu Espírito bom*[276] *pairava* para nos socorrer no tempo oportuno — e justificaste os ímpios e os *separaste* dos iníquos e *consolidaste* a autoridade de teu Livro entre os superiores, que seriam dóceis a ti, e os inferiores, que obedeceriam a eles, e *reuniste* a sociedade dos infiéis *num único sodalício*, para que *aparecesse* o zelo dos fiéis, que *produzissem* para ti as obras de misericórdia, distribuindo aos pobres bens terrenos para adquirir os celestes. E então acendeste *luzeiros no firmamento*, teus santos que possuem tua Palavra e brilham de sublime autoridade, revelada pelos dons espirituais. E então, para impregnar os povos infiéis, produziste da matéria corporal sacramentos e milagres visíveis e os sons das palavras conforme o firmamento de teu livro, pelas quais teus fiéis também eram abençoados; e em seguida formaste *a alma viva* dos fiéis, por sentimentos regrados pelo vigor da continência, e então renovaste a mente *a tua imagem*

---

275. Cl 1,18.
276. Sl 143 (142),10.

e semelhança, submissa apenas a ti e sem necessidade de imitar nenhuma autoridade humana, e submeteste a ação racional ao intelecto dominante, como a mulher ao homem, e quiseste que a todos os ministros necessários para o aperfeiçoamento dos fiéis estes mesmos fiéis oferecessem auxílio para as necessidades temporais, por obras *que darão frutos* na vida futura. Tudo isso vimos e é muito bom, porque tu o vês em nós, pois nos deste o espírito pelo qual o víssemos e te amássemos.

xxxv, 50. *Senhor Deus, doa-nos a paz, pois tudo realizaste por nós*:[277] a paz do repouso, a paz do sábado, a paz sem ocaso. Pois toda esta ordem belíssima de coisas muito boas, alcançadas suas medidas, passará, porque nelas foram feitas uma manhã e uma tarde.

xxxvi, 51. Mas o sétimo dia é sem tarde, nem tem ocaso, porque o santificaste para que permanecesse sempiterno, de maneira que o que nos é dito na Palavra de teu Livro, que tu descansaste no sétimo dia, depois de fazer tua obra muito boa, embora a tivesses feito em repouso, nos é dito porque nós, depois de nossas obras, que são muito boas porque tu no-las deste, também repousaremos em ti no sábado da vida eterna.

xxxvii, 52. Tu também repousarás assim em nós, da mesma maneira como agora operas em nós, e por isso aquele será teu repouso através de nós, assim como estas obras são tuas através de nós. Mas tu, Senhor, sempre operas e sempre repousas e não vês no tempo nem te moves no tempo nem repousas no tempo, e no entanto fazes também as visões temporais e os próprios tempos e o repouso depois do tempo.

---

277. Is 26,12 (Vetus Latina); cf. 2Ts 3,16.

XXXVIII, 53. Logo, vemos as coisas que fizeste, porque são; mas elas são, porque tu as vês. E vemos exteriormente que elas são; e interiormente, que elas são boas; mas tu, ao veres que as farias, as viste já feitas. E nós, num certo tempo, fomos movidos a fazer o bem, depois que nosso coração o concebeu de teu Espírito; mas num tempo anterior éramos movidos a fazer o mal, abandonando-te; tu, porém, Deus uno e bom, nunca deixaste de fazer o bem. E algumas obras nossas são boas, por tua dádiva, mas não sempiternas; depois delas, esperamos repousar em tua grande santificação. Mas tu, bem que não carece de bem algum, sempre és em repouso, porque tu mesmo és teu repouso. E que homem daria a outro homem a capacidade de compreender isso? Que anjo a outro anjo? Que anjo a um homem? Peçamo-lo a ti, busquemo-lo em ti, batamos à tua porta: assim, assim nos será dado, assim acharemos, assim nos será aberto.[278]

278. Cf. Mt 7,8.

1ª EDIÇÃO [2017]
2ª EDIÇÃO [2017] 17 reimpressões

Esta obra foi composta em Sabon por Valentina Augusto e impressa em ofsete pela Lis Gráfica sobre papel Pólen da Suzano S.A. para a Editora Schwarcz em junho de 2025

A marca FSC® é a garantia de que a madeira utilizada na fabricação do papel deste livro provém de florestas que foram gerenciadas de maneira ambientalmente correta, socialmente justa e economicamente viável, além de outras fontes de origem controlada.